Knaur

W0282189

Über den Autor:

Gerald Messadié wurde 1931 geboren. Seinen ersten Roman veröffentlichte er 1951. Fünfundzwanzig Jahre lang arbeitete er als Chefredakteur eines Wissenschaftsjournals. Mit dem Bestseller *Ein Mensch namens Jesus* gelang ihm 1989 der internationale Durchbruch. Neben diesem Weltbestseller sind als Knaur Taschenbücher ferner lieferbar: *Alexandria, Moses – Herrscher ohne Krone* sowie *Moses – Der Gesetzgeber.*

Gerald Messadié

David, König über Israel

Roman

Aus dem Französischen übersetzt von
Gabriele Krüger-Wirrer

Knaur

Die französische Originalausgabe erschien unter dem Titel
»David, Roi« bei Éditions Jean-Claude Lattès, Paris.

Besuchen Sie uns im Internet:
www.knaur.de

Vollständige Taschenbuchausgabe 2003
Droemersche Verlagsanstalt Th. Knaur Nachf., München

Umschlaggestaltung: ZERO Werbeagentur, München
Umschlagabbildung: Corbis, Düsseldorf
Druck und Bindung: Clausen & Bosse, Leck
Printed in Germany
ISBN 3-426-62260-2

2 4 5 3 1

»Was macht heroisch?
Zugleich seinem höchsten Leide
und seiner höchsten Hoffnung
entgegengehen.«

Friedrich Nietzsche
Die Fröhliche Wissenschaft

Vorwort des Autors

In diesem Buch wird der Leser auf mehrere Erwähnungen »großer Sanduhren« und »kleiner Sanduhren« stoßen, wenn es darum geht, eine Zeitspanne zu bestimmen. Im 11. und 10. Jahrhundert v. u. Z., zu jener Zeit also, in der unsere hier erzählte Geschichte spielt, gab es drei Arten, die Zeit zu messen: die Sonnenuhr, auch Gnomon, Schattenstab, genannt, konstruiert etwa 3500 Jahre v. u. Z. in Ägypten; die Wasseruhr, um das 14. Jahrhundert v. u. Z. ebenfalls in Ägypten erfunden; und die Sanduhr, die vermutlich zur gleichen Zeit entwickelt wurde wie Glas, also ungefähr dreitausend Jahre v. u. Z.

Sonnenuhren wurden in der Regel nur in sehr sonnigen Ländern und während der Sommerzeit verwendet. Wasseruhren mussten fest installiert werden und waren nur schwer zu transportieren. Das einzige gebräuchliche und praktische, da zu jeder Tages- und Nachtzeit verwendbare Instrument war die Sanduhr. Man konnte sie auch auf Feldzüge mitnehmen, und es spricht alles dafür, dass Sanduhren die bei den Hebräern am meisten verbreiteten Zeitmessgeräte waren. Sanduhren basierten auf einer Einteilung des Tages in zwölf Abschnitte zwischen Sonnenaufgang und Sonnenuntergang. Aufgrund der Abweichungen zwischen Winter- und Sommertagen konnten ihre Werte allerdings zwischen vierzig und achtzig Minuten schwanken. Natürlich war dies bekannt, und sicher liegt darin der Grund, warum es kleine und große Sanduhren gab.

Man muss auch daran erinnern, dass zu jener Zeit nirgendwo so etwas wie eine Geldwirtschaft existierte; es gab lediglich Tauschhandel. Dem Leser des zweiten Buches Samuel unterläuft daher zweimal ein unfreiwilliger Anachronismus, wenn er glaubt, es handle sich um Geldsummen im heutigen Sinn, als David von dem Jebusiter Arauna das Gelände kaufte, auf dem später der Tempel erbaut wurde. Die dort genannten »Silberschekel« bezeichnen keine Geldmünzen, sondern ein Gewicht (wie später Pfund oder Unze), und zwar ein Gewicht von sechs Gramm. Die fünfzig Silberschekel, die David für das Gelände des künftigen Tempels bezahlte, entsprachen also dreihundert Gramm Silber, damals sicherlich eine beträchtliche Summe.

I

Der zukünftige König

I

Der Hirte

Der schwarze, zornige Himmel über Judäa entlud sich im Donnergrollen eines Frühlingsgewitters. Ein einziger Riss, aus dem es hell funkelte, teilte die schwarzen Wolken, und ein Bündel von Sonnenstrahlen fiel auf eine Wiese, auf der ein Hirte seine Schafe weiden ließ, nicht weit entfernt von den letzten Häusern Bethlehems.

Der Hirte hob den Blick und war geblendet. Er lachte über dieses seltsame Licht, das seiner Schönheit schmeichelte. Seine Schönheit war in Bethlehem wohl bekannt: Er war David, das heißt der Geliebte, der achte und jüngste Sohn Isais, des Enkels von Boas und der Moabiterin Ruth. Er war siebzehn Jahre alt. Sein schlanker Körper war wie aus Bernstein und Bronze, seine Augen golden wie Honig. Er war fröhlich, mutig und zugleich verträumt. Die Mädchen mochten ihn, und die Knaben suchten es ihm gleichzutun, denn er war geschickt – ein Stein, den er mit seiner Schleuder warf, brachte einen Fuchs auf hundert Fuß zur Strecke. Nur eins war merkwürdig an ihm: Er hatte keine einzige Narbe. Denn er hatte keine Feinde – mit einem Lächeln wich er ihnen aus.

Als er den Nacken nach oben bog, glitt ihm die Kapuze vom Kopf, und die Sonne ließ sein kupferhelles Haar golden aufleuchten. Er zog eine Lyra aus seinem Beutel, deren geschwungene Linien den Hüften einer Frau glichen. Der beste Handwerker am Ort hatte sie ihm nach einem Modell, das er in Jerusalem bewundert hatte, aus Eibenholz nachgebaut. Sie zeigte bereits die Patina häufigen Gebrauchs. David zupfte die Saiten, und die hohen Klänge stiegen auf in die kühle Luft. Mit jugendlicher Leidenschaft stimmte er ein Liebeslied an, das eine Angebetete bezaubern sollte. Text und Melodie hatte er selbst verfasst.

Fünfzig Meilen entfernt stillte Blut den Durst der Götter. Saul, der erste König Israels, war dabei, das Gebiet der Philister zu erobern. Auch Saul war schön, doch er hatte sich den Unmut des Propheten Samuel zugezogen. Seine Schönheit nützte ihm daher nichts.

Doch von all dem ahnte David nichts. Ohne etwas vom Schrecken und der Gewalt der Leidenschaften zu wissen, sang er und betrachtete den Regenvorhang, der gen Jerusalem zog, während das Donnergrollen am Himmel sich entfernte. David war jung, doch er konnte auch durch den Regen sehen.

Im Augenblick sah er vor allem einen Schakal, der zweihundert Fuß weiter durch das hohe Gras auf die Mutterschafe zuschlich. Er erkannte deutlich das Rückgrat, das sich über der Wiese wölbte, und hin und wieder den Kopf, der sich kaum hob. David bückte sich, um zwei oder drei scharfe Kiesel zu suchen, zog die Schleuder aus seinem Sack und richtete sich wieder auf. Die Schleuder kreiste und ließ dann den Stein losschnellen. Das jämmerliche Aufheulen des Schakals zeigte David an, dass er richtig gezielt hatte. Die Schafe gerieten in Panik, während der Schakal sein Heil in wilder Flucht suchte. Ein Regenbogen verband die Berge Jerusalems mit dem Terebinthental dort im Osten.

2

Der Baum

»Unreines Blut«, murmelte Samuel beim Aufwachen, mit noch geschlossenen Augen. Die Worte waren ihm unwillkürlich über die Lippen gekommen, und das beunruhigte ihn; wenn Worte ihm so entschlüpften, mussten sie ihm eingegeben worden sein. Doch er hatte nicht das Licht des Allmächtigen gesehen, wie es sonst bei einer göttlichen Eingebung war. Sicher hatte er geträumt, aber er hatte nicht das Licht gesehen. Zumindest nicht direkt. In dem Traum hatte sich ein Baum zu einem klaren Himmel aufgereckt, ein junger, grünender Baum, der sich vom Mittagshimmel abhob. Eine Vision von Ruhm, das Versprechen von Leben am Firmament des Allmächtigen. Doch ein anderer Baum machte ihm den Platz streitig, ein alter Baum, krumm und schwarz. Samuel schlug die Augen auf und unterdrückte ein Seufzen. Dieser andere Baum, er war das Symbol des unreinen Blutes. Samuel keuchte, um seinen Schmerz auszuatmen. Er begann seinen Traum und seine ersten Worte beim Erwachen zu begreifen. Eine ungeheure Prüfung wartete auf ihn. Der alte Baum musste mitsamt den Wurzeln ausgerissen werden. Doch er, Samuel, war es, der ihn gepflanzt hatte. Dieser Baum war das Haus Sauls, Sohn des Benjaminiten Kisch, der durch Samuels eigene Hand König geworden war.

Zudem war der Traum im Moment ganz unangebracht. Zur selben Stunde kämpfte Saul gegen die Amalekiter.

Am Vorabend hatte man in Bethel noch keinerlei Nachricht von der Schlacht erhalten, die im Süden ausgetragen wurde.

Samuel streckte sich vorsichtig unter seiner Ziegenhaardecke, damit er keinen Krampf bekam. Ein fahles Licht über der Zeltspitze zeigte ihm an, dass der Morgen angebrochen war, ein kühler Morgen, wie ein eisiger Luftzug ihn spüren ließ. Bethel, der alte Sitz der Patriarchen, war kalt im Monat des Passah. Samuel drehte sich zu seiner Frau Miriam um und sah nur eine graue Haarsträhne unter der erdfarbenen Wolldecke. Sie hatte ihr Haus in Rama verlassen, um ihn, den Richter Israels, bei seinen jährlichen Besuchen in Bethel, Gilgal und Mizpa zu begleiten, da sie ohne ihn nicht leben konnte. Er stützte sich auf den Ellenbogen. Die Sklavin schlief zu Miriams Füßen, zusammengerollt in ihrer Decke. Stimmen drangen an sein Ohr, gedämpft durch die doppelt gefaltete Zeltleinwand. Er setzte sich auf, ergriff den Stab, der neben ihm lag, kam mühsam auf die Beine und schlüpfte in seine Sandalen.

Das Rascheln des Strohs und der Luftzug weckten Miriam.

»Es ist erst Morgengrauen, ruhst du dich denn niemals aus?«, fragte sie.

Er antwortete nicht, sondern knotete die Zeltschnüre auf und trat hinaus. Zu seinen Füßen leuchteten grün die Hügel und Ebenen Judäas, junges Getreide, und näher an der Stadt Gemüse- und Obstgärten. Ein Windhauch strich über einen nahen Hain von Mandelbäumen und blies zarte Schneeflocken von Blütenblättern auf, die einen herben, jugendfrischen Duft verströmten.

»Dein Mantel!«, rief Miriam vom Zelteingang her. Ohne sich umzudrehen, nahm Samuel ihn und hüllte sich darin ein. »Ich mache Milch warm«, fügte sie hinzu. Er drehte sich immer noch nicht um, doch sie wusste, dass er sie gehört hatte. Er vermied es sie anzusehen, wie damals, als sie jung und schön gewesen war. Sie kränkte sich nicht mehr darüber. »Du wirst immer jung und schön sein«, hatte er ihr eines Tages gesagt, als sie ihm diese Nichtbeachtung vorgeworfen hatte. Er hatte sie ermahnt, dass sie ihn nicht vom Allmächtigen ablenken durfte, denn er war Samuel, der große Seher. Und der Blick der Propheten durfte sich nur auf den Allmächtigen richten.

Die beiden Wachen, die ihm vom Rat der Alten Bethels zugewiesen worden waren, eilten zu ihm und küssten ihm die Hände. Sie waren offensichtlich sehr aufgeregt, und Samuel warf ihnen einen fragenden Blick zu.

»Seher! Saul hat gesiegt!«, riefen sie und breiteten die Arme aus. Ihre Gesichter waren verzückt, ihre Augen feucht. »Saul und sein Sohn Jonathan! Sie haben die Amalekiter besiegt! Agag, der König von Amalek, ist Sauls Gefangener!«

Samuel legt jedem der beiden eine Hand auf die Schulter. »Der Allmächtige ist mit uns«, erklärte er schlicht. Sie hielten seinem ebenfalls tränenvollen Blick stand, ergriffen seine Hände und pressten sie an ihre Lippen.

»Agag ist also nicht tot?«, fragte Samuel.

»Wir wissen es nicht.«

»Wo sind die Boten, die euch das mitgeteilt haben?«

»Sie sind wieder aufgebrochen, um die Nachricht auch anderswo zu überbringen. Als Erstes in Jericho.«

Samuel sank in tiefe Nachdenklichkeit, die ihnen endlos schien. Ihre ausgelassene Freude passte schlecht zur Schweigsamkeit dieses alten Mannes.

»Seher, du bist der Berufene Gottes!«, riefen sie, um das

Schweigen zu brechen, das auf ihnen lastete. »Man hat uns gebeten, dir zu sagen, dass es heute nur ein einziges Urteil geben soll – über das Los der Witwen und Töchter der im Kampf Gefallenen. Wirst du anschließend die Feierlichkeiten leiten?«
Er nickte und entfernte sich, nahm eine Schaufel aus seinem Mantel, grub ein Loch und kauerte sich darüber. Nachdem er sich erleichtert hatte, warf er noch einige Schaufeln Erde auf seine Ausscheidungen und stieg zum Gipfel des Hügels hinauf, zum Altar Abrahams. Der Altar war kaum noch rund, da der Stein stark verwittert war, doch vor dem geistigen Auge blieb er ein vollkommener Kreis. Hier hatte der erste der Patriarchen sein Zelt aufgeschlagen, und hier hatte Jakob seine Traumvision gehabt. Und hier hatte man die Bundeslade wieder gefunden. Über diesem Hügel schwebte der Allmächtige häufiger als über den anderen; es war, als läge ein Schwirren von Flügeln in der Luft. Samuel streifte mit dem Fuß die lilafarbenen Herbstzeitlosen.
Vor dem Altar versenkte er sich in Gedanken. Wieder einmal erboste es ihn, dass er niemanden dort antraf, und auch nicht die Spur eines Opfers. Er dachte an Sauls neuerlichen Sieg. Sieg, ja, aber hatte Saul seine Anweisungen beachtet? Samuels Blut kochte bei dem Gedanken, dass es anders gewesen sein könnte. Er hatte Saul befohlen, nach dem Willen Jahwes das gesamte Volk dem Untergang zu weihen, vom König bis zum Neugeborenen. War nicht er, Samuel, der einzige Übermittler des göttlichen Willens? Die Amalekiter mussten vollkommen ausgelöscht werden, mit Stumpf und Stiel. Nach dem Sieg gegen die Philister, vor ein paar Wochen, hatte Saul Samuels Anordnungen nicht gehorcht. Er hatte nicht auf ihn gewartet, um am Heiligtum Gilgal,

in der Nähe von Jericho, das Opfer zu feiern. Er war ein Rebell, dieser Saul, kein Berufener Gottes. Er hatte sich gegen das Wort Jahwes aufgelehnt, das Samuel ihm übermittelt hatte. »Unreines Blut«, wiederholte Samuel, diesmal gehässig.

Dann sah er nach oben und suchte mit dem Blick nach dem Baum, den er im Traum gesehen hatte. »Das Alter ist bitter«, dachte er. Sein Baum hatte nur bittere Früchte getragen. Denn wären seine Söhne Joel und Abija Gerechte gewesen wie ihr Vater, sähe nun alles anders aus. Bitterkeit grub sich in sein faltiges Gesicht. Es war nur mehr eine ledrige Maske, auf der ein weißer Bart spross, weiß wie vereinzelte Haarbüschel auf dem Haupt, durch die der Wind zauste.

Doch der große Seher ließ sich nicht lange vom Kummer beherrschen. Er war der Letzte der Richter Israels, Sprachrohr der einzig existierenden Gottheit zur Erde. Er richtete sich auf und blickte herrisch über das Land, vermied es aber, nach Süden zu sehen, zu den Städten der Philister. Es war das Gebiet, auf das zu achten ihm aufgetragen war. Es sah aus, als zöge Regen auf, der das junge Getreide bewässern würde. Sicher blieb es so bis zum Ende der Zeiten; die Tränen der Alten tränkten die Jugend.

Als Samuel wieder herabgestiegen war, fuhr ein Riss durch den blauen Himmelsmantel. Ein unaussprechlich starkes Gefühl stieg im Herzen des Propheten auf. Der Baum! Der Baum! Innerer Friede wurde ihm jedoch immer noch versagt.

3

Die Weissagung der Zauberin von Jericho

Die Frau beugte sich über die Feuerstelle aus großen flachen Steinen und warf Eichenzweige darauf. Das Holz war noch grün und zudem nass von den kürzlich niedergegangenen Regenfällen. Dichter, bläulicher Rauch stieg auf. Angesogen von einem Loch im Dach verdichtete sich der Rauch zu einer Säule, die manchmal die Wahrsagerin so einhüllte, dass sie vor den Blicken ihres Besuchers verborgen war. Es war Abiel, einer der Vertrauten Sauls, der nun auf einem Teppich auf dem Boden saß und unruhig beobachtete, wie die Zauberin von Bethlehem sich anschickte, die Zukunft seines Herrn und Königs zu weissagen. Als Bezahlung hatte er ein Paar Hühner mitgebracht, die an den Krallen zusammengebunden waren und zu Tode erschreckt die Augen verdrehten.

Die Zauberin setzte sich schließlich auf einen Schemel und wandte Abiel ihr welkes Gesicht zu, aus dem die mit Antimon umrandeten Augen im Widerschein der Glut aufblitzten.

»Du bist gekommen, weil du Angst hast«, sagte sie mit leiser, rauer Stimme. »Und deine Angst ist schon deine Antwort. Du kannst deine Vögel nehmen und gehen. Der Herr deines Herrn hat unser Gewerbe, das Wahrsagen und Totenbeschwören, verboten, und du

wirst mich einsperren lassen, wenn ich eine Bezahlung von dir annehmen würde.«
Erschrocken schüttelte er den Kopf. »So etwas würde ich nicht tun«, protestierte er.
»Dann geh. Du weißt schon alles, was du angeblich von mir erfahren willst, und willst nur, dass ich es bin, die es offen ausspricht.«
»Ich weiß nichts«, stammelte er.
»Du hast Augen zu sehen und Ohren zu hören und weißt nichts?«, entgegnete sie sarkastisch. »Hast du nicht gesehen, dass der Herr deines Herrn entschieden hat, ihn ins Verderben zu stürzen?«
»Saul hat keinen anderen Herrn außer Jahwe ...«, brachte Abiel aus trockener Kehle hervor. »Hast du einen Schluck Wasser für mich?«
Sie stand auf, nahm einen Tonkrug vom Fensterbrett und reichte ihn ihm. »Trink«, sagte sie, im selben sarkastischen Ton. »Es ist Wasser. Bald wirst du Blut trinken!«
Er verschluckte sich beinahe und setzte den Krug ab.
»Samuel!«, rief die Zauberin und beugte sich zu ihrem Besucher. »Samuel wird euch Blut zu trinken geben, weißt du das nicht? Samuel! Der wahre Herr deines Herrn! Er hat Saul nur wider Willen zum König gesalbt! Er wollte keinen König, hat er das nicht oft genug gesagt? Die Juden hätten nur einen König, hat er erklärt, und das sei Jahwe. Nicht gesagt hat er aber, dass er sich selbst als Stellvertreter dieses Gottes auf Erden betrachtet! Saul hat ihm seine Krone entrissen! Und das wird Samuel ihm nie verzeihen!«
»Frau, du lästerst Gott!« Abiel schrie entsetzt auf.
Sie sah ihn einen Augenblick lang an; man hätte nicht sagen können, ob verachtungsvoll oder mitleidig.

»Nun geh. Kehr zurück an deinen Sklavenhof! Denn dein König ist ein Sklave, er ist der Sklave Samuels, er ist sein Hund! Er zittert vor ihm, und jedes Mal, wenn er sich von ihm losmachen will, droht Samuel mit der schlimmsten Rache, die vorstellbar ist: Saul würde vor den Augen Jahwes in Ungnade fallen! Also auch in Ungnade vor den Augen seines Volkes!«
Abiel stöhnte und schlug die Hände vor die Augen.
»Du weißt das alles! Du weißt, dass dein Herr gekämpft hat wie ein Löwe, dass er, sein Sohn und ihre Soldaten die Philister geschlagen haben – obwohl sie fast keine Waffen hatten! Du weißt es, denn du warst dabei! Aber glaubst du, dass Samuel ihnen deshalb Dank gewusst hätte? Nein, er hat behauptet, sie seien bei diesem Sieg nur die Werkzeuge Jahwes gewesen. Während sie ihr Leben aufs Spiel setzten, reiste er herum, um Gericht zu halten, denn er nennt sich Richter, erwählt von eurem Gott. Und als Saul, voller Sorge, weil immer mehr Soldaten seines Heers desertierten, den von Samuel festgesetzten Zeitpunkt des Opfers vorverlegte, behauptete dieser Prophet, dein König habe dem Willen des Herrn getrotzt! Glaubst du denn, euer Herr ist blind? Glaubst du nicht, dass er Saul schon hundertmal vergeben hat? Doch Samuels Rachsucht ist grenzenlos!«
»Frau, du lästerst Gott! Samuel ist ein Heiliger, er ist der große Seher, und er hat Saul gesalbt«, widersprach Abiel.
»Ja, er hat Saul gesalbt, weil Saul schön ist, während Samuels Söhne Joel und Abija nicht nur hässlich, sondern auch bestechlich sind. Weißt du nicht, dass die Söhne des großen Sehers sich bestechen lassen? Sie wollen ebenfalls Richter sein, aber sie lassen sich kaufen! Weißt du nicht, dass ihre Korruptheit der Grund

war, warum die Ältesten Israels von Samuel die Einsetzung eines Königs gefordert haben? Doch Samuel wollte einen König, der ihm seine Söhne ersetzen und ihm völlig ergeben sein sollte, der ihm vollkommen gehorchen würde, wie seine Söhne es nicht getan haben!«

Abiel rang nach Luft.

»Du bist eine Hexe«, murmelte er.

»Und eine Hexe wolltest du doch aufsuchen, Soldat, nicht wahr? Wen wolltest du um Rat fragen? Eine blütenzarte Jungfrau, die dir köstliche Geschichten erzählt?«

»Ich wollte mir die Zukunft weissagen lassen«, erwiderte er. »Ich bezahle dich dafür.«

»Die Zukunft liegt in der Vergangenheit, Soldat. Dein König ist verloren, weil er schwach ist. Der wahre König Israels ist dieser rachsüchtige, stolzbesessene Greis namens Samuel, dessen Ehrgeiz vereitelt worden ist. Du brauchst nichts zu bezahlen, alles ist abgerechnet, alles ist abgewogen, alles steht geschrieben. Saul wird noch einmal versuchen, sich von Samuel zu befreien, und dieser wird ihn verfluchen.«

»Sag mir die Zukunft, mehr verlange ich nicht von dir«, wiederholte Abiel leise.

Er schloss die Augen, und sie sah ihn lange an. Dann stand sie auf, nahm einen der Töpfe vom Regal, stellte ihn auf ihren Schoß und warf eine Hand voll Pulver daraus auf die Glut.

»Sieh her!«, befahl sie.

Abiel öffnete die Augen. Die Flammen kräuselten sich auf ungewöhnliche Art, färbten sich bläulich und wurden allmählich zischend rot. Abiel richtete sich zur Hocke auf, als wollte er gleich flüchten.

»Sieh her! Das ist Blut!«

»Wann?«
»Wer kann die Zeit berechnen?«
Der Soldat stieß einen Schrei aus wie ein erschrockenes Kind.
»Und danach?«, fragte er klagend weiter.
»Wird es einen anderen König geben.«
»Wen?«
»Wenn Samuel ihn erwählt, wird auch er schön sein.«
Der Soldat sank gegen die Mauer.
»Und deinem König wird man Gottlosigkeit vorwerfen«, fügte sie traurig hinzu.
»Was soll ich tun?«, seufzte er, ohne auf eine Antwort zu hoffen.
»Willst du die Menschen ändern?«
Mühsam stand er auf und reichte ihr die beiden Vögel.
»Nimm sie, ich habe nicht mehr die Kraft, sie zu tragen.«
Die Zauberin zuckte die Achseln. »Von der Jugend zum Greisenalter ist beim Menschen kaum ein Übergang«, murmelte sie, erhob sich und öffnete die Tür. Abendluft drang herein und blies durch die Rauchsäule. Schweren Schrittes trat der Soldat hinaus.
»Du kannst morgen wiederkommen und dein Geflügel essen!«, höhnte die Hexe.
Er hörte sie nicht oder wollte sie nicht hören. Die Nacht verschluckte ihn.

4
Der Mord

Als es Mittag schlug, lief ein Gerücht durch die Straßen und Gassen Jerichos, die noch feucht vom letzten Regenguss glänzten. Gleich in der Nähe, am Altar von Gilgal, hatte Saul dem Herrn als Dank für seinen Sieg gegen die Amalekiter ein Opfer dargebracht, nachdem er auf dem Berg Karmel ein Denkmal zu seiner eigenen Ehre errichtet hatte. Dort hielt er auch seit einer Woche Agag gefangen, den König Amaleks.

Samuel, der große Seher der Juden, sei unterwegs hierher, besagte das Gerücht.

Nur wenige in Jericho wussten so recht, wer der große Seher war. Außer den Männern Sauls und einigen jüdischen Kaufleuten lebten hier vor allem Menschen, die aus der Wüste Araba stammten, Nabatäer, Idumäer, Syrer und andere Anbeter wilder oder obszöner Gottheiten, seit Jahrhunderten hier ansässig. Da so wenige von Samuel wussten, wurde die Gerüchteküche umso mehr angeheizt. War dieser große Seher ein Hexenmeister? Ein Zauberer, versicherten die einen, ein Prophet, sagten die anderen. Ganz sicher ein König, aber aus welchem Land? Nein, ein Gott. Manche Leute beteuerten, sie hätten ihn mit großem Gefolge vorbeifahren sehen, und schmückten ihre Beschreibungen prachtvoll aus. Den König der Juden wolle er aufsuchen, hieß es, und diese Vermutung war als Einzige begründet. Um Sauls Zelt und seine winzige Heerschar herum sammelten

sich Gaffer und Schaulustige, die mehr herauszubekommen versuchten, doch die Wachen hielten sie auf Abstand. Auch sie, denen die schlechte Laune einiger Vertrauter des Königs einen Vorgeschmack auf unangenehme Ereignisse gegeben hatte, waren dem großen Seher gegenüber eher zurückhaltend eingestellt.
Samuel war jedoch allein auf einem Maultier in die Stadt geritten, unbemerkt, ein kleiner grauer Mann in einem erdbraunen Mantel auf einem erdgrauen Maultier.
Er trabte am Lager der Juden vorbei. Respektvoll wichen die Soldaten diesem gestrengen Greis aus, der sie nicht einmal beachtete. Kaum dass er einen Augenblick anhielt, um zu fragen, wo Sauls Zelt sei – den Titel »König« erwähnte er nicht. Vor dem Zelt stieg er ab, ein Soldat nahm sein Reittier am Zügel. Ohne die Kapuze seines Mantels zurückzuschlagen, hob Samuel den Zeltvorhang und trat ein.
Saul saß auf einem Kissen, umringt von seinen vier Söhnen Jonathan, Jischwi, Abinadab, Malkischua und einigen Hauptleuten. Sie teilten sich eine einfache Mahlzeit, gebratene Tauben und Linsen mit Frühlingszwiebeln. Samuel betrachtete sie kalt, ohne jeglichen hintergründigen Spott. Spott hätte schon eine gewisse Umgänglichkeit ausgedrückt, und umgänglich war er nicht. Saul wischte sich den Bart und die Finger ab und erhob sich als Erster. Beide Männer maßen sich mit Blicken. Ein Greis, vom Alter gebeugt, verborgen hinter dem Grau seiner Brauen und seines Vollbarts. Ihm gegenüber ein Mann in den besten Jahren, mit kräftigen Beinen und mächtigem Brustkorb, das Gesicht noch kaum von den Jahren gezeichnet, und wenn, dann eher vorteilhaft. Die Hakennase gab ihm ein stolzes Profil,

die Furchen um die Mundwinkel sprachen von beherrschter Beredsamkeit. Kühnheit stand auf seiner Stirn, sein Kinn zeugte von Mut, seine Augen blitzten lebhaft. Er war der Kriegsherr, der die großsprecherischen und verächtlichen Nachbarn, die Moabiter, Ammoniter, Edomiter, Zobahiter und Philister mit Steinen und Stöcken überrannt hatte, denn das Volk der Juden besaß als Waffen nur Schleudern und zugespitzte Holzspieße.

Der König ging endlich die wenigen Schritte auf seinen Besucher zu und umarmte ihn, wie es offizieller Brauch war. Es war eine steife Umarmung. Als Saul sich löste, sah er Samuels finstere Miene. Man sah Samuel zwar nie anders, aber nach einem Sieg hätte man doch ein wenig mehr Liebenswürdigkeit erhoffen können. Die jungen Königssöhne und die anderen Hauptmänner hatten sich erhoben und beäugten ihn argwöhnisch.

»Du hast gewiss Hunger, möchtest du unsere Mahlzeit mit uns teilen?«, fragte Saul und zeigte auf die Teller.

Samuel hatte ihn anscheinend nicht gehört, sondern fixierte Saul mit demselben kalten, rätselhaften Blick wie zuvor. Sauls Haltung veränderte sich kaum merklich.

»Wir haben gesiegt, Seher«, sagte er schließlich.

»Der Allmächtige hat für uns gesiegt«, entgegnete Samuel. »Aber warum höre ich hier Schafe blöken? Und woher kommt das Vieh, das ich hier in der Umgebung sehe?«

»Es sind die Tiere der Amalekiter, die wir als Opfer für den Herrn ausgewählt haben.« Saul runzelte die Brauen. Samuel warf ihm einen finsteren Blick zu und malmte mit den Backen, bevor er weitersprach.

»Stimmt es, dass du Agags Leben verschont hast?«

»Er ist mein Gefangener«, antwortete Saul.
Samuel stieß einen Wutschrei aus.
»Du hast dich meinem Befehl widersetzt!«, rief er. »Du hast dem Herrn nicht gehorcht! Der Herr hat mich geschickt, um dich zum König zu salben! Habe ich dir nicht seine Befehle übermittelt? Hast du sie nicht gehört? Bist du taub? Hat nicht der Herr der Heerscharen dir durch meine Stimme befohlen, die Amalekiter für das zu bestrafen, was sie Israel angetan haben? Sie zu züchtigen, weil sie die Juden angegriffen haben, als sie aus Ägypten auszogen?«
Saul, seine Söhne und die Hauptmänner sahen den Propheten an, ganz außer Fassung über diesen Wutanfall.
»Ich habe sie vernichtet«, erwiderte Saul dem Greis ruhig. »Ich habe die Alten und die wehrlosen Frauen und die Säuglinge töten lassen. Alle habe ich sie niedergemetzelt, von Hawila bis zur Wüste Schur. Was willst du noch mehr?«
»Ich?«, schrie Samuel mit überschnappender Stimme. »Was ich will? Es geht nicht um meinen Willen, Saul, sondern um den Willen deines Herrn! Warum hast du das Vieh verschont, das hier weidet?«
»Um es dem Herrn zu opfern, das habe ich dir doch gesagt.«
»Glaubst du, der Herr braucht Opfer?«, grollte Samuel. »Nein, Saul, nein! Er braucht deinen unbedingten Gehorsam!«
Mit seinem knotigen, steifen Finger deutete er auf Saul. »Unbedingt! Hat der Herr dir nicht befohlen, alles Vieh der Amalekiter zu töten? Und wie viele hast du verschont? Du hast deinem Herrn, dem einzigen Gott Israels, nicht gehorcht!«
»Ich habe mich seinem Willen nicht widersetzt«, ent-

gegnete Saul mit harter Stimme. »Ich habe die Amalekiter vernichtet, und ihre Herden werde ich dem Herrn opfern, dessen Botschaften du angeblich übermittelst. Wozu soll es gut sein, Vieh zu töten, das keine Hirten mehr hat, Kühe, deren Milch niemandem mehr Nahrung gibt, Lämmer, deren Fleisch niemanden mehr fett macht, Kamele, die niemanden mehr tragen werden?«

»Rechtest du mit dem Herrn?«, donnerte Samuel, der immer erzürnter wurde. »Du lästerst Gott! Ich habe dich zum König gemacht, und du lästerst Gott!«

Er stürzte sich auf Saul, der ihn mit fester Hand von sich abhielt.

»Der Herr der Heerscharen braucht deine Opfer nicht! Und warum hast du Agag verschont?«

»Ist der Herr der Heerscharen nicht auch der Gott der Milde?«, konterte Saul zornig.

»Gotteslästerung! Gotteslästerung!«, kreischte Samuel. »Der Herr hat dir das Königreich Israel anvertraut, er nimmt es dir nun wieder und gibt es einem anderen!«

Die drei Königssöhne und die Hauptmänner schrien empört auf. Saul wurde bleich. Wenn dieser zornbesessene Greis überall verkündete, Gott habe Saul seine Gunst entzogen, würde ihm mehr als einer Glauben schenken. Bereits jetzt waren schon zu viele desertiert.

Samuel drehte sich um und wollte das Zelt verlassen, doch Saul packte ihn so fest, dass der Mantel des Alten riss.

»Seher!« Sauls Stimme bebte vor Wut. »Du verlässt dieses Zelt nicht lebendigen Leibes, wenn du diese Worte nicht zurücknimmst!«

»Gotteslästerer!«, schrie Samuel.

»Wiederhole dieses Wort noch einmal außerhalb dieses

Zeltes, und ich werde sagen, dass die Missetaten deiner Söhne ihres Vaters würdig sind. Hörst du, Seher?«
Samuels Gesicht war aschfahl und verzerrt vor Wut.
»Wiederhole draußen ein einziges Wort von dem, was du hier gesagt hast, und ich werde erklären, dass du versucht hast, mich zu bestechen. Und man wird es glauben, Samuel, weil deine Sippschaft bestechlich ist!« Er packte den zerrissenen Mantel fester. »Niemand wird dir mehr glauben, Seher, du wirst nicht mehr in Bethel, Jericho oder anderswo Recht sprechen, denn man wird dir ins Gesicht lachen! Jeder wird sagen, du hättest dir Vorteile von dem König erschleichen wollen, den du gesalbt hast!«
Saul ließ den Alten los.
»Du hast dem Herrn nicht gehorcht«, wiederholte Samuel mit rauer Stimme und fixierte Saul aus blutunterlaufenen Augen.
»Was willst du tun, Seher?«
»Ich werde einen anderen König salben!«
»Du wirst nichts dergleichen tun, das weißt du, denn es wäre sofort um dich geschehen. Ein Mann käme in der Nacht, der dich mit einem einzigen Stein erschlagen würde, dich und deinen anderen König. Ich wiederhole: Was willst du tun?«
»Lass Agag kommen.«
»Wozu?«
»Lass Agag kommen; ich habe keine Angst vor dem Tod. Lass den Gefangenen kommen, oder es ist sofort um dich geschehen, Saul. Das Wort des Herrn muss sich erfüllen.«
Sie starrten einander eine Weile lang ins Gesicht. Dann wandte Saul sich an die Männer, die der Szene wie erstarrt beiwohnten.

»Bringt Agag«, sagte er.
Jischwi und einige Hauptmänner gingen hinaus.
»Fordert der Herr Menschenopfer?«, fragte Jonathan.
»Gotteslästerer, Sohn eines Gotteslästerers!«, knurrte Samuel.
Die Nacht war hereingebrochen. Malkischua holte Lampen. Jischwi und der Hauptmann kamen mit Agag in ihrer Mitte zurück. Er war ein kleiner Mann, der sich gerade hielt, aber hinkte. Mit seinem hageren, listigen Gesicht sah er langsam von einem zum anderen, bis sein Blick an Samuel hängen blieb, den er noch nie gesehen hatte.
»Die Bitterkeit des Todes ist nun wohl vorbei«, sagte er.
»Dein Schwert hat unsere Frauen unfruchtbar gemacht«, antwortete Samuel, »und deine Mutter wird von jetzt an ohne Nachkommen sein!«
Samuel packte das Schwert, das an Sauls Gürtel hing, stürzte sich auf den Gefangenen und durchbohrte ihn mit einer Gewalt, die man von einem Mann seines Alters nicht erwartet hätte. Agag fiel stumm, nur ein langes Röcheln war zu hören. Sein Blut bildete eine dunkle Lache, die den Teppich zu besudeln drohte. Saul, seine Söhne und die Hauptmänner sahen entsetzt auf den Leichnam.
»Einen wehrlosen Gefangenen zu töten ist Mord«, erklärte Saul. »Ich will dich nie wieder sehen, Samuel. Hörst du, Seher?«
Samuel warf das Schwert neben die Leiche, ohne auf Sauls Worte zu achten. »Das Wort des Herrn ist erfüllt«, stieß er mit grausamer Stimme hervor. Er hüllte sich in seinen zerfetzten Mantel und trat hinaus in die Nacht.
Die Königssöhne und die Hauptmänner starrten reglos auf Agags Leichnam, jeder seinen Gedanken nachhän-

gend. Welche Macht hatte sich dieser Samuel angemaßt, dachte Saul. Bemächtigte sich seines Schwertes, um den Gefangenen eines Krieges umzubringen, bei dem er gar nicht mitgekämpft hatte.
Schließlich warfen sie eine Decke über die Leiche, rollten sie darin ein und trugen sie aus dem Zelt, um sie zu begraben. Saul nahm sein Schwert wieder an sich und säuberte es langsam mit einem Lappen, den er in Öl tränkte. Den schmutzigen Lappen warf er dann in das Feuer, das ein wenig entfernt vom Zelt brannte.
Die Soldaten, die um das Feuer saßen, warfen ihm fragende Blicke zu. Samuels Geschrei hatten sie nicht hören können, da der feste Zeltvorhang dicht abschloss, doch sie waren erstaunt darüber, wie abrupt der Seher das Lager wieder verlassen hatte. Flötenklänge waren in der Dunkelheit zu hören.
»Die Absichten des Allmächtigen haben sich erfüllt«, erklärte Saul ihnen.
Eine Weile sahen sie ihn nur an; der Feuerschein spiegelte sich in ihren Augen.
»Die Worte des siegreichen Königs sind mit Gold aufgewogen«, erwiderte schließlich einer der Soldaten.
Saul nickte.
»Teilt den Wein, den wir haben, unter euch auf.«
Bald erfüllte fröhliches Leben das Lager.
Als Saul wieder ins Zelt kam, hatte sein Sohn Jonathan bereits Erde geholt, die er über den blutgetränkten Boden streute. Jonathan sah ihn an, Tränen stiegen ihm in die Augen. Saul legte ihm die Hand auf die Schulter. Der junge Mann umarmte ihn und hielt die Tränen zurück.
»Die Erniedrigung des Vaters ist auch eine Erniedrigung für den Sohn«, sagte Saul. »Sonst wäre kein Sohn dieses Namens würdig.«

Stirn an Stirn standen sie so, bis die anderen drei Königssöhne und die Hauptmänner, die Agag rasch begraben hatten, zurückkamen. Sie bildeten einen schweigenden Kreis um Jonathan und Saul.

»Wer kann sagen, welcher Geist zu den Sehern spricht?«, fragte schließlich Saul und löste sich aus der Gruppe. »Vielleicht ist es der Herr, vielleicht ist es auch ein böser Geist. Der Sieg war unser, und die Worte eines besessenen Sehers werden ihn uns nicht nehmen.«

Schweigend hörten die anderen ihm zu. Es war das erste Mal, dass er Samuels Autorität bestritt.

»Es ist noch Wein da«, fügte Saul hinzu und zeigte auf das Tablett mit dem unterbrochenen Abendessen. »Morgen kehren wir zurück nach Gibea. Unser Sieg bleibt, die Worte werden verfliegen.«

»Ein Richter ...«, murmelte er jedoch, bevor er einschlief. »Wer hat ihm das Recht gegeben zu richten?« Seine Söhne hörten ihn, und es dauerte lange, bis sie Schlaf fanden.

Abiel, der nicht weit vom Königszelt saß, hatte die Auseinandersetzung mit Samuel gehört. Er hatte gesehen, wie der Seher sich den Staub von den Sandalen schüttelte, bevor er wieder auf sein Maultier stieg. Abiel war erstarrt, wie Lots Frau. Immer noch klangen ihm die Worte der Zauberin von Jericho in den Ohren.

5

Abimelechs Bericht

Ein paar Stunden nachdem Saul und seine Söhne nach Gibea zurückgekehrt waren, gab es keinen Topf mehr, der nicht auf dem Feuer stand, keinen Spieß, der sich nicht drehte. Wie Schnee wirbelte überall in den Gassen das Gefieder des gerupften Haus- und Wildgeflügels, von Gänsen, Truthähnen, Enten, Hühnern, Rebhühnern und Wachteln. Lämmer und Schafe wurden geschlachtet, seit die Bewohner Gibeas die ersten Soldaten gesehen und an ihren Mienen erkannt hatten, dass der ruhmreiche Siegesadler seine Schwingen über sie breitete. Jubelgeschrei erklang, Alt und Jung liefen aus den Häusern.

Als Saul zu Pferde und seine Söhne auf Maultieren den Hügel hinaufritten, auf dem Gibea lag, verbreitete sich die Nachricht, untermalt vom Geschrei der Kinder und Sklaven und vom Gebell der Hunde, bis der Lärm, der Schwalben und Hasen aufschreckte, sich schließlich in den Mandel-, Pfirsich- und Aprikosenbäumen und in den Weinbergen am Hang verlor. Dreitausend Männer, erschöpft und schmutzig, aber strahlend vor Stolz, erklommen den Weg des Ruhmes.

Die Leute stürzten auf Israels ersten König und seine Söhne zu, umklammerten ihre Hände, ihre Arme, ihre Knie, um sie mit Küssen zu bedecken, und nur mit Mühe konnte Saul endlich in sein Haus, von nun an ein Königspalast, gelangen, wo seine zwei Frauen ihn erwarteten, Ahinoam, die ältere, tief bewegt und mit vor Aufregung verzerrtem Gesicht, und sein junges Kebsweib Rispa, Mutter seiner beiden jüngeren Söhne. Man verbrannte ganze Baumgruppen, um Wasser für all die zerschlagenen Männer heiß zu machen, damit sie ihre schmerzenden Glieder entspannen konnten; man verband ihre Wunden und parfümierte ihr Haar. Dann füllte man den Wein aus den Fässern ab, bis auf den letzten Tropfen.

Am Abend feierte die ganze Stadt. Seit Sonnenuntergang psalmodierten Sänger sich die Stimme heiser. Tänzerinnen zeigten in den Gassen ihre Künste, bis sie mit ihren Kapriolen, nachgeahmt von übermütigen Jungen, in die Gärten um das Königshaus kamen, wo sich der größte Teil der Bevölkerung aufhielt. Sie schlugen Sistren und Triangeln, Flötentöne klangen süß, Tamburine vibrierten.

Endlich war die Stunde zu feiern gekommen. Es war Frühjahr, Judäa bot all seine Herrlichkeiten auf. Den heiteren Himmel, die liebliche Luft, die weichkrumige Erde. Über den Gärten des Palastes, ehemaliger Sitz der Philister, wölbte sich die einzige Decke, die siegreicher Kämpfer würdig ist: ein sternenklarer Himmel. Frauen liefen zwischen dem Haus und den königlichen Gärten hin und her und boten Speisen an – Kuchen, im eigenen Saft geschmortes Geflügel mit Kümmel und Koriander, gebratenes Lamm auf Spießen. Saul hatte bewilligt, dass man Feuer errichtete, um das Fleisch warm zu halten, und man schnitt neue Spieße zu, an denen sich das Fleisch drehen konnte. Sklaven schleppten Tonkrüge mit Wein heran.

Saul erschien. Nach einem warmen Bad und Massagen geschmeidig schreitend, das Haar mit Nardenöl parfümiert, gekleidet in einen neuen Lederrock mit goldbeschlagenem Gürtel, strahlte er geradezu den Ruhm und die Hochrufe aus, die ihm vorangingen. Den Bart trug er kurz geschnitten, ein Lächeln machte seinen ernsten Blick sanfter. Alles sprang auf, um ihn zu umarmen und ihm die Hände zu küssen, man bot ihm Leckerbissen oder ein Glas Wein an. Kinder klammerten sich an seine nackten Arme und seine Goldarmbänder, was ihn manchmal zum Lachen brachte. Dann hob er den Frechdachs auf die Arme und wirbelte ihn herum, zum großen Entzücken des kleinen Jungen oder Mädchens. Aber er war vor allem zu seinen Soldaten gekommen; er beugte sich über sie, während er durch die Gassen ging, ohne Rangunterschiede zu machen, kniete sich gelegentlich nieder, um mit dem einen oder anderen schwer Verwundeten zu sprechen, dem er mit manchmal durchdringender, manchmal nachdenklicher Miene die Hand auf die Schulter legte.

Manche wandten sich mit Leidenschaft an ihn. Sie klammerten sich an seine Arme, seine Hand, an den Saum seines Kettenhemdes und erzählten ihm mit ausladenden Gesten und erregter Stimme von ihren Heldentaten. Übertrieben vertraulich reckten sie ihm ihre Gesichter entgegen, mit nach Knoblauch riechendem Atem und speichelfeuchter Aussprache. Von weitem hätte man meinen können, es seien Hauptmänner, die einen Rekruten schalten, obwohl sie Saul ja mit Segenswünschen überschütteten. Manchmal delirierten sie und versicherten, einer ihrer Pfeile habe drei Männer zugleich durchbohrt, eine ihrer Lanzen habe sowohl Pferd als auch Reiter auf den Boden gespießt. Doch Saul lächelte weiterhin, nickte und geizte nicht mit besänftigenden Worten. In ihren Augen hatte er den Glanz erkannt, der von Rautenblättern und Wein aus Bilsenkraut herrührte, den starren Blick und die verengten Pupillen, klein wie Senfkörner. Um Müdigkeit, Hunger und Durst, worunter sie während der Schlacht ständig litten, zu ertragen, brauchten sie Rautenblätter und Bilsenkraut.[1] Ein paar Rautenblätter genügten, um sie unempfindlich zu machen: Ihre Muskeln waren ständig angespannt, ihr Blick durchdringend, wenn auch voll Wahnsinn, manchmal delirierten sie im Blutrausch. Um die Bitterkeit der Blätter zu überdecken, tranken sie dazu einen Schluck Wein aus Bilsenkraut, der ihnen von Magierinnen zubereitet wurde. Man brauchte diese Drogen, um Körper zu zerstückeln, Lanzen in Brustkörbe zu rammen, Hände und Arme abzuschneiden, den röchelnden Verwundeten den Garaus zu machen, um seine eigenen Wunden und gebrochenen Knochen auszuhalten ... Und um anschließend wieder zu menschlichen Wesen zu werden und den Blick Gottes und der Frauen auszuhalten, ganz zu schweigen von dem der Männer.

Die Philister nahmen vor den Schlachten solche Drogen, schließlich wollte man ihnen nicht allein diesen Vorteil lassen. Auch Saul hatte davon genommen, um am Ende schlafloser Nächte dem Morgengrauen und am Ende blutiger Tage der Nacht standzuhalten. Die Spannung, die sich während der Schlacht angestaut hatte,

1 Die Raute, *Ruta graveolens*, ein Gebüsch aus der Familie der Rutaceaen, die mehr als neunhundert Arten umfasst, war im Altertum sehr gebräuchlich. Ihre Blätter, die man trotz des bitteren Geschmacks kaute, halfen dabei, die Auswirkungen der glühend heißen Sonne zu ertragen, doch ihr Saft war in Wirklichkeit ein Tonikum für Nerven und Muskeln mit maßvoll halluzinogenen Eigenschaften. Das Bilsenkraut, *Hyoscyamus niger*, enthält die Nervenreizmittel Hyosciamin und Scopolamin.

und die Wirkung dieser Drogen zeigten nun ihre Folgen. Saul wusste, es war nicht nur der Wein, der die Männer sentimental und wehleidig werden ließ. Dann ließen sie sich fallen, gepackt von einer hartnäckigen Erektion. Und in neun Monaten würden alle Frauen im gebärfähigen Alter niederkommen. Diese Neugeborenen nannte man die Kinder der Raute und des Bilsenkrauts.
Sauls Söhne folgten ihm auf den Fersen, allen voran Jonathan. Jonathan, ein Abbild seines Vaters, mit demselben Reiterstolz und derselben herausfordernden Miene. Aber zu dieser stattlichen Erscheinung gesellte sich auch Unbekümmertheit – so leicht wie ein Granatapfel, der in der Sonne aufplatzt, verzog sich sein Gesicht zu einem Lachen. An diesem Abend, bekränzt mit dem Gold der Tapferkeit und des Sieges, riss man sich ihn unter Sauls belustigtem Blick beinahe gegenseitig aus den Händen. Frauen und Mädchen verschlangen ihn mit den Augen. Er genoss närrische Komplimente und Späße, fröhliche Augen und derbe Sprüche, wies Schmeichler mit verständnisvoller Hand zurück, war sich zugleich seiner Verführungskunst wie seiner Grenzen bewusst. Schließlich entfernten sich König und Prinzen von dem Fest, um wieder an ihren eigenen Herd zurückzukehren. Sie hatten genug Waffenbruderschaft gezeigt, sie schuldeten nun ihren Ehefrauen und Kebsweibern, ihren Kindern und Verwandten, dass sie mit ihnen zusammen waren.
Die Soldaten wurden gedrängt, das Einzige zu berichten, was des Anhörens wert war. Und so wurde in der einst verwünschten und traurig berühmten Stadt, die Saul und Jonathan von den Philistern zurückerobert hatten, an diesem Abend nahezu zweitausendmal

episch ausgeschmückt, was sich während der Schlacht zugetragen hatte.[2]

Nachdem die Schilderungen des Siegs über die Amalekiter genügend ausgeschöpft waren, verlangten die Zuhörer, von Heldentaten und Todesstößen gegen den Feind ebenso berauscht wie von Wein und Bier, erneut die Berichte vom Sieg über die Philister zu hören. Abimelech, ein mutiger Neunzehnjähriger und Hauptmann Jonathans, der seinen Kopfverband wie eine Krone trug und an beiden Feldzügen teilgenommen hatte, erklärte sich bereit. Hier und da flackerten Feuer zwischen den Büschen, um sie herum saßen Menschen, begierig nach Geschichten: alte Frauen und noch nicht heiratsfähige junge Mädchen, Greise und Ammen, kleine Jungen und Kebsweiber. Und Sklaven, denn die siegreichen Juden besaßen nun Sklaven. Man reichte Abimelech einen Honigkuchen und füllte seinen Becher erneut.

»Von allen Kriegern, die ich gekannt habe, ob Freund

2 Etwa zweihundert Jahre vor Sauls Erhebung zum König von Israel war Gibea, Hauptstadt des Stammes der Benjaminiter, Ziel einer Strafexpedition der anderen Stämme. Ein Levit aus Ephraim, der zusammen mit seiner Nebenfrau dort für die Nacht angehalten hatte, fand nur Zuflucht bei einem alten Mann, ebenfalls Ephraimiter, da die übrige Bevölkerung sich weigerte, ihn aufzunehmen. Nachts klopften die Männer Gibeas an die Tür des Alten und forderten, er solle seinen Gast herausgeben, damit sie ihn vergewaltigen könnten. Der Levit, der einen Streit vermeiden wollte, übergab ihnen als Ersatz seine Nebenfrau, die sie die ganze Nacht lang missbrauchten und deren Leichnam sie am nächsten Morgen auf die Schwelle des Hauses des Alten warfen (*Richter* 19, 1–30, und 20, 1–48). Eine Expedition von »vierhunderttausend Männern« (wahrscheinlich hundertmal weniger) wurde aufgestellt, um die Benjaminiter für diese Schandtat zu bestrafen. Der Stamm überlebte nur, weil ein paar sich retten konnten. Gibea, das ein Militärposten der Philister geworden war, wurde dank Jonathans Kühnheit erobert.

oder Feind«, begann er, »ist Jonathan der größte. Als wir vor vierzig Monden hier in Gibea ankamen, herrschten die Philister über die Gegend. Dreitausend Männer hatte Saul, den man zu unserem König bestimmt hatte, um sich geschart. Tausend davon gab er Jonathan. Wir hatten keine Waffen aus Eisen. Nur Saul und Jonathan besaßen ein Schwert und eine Lanze. Wir anderen waren mit Schleudern und mit Spießen ausgerüstet, deren Spitzen im Feuer gehärtet worden waren. Die Philister waren unzählig. Sie hatten Streitwagen, Pferde und Eisenwaffen, Schwerter und Lanzen. Ein Kind angesichts eines Schakals ist nicht schlechter gewappnet, als wir es gegen die Philister waren.

Saul hatte sein Lager in Michmas aufgeschlagen. In der Nacht hatte er uns in drei Trupps aufgeteilt, jeder tausend Mann stark, einer davon unter Jonathans Befehl, und wir umzingelten Gibea. Nachdem die Philister das im Morgengrauen erkannt hatten, stürmten sie unter Führung ihrer Befehlshaber ein erstes Mal mit einer Abteilung Fußsoldaten gegen uns an, das heißt, gegen Jonathans Männer, die am besten sichtbar waren. Jonathan reagierte wie ein Löwe: Er rannte gegen ihren verblüfften Anführer los und durchbohrte ihn mit seiner Lanze. Einfach so, mit einem Stoß! Mit einem einzigen Stoß seines eisernen Arms! Es war ihr Befehlshaber. Jonathan riss seine Waffe aus der Brust dieses Hauptmanns und massakrierte den, der am nächsten stand. Und noch einen. Wir rückten vor, um ihm Deckung zu geben, und die Philister verloren Dutzende von Männern, denn sie waren weder auf solche Kühnheit noch auf eine solche Zahl von Soldaten gefasst. Sie zogen sich in ihre Garnison zurück, um ihren Gegenangriff vorzubereiten.

Drei Stunden später hörten wir ein entsetzliches Gedonner und sahen, wie ihre Streitwagen mit Höllenlärm auf uns zurasten, flankiert von Reitertrupps, die Schreie ausstießen wie Dämonen. Die Fußsoldaten folgten ihnen im Sturmlauf und schwenkten ihre Waffen. Nur andere Dämonen hätten diesen Anblick ertragen. Einer der unseren, der bei ihrem Heranrücken so starr vor Schreck war, dass er die Beine nicht mehr rühren konnte, wurde vor unseren Augen vom Rad eines Wagens in zwei Teile geschnitten. Hätten wir diesem Ansturm standhalten wollen, wäre kein Einziger von uns mehr übrig, um davon zu berichten. Wir flohen, um noch ein wenig Aussicht zu haben. Die Philister hatten sich nach unserem Beispiel in drei Gruppen geteilt. Manche von uns sind so weit davongelaufen, dass sie zur jetzigen Stunde vor Scham gestorben sein müssen. Man hat mir gesagt, dass sie sogar den Jordan überquert haben! Die Scheol hat keinen Abgrund, der tief genug ist, um sie zu verschlingen!«

Alle hörten mit aufgesperrtem Mund zu. Wie hatten sich die Juden aus einer solchen Feuerprobe retten können?

»Jetzt könnt ihr euch ein Bild machen, welches Genie und welche Tapferkeit Jonathan besitzt«, fuhr Abimelech fort. »Wir waren alle geflüchtet, die einen in eine Höhle, die anderen hinter eine Erdfalte, wieder andere in eine Baumgruppe, um abzuwarten, bis der Ansturm der Philister schwächer würde, was auch geschah. Sie suchten die Täler ab und fragten sich, wo wir steckten. Um die Wahrheit zu sagen, wir waren nicht mehr viele. Feigheit und Tod hatten uns dezimiert. Wir hörten die Philister spotten und laut nach uns rufen. Ich war mit Jonathan in einer Grotte und beobachtete sie. Saul war mit seinen Hauptmännern und etwa hundert Soldaten in einer anderen Höhle und erörterte mit ihnen unseren Gegenangriff.«

Abimelech legte eine Kunstpause ein.

»Kurz vor Sonnenuntergang hatten wir etwa zwei- oder dreihundert Fußsoldaten der Philister gesehen, die die Gegend nach uns durchkämmten, da sie sich bestimmt sagten, dass wir nicht verschwunden sein konnten. ›Los!‹, befahl Jonathan in diesem Augenblick. ›Jetzt ist das Glück auf unserer Seite!‹ Und kein einziger Mann ist zurückgeblieben, während wir die anderen in Stücke gehauen haben. Jonathan ist als Erster aus der Grotte gestürzt und wie ein Raubtier auf die Philister los. Einer! Und noch einer! Ein dritter! Ein vierter! Bei ihrer Suche hatten sie sich voneinander entfernt, und jetzt waren *wir* diejenigen, die *sie* überraschten. Jonathan hat sie mit seiner Lanze durchbohrt, mit seinem Schwert zerhackt! In kürzerer Zeit, als ich gebraucht habe, um diesen Honigkuchen zu essen, hatten wir etwa zwanzig getötet. Die anderen waren geflohen und beobachteten aus der Ferne das Massaker. Sie fragten sich, woher wir kamen und wie viele wir waren, denn es gelang ihnen nicht, uns zu zählen. Wie Geister tauchten wir plötzlich aus dem Erdboden auf, verstreut zwischen den Hügeln, und diesmal nützten ihnen weder Streitwagen und Pferde noch Eisenwaffen. Zwei oder drei Männer, die in einem Gestrüpp kauerten, warfen mit einem geschickt geworfenen Stein einen Feind nieder, und keiner der Philister konnte sehen, woher dieser Stein kam. Von wildem Schrecken ergriffen stoben sie in alle Richtungen auseinander, ohne Anführer, ohne zu wissen, wohin sie sollten.«

Abimelech berührte das Schwert, das er an der Seite trug.

»Wir haben ihnen die Waffen abgenommen, und von da an waren wir stärker. Wir haben sie aus Gibea vertrieben und von Michmas bis Ajalon zurückgedrängt.«
»Der Allmächtige war mit uns«, erklärte ein alter Mann nach einer Weile.
»Er hat den König und Jonathan erleuchtet«, fügte ein anderer hinzu.
»Ihr wart dreitausend, und nun seid ihr nur noch zweitausend. Wo sind die tausend, die fehlen?«, fragte der alte Mann.
»Wir hatten Gefallene.«
»Tausend Gefallene?«, staunte der Alte.
»Es gab auch Feiglinge, das habe ich doch gesagt«, entgegnete Abimelech.
»Tausend Feiglinge?«
»Feiglinge zählt man nicht. Das sind sie nicht wert.« Abimelech war gereizt. »Ich weiß nicht, wie viele es waren.«
»Und wo ist Samuel, der Seher?«, fragte die Frau eines der Soldaten. »Wo ist er? Warum ist er nicht bei uns, um unseren Sieg zu feiern?«
»Ich weiß nicht«, erwiderte Abimelech ausweichend.
»Stimmt es, dass er Agag getötet hat?«, fragte der Alte.
»Er hat ihn nicht im Kampf getötet.« Abimelechs Tonfall war niedergeschlagen. »Denn gefangen genommen hat ihn der König. Samuel hat ihn umgebracht, als er Gefangener war.«
Der Greis kniff die Augen zusammen.
»Er hat einen Gefangenen getötet?«
»Es war der letzte Amalekiter.«
»Er hat einen Gefangenen getötet?«, wiederholte der Alte.
»Er hat Agag umgebracht, als dieser Gefangener des

Königs war, ja. In Sauls Zelt, vor seinen Söhnen und einigen Hauptmännern. Er hat behauptet, der Allmächtige fordere die Vernichtung aller Amalekiter.«

Der Blick, den Abimelech dem Alten zuwarf, besagte deutlich, er solle mit dem Fragen aufhören. Doch dieser war noch nicht zufrieden.

»Stimmt es, dass Samuel und Saul sich gestritten haben?«, fragte er weiter.

»Ich weiß es nicht.«

»Abiel sagt, sie haben sich gezankt«, beharrte der Alte.

»Ich weiß von keinem Streit. Frag den König.«

»Ist dieser Streit nicht der Grund, warum Samuel nicht bei unseren Feiern ist?«

Besorgt verfolgten die Umstehenden diese Auseinandersetzung.

»Lass doch diese Fragen«, sagte eine ältere Frau zu dem Greis. »Warum hältst du es für so wichtig, was Samuel denkt oder nicht denkt?«

»Samuel ist ein Mann Gottes«, entgegnete ihr der Alte.

»Er ist ein Seher, so wie die Wahrsagerinnen, die Saul aus diesem Land verbannt hat«, schaltete sich ein anderer ein.

»Unser Gott spricht nicht aus dem Mund von Zauberinnen«, beharrte der Alte.

»Was weißt denn du darüber?«, widersprach ihm die Frau heftig. »Wir haben gesiegt. Glaubst du, wir hätten den Sieg errungen, wenn Gott nicht mit Saul gewesen wäre?«

»Mit Saul und Jonathan«, fügte Abimelech hinzu und leerte seinen Becher.

Starrsinnig, wie alte Leute es sind, schüttelte der Greis den Kopf, um zu zeigen, dass er bei seiner Meinung blieb. Das Gespräch verstummte, man blickte aufs

Feuer. Saul hatte gesiegt, das zählte. Wie sollte man da nicht auf seiner Seite sein?

»Samuel und seine Söhne hätten lieber mit uns kämpfen sollen«, sagte einer der Soldaten, der bisher geschwiegen hatte. »Richter sind nicht vom Kampf befreit.«

Niemand ging auf diese Bemerkung ein. Diese Debatte hätte zu weit geführt, und die Nacht war fortgeschritten.

Die Sterne waren am Untergehen, die Stimmen klangen müde. Die Männer waren erschöpft, und die Kinder schliefen auf dem Schoß ihrer Mütter oder ihrer Ammen. Man erhob sich und begab sich zu den frischen Strohschütten und warmen Decken. Ein paar Blicke wandten sich dem Palast zu, der schon im Dunkeln lag. Saul war mit seinem Beispiel vorangegangen. Die Wachen oben auf den Festungsmauern hörten bald nur noch die Schreie von Eulen und das Bellen von Füchsen in der Dunkelheit Judäas, manchmal auch den Schrei eines Mädchens. Waffenruhm gibt ein Anrecht auf das Kleinod der Frauen.

6

Der Riese aus Gat

Sechs Ellen und eine Handbreit groß, und der Kopf hat einen Umfang wie ein ganzes Kleinkind!«, erklärte ein Soldat mit weit aufgerissenen Augen.
Auf dem Marktplatz von Bethlehem debattierte man zwischen Salat, Geflügel, Melonen und gebündelten Zwiebeln über die Siege des Königs und den Krieg, der erneut aufflammte. Viele Soldaten waren da, Hauptmänner, die damit betraut waren, die Versorgung der königlichen Armee, die im Tal von Elah lagerte, zu gewährleisten.
»Mit den Philistern werden wir nie fertig werden, sie sind wie die Heuschrecken!«, stellte eine alte Frau in bitterem Ton fest. Niemand ging auf ihre Bitterkeit ein. Sie hatte ihre fünf Söhne im Krieg verloren. Der Soldat hatte sie anscheinend nicht gehört.
»Und solche Pranken!«, fuhr er fort. »Eine Kraft! Eine Kraft! Die Kraft von Dämonen! Ich habe gesehen, wie er einen Mann, einen der unsrigen, hochgehoben und erstickt hat, indem er mit den Händen seinen Brustkorb eingedrückt hat!«
»Ja, ich habe von diesen Leuten gehört«, erwiderte ein anderer. »Es sind die Anakiter.«
»Es sind Philister«, berichtigte der Soldat.
»Es sind Anakiter aus der Sippe der Philister«, entgegnete der andere. »Ich kenne sie schon länger als du. Sie leben im Gebiet von Gat.«

»Richtig, in Gat«, bestätigte der Soldat.
»Es gibt keine Männer, die über sechs Ellen groß sind«, mischte sich ein junger Mann ein.
Es war David, Isais Sohn, der zum Markt gekommen war, um Lämmer zu verkaufen, denn das Passahfest rückte näher. Seine drei Brüder Eliab, Abinadab und Schamma befanden sich im Lager, in Sauls Armee. Er hatte seine Brüder noch nie von diesem Riesen sprechen hören.
»Ich habe ihn mit eigenen Augen gesehen! Frag deine Brüder, die bei der Armee sind«, entgegnete der Soldat gekränkt. »Er heißt Goliath. Immer fordert er uns heraus und beleidigt uns, und niemand wagt es ihn anzugreifen. Sein eherner Helm und sein Panzer aus Bronze sind eigens für ihn geschmiedet worden und wiegen fünftausend Schekel Erz[1]!«
Eine Frau unterdrückte einen Schreckensschrei.
»Fünftausend Schekel, so viel wiegt ein junger Mann, stell dir bloß vor!«, rief ein Bauer.
»Das ist mir klar«, erwiderte der Soldat, »und die eiserne Spitze seines Spießes wiegt sechshundert Schekel[2]!«
»Nur der Zorn Gottes könnte mit so einem Ungeheuer fertig werden!«, meinte ein Obst- und Gemüsehändler.
David bat ihn um eine Weintraube. Der Mann reichte ihm eine und erklärte, als Gegenleistung müsse der junge Mann bei der Hochzeit seines Sohnes auf der Harfe spielen.
»Also für mehr als eine Weintraube«, erwiderte David mit einem pfiffigen Lächeln.
»Wärst du ein Vogel, ich würde dich in einen Käfig set-

1 57,5 Kilogramm.

2 Etwa sieben Kilogramm.

zen und du würdest singen, ohne zu feilschen«, konterte der Mann. Seine Tochter beobachtete die Szene. Sie war fünfzehn und verschlang David mit den Augen, während er die Beeren von der Traube pflückte, sie sorgfältig kaute und dabei geschickt die Kerne ausspuckte.
»Aber ich bin eben kein Vogel«, meinte David mit zusammengekniffenen Augen.
»Du musizierst so, wie die Vögel singen. Warum sollte ich dich bezahlen?«
»Du produzierst Trauben wie ein Weinberg, weshalb sollte ich für dich singen?«
Die Umstehenden brachen in Gelächter aus, der Obsthändler ebenso wie die anderen, allerdings als Letzter. Man hörte noch das Glucksen einer zahnlosen alten Frau.
»Du bist ein Fuchs«, meinte der Obsthändler.
»Dann pass auf dein Geflügel auf«, erwiderte David und warf der Tochter des Händlers einen samtweichen Blick zu, den das Mädchen auffing, anstatt den Kopf zu senken.
»Richtig, du bist nicht verheiratet«, sagte der Soldat in verständnisinnigem Ton. »Ein lediger Fuchs ist gefährlich.«
»Stimmt es, was du gesagt hast?«, fragte David. »Dass der König dem, der dein über sechs Ellen großes Ungeheuer tötet, die Hand seiner Tochter gibt?«
»Was ich sage, stimmt immer«, antwortete der Soldat.
»Hast du die Tochter des Königs gesehen?«
»Jeder hat sie gesehen. Sie ist sehr schön. Seit fünfzehn Monden ist sie heiratsfähig.«
»Und wenn niemand das Ungeheuer umbringt, bleibt sie noch fünfzig Monde lang heiratsfähig?«, fragte David weiter und aß seine Traube auf.

Alle krümmten sich vor Lachen. Der Geflügelhändler nebenan erkundigte sich nach dem Grund der Heiterkeit, man klärte ihn auf, er begann ebenfalls zu lachen, und so, von Händler zu Händler, erbebte der ganze Markt vor Gelächter.

»Ah, das ist ganz Isais Sohn!«, rief eine alte Frau. »Der Vater war zu seiner Zeit genauso bekannt als fideler Kerl!«

»Warum stellt sich der König nicht selbst zum Kampf?«, fragte David schließlich. »Er ist bewaffnet, und sogar ein sechs Ellen großes Ungeheuer könnte es nicht mit einem Trupp von sieben oder acht entschlossenen Männern aufnehmen, die vom König angeführt werden.«

»Der König ist anderswo beschäftigt«, antwortete der Soldat. »Er wird sich kaum um ein Ungeheuer kümmern, das sich hundert Meilen von ihm entfernt aufhält.«

»Und wenn ich hinginge?«, meinte David lässig. »Wenn ich mit meinen Brüdern und ein paar Freunden hinginge?«

»Ihr?«, rief der Soldat und zog die Augenbrauen hoch. »Er würde ein paarmal sein Schwert schwingen und euch in Stücke hauen! Schon bei seinem Anblick würdet ihr die Flucht ergreifen.«

David wählte vom Stand des Obsthändlers, der ihn mit halb belustigter, halb skeptischer Miene verstohlen beobachtete, zwei Melonen aus.

»Bei der Hochzeit deines Sohnes werde ich die Niederlage des Ungeheuers besingen«, erklärte der junge Mann, ein wenig spöttisch lächelnd. »Wie heißt denn nun dieser Riese, Soldat?«

»Goliath!«, rief dieser. »Goliath heißt er!«

»Goliath«, wiederholte David. »Morgen werden wir unsere Hunde so nennen.«
»Du plapperst und plapperst, weil deine Brüder dich nicht hören.« Der Soldat war offensichtlich verärgert über das Geprahle des jungen Mannes. »Sag ihnen doch, dass du gegen Goliath kämpfen willst, dann siehst du schon, wie sie dir über den Mund fahren werden.«
»Allerdings, das werde ich schon sehen«, entgegnete David und ging.

Eine ganze Weile schon schritt er auf dem Weg zu den Feldern dahin, wo er seine Schafe sammeln wollte, um sie zurück in den Stall zu bringen, bevor er seinem Vater Bericht erstattete. Da hörte er plötzlich eine frische Stimme, die ihn rief. Als er sich umdrehte, sah er die Tochter des Obst- und Gemüsehändlers und blieb stehen.
»David!«, rief sie, ein wenig außer Atem.
»Du kennst meinen Namen? Ich weiß deinen nicht.«
»Sara.«
Er betrachtete sie mit glänzenden Augen. Er hatte schon hübschere Mädchen gesehen. Sie war eher schmächtig, aber in ihrem Blick blitzte ein Feuer. Das rasche Laufen hatte ihr Farbe verliehen, ihre Lippen schimmerten korallenrot. Verlegen, fiebrig stand sie vor ihm, und er sah sie fragend an. Wieder hielt sie seinem Blick stand.
»David … das war nur zum Scherz, nicht wahr?«
»Was?«
»Dass du gegen Goliath kämpfen willst.«
»Ich lache gerne, aber Goliath ist kein Thema zum Scherzen.«
»Dir ist nicht klar, worum es geht …«
»Worum?«

»David, er wird dich umbringen!«
Belustigt sah er sie an.
»Du machst dich über mich lustig!«, rief sie und packte seine Weste aus Schaffell. »Er wird dich töten! Ganz sicher!«
Er schwieg einen Augenblick.
»Und wenn?«, fragte er dann.
»Ich will das nicht.«
»Aber du kennst mich ja gar nicht. Was sollte es dir ausmachen, wenn ein vom Teufel geschickter Riese einen jungen Mann tötet, den du heute zum ersten Mal gesehen hast?«
»Ich habe dich nicht zum ersten Mal gesehen. Ich habe dich von weitem beobachtet, wenn du deine Lämmer verkauft hast. Vor acht Tagen warst du schon einmal da. Ich war im Haus und habe dich gesehen.«
Nun blickten beide einander an.
»Ich will das nicht«, wiederholte sie.
»Warum?«
»Weil ich will, dass du lebst!«
»Warum?«
Sie stieß ihn zurück. Er ergriff ihr Handgelenk, das ihn zurückstieß, doch seine Gewalt war sanft.
»Warum?«, fragte er abermals.
»Ich bin Goliath«, entgegnete sie. »Bring mich auf der Stelle um.«
Sie flammte vor Zorn.
Er lachte, ohne ihr Handgelenk freizugeben.
»Ich habe keinerlei Lust, dich umzubringen, kleine Riesin«, sagte er leise. Kaum merklich hatte er sie zu sich herangezogen.
»David«, murmelte sie mit erstickter Stimme.
»So heiße ich«, bestätigte er und legte die andere Hand

auf Saras Brust. Das Gewicht seiner Hand, die durch den Stoff hindurch zart die Spitze ihrer Brust berührte und weiterglitt zur zweiten, war kaum zu spüren. Ihre Augen waren wie erhitzte Klingen, die sich in die seinen bohrten. Ihre Berührung wurde zur Liebkosung. Sie holte tief Atem.

»Wenn du schwörst, dass du nicht kämpfen wirst …«

»Wenn ich schwöre?«, fragte er. Seine Hand war beharrlich.

Sie hatte keine Kraft mehr. Geschickt ergriff er ihr Kleid, so dass er mit einer einzigen Hand – die andere hielt sie immer noch an ihrem Handgelenk fest – den Saum nach oben schlug und die Finger darunter gleiten ließ. Er ertastete ihre Haut, die Brust, streichelte ihre Warze, die sich aufgerichtet hatte, hart wie das Glied eines Mannes.

»Wenn ich schwöre?«, murmelte er.

Sie hatte die Augen geschlossen. Die Spanne von Davids Hand war weit genug, um ihre beiden Brüste gleichzeitig zu liebkosen.

»David …«

Langsam glitt seine Hand ihren Bauch hinab.

»David …«

Die Hand hielt inne, warm und fleischig, nur zögernd bewegte sie sich weiter nach unten. Sara schlug die Augen auf. Sie hatte sich verloren in der Umarmung. Die Hand glitt weiter zum Nabel. Sara begann zu keuchen. Die Hand war sanft, fest und sicher. Sara erschauerte; kaum merklich beugte sie sich zurück. Nur Davids Finger um ihr Handgelenk hielten sie noch fest. Auf der verlassenen Straße standen sie einander gegenüber, zwischen Terebinthen und grünen Eichen. David zog Sara an den Wegrand, zu den Eichen hin, sie bewegte sich wie ein Schatten, ein wirklicher Schatten, der einem Mann folgt. Einmal sah sie ihn an, fand sein Gesicht ernst. Durch das flammende Licht um die Baumgruppe herum wirkte der Schatten noch dunkler. Immer noch standen sie einander gegenüber; ausgebreitet wie ein Stern lag Davids Hand auf Saras Bauch. In einer fließenden Bewegung, wie ein Fisch, strich sie weiter nach unten, zwischen die Schenkel, verweilte jedoch noch nicht, streichelte zuerst die Hüften, ihre Wölbung, symmetrisch wie die einer Lyra. Endlich ließ David Saras Handgelenk los, hob ihr Kleid hoch, und die Hand, die sie gefangen hielt, näherte sich der verwundbaren Stelle.

»David!«

Sie warf sich ihm in die Arme. Seine Finger waren wie fünf männliche Glieder. Als das erste Besitz von ihr nahm, löste es einen Sturm aus. Sara ergriff Davids Kopf, küsste ihn in selbstvergessenem Rausch auf den Hals, die Lippen, das Kinn, atemlos, schluchzend, beißend. Wie hatte sie ihn begehrt! Der Sturm legte sich nicht, denn Davids Hand blieb an sie gepresst, Mauer des Begehrens, an der ihre Seele einer Frau sich brach. Sie berührte ihn ebenfalls. Ein Beben seiner Schulter, ein Zucken seines Lids und ein kaum wahrnehmbares Öffnen seiner Lippen verrieten ihr, dass auch sie ihn in ihrer Gewalt hatte. Nun war er ihre Geisel, und sie würde ihn nicht mehr loslassen. Dieses Fleisch, das ein Eigenleben zu führen schien, keinem Willen unterworfen, erschreckte sie. Mit einer Hand liebkoste sie es heftig, um die eigene Furcht zu bannen, während sie mit der anderen die Brust des Knaben streichelte, seine Gesten nachahmend und die Leidenschaft steigernd, die den männlichen Körper ergriffen hatte. Fast war er in

ihr. Sie unterdrückte einen Schrei, als er aufzuckte und wollüstig bebte, zog die Hand zurück und betrachtete erstaunt die silbrig glänzende Substanz aus dem Innern des geliebten Knaben, die auch sie benetzte. Überrascht berührte sie sich selbst. War es nur der Geliebte, der sie so überschwemmte, oder kam aus ihr selbst dieser Nektar der Lust?
Der Jüngling schien alle Kraft verloren zu haben; er keuchte, die Augen halb geschlossen und erloschen. Sie küsste ihn, vergewaltigte ihn mit ihrem Mund. Nun war sie wie ein Knabe geworden, der dem geliebten Wesen Gewalt antat. Sie glaubte schon, er entziehe sich ihren Küssen, vielleicht ergriffen von einer unvermuteten Schwäche, doch er kniete vor ihr, hielt ihre Hüften wie einen Becher, aus dem man trinkt, und küsste ihr Geschlecht, wie er ihren Mund geküsst hatte. Er besaß sie mit dem Mund. Sie schrie auf und packte sein Haar. Ein lang gezogener Schrei, wie ein Klagelaut. In den Händen hielt sie Davids seidige Haarmähne und presste sich an seinen Mund.

David kehrte spät zu seinem Vater zurück. Er erzählte nichts von Goliath. Was scherte ihn Goliath! Ein andermal würde er über ihn reden. Mit einem artigen Lächeln reichte er Isai das Geld. Als er sich wie zerschlagen auf die frische Strohschütte sinken ließ, erinnerte ihn sein aufsässig gewordenes Geschlecht immer noch an Sara. Er strich sich mit den Händen über die Brust und dachte noch einmal daran, wie er Saras Brüste liebkost und ihre Lust erweckt hatte. Mit halb geöffneten Lippen begehrte er einen Körper, von den Zehenspitzen bis zu den Lippen. Er sehnte sich nach dieser wundervollen Eroberung, bei der man selbst erobert wurde. Es verlangte ihn

nach dem Augenblick, in dem man nicht mehr wusste, welche Hände welche Hüfte umklammert hielten.
Sein Vater erhob sich einmal in der Dunkelheit und beugte sich über ihn, da sein Seufzen ihn beunruhigte, dann glitt ein Lächeln über sein faltiges Gesicht. Er nickte und legte sich mit Tränen in den Augen wieder schlafen.

7
Ein Kieselstein

Seit einem Monat ging David einmal in der Woche zu dem Lager im Terebinthental, um seine drei Brüder mit Lebensmitteln zu versorgen, sei es mit Brot, Milch, Käse oder mit Honigküchlein, die der alte Isai und seine Schwiegertöchter schickten. Der Besuch war meist kurz. Die Brüder fragten ihn, was es Neues von ihrem Vater, ihren Frauen oder im Dorf gab. Vom Lager sah er nur Zelte und Männer, die Schwerter und Spieße schliffen, die sie den Feinden bei ihren letzten Siegen abgenommen hatten. Ihm hatte man gesagt, er sei zu jung, um zu kämpfen. Diesmal, am Tag nach seiner Begegnung mit Sara, gab Isai David zehn Rahmkäse mit, die für den Lagerkommandanten bestimmt waren.

Das Lager befand sich am Osthang des Tales. Saul hatte es dort aufgeschlagen, um die Philister beobachten zu können, die den Westhang besetzten. Die Philister bereiteten eine militärische Aktion vor. Man wusste nicht, wie sie aussehen oder wann sie stattfinden würde, aber immerhin zog man nicht umsonst über Tage und Tage hinweg zehntausend Männer zusammen. Diesmal herrschte spürbare Aufregung im Lager. Die Konfrontation rückte näher. Eliab, Davids älterer Bruder, empfing ihn mit sorgenvoller Miene und nahm die Lebensmittel entgegen, ohne auch nur das Tuch aufzuknüpfen, in das sie eingeschlagen waren. Er hatte die Gedanken woanders. David sah sich suchend nach seinen beiden anderen Brüdern um und entdeckte sie inmitten einer Gruppe von Männern, die in einen heftigen Disput verwickelt waren.

»Was ist los?«, fragte er.

»Ich glaube, wir greifen bald an«, antwortete Eliab. »Die Philister sind heute Morgen vorgerückt.«

»Du hast mir nie etwas von Goliath gesagt.«

»Von dem Riesen?«, erwiderte Eliab. »Er kommt jeden Morgen, um uns zu beleidigen und uns herauszufordern.«

In diesem Moment wurde Geschrei im Lager laut, Beschimpfungen und Pfiffe waren zu hören.

»Das muss er sein«, erklärte Eliab, »er stolziert vor den vordersten Reihen herum. Du kannst ihn dir ansehen ...«

Er hatte den Satz noch nicht beendet, als David schon zwischen den Männern bis nach vorn hindurchgeschlüpft war. Tatsächlich erblickte er zwei- oder dreihundert Fuß entfernt ein Furcht einflößendes Schauspiel. Ein Mann – nein, ein Krustentier wie aus einem Alptraum, mit ehernem Helm und ehernem Panzer, die Beine geschützt von Schienen, die bei anderen als Wams für den ganzen Körper gereicht hätten. Er war wohl tatsächlich sechs Ellen und eine Handbreit groß, wie es der Soldat auf dem Markt von Bethlehem gesagt hatte. Mit dem Arm, der so dick wie Davids Brustkorb war, schwang er eine riesige Lanze. Von seinem Gesicht waren nur dicke rote Wangen zu erkennen, die Stirn war bis zu den Brauen vom Helmvisier bedeckt, das Kinn von einem struppigen Bart überwuchert.

So bewegte sich dieser Riese mit gespreizten Beinen vorwärts, das Gesicht verzerrt von dem Unflat, den er mit heiserer Stimme herausschrie.

»Gibt es denn keinen Mann in eurem Haufen von verweichlichten Schweinen? Keinen Mann, der sich mit mir messen kann? Also ist euer Gott ein Schweinegott, der keine Macht gegen einen Philister wie mich hat! Ihr seid nichts als Waschweiber, und bald dient ihr uns nur noch als Streu, ihr jämmerlichen Feiglinge!«

Voll Todesangst und Faszination betrachteten ihn die jüdischen Soldaten, die Gesichter verzerrt von Hass und ohnmächtiger Wut.

»Schwachsinniges Ungeheuer!«, rief einer. »Deine Mutter hat wohl mit einem Bären geschlafen, dass sie ein Scheusal wie dich geboren hat!«

»Komm doch her und brüll nicht nur herum, du Hundefraß, du lendenschwache Fehlgeburt!«, brüllte Goliath. »Kommt raus aus euren Schlupfhöhlen, damit ich ein bisschen Spaß habe!«

Man warf mit Steinen nach ihm. Der Kiesel, der am weitesten flog, prallte mit einem metallischen Geräusch von seiner Beinschiene ab.

David beobachtete alles aufmerksam und suchte nach einem schwachen Punkt, fand aber keinen. Doch dann verbarg sich die Sonne hinter einem Wolkenschleier, und das Ungeheuer hob das Visier. David blinzelte.

»Ich kann ihn töten«, murmelte er.

»Was sagst du?«, fragte ein Soldat, der neben ihm stand.

»Ich sage, dass ich ihn töten kann«, wiederholte David lauter.

»He, dieser Junge sagt, dass er Goliath besiegen kann!«, rief der Soldat.

Sofort war er umringt von Menschen.

»Du meinst, du kannst Goliath töten?«, fragte ein Hauptmann mit gerunzelten Brauen.

David hielt dem Blick des Hauptmanns stand. »Ich habe keine Angst vor ihm, ich kann ihn besiegen.«
»Und wie willst du das fertig bringen?«
»Mit meiner Schleuder«, erwiderte David. »Nenn mir ein Ziel, und ich beweise es dir.«
Der Hauptmann fixierte David mit überheblichem Blick. »Ich zeige dir eines«, erwiderte er, entfernte sich hundert Schritte weit, rammte seinen Spieß in den Boden und steckte seinen Helm auf die Spitze. »Da ist deine Zielscheibe!«, rief er von weitem und trat zur Seite.
Noch mehr Leute hatten sich um David gesammelt, fast dreißig waren es nun, die den Jungen kopfschüttelnd beobachteten. David bückte sich, wählte einen Kieselstein aus, löste die Schleuder von seinem Gürtel, legte das Geschoss hinein und schwang die Waffe. Jäh schoss der Stein aus der Schleuder, ein metallischer Ton erklang. Der Helm drehte sich auf dem Spieß, und die Männer klatschten.
Da erschien Eliab mit wütender Miene. »Was machst du hier?«, fragte er und packte David am Arm.
»Ich sage, dass ich Goliath töten kann«, erwiderte David und riss sich los.
»Geh und hüte deine Herden, du Aufschneider!«, befahl Eliab. »Du hast dich nicht in den Krieg einzumischen!«
Auch die Brüder Abinadab und Schamma waren herbeigerannt.
»Geh nach Hause«, herrschte Schamma David an. »Wir brauchen keinen Schafhirten.«
David war feuerrot geworden.
»Wartet!«, rief der Hauptmann, der wieder bei ihnen angelangt war. Davids Brüder und die Soldaten blickten ihn erstaunt an. Der Hauptmann betrachtete seinen

Helm aus Bronze, in den der von David geschleuderte Kieselstein eine kleine, funkelnde Kerbe geschnitten hatte, und rieb nachdenklich über die getroffene Stelle.
»Er ist mein jüngerer Bruder, und ich will, dass er nach Hause zurückgeht.« Eliabs Ton war unfreundlich.
»Vielleicht wird er zurückgehen, aber später«, entgegnete der Hauptmann. »Der König will ihn zuerst sehen. Will einer von euch sich etwa den Anordnungen des Königs widersetzen?« Er wandte sich zu David. »Folge mir«, befahl er.
Blicke folgten dem Hauptmann und dem Hirten bis zum Zelt des Königs. Der Hauptmann hob den Vorhang und schob David ins Zeltinnere. Mehrere Männer saßen darin, aber David erkannte sofort den König. Ein großer Mann mit düsteren Augen. Einen Moment lang kreuzten sich ihre Blicke.
»Du also willst Goliath töten?«, fragte Saul schließlich.
»Ja, ich.«
»Wie heißt du?«
»Ich bin David, Sohn des Isai, mein König.«
»Du bist ein Bruder Eliabs?«
»Und auch ein Bruder Abinadabs und Schammas. Deine Soldaten, König.«
»Womit willst du Goliath bezwingen? Mit einem Stein und einer Schleuder, sagt man mir?«
»Mit einem Stein und einer Schleuder, König.«
»Der Stein betäubt ihn nur, tötet ihn aber nicht.«
»Ein großer Stein kann ihn niederwerfen, so dass er fällt. Und wenn er am Boden liegt, versetze ich ihm den endgültigen Schlag, König.«
»Womit?«
»Mit einem Knüppel, König.«
Sechs oder sieben Mann standen um den Monarchen

herum, doch David sah sie kaum. Er spürte nur ihre Blicke, die auf ihm brannten. Saul unterdrückte ein Lächeln.

»Ich kann dir einen Spieß geben«, bot er an.

»Damit könnte ich nicht umgehen, König.«

»Ich will aber, dass deine Brust geschützt ist.« Saul nahm seinen Harnisch aus Leder und Bronze ab. »Komm her«, befahl er David, legte ihm selbst die Rüstung an und befestigte die Lederriemen unterhalb der Rippen und auf den Hüften. »Du kannst zumindest so tun, als würdest du die Lanze werfen.« Er setzte dem jungen Mann seinen eigenen Helm auf. »So ist dein Kopf geschützt.« Zuletzt löste er den Schwertgürtel und legte dem Hirten die Waffe um, das Schwert des Königs. »Damit kannst du unserem Feind den Garaus machen, mit der Gnade des Allmächtigen.«

David senkte den Blick, musterte den Harnisch und befühlte die Bronzeteile. Dann drehte er sich nach links und nach rechts und bückte sich, als wolle er einen Stein schleudern. »Die Rüstung ist zu schwer. Sie behindert mich.« Er löste die Lederriemen und gab Saul den Harnisch zurück. »Der Helm stört mich. Ich könnte den Kopf damit nur langsamer bewegen.« Auch den Schwertgürtel nahm er ab und reichte ihn Saul zurück.

»Ich will Goliath auf andere Art bezwingen, König.«

Saul nahm alles an sich und nickte. »Wie du willst.« Er betrachtete den jungen Mann, der einen Lendenschurz und Sandalen trug, darüber eine schmale Weste aus Schaffell, die seine glatte Brust sehen ließ. »Hauptmann, begleite ihn zu Goliath.«

Kaum waren sie aus dem Zelt, wussten schon alle im Lager von dem aberwitzigen Vorhaben eines jungen Hirten namens David, jüngerer Bruder von drei Soldaten

Sauls. Jeder Blick war auf den jungen Mann gerichtet, man beobachtete seine geringste Bewegung.
»Ich gehe zum Bach, Hauptmann«, sagte David. »Komm mit, wenn du willst.«
Suchend bückte sich David über das Bett des Rinnsals, wählte einige Kiesel aus, wog sie in der Hand und warf sie wieder zurück. So ging es eine Weile. Schließlich steckte er fünf runde Kieselsteine in den Sack, den er als Hirte quer über die Schulter trug, wandte sich dem Hauptmann zu und bat ihn um einen Stock. Der Hauptmann brüllte einen Befehl, sogleich brachte man ihm einen Spieß ohne Eisenspitze. David nahm den Spieß, wog ihn und erprobte seine Härte, indem er heftig auf einen Busch einstieß. »Gehen wir.«
Ungewöhnliche Stille herrschte, als sie durch das Lager schritten. David sah nach oben. Der wechselhafte Himmel war ihm günstig, die Wolken trieben von Norden her und würden bald über ihnen stehen. Sie gingen den Abhang hinab, bis sie zweihundert Fuß von Goliath entfernt waren, der immer noch da stand und gegen das Lager der Juden pisste. In geordneten Reihen standen hinter ihm die Philister, vor ihm stolzierte hochmütig lächelnd sein Schildträger.
»Goliath!«, rief der Hauptmann. »Hier ist der letzte Jude, den du in deinem Leben sehen wirst!«
Goliath breitete die Arme aus, hob seine Lanze und ließ ein Brüllen hören. Ein ungeheurer Lachanfall folgte. Der Hauptmann zog sich rasch ins Lager zurück.
»Angsthasen, Memmen! So ein niedliches Jüngelchen schickt ihr mir? Was anderes habt ihr nicht gefunden? Haltet ihr mich für ganz verdorben, dass ihr mir so ein hübsches Schätzchen zutreibt? Und der Kleine, euer Sieger, meint wohl, ich sei ein Hund, weil er mit einem

Stock kommt? Nur vorwärts, Schafhirte, heute Abend sind deine Knochen ein Leckerbissen für die Hunde!«
David blieb aufrecht vor dem Riesen stehen, der zum Angriff ansetzte, und rührte sich nicht. Als Goliath ihn mit seiner Lanze aufspießen wollte, sprang David gewandt zur Seite. Die linke Hand ließ er in seinen Sack gleiten, während die rechte Hand die Schleuder hielt, doch sein Gegner sah das nicht, er hatte in der Bewegung innegehalten und lachte aus vollem Halse.
»Eine Gazelle habt ihr mir da geschickt, Juden!«
»Komm ein bisschen näher, scheußliches Vieh, statt herumzuschreien!«, konterte David.
Er blickte nach oben, der Himmel war grau. Als Herausforderung oder auch nur um besser zu sehen, denn sein Helm reichte weit hinab, hob Goliath das Visier und entblößte so seine Stirn und seine Raubtieraugen. Darauf hatte David gewartet. Er legte den Stein in die Schleuder aus weichem Leder, wickelte sich die Riemen einmal ums Handgelenk und spannte sie zwischen Daumen und Zeigefinger. Mit einem Brüllen stürzte Goliath auf David zu, der sich nicht vom Fleck rührte. Die Schleuder drehte sich, peitschte durch die Luft und öffnete sich mit einem schwachen Schnalzen. David vernahm einen dumpfen Aufprall. Der Riese erstarrte mitten im Lauf, seine rechte Hand löste sich und ließ die Lanze fallen. Goliath, an der Stirn getroffen, stürzte vornüber zu Boden. Schnell steckte David einen zweiten Kiesel in die Schleuder und spannte sie erneut. Diesmal brach Goliaths Schildträger zusammen. Klirrend schlug das Metall auf dem Schotter auf.
Im Lager der Philister erhob sich ein fürchterliches Geschrei, und noch lauteres Gebrüll ertönte hinter David. Doch er drehte sich nicht um. Langsam schritt er

auf den zu Boden geworfenen Riesen zu. Seinen Stock als Hebel benutzend, drehte er den Riesen auf den Rücken. Mit unerhörter Kraft schlug er auf die Knie des Riesen, dann auf die Hände und Arme. Alle Gelenke des Hünen waren gebrochen.
Das Gebrüll war nun ohrenbetäubend. David schüttelte sein Haar und warf es nach hinten. Er beugte sich über den röchelnden Goliath, der sich, vom Schmerz geweckt, zu rühren versuchte; immer wieder griff seine Hand ins Leere. David riss das Schwert aus der Scheide, die an Goliaths Seite befestigt war, schwang es mit beiden Händen und schlug mit einem Streich den gewaltigen Kopf ab. Ein Blutstrahl schoss aus Goliaths Hals, und David musste zur Seite springen, damit seine Füße nicht bespritzt wurden. In einem letzten Reflex öffnete sich der Mund im abgehauenen Kopf des Riesen. Das Geschrei der Soldaten vor David zerstob; die Philister ergriffen die Flucht. David wartete, gestützt auf das Schwert, das er in den Boden gerammt hatte. Nachdem die durchtrennten Schlagadern ihren Inhalt ausgespien und der Boden das Blut aufgesaugt hatte, beugte er sich erneut über den Leichnam. Zuerst löste er die Kinnriemen und schleuderte den Helm mit einem Fußtritt davon, dann packte er Goliaths Kopf an den Haaren, hob ihn hoch und zeigte ihn den letzten Philistern, die versteinert vor Schreck noch im Lager standen. Schließlich wandte er sich den Juden zu, die Hals über Kopf den Hügel herabrannten, und zeigte auch ihnen den Kopf mit der offenen Wunde. Sie warfen die Arme nach oben.
Die Wolkendecke verzog sich zum Horizont. Die Sonne brach gleißend durch und tauchte den schweißglänzenden David vor dem Hintergrund des dunklen Himmels in ihr Licht. Am ausgestreckten Arm hielt er den

abscheulichen Kopf, dessen tote Augen bereits glasig wurden.
»Hilf mir den Kopf zum Lager zu tragen«, sagte David, als der Hauptmann zu ihm trat. »Er ist wirklich schwer.«
»Ich heiße Ehod, David. Behalte meinen Namen bitte im Gedächtnis«, erwiderte der Hauptmann.
Plötzlich waren sie von Menschen umringt. David wusste nicht, wem er zuhören sollte, da alle durcheinander schrien. Man umschlang ihn, küsste seine bloßen Arme, streichelte seinen Hals und seinen Nacken. Verzückte Gesichter näherten sich ihm, verzerrt vor Begeisterung. Man hob ihn hoch und stellte ihn auf einen großen Schild. David lächelte wie im Traum. Er empfand keine Begeisterung, sondern Erstaunen und ein Gefühl der Unwirklichkeit, seltsamerweise beherrscht von Einsamkeit.

8

Geschenke und Opfergabe

Keuchend trug man ihn, immer noch auf dem Schild, in einer Hand das Schwert, in der anderen Goliaths Kopf, auf den Gipfel des Hügels. Er war in die Hocke gegangen, da er sich stehend nicht im Gleichgewicht halten konnte und seine Träger ihn nicht heruntersteigen lassen wollten. Man hätte meinen können, er sei die Trophäe. Erst auf dem Gipfel des Hügels, in Sauls Lager, richtete er sich wieder auf, so dass er die Menge der Soldaten überragte. Von weitem erkannte er vor dem Zelt die Gestalt des Königs, umringt von den Seinen. Man trug ihn vor den Monarchen, und als er den Fuß auf den Boden gesetzt, Goliaths Kopf vor das Königszelt gelegt und das Schwert – nicht ohne Mühe – in den Boden gestoßen hatte, eilte Saul zu ihm und umarmte ihn mit fiebriger Wärme.

»Unser Held! Der Kämpfer des Allmächtigen!«, murmelte er.

Immer noch schrien alle durcheinander. Als Saul ihn losließ, wurde David von den Söhnen des Königs umarmt, dann von Abner, dem Befehlshaber der Armee, von Eliab, der seinen Zorn vergessen hatte, von seinen anderen Brüdern, von Hauptmännern und Soldaten. Jeder wollte den Helden berühren, und alle waren erstaunt über seine Jugend und seine Schönheit. Unablässig betastete und liebkoste man seinen Hals, seine Brust, sein Gesicht. Er konnte nur lächeln, da er keine

Worte fand. Andere betrachteten voll Neugier oder Abscheu Goliaths Kopf, bespuckten ihn und wogen ungläubig das Schwert, das man aus dem Boden gezogen hatte, in den Händen. Einige Soldaten keuchten mit der Rüstung, der Lanze und dem Schild des Philisters den Hügel herauf und warfen alles klirrend vor das Zelt des Königs.

»Schenkt meinen Wein aus!«, befahl Saul. In dem ganzen Trubel wurde David gewahr, dass jemand ihm die Hand küsste, und überrascht erblickte er Jonathans Gesicht. Waffenträger brachten die ausgehöhlten Hörner, die als Trinkgefäße dienten, und einen Schlauch herbei und schenkten ein, ohne sich um den Wein zu kümmern, der dabei verschüttet wurde.

»Ich trinke auf deine Heldentat und segne diesen Tag und den Tag deiner Geburt«, erklärte Saul. »Ich segne den Leib, der dich getragen hat, und ich segne deinen Vater bis ins tausendste Glied. Trink!«

Seine Begeisterung betonte die Schönheit Sauls, den Samuel gerade seiner stattlichen Erscheinung wegen als ersten König erwählt hatte.

»Ich möchte dem Herrn ein Dankopfer darbringen«, verkündete Saul.

Doch Abner mischte sich ein. »König, die Stunde ist günstig, um vor Einbruch der Dunkelheit das Lager der Philister zu besetzen, damit sie nicht kühn werden und zurückkommen.«

Es war eine Stunde vor Mittag.

»Du hast Recht«, stimmte Saul zu, »das wird nicht lange dauern. Wir bringen das Opfer danach dar. Hol mir meinen Helm und meine Lanze.«

Abner erteilte seine Befehle.

»Kommt David mit uns?«, fragte er.

»Sicher«, antwortete Saul. »Er steht unter meinem Schutz.«
Wenig später setzten Sauls fünftausend Mann sich in Marsch. Reiter, Bogenschützen und Fußsoldaten bewegten sich in einer mächtigen, brausenden Welle, in der die Helme und Lanzenspitzen wie Goldplättchen glitzerten, den Hügel hinunter. David wurde flankiert von Saul und Jonathan sowie von dessen Brüdern Jischwi, Malkischua und Abinadab, der ebenso hieß wie Davids Bruder. Abinadab bedeutet »Der Vater ist großzügig«.
Sie schritten an dem enthaupteten Leichnam des Riesen vorbei, über dem bereits Geier kreisten, und einige Augenblicke später erreichten die Flinksten schon das feindliche Lager, das fast ausgestorben war. Ein paar Philister, die wohl zurückgekommen waren, um ihre letzte Habe zu holen, hatten beim Anblick der jüdischen Späher Reißaus genommen und waren schon weit fort mit ihren Bündeln, die ihnen auf dem Rücken hüpften. Der Tod ihres Helden hatte sie in Schrecken versetzt. Nie zuvor hatten sie jemanden wie Goliath gehabt, diese riesige Bestie und menschliche Kampfmaschine, die sie für unbesiegbar gehalten hatten.
»Seht doch, da drüben sind eine ganze Menge Philister!«
Tatsächlich waren am Hang und auf der Spitze des Hügels, der das Lager überragte, Menschen zu erkennen. Nach der ersten Panik, die Goliaths Tod ausgelöst hatte, hatten die Philister wohl erwogen, das Gelände wieder zu besetzen; sie warteten ab, ob die Juden kamen, um den Ort zu räumen. Nun mussten sie weiterfliehen bis in ihre nächste Niederlassung, womöglich

bis nach Aschkelon und Gaza. Dort lag ihr Territorium, das die größte Beute war.
»Nehmt euch schnell, was ihr wollt, und verbrennt den Rest!«, rief Saul. »Morgen verlegen wir unser Lager hierher«, fuhr er fort, und an Abner gewandt: »Nimm inzwischen zweitausend Männer und verfolge sie, so weit du kannst.«
Die Soldaten, die bei Saul blieben, zerstreuten sich im Lager, inspizierten die noch stehenden Zelte und nahmen sich, was sie wollten, hier eine Decke, da einen Kochtopf. Weder Waffen noch Tiere fanden sie, außer zwei Bogen und einem vollen Köcher, die man in der Hast vergessen hatte, zudem drei Viertel von einem Lamm und drei Säcke mit Getreide. Die Philister waren geflohen, aber mit Methode; sie hatten fast ihre gesamten Vorräte mitgenommen, einschließlich ihrer Weinschläuche. Wenig später entzündeten die Juden in den noch glimmenden Feuern Stöcke, die man in Pech getaucht hatte, nährten die Flammen mit den Pfählen der Palisaden und steckten das Lager der Philister in Brand. Immerhin war so ein hübsches Feuer zu sehen, als sie sich auf den Rückweg machten.
David war erschöpft, nicht so sehr von der Anstrengung, sondern von der inneren Erregung. »Ich will schlafen«, erklärte er.
»Leg dich auf eine Strohschütte in meinem Zelt«, sagte Saul.
David ließ sich darauf fallen.
Eine Hand auf seiner Schulter weckte ihn. Er schlug die Augen auf und erkannte Jonathan, der ihn ernst ansah. »Du mußt zu dem Opfer kommen, das mein Vater darbringen will«, forderte Jonathan ihn auf.
David blickte sich um. Er hatte allein in dem Zelt

geschlafen. Die Sonne stand tief, und im Zelt roch es nach Weihrauch, den man verbrannt hatte, damit er angenehmer schlief. David erhob sich und folgte Jonathan. Draußen wurde er wieder mit Schmeicheleien begrüßt. Seltsam, diese in der Konfrontation mit dem Tod hart gewordenen Gesichter, aus deren Mündern nun gewählte, fast verliebt formulierte Segenswünsche und Lobreden kamen: »Sammelbecken der Tugenden«, »Liebling des Herrn«, »Ruhm deines Stammes« ...

Eine Bewegung hin zum Gipfel des Hügels ging durch die Soldaten. Jonathan drängte sich durch die Menge, David an seiner Seite. Vor einem improvisierten Altar, vier roh behauenen Steinen, auf denen man Feuerholz aufgeschichtet hatte, blieben sie stehen. Neben dem König stand ein Priester. Ein Lamm blökte, ein Soldat hielt eine Taube in der Hand.

Die Stimmen Sauls und des Priesters erklangen. »Nimm, Herr, unser einziger Gott, dieses Brandopfer an!«

Saul schnitt dem Lamm, das sich noch einen Augenblick lang rührte, die Kehle durch. Das Blut fing man in einer Kupferschale auf. Ein Soldat reichte dem Priester eine Fackel, und dieser schob sie unter die großen Holzscheite. Die Flammen flackerten im Wind und ergriffen das Holz; Saul legte das tote Lamm in den hoch aufprasselnden Flammenkelch.

»Nimm, Herr, unser einziger Gott, dieses Brandopfer deiner Kinder an, die dir dankbar sind für den Sieg dieses Tages und deine vergangenen und künftigen Wohltaten von Ewigkeit zu Ewigkeit!«

Der Priester drehte sich um. »Wo ist der Bezwinger des Ungetüms?«

Jonathan schob David zu ihm. Der Priester nahm die Taube und reichte sie David zusammen mit einem Messer. »Opfere die Taube und wiederhole, was ich sage.«
David schnitt der Taube die Kehle durch.
»Lass das Blut fließen. ›Nimm, Herr, unser einziger Gott, dieses Brandopfer deines dankbaren und gehorsamen Sohnes an …‹«
»Nimm, Herr, unser einziger Gott …«
» … Für deine Hand, die meine Hand geführt und den Stein gelenkt hat, mit dessen Hilfe deine Feinde in die Flucht geschlagen worden sind …«
David registrierte, dass der Priester der ersten Gebetsformel das Wort »gehorsam« hinzugefügt hatte. Wem hatte er denn gehorcht, wenn nicht sich selbst?
»… Für deine Hand, die meine Hand geführt hat …«, wiederholte er und warf auf eine Geste des Priesters hin die Taube ins Feuer.
Hatte wirklich die Hand des Herrn die seine geführt? Der Gedanke war ihm neu. Die Sonne färbte sich rot über dem Horizont, in der Richtung der Städte Bethel, Aschdod und des großen Meeres. Unten wurde das Lager der Philister vom Feuer verzehrt.
Der König goss Wein über die Flamme, leerte eine Phiole mit Öl und eine zweite mit Milch und goss zuletzt das Opferblut über den Holzstoß.
Das Opfer war beendet.
»Unser Vater macht sich bestimmt Sorgen«, sagte David zu Eliab, der neben ihm stand. »Ich muss zurück.«
»Du kannst jetzt nicht gehen. Man wird ein Fest geben, bei dem der König wahrscheinlich deine Belohnung bekannt gibt«, entgegnete Eliab. »Wir schicken einen Boten zu unserem Vater.«

Der Priester trat vor David. Sicher schon dreißig Jahre alt, kalt blickend. Er ergriff Davids Arme. »Gott hat dich auserwählt«, sagte er und ging davon.
Einer der Waffenträger Sauls kam zu David. »Es ist Befehl des Königs, dass du für das Fest heute Abend gebadet wirst.«
Eine seichte Stelle am Ufer des Baches diente als behelfsmäßiger Badeplatz. Man konnte sich auf ein paar große Steine setzen, um sich die Füße zu waschen, und mit einer Schale goss man sich Wasser über den Kopf. Mehrere Soldaten waren bereits da, die einen bis zu den Hüften im Wasser, die anderen rieben sich mit Handtüchern ab, die sie zum Trocknen auf eine Schnur hängten.
David nickte und begann sich auszuziehen, ein wenig erstaunt, dass der Waffenträger immer noch neben ihm stand. Er brauchte nicht lange, um seine Kleider abzulegen. Die Sandalen, die Fellweste, die Hose, den Rock aus grober Wolle, den er mit einer Hanfschnur um die Hüften gebunden hatte – der Waffenträger nahm jedes Kleidungsstück und legte es sich über den Arm. Nachdem David sich gewaschen hatte, trat der Waffenträger zu ihm und trocknete ihm das Haar. Dann zog er eine Phiole mit duftendem Öl hervor und goss es David über den verstrubbelten Schopf. Mit Hilfe eines Kamms aus Knochen kämmte er ihn. Andere Soldaten, die sich anzogen, beobachteten die Szene, und David fühlte sich verlegen, so ganz nackt, während ein Mann ihn herausputzte.
»Ich ... ich bin das nicht gewöhnt«, sagte er.
»Du bist unser Held«, erklärte ein Soldat sanft. »Du musst schön sein wie ein König.«
»Ich wäre gerne an deiner Stelle«, meinte ein anderer.

Und während der Waffenträger sich umdrehte, kämmte er selbst den jungen Mann sorgfältig weiter.
David wandte sich zu dem Dutzend Soldaten um und bemerkte verwirrt, welche Bewunderung sie für ihn zeigten. Solche Blicke kannte er bei Männern nicht.
»Du bist unser Held.« Die Worte klangen in seinem Kopf wider. Schließlich suchte er seine Kleider, fand sie aber nicht. Der Adjutant reichte ihm ein Hemd.
»Das ist nicht meines«, murmelte David.
»Von jetzt an ist es deines. Der König schenkt es dir.«
David betastete das Kleidungsstück. Fein gewebtes Leinen. Er schlüpfte hinein, und der andere reichte ihm eine Hose aus Tuch. Statt des Wollrocks bekam er einen neuen Rock aus Rindsleder, das fest und geschmeidig zugleich war, da man es lange gegerbt hatte. Mit Lederriemen band man den Rock fest.
»Und meine Weste?«, fragte David.
Der Waffenträger gab ihm ein Kettenhemd aus Bronze.
»Ich bin nur ein Hirte«, sagte David. »Soll ich in diesem Aufputz Schafe hüten?«
»Ich glaube, du wirst nun andere Schafe zu hüten haben«, erwiderte der andere mit ernstem Lächeln.
Ein Soldat legte ihm fest die Hand auf die Schulter. David drehte sich um. Der Mann war einäugig, doch sein einziges Auge leuchtete für zwei.
»Ich hätte mir gewünscht, dass meine Söhne so wären wie du«, erklärte er. »Verstehst du? Du bist unser aller Sohn und Bruder. Wir freuen uns, dich so geschmückt und verwöhnt zu sehen.«
Ein wenig erschrocken legte David seine Hand auf die des Soldaten, nickte und streifte sich das Kettenhemd über. Heute Morgen hatte er sich aufgespielt und sich gerühmt, er würde den Riesen umbringen, der den

Juden Entsetzen einjagte. Nun erkannte er plötzlich, was dieser Sieg alles bedeutete, welches Ausmaß er hatte. Kräfteverhältnisse waren hier im Spiel, deren Existenz er nicht einmal vermutet hatte. Es ging um Macht, die Menschen einen und zu einem Volk machen konnte. Stand einem diese Macht als Feind gegenüber, konnte man ihr nicht mit einem Kieselstein Herr werden. David hatte nicht einmal mehr die Muße nachzudenken; alle Blicke richteten sich auf ihn, jede geringste seiner Gesten wurde beobachtet.

»Und meine Sandalen?«, fragte er den Waffenträger mit einem leisen Lächeln.

Auch dieser deutete ein Lächeln an und reichte ihm ein Paar neue Sandalen, deren Sohlen mit Kupfer eingefasst waren.

»Ich hätte trotzdem gerne meine Kleider wieder«, bat David, und man gab sie ihm.

Nachdem er ganz angezogen war, bemerkte er, dass es nun über hundert Soldaten waren, die ihn bei einbrechender Dunkelheit mit Fackeln in der Hand beobachteten. Sie ließen Hochrufe hören und begleiteten ihn bis zum Zelt des Königs.

Man hob den Vorhang für ihn hoch. Dutzende von Lampen, die in sicherer Entfernung von den Wänden auf flachen Steinen standen, erleuchteten das Zelt. Saul stand inmitten einer Gruppe von Männern, die David nun fast alle kannte: den Priester, die Söhne Sauls und seine eigenen Brüder. Er war kaum eingetreten, als Saul ihm mit herzlich ausgestreckten Armen entgegenkam. Voll sichtlicher Zuneigung umarmte er den jungen Mann, und man setzte sich zum Festmahl.

Um die Wahrheit zu sagen, es war ein soldatisch schlichtes Festmahl – Lamm am Spieß, gebratenes

Geflügel, eine Getreidesuppe und Salat –, doch für David war es das erste seiner Art.

»Dieser waffenlose Knabe hat die Philister mit der gefährlichsten Waffe geschlagen, mit der Gottesfurcht«, erklärte der König. »Er hat bewiesen, dass die Tugend stärker ist als Waffen.«

Ein wenig verlegen senkte David den Kopf.

»Der Herr ist mit uns«, sagte der Priester. Und an David gewandt: »Benutzt du schon lange die Schleuder?«

»Seit meiner Kindheit«, antwortete David. »Mein Vater hat mich die Kunst gelehrt, mit ihr umzugehen.«

Der Priester reichte ihm auf seiner Messerspitze ein Stück Lamm. David begriff, welche Ehre ihm erwiesen wurde. An diesem Abend lernte er, eine Maske zu tragen. Lächelnd hob er den Blick. Er war ein Gefangener. Er fragte sich, warum der König ihm nicht die Prinzessin gab, die laut der Soldaten in Bethlehem die Belohnung für den Sieger über Goliath sein sollte. Und er fragte sich auch, was der versprochene Preis sein sollte. Doch vielleicht war es besser, weder das eine noch das andere zu bekommen, denn das würde die unsichtbaren Bande verstärken, die sich um ihn knüpften. Er sehnte sich zurück nach dem noch so nahen Gestern, als er auf dem Feld die Lyra gespielt hatte.

»Und was machst du morgen?«, fragte der Priester.

»Ich kehre zurück, um wieder meine Schafe zu hüten«, antwortete er.

Seine Brüder protestierten lautstark.

»Geht es dir nicht gut bei uns?«, fragte Jonathan.

»Wie sollte es mir nicht gut gehen?«, erwiderte David. »Aber es hat nur einen einzigen Goliath gegeben, und der ist tot.«

Das brachte die Gesellschaft zum Lachen.

»Das Land ist voller Goliaths«, sagte der König. »Du musst bei uns bleiben.«
David nickte, und zu seiner Erleichterung wurde das Gespräch an diesem Punkt unterbrochen. Der Vorhang hob sich, und herein kam Abner mit schweißglänzendem Gesicht und verschmutzten Sandalen, die Hände von der Anstrengung, Lanze und Schwert zu halten, fast violett.
»König, wir haben sie bis hinter Gat, Scharim und Ekron gejagt«, erklärte er feierlich. »Wir haben nur zehn Männer verloren.«
»Die Macht des Herrn ist unendlich«, bemerkte der Priester.
»Setz dich«, forderte Saul Abner auf, erhob sich, um seinen Heerführer zu empfangen, und reichte ihm ein Trinkhorn voll Wein.
Der restliche Abend war ein Gespinst blutiger Schilderungen.
Als die Gäste sich trennten, lag Goliaths Kopf immer noch vor dem Zelt. Die Mondsichel schickte sich an, die Wolkendecke zu zerreißen.

9

Jonathan

Wo schläfst du?«, fragte ein Schatten, den David als Jonathan erkannte. »Ich biete dir mein Zelt an.«

»Ich nehme es an«, antwortete David.

»Gehen wir zuerst noch ein wenig spazieren, um die Nebel des Weins zu verscheuchen.«

Sie gingen bis zum Osthang des Hügels. Das Gras duftete süß unter ihren Schritten. Sie setzten sich. David legte das Kinn auf die Arme, die er um die Knie geschlungen hatte, Jonathan stützte sich auf den Ellenbogen auf. Und David vernahm eine Melodie ohne Instrumente, kaum hörbar, die ihn zuerst erschreckte. Er begriff, ohne zu wissen, und horchte auf das Schweigen.

»Ich habe mir gedacht«, begann Jonathan, beendete den Satz aber nicht.

David drehte sich nicht einmal um, er wusste, dass der andere nicht widerstehen konnte weiterzureden.

»Ich habe gedacht, dass du vielleicht ein Gesandter des Herrn bist.«

Eine Weile verstrich. David wandte kaum den Kopf.

»An einem Tag hat sich die Welt verändert«, fuhr Jonathan fort.

Unmerklich schlug Davids Herz schneller.

»Dieser Sieg ...«, begann Jonathan erneut, »dieser Sieg war wirklich ein Zeichen des Allmächtigen.«

David hörte nun mit gespitzten Ohren zu wie ein Fuchs im nächtlichen Gras.

»Er hat alles verändert«, beteuerte Jonathan hartnäckig. »Hörst du mir zu?«

»Jedem Wort.«

»Kennst du Samuel, den großen Seher?«

»Den Richter Samuel? Ich habe von ihm gehört«, antwortete David.

»Samuel der Richter sagt, dass der Herr sich von meinem Vater abgewandt hat.«

»Warum?«

»Weil Samuel auf meinen Vater neidisch ist. Das hast du geändert.«

»Wie?«

»Dein Sieg hat gezeigt, dass der Herr dich geschickt hat. Dass er sich durch dich mit meinem Vater versöhnt hat.«

»Durch einen Hirten?«

»Niemand im Lager meint, dass du ein Hirte bist. Alle glauben, dass du ein Gesandter des Herrn bist.«

»Ein Stein in einer Schleuder …«, meinte David gespielt gleichgültig.

Sein Instinkt hatte ihn nicht betrogen; er nahm teil an dem gefährlichsten aller Machtspiele, da er in das Verhältnis des Königs zu seinem Schöpfer eingegriffen hatte.

»Ein Stein in einer Schleuder, ja. Aber Goliath hat uns seit Wochen gedemütigt. Er war für uns eine Demütigung, die der Herr uns geschickt hat.«

»Ich kehre zu meinen Schafen zurück, und ihr werdet Goliath vergessen«, erwiderte David.

Jonathan lachte kurz auf.

»Du weißt ganz gut, David, dass du nicht zu deinen Schafen zurückkehren wirst.«

»Weshalb?«

»Deshalb.«
»Deshalb?«
»Deshalb, weil es erstens einmal mich gibt.«
Davids Herz schlug ein wenig schneller. Er war eine Geisel!
»Ihr habt zehntausend bewaffnete Männer. Welchen Unterschied würde ein Mann mehr ausmachen?«, fragte er.
»Hast du heute nicht die Blicke der Soldaten gesehen?«
Er hatte sie gesehen, und sie hatten ihn erschreckt. Er hatte eine wilde Liebe in ihnen gelesen.
»Soll ich euch beibringen, wie man mit einer Schleuder schießt?«
»Es geht nicht um Schleudern, David. Es geht nicht einmal um Goliath.«
»Worum dann?«
»Um das göttliche Zeichen, auf das wir gewartet haben.«
David wurde es schwindelig. War er ein göttliches Zeichen? Er, der Sohn Isais, ein Bote des Herrn?
»Deine Schafe werden einen anderen Hirten bekommen, David. Dein Platz ist hier, bei mir.«
David holte tief Atem. »Bei mir.« Diese Worte klangen in seinem Kopf nach und verwirrten ihn. Diese plötzliche Verehrung eines jungen Mannes, der kaum älter war als er, eines Helden, gewiss, aber noch mehr eines Königssohnes …
Es begann zu regnen.
»Ich möchte schlafen«, sagte David. »Der Tag war lang.«
Sie standen auf. Im Lager war es dunkel, als sie zurückkamen. Die Luft hatte sich abgekühlt, Westwind war

aufgekommen. Erleichtert trat David in das Zelt, auf das Jonathan zeigte.
»Wo ist meine Strohschütte?«, murmelte er.
»Hier, neben meiner«, erwiderte Jonathan und zog ihn mit.
David zog sein Kettenhemd, seinen Lederrock und seine Sandalen aus und ließ sich auf die Strohschütte fallen, die mit einem Fell bedeckt war. Es war ein sehr breites Lager, und Jonathan legte sich neben ihn. Lange verharrten sie reglos, doch trotz seiner Müdigkeit konnte David nicht einschlafen. Jonathan legte ihm den Arm über die Brust. David spürte ihn zunächst voller Bestürzung, sein Herz schlug zum Zerspringen. Ein Mann war für ihn nie etwas anderes gewesen als ein Rivale, ein Verbündeter im Kampf oder aber ein Feind, niemals jemand, mit dem man eine solche Vertrautheit teilte. Wie ein zweiter Goliath forderte Jonathan ihn zu einem Zweikampf auf. Aber schließlich hatte die Welt sich seit diesem Morgen verwandelt, wie Jonathan gesagt hatte, und Jonathan war ganz sicher kein Goliath. David konnte ihn nicht zurückweisen, auch wenn er noch nie Begehren für einen Mann verspürt hatte. Er gab sich nun diesen Händen hin, einem Schenkel, diesen Lippen, und begann zu keuchen, von Schwindel ergriffen, als er erschrocken entdeckte, welche Süße der Körper eines Mannes schenken konnte. Wie war das möglich?
Zu viel Gewalt und zu viel Stolz hatte er an diesem Tag erfahren, um nun Seelenfrieden zu finden. Der Schwindel steigerte sich zur Trunkenheit. Die Körper der beiden jungen Männer glitten aufeinander zu. Der Himmel war nicht mehr oben, die Erde nicht mehr unten. David hatte zu viel Bewunderung von den Soldaten und zu viel Feuer bei Jonathan gespürt, um nicht zu begreifen, dass

er Gegenstand des Begehrens geworden war. Jonathan, Prinz und Held, wollte Besitz von ihm ergreifen – so sei es! Schließlich war in dem jungen Mann, den man einen himmlischen Boten nannte, das Tier erwacht. Und wie reagierte ein Tier, dem geschmeichelt wird, wenn nicht verliebt? David war also verliebt in einen anderen, weil dieser andere verliebt war in ihn. Sie kämpften einen Zweikampf wie im Terebinthental; doch nicht, um ihn mit einem Schwert abzutrennen, hielt Jonathan Davids Kopf zwischen seinen Händen. In ihrer Trunkenheit war es, als hätten sie mehrere Körper, der eine wie der andere waren überall zugleich, es waren zehn Männer, die sich ineinander verschlangen, verknoteten und im Augenblick des Sieges starben, einer vom anderen ermordet.
Getragen von Jonathans Armen flog David davon, kreiste in der Nacht, stürzte wieder auf die raschelnde, zerdrückte Strohschütte, geknebelt von einem Arm, der sich um ihn schlang. Er erinnerte sich kaum daran, dass er vor dem Einschlafen Jonathan die Hand aufs Gesicht gelegt und mit den Fingern blind die Konturen der Brauenbögen, der Nase, der geöffneten Lippen mit dem sprießenden Bartflaum nachgezogen hatte … Er wusste noch, dass er Lust gehabt hatte zu singen, erstaunt, dass er diesen Goliath nicht enthauptet hatte.
Am Morgen brachte Jonathan ihm eine Schale heißer Milch. Eile war geboten, da der König einen Triumphzug nach Jerusalem plante. Hastig zogen sie sich an und eilten zum Zelt des Königs. Bei Saul waren seine anderen Söhne, sein Befehlshaber Abner und einige Hauptmänner.
Als sie zusammen vor Saul erschienen, warf dieser ihnen einen langen Blick zu.

»Ich schicke zuerst Boten, damit die Dörfer in der Nähe verständigt sind«, kündigte Saul an. Zu David gewandt, fuhr er fort: »Ich will, dass du zu meiner Linken schreitest, meine Söhne zu meiner Rechten; in einer Hand sollst du Goliaths Kopf tragen, in der anderen sein Schwert.«

David glaubte, die Anwesenden würden sich nun zerstreuen, doch nein. Jonathan nahm ihn an der Hand und trat mit ihm vor den König.

»Dieser ist mein Geliebter«, erklärte er und sah zuerst seinen Vater, dann David an. Er zog seinen Mantel aus, riss ihn entzwei und gab die eine Hälfte David. »Alles, was ich besitze, ist auch sein«, fügte er hinzu, streifte sein Hemd ab und reichte es David. Dann nahm er Gürtel und Schwert ab und gab beides ebenfalls dem fassungslosen David; schließlich folgten noch sein Köcher und sein Bogen. Mit nacktem Oberkörper und hoch erhobenem Kopf stand er vor seinem Vater, seinen Brüdern, Abner und den Hauptmännern.

»Das ist ein feierliches Gelübde, Jonathan«, sagte Saul.

»Es ist ein feierliches Gelübde, König, mein Vater«, bestätigte Jonathan.

»Nimmst du es an, David?«, fragte Saul.

»Meine Hände sind voll, mein Herz übervoll«, antwortete David.

»So seid ihr also Brüder«, stellte Saul mit seltsam leiser Stimme fest. »Der Bote des Herrn ist Teil meiner Familie geworden. Mögen die Sehenden es sehen, die Hörenden es hören. David, du wirst zu meiner Rechten schreiten. Komm.«

David trat auf ihn zu, die Arme immer noch beladen mit den Kleidern und Waffen Jonathans, und der König legte ihm die Hand auf.

Er war also tatsächlich ein Gefangener, so wie er es erraten hatte, und von nun an Gefangener des Königs. Und das würde weit länger dauern und weit schwieriger sein, als einen Riesen mit einem Steinwurf an die Stirn zu töten. Er sah auf zu Saul und deutete ein Lächeln an, und er verstand nicht, warum der König so düster blickte. Daher ging er zurück zu Jonathan, schärfer denn je beobachtet von allen, die der Szene beigewohnt hatten.

»Alles ist gesagt, alles ist abgewogen«, murmelte er. Langsam reichte er Jonathan sein Hemd und seinen Schwertgürtel zurück, und als dieser alles angelegt hatte, auch den Bogen und den Köcher. »Jetzt brauchen wir beide eine zweite Mantelhälfte«, fügte er lächelnd hinzu und klopfte auf die Hälfte, die er über dem Arm trug.

»Der Bote des Herrn ist Teil meiner Familie geworden«, hatte Saul gesagt. Durch ihn, David, wollte Saul also die Gunst zurückgewinnen, die Samuel der Seher ihm entzogen hatte.

10

Die Nacht von Rama

Miriam zerstieß mit einem steinernen Mörserstößel Mandeln in einem großen, in der Mitte ausgehöhlten Stein. Sie bereitete für ihren Mann Samuel Honigküchlein zu, wie jedes Jahr. Diese Küchlein waren die einzige Süßigkeit, die Samuel sich gönnte. Langsam genoss er sie immer, und regelmäßig sagte er dabei: »Miriam, an der Süße dieser Küchlein erkenne ich die Tugend, um derentwillen ich dich geheiratet habe.«

Dieses Kompliment machte sie überglücklich; es bedeutete, dass ihre Ehe noch ebenso fest war wie vor einem halben Jahrhundert. Und ebenso regelmäßig wie das Kompliment kam Miriam der Gedanke, dass ihr Mann niemals ein Kebsweib genommen hatte.

Diese Küchlein bereitete sie nur in der Woche vor dem Passahfest zu, und zwar mehr davon, als sie zugab. Die zusätzlichen Küchlein waren für Joel und Abija bestimmt, die gewöhnlich kamen, um mit ihrem Vater das Passahfest zu feiern. Miriam wusste, welch bittere Vorbehalte Samuel gegen seine Söhne hegte, und sie kannte auch den Grund. Ein schwer wiegender Grund, denn hätten die beiden Söhne ihrem Gewissen getreu gehandelt, wäre Samuel vielleicht an Sauls Stelle König geworden. Der Amtsmissbrauch der Söhne hatte ihrem Vater die Macht aus den Händen genommen. Doch Miriam hatte nie davon geträumt, Königin zu werden, und sie war nicht bereit, über ihre Söhne zu urteilen.

Was auch geschah, es waren ihre Söhne. Daher buk sie für jeden ein Dutzend Küchlein, die sie in ein Leinentuch schlug und ihnen in den Quersack steckte, wenn sie ihn auf der Bank vor dem Haus in Rama niederlegten.

Sie würden bald kommen. Passah war in zwei Tagen. In der Regel kamen sie ein oder zwei Abende davor, je nachdem, wie nahe die Orte waren, an denen sie Gericht hielten. Als Miriam einen Schatten auf der Schwelle erblickte, dachte sie schon, dass es ihre Söhne waren, und legte den Stößel in den Mörser, um sie zu begrüßen. Doch der Schatten bewegte sich nicht weiter, und niemand rief: »Mama, wir sind da!« Gefolgt von einer Sklavin, trat sie also hinaus, um zu sehen, was für ein Besucher gekommen war.

»Abraham! Welch günstiger Wind bringt dich hierher! Komm herein!«

Abraham war einer der unbedeutenderen Seher aus der Gegend von Bethel, zu denen Samuel vertraute Beziehungen hatte. Dennoch folgte er ihrer Einladung nicht, denn ein Mann ging nicht allein in ein Haus, in dem nur eine Frau war.

»Ich wollte Samuel besuchen«, sagte er.

Sie musterte ihn, um herauszufinden, ob er gute oder schlechte Nachrichten brachte, konnte seine Miene aber nicht deuten. »Samuel ist heute Morgen auf dem Maultier nach Timnat-Serach geritten, er müsste vor Sonnenuntergang zurück sein. Willst du auf ihn warten?«

Er nickte und setzte sich auf die Bank neben der Tür.

»Ein günstiges Geschick?«, wagte sie zu fragen.

»Der Herr ist groß«, antwortete er.

Es mussten also nicht unbedingt schlechte Nachrichten

sein. Miriam ließ ihm einen Krug Wasser, Brot und Salz bringen. Er stellte alles neben sich auf die Bank und wartete auf Samuel. Miriam machte sich wieder an ihre Arbeit und überlegte, warum wohl Abraham diesen weiten Weg auf sich genommen hatte. Denn er wohnte in Mizpa und besaß kein Maultier, sondern war zu Fuß gekommen. Die Nachrichten, die er brachte, mussten wichtig sein. Waren es Neuigkeiten aus Jerusalem? Wenn das der Fall war, ging es um Saul, denn was konnte sich Neues oder Wichtiges in Jerusalem ereignen, ohne auf die eine oder andere Weise mit Saul zu tun zu haben? Sie war erleichtert, als sie das Trippeln des Maultiers auf dem Weg zu ihrem Haus und das Knarzen der Scheunentür hörte. Samuel war zurück.

Die beiden Männer begrüßten sich mit Segenswünschen und Fragen nach ihrer Gesundheit und der ihrer Familien. Samuel bat um Brot, Käse und Bier, und die Sklavin brachte kurz darauf das Gewünschte. Die beiden Männer nahmen nebeneinander Platz.

»Was führt dich hierher?«, fragte Samuel, nachdem er sich ein wenig erholt hatte.

»Jerusalem bereitet sich morgen für ein großes Fest vor. Saul wird mit seinen Männern dort einziehen; Gesandte haben die Nachbarstädte verständigt.«

»Was ist der Anlass dieser Feier?«

»Seine jüngsten Siege über die Philister und der Tod des Riesen Goliath.«

»Goliath ist endlich tot?«, fragte Samuel nach.

»Er ist im Zweikampf mit einem jungen Hirten namens David, der nicht einmal zu Sauls Truppen gehörte, mit der Schleuder getötet worden. Und nun das Entscheidende der Geschichte, hör gut zu. Ich habe von Abel,

Sauls Priester, erfahren, dass dieser David zur Rechten Sauls an der Parade teilnehmen wird.«

»Das scheint mir gerecht«, meinte Samuel. »Goliath hat im südlichen Hügelland der Schefela entsetzlichen Schrecken verbreitet. Wer seiner Herr geworden ist, verdient große Ehren.«

»Gewiss, gewiss!«, räumte Abraham hastig ein. »Unsere tapferen Krieger verdienen es, dass man sie als Beispiel zeigt. Aber das ist nicht alles.«

Mit geneigtem Kopf hörte Samuel zu. Abraham hatte einen Hang zum Klatsch.

»Dieser David, ein sehr hübscher Knabe, ist Jonathans ... Freund geworden«, fuhr Abraham fort und warf Samuel einen komplizenhaften Blick zu. Samuel griff die Anspielung nicht auf. Er schenkte sich kühles Bier ein, nahm einen tiefen Zug und schmeckte es mit einem Zungenschnalzen. Mit dem Handrücken wischte er sich den Bart ab und sah Abraham stirnrunzelnd an.

»Ganz verständlich«, erwiderte er. »Auch Jonathan hat sich als großartiger Kämpfer gezeigt. Junge Krieger sind dafür geschaffen, einander zu verstehen.«

»Sie verstehen sich so gut, dass sie die Nacht zusammen verbracht haben, und am nächsten Morgen hat Jonathan David zu seinem Vater und den versammelten Offizieren geführt und verkündet, dass dieser Jüngling sein Geliebter sei«, erklärte Abraham in unmissverständlichem Ton.

»Die Freundschaft zwischen zwei jungen Kriegern kann leidenschaftlich sein«, entgegnete Samuel mit gespielter Ruhe.

»Saul hat seinem Sohn zu bedenken gegeben, dass es sich um ein feierliches Gelübde handle.« Abraham klang mittlerweile ein wenig verärgert.

Samuel nahm sein Messer aus der Tasche, schnitt sich ein Stück Brot, dann ein Stück Käse ab, legte beides aufeinander und begann mit halb geschlossenen Augen zu kauen. Er leerte seinen Becher und wandte sich Abraham zu: »Sicher willst du mir sagen, dass David anstelle der Tochter Sauls als Belohnung den Sohn Sauls erhalten hat, nicht wahr?«

Diese Kurzfassung überrumpelte Abraham.

»Ja, so ist es«, gab er schließlich zu.

»Pah! Das beweist, dass Saul keine Enkel von David haben will, und sonst nichts«, erklärte Samuel. »Ich habe diesen David nicht gesehen, daher kann ich Saul weder Recht noch Unrecht geben. Der Allmächtige hat sich von ihm abgewandt, und die Umschwünge in seinem Familienleben bekümmern mich nicht.«

Abraham, erneut außer Fassung, brachte einen Augenblick lang kein Wort heraus.

»Aber ...«, blökte er, »David ... Jonathan ...«

»Immer mit der Ruhe, Abraham! Wenn das Herz dabei ist ... Du bist tatsächlich ohne Maultier aus Mizpa gekommen, um mir das zu sagen?«

»Mir ist es wichtig erschienen. Die ganze Armee hat sich in David verliebt, und er ist immerhin Teil der königlichen Familie geworden.«

Samuel schenkte sich noch einmal Bier ein.

»Wessen Sohn ist dieser David?«, fragte er.

»Einer der acht Söhne Isais, aus Bethlehem.«

»Er hat also mehrere Brüder, nicht wahr?«

»Die drei ältesten sind in der Armee.«

»Was wolltest du mir wirklich sagen, Abraham?«

»Dass es einen Knaben gibt, dessen Ruhm das Land in Leidenschaft versetzt hat. Und dass du zu der Parade in Jerusalem reiten solltest.«

»Wirst du hingehen?«

»Ja.«

»Und du würdest gerne mein Maultier mit mir teilen?« Abraham kannte zwar Samuels direkte Art, war aber doch verwirrt. Sein Bart schien noch ein wenig zerzauster als gewöhnlich.

»Wenn es nicht zu viel verlangt ist«, gab er zu.

»Du schläfst hier, und morgen früh brechen wir zusammen auf. In zwei Stunden sind wir dort.«[1]

»Aber wir werden kein Quartier finden …«

»Wozu sollten wir ein Quartier suchen? Wir werden gleich danach zurückkehren.« Samuel erhob sich mit den langsamen, kantigen Bewegungen, die ihm eigen waren. »Ich werde ein Schläfchen halten«, erklärte er. Kurz darauf sagte die Sklavin Abraham, dass in einem getrennten Raum ein Lager für ihn hergerichtet sei. Samuel erwachte rechtzeitig, um sich mit dem kalten Brunnenwasser zu waschen und anschließend Beine und Ellbogen mit dem zähflüssigen Öl des Lorbeerbaums zu massieren. Schließlich rief er Abraham zum Abendgebet, und danach setzten sie sich zum Abendessen auf den Boden. Es war eine einfache Mahlzeit, eine Getreidesuppe mit einem Viertel gebratenen Geflügels und Salat. Samuel sprach wenig, gab nichts von seinen Gedanken preis. Er ergriff nur das Wort, um seinen Gast zu fragen, was Abel, der Priester in Sauls Diensten, zu diesen Ereignissen meine.

»Bei dem Dankopfer nach dem Sieg hat er zu David gesagt, dass Gott ihn auserwählt habe.«

»Das hat Abel gesagt?«

»Man hat mir berichtet, dass er sich so geäußert hat.«

1 Rama ist etwa zwölf Kilometer von Jerusalem entfernt.

»Weiß man, warum Jerusalem als Ort für die Parade gewählt worden ist?«, fragte Samuel nach einer Weile.

»Offensichtlich ist es eine Entscheidung Sauls. Niemand hat mir berichtet, was seine Gründe sind.«

»Jerusalem ist besetzt von den Jebusitern, den Nabatäern, den Idumäern und anderen, die keinerlei Zuneigung für uns hegen.«

Abraham sah ihn fragend an, aber Samuel schwieg. Es war in der Tat seltsam, dass man Jerusalem ausgewählt hatte. Die Stadt hatte keinerlei Beziehung zu den zwölf Stämmen; kein einziger Altar befand sich dort, keine einzige jüdische Kultstätte.[2] Und Sauls Beziehungen zu den Ältesten dieser Stämme waren oftmals schwierig. Hatte Saul Jerusalem gewählt, weil es neutraler Boden war? In diesem Fall wäre die Wahl Jerusalems eine Herausforderung der Stammesältesten.

»Wenn ich deine Gedanken richtig lese, Samuel, könnte es sein, dass bei der Parade nicht viele Leute zugegen sein werden?«

Samuel nickte. »Man kann nicht vorhersehen, was die Ältesten denken oder tun werden. Davids Sieg kam so plötzlich ... Vielleicht sehen sie darin eine Gelegenheit, Saul zur Demut zu mahnen.« Er sammelte die Krümel seiner Mahlzeit in der Hand, schluckte sie hinunter und machte sich allein zu einem nächtlichen Spaziergang auf. Schließlich blieb er stehen, betrachtete den Himmel und begann zu sprechen, allein.

»Es genügt mir, deine Schöpfung zu sehen, Herr, um die

2 Der erste Tempel, der Tempel Salomons, wurde erst etwa hundert Jahre später errichtet. Jerusalem war dem Kult des Gottes El geweiht. Paradoxerweise ist dies einer der Namen, die Jahwe bezeichnen, der nach den Verwüstungen unter dem Befehl Josuas als grausamer Gott und Feind Els galt.

Festigkeit und Unermesslichkeit deines Plans zu erkennen. Ich verstehe jetzt, dass meine Sorge ungerechtfertigt war. Wie konnte ich gegen Saul in Zorn geraten! Du hattest seine Kerze bereits von deinem Altar entfernt. Und du hattest bereits eine andere entzündet, deren Flamme reiner und deiner würdiger war. Aber ich konnte es nicht wissen! Vergib mir meine Kleinheit und den Mangel an Vertrauen, der meine Befürchtungen erregt hat. Ich bin nur dein Diener, und du weißt das auch.« Er hob die Arme zu einer letzten Anrufung, und der Anblick der Sterne erfüllte seine Augen mit Tränen. Doch sein Herz war beschwichtigt.

»Armer Saul!«, murmelte er, als er in sein Haus zurückkehrte. »Arme Sippschaft!« Er schüttelte den Kopf, nahm eine der beiden Lampen, die Miriam für ihn hatte brennen lassen, trat in ihr gemeinsames Zimmer und streckte sich auf der Strohschütte aus, um zu schlafen. Er schlief sofort ein, doch mitten in der Nacht suchte ihn ein Traum heim. Zuerst ragte der Baum, der ihm schon einmal als Vision erschienen war, vor ihm auf, triumphierend und voller Knospen, ein Versprechen von Pracht und Früchten, das sein Herz mit Freude erfüllte. Der alte Baum krümmte sich in seinem Schatten, für ein nahes Ende bestimmt. Doch im Traum kamen Samuel Zweifel. Denn dieser Baum trug giftige Früchte. Samuel pflückte eine und warf sie fort. Er pflückte noch eine und warf sie in einer Mischung aus Bestürzung und Zorn ebenfalls fort. Er fragte sich, ob alle Früchte so giftig waren, und ob dieser Baum, der ihn zuerst in Entzücken versetzt hatte, nicht trügerisch war. Er sah auf und fand ihn vermessen in seinem Glanz. Nun ergriff ihn Furcht, und als er den Blick auf den Wipfel richtete, sah er außergewöhnliche Äste, die immer weiter wuchsen und die unteren Äste überschatteten. Seine Angst schnürte ihm den Atem ab. Er stieß einen Schrei aus …

Er fand Miriam mit verweintem Gesicht neben sich knien. Sie legte ihm die Hand auf die Stirn, als sei er ein fieberndes Kind. Lange sahen sie sich an, während er Atem schöpfte und wieder zu sich kam.

»Schlaf wieder«, sagte sie schließlich. »Es war nur ein böser Traum.«

Er nahm ihre Hand, drehte sich zur Seite und suchte Ruhe zu finden.

II

Die Beleidigung

Im Morgengrauen machten sie sich auf den Weg, um vor der großen Hitze, die schon in dieser Jahreszeit das Kidrontal so beschwerlich machte, in Jerusalem anzukommen. Alle, die nach Jerusalem wollten, brachen früh auf. Und es waren viele. Erstaunlich viele. Auf der Straße, die zum Eingang des Tales führte, ritten nebeneinander immer drei Maultiere, und die Masse der Leute, die zu Fuß kamen, wurde zusehends größer und behinderte das Vorwärtskommen der Reittiere. Samuel erkannte die Ältesten der Stämme Gad, Ephraim, Dan, Benjamin natürlich, Manasse und selbst einen der Ältesten des Stamms Issachar, der weit im Norden saß; doch dieser Vertreter hatte sich geschäftlich in Jericho aufgehalten, als er den Aufruf des Königs vernommen hatte. Natürlich erkannten die Ältesten ihren Richter Samuel, und bald bildete sich eine kleine Schar von gut dreißig Ältesten, die den großen Seher aus Achtung an der Spitze reiten ließ. Von Reiter zu Reiter flogen kurze Gesprächsfetzen hin und her, unterbrochen vom Getrappel der Tiere; man rief gegenseitig den Segen des Herrn auf sich herab, erkundigte sich nach dem jeweiligen Wohlbefinden, nach dem der Kinder, der Familien …

Am Eingang zum Tal saßen sie ab. Eine der Wachen hatte dort eine Art von Stall, kaum mehr als einen Wetterschutz, der an einer Mauer angebracht war und wo die Maultiere für eine bescheidene Gabe, einen kleinen Sack mit Getreide, gedörrte Feigen oder Salz, ein wenig Schatten und Futter fanden. Die Ältesten vertrauten der Wache ihre Reittiere an, und auf Einladung Samuels gingen sie zu einem Bierausschank in der Straße des Wohlstands, um ihren Durst zu löschen. Es war ein leichtes, junges Bier, das nicht zu Kopf stieg.

»Wir dachten nicht, dass du kommen würdest«, wagte Hanamel ben Ephron, der Ranghöchste der Ältesten von Ephraim, zu bemerken. »Sonst hätten wir um die Ehre gebeten, dich abzuholen und eskortieren zu dürfen.«

Die Missstimmung zwischen Samuel und Saul war bekannt, und die Formulierung des Satzes verbarg nur schlecht den eigentlichen Sinn: Was suchte Samuel bei der Ruhmesparade Sauls?

»Ich dachte gleichfalls nicht, euch so zahlreich anzutreffen«, erwiderte Samuel mit einem Lächeln voller Andeutungen.

»Wir sind gekommen, um den Sieg der Erwählten des Herrn zu feiern«, antwortete Hanamel ben Ephron, der ein Lächeln unterdrückte.

»Wir sind auch gekommen, um unseren neuen Helden zu sehen, diesen Jungen aus Bethlehem namens David«, fügte Jussuf ben Adel hinzu, einer der Ältesten vom Stamm Dan. »Dank dieses Knaben könnten wir ein wenig aufatmen. Wir sind geehrt, dich bei dieser Feier unter uns zu sehen.«[1]

1 Der Druck der Philister auf die Juden war auf dem Gebiet des Stammes Dan, das auf Höhe der Stadt Jafo an der Küste lag, besonders spürbar, und ein großer Teil dieses Stammes hatte ins Exil gehen müssen. Die Flucht der Philister nach Goliaths Tod ermöglichte es, die feindliche Macht ein wenig zurückzudrängen.

Samuel nickte. Vorsichtige Worte, die ihren Eifer, Sauls Sieg zu feiern, ebenso wenig erklärten, wie seinerseits Samuel den Grund für seine Anwesenheit offen legte.
»Ich bin gekommen, um mich über einen Sieg zu freuen, der geführt von der Hand des Herrn erreicht wurde«, sagte er, »und um diesen Knaben zu sehen. Immerhin ist es sein Sieg.«
»Aber die Armee hat die Philister bis hinter Gat, Scharim und Ekron verfolgt«, bemerkte ein anderer der Ältesten.
»Dank Goliaths Tod. Also dank David«, erwiderte Samuel.
»So denken auch wir«, pflichtete Hanamel ben Ephron in ungezwungenem Ton bei. »Und unser Volk. Um ihn zu feiern, sind wir gekommen.«
Samuel sah ihn fragend an. In den Augen des anderen glitzerte ein boshaftes Lächeln.
»Trinken wir auf David«, schloss Tobiel ben Tobiel, der Älteste aus dem Stamm Issachar.
Alle leerten ihre Becher. Pilger drängten sich um die Theke, um sich ebenfalls zu erfrischen. Hanamel ben Ephron bezahlte den Händler mit einem großen Sack Erbsen, und dieser spendierte eine Runde.
Nun musste man entscheiden, von welchem Ort aus man der Parade am besten zusehen konnte. Sicherlich würde sie durch die Hauptstraße ziehen, in der sie sich befanden. Einer der Ältesten kannte ein Haus, in dem man sie als Gäste aufnehmen würde, das Haus eines jüdischen Goldhändlers, das den Vorteil besaß, etwa auf mittlerer Höhe der Straße zu liegen. Von der Terrasse im zweiten Stock aus würden sie den besten Blick haben. Der Händler empfing sie mit vielen Artigkeiten.

Von oben aus stellten sie fest, dass die Menge der Lahmen und Blinden, für die Jerusalem bekannt war, bereits Stellung bezogen hatte und sie gegen die Juden verteidigte, die gekommen waren, um dem Gefolge zuzujubeln.
Es kam zu Auseinandersetzungen. Die Jebusiter schrien die Juden an, sie seien in Jerusalem nicht willkommen; die Juden spotteten über die Blinden, die so taten, als würden sie ihren Sieger bewundern, und über die Lahmen, die applaudieren wollten. Gegen Mittag machten Hornklänge diesen Streitereien ein Ende, schreckten die Vögel auf und lockten die Kinder auf die Straße. Hunde bellten, und sechs Herolde des Königs, die das Horn bliesen, schritten durch das Tor der Quelle. In Sechserreihen folgten ihnen tausend Lanzenträger im Gleichschritt mit stolzer Miene, den Schild in der linken, die Lanze in der rechten Hand – ein schönes Bild. Einen Augenblick lang war die ganze Straße des Wohlstands nur von ihnen besetzt, zur Verblüffung der Stadtbewohner. Durch das Tor des Tales schritten sie hinaus und nahmen Stellung im Wald der Balsambäume außerhalb der Stadtmauern. Nach ihnen erneut sechs Herolde mit Hörnern, diesmal gefolgt von tausend Bogenschützen. Und wieder ein Zwischenspiel von Herolden, doch diesmal schritten sie den königlichen Standarten voran.
Die folgenden Standartenträger umrahmten einen sechsrädrigen Wagen, der von zwölf Maultieren gezogen wurde und mit Teppichen ausgekleidet war. Saul stand auf dem Wagen, mit gespreizten Beinen, um das Gleichgewicht zu halten, zu seiner Rechten Jonathan, zu seiner Linken David, der das riesige Schwert Goliaths trug; der bereits schwärzlich verfärbte und unter der Frühlings-

sonne noch hässlichere Kopf des Riesen mit den gefletschten Zähnen lag vor ihm. Hinter ihnen standen Abel und Abner.

Hochrufe ertönten, als der Wagen in Sichtweite kam.

»David! David! Unser Held!«

Samuel beugte sich ein wenig vor, um den Wagen besser sehen zu können. Davids Vorzüge kamen überwältigend zur Geltung. Alle außer dem Priester Abel trugen in der Sonne gleißende Rüstungen und Helme, während David fast nackt war, nur in seinen Lederrock gekleidet, die Weste aus Schaffell über der haarlosen Brust. Er war barhäuptig, doch prächtiges Haar krönte seinen Kopf. Er war jung und schön. Das außergewöhnlich große Schwert, dessen Griff ihm fast bis zur Schulter reichte, war das augenfälligste Symbol der göttlichen Gunst, ebenso der grässliche Kopf zu seinen Füßen, der Kopf aller Feinde der Juden. Davids schutzlose Bloßheit erhob ihn weit über die prächtigen Rüstungen, mit denen die anderen sich schmückten. Deutlich wurde so gezeigt, dass er von oben geschützt wurde. War es wirklich Zufall, dass alles so gut passte? Oder hatte David insgeheim Ratschläge erhalten?

»David! Bote des Herrn!«

Die Menschenmenge drängte sich um den Wagen. Alles schubste und stieß sich beiseite, versuchte, sich an die Plattform zu klammern, um die Füße und Beine des Helden zu küssen. Auf der rechten Seite, wo Jonathan stand, war fast niemand. Besonders kühne Schaulustige setzten sich umgedreht auf die Maultiere, die dem Wagen am nächsten waren, um ihren Helden nach Herzenslust betrachten zu können.

Saul stand reglos und lächelte starr. Über die gesamte Länge der Straße des Wohlstands ertrug er diese Beleidigung, ohne zu ahnen, dass sein gefährlichster Feind ihn beobachtete. Er sah nicht, wie Samuel sich über die Terrasse beugte, als der Wagen sich dem Haus des Goldhändlers näherte. Dabei lehnte sich der alte Mann so weit über das Geländer, um das Gesicht des jungen Siegers zu mustern, dass er fast das Gleichgewicht verloren hätte. War dieser Knabe nur ein vor Einbildung strotzender Schönling oder aber ein kluger junger Mann? War diese Aura von Unschuld, die ihn umgab, natürlich oder vorgetäuscht? Genau in diesem Augenblick hob David den Kopf zu den Trauben von Menschen, die ihm von den Terrassen aus zuwinkten. Verwirrt erblickte Samuel sein Gesicht. »Was er auch tun mag, er bleibt unschuldig«, murmelte er zu sich selbst.

Nachdem das Gefolge vorbeigezogen war und als Abschluss tausend Fußsoldaten folgten, wandte Samuel sich Hanamel ben Ephron zu, der seine Zufriedenheit nur schlecht verbarg. Die anderen labten sich an frischem Wasser, das in großen Tonkrügen kühl gehalten wurde.

»Habt ihr darüber Rat abgehalten?«, fragte Samuel, die Hände auf das Terrassengeländer gestützt.

»Samuel, wir hätten niemals ohne dich eine Ratsversammlung einberufen«, antwortete Hanamel, der Samuels kleinliche Natur kannte. »Die Stämme haben ganz von sich aus ihre Antworten gegeben. Doch wir haben berücksichtigt, was beim letzten Ältestenrat in Bethel, unter deinem Vorsitz, gesagt worden ist, und haben unsere Stämme zugunsten Davids beeinflusst. Wir hatten diesen Knaben nicht gesehen; wir konnten nicht vorausahnen, welche Begeisterung er auslösen würde.«

»Ich verstehe«, antwortete Samuel. »Ihr hattet wohl kaum große Mühe, eure Leute davon zu überzeugen, dass sie David zujubeln. Er war wirklich der König dieses Zugs.«
Samuel war nicht der Mann, der leichthin etwas aussprach.
»Der König dieses Zugs«, wiederholte Hanamel ben Ephron, wie ein Kind, das Lesen lernt.
Abraham, der Seher aus Bethel, schüttelte den Kopf, sei es, dass er die Aufmerksamkeit auf sich lenken wollte, oder sei es, dass er etwas sagen wollte, das ihm schwer fiel.
»Unser Freund Abraham scheint nicht unserer Meinung zu sein«, stellte Tobiel ben Tobiel fest.
Abraham bewegte sich unruhig, brachte aber kein Wort heraus.
»Sprich, Abraham«, forderte Samuel ihn auf.
Abraham vernahm die Drohung in der Stimme des großen Sehers und Vorsitzenden des Ältestenrats aller Stämme. Er wurde purpurrot.
»Gebt ihm zu trinken«, ordnete Samuel an.
Man reichte ihm den Krug. Abraham verschluckte sich und erstickte fast. Man klopfte ihm auf den Rücken. Schluckend, mit nassem Bart, verstört und immer noch stumm, starrte er auf die Ältesten, die darauf warteten, dass er sich äußerte.
»Ich glaube, unser vortrefflicher Freund Abraham ist beunruhigt, weil David Jonathans Geliebter ist.« Bei diesen Worten Samuels erlitt Abraham noch einen Hustenanfall und spuckte das restliche Wasser aus, das er noch im Mund hatte.
»Stimmt es nicht, Abraham? Das könnte uns gleichgültig sein, wenn es nicht ein großer Vorteil wäre, da diese

Verbindung David von Anfang an ins Königshaus gebracht hat. Noch sicherer, als hätte er eine von Sauls Töchtern geheiratet, denn nun hat er sich mit Sauls wertvollstem Sohn, mit Jonathan, einem weiteren Helden, verbunden.«

Die Ältesten nickten.

»Nichts hätte vorteilhafter sein können«, bestätigte Hanamel ben Ephron.

Abraham senkte den Kopf. Endlich begriff er, warum Samuel so gelassen war.

»Einen Schwiegersohn, der beliebter ist als er selbst, hätte Sauls in Ungnade fallen lassen können«, fuhr der Seher fort. »Aber den Geliebten seines bevorzugten Sohnes kann er nicht verbannen, um so weniger, als das gesamte Volk in David verliebt ist.«

Samuel gehörte zu der Sorte von Männern, die einen Nagel mit drei Hammerschlägen einschlagen, ohne einen zu viel.

Der Zug war zu Ende, auf den Straßen Jerusalems wurde nun gefeiert. Jebusiter oder vielleicht auch Juden hatten von irgendwoher Musikinstrumente herbeigeschafft, Flöten, Zimbeln, Sistren und Triangeln, die nun harmonisch oder disharmonisch zusammenspielten. Man sang und trank, klatschte mit den Händen kurze, fast kriegerische Rhythmen. Samuel und die Stammesältesten stiegen von der Terrasse herab, um ein wenig kühle Luft zu schöpfen; auf der Wendeltreppe wurde ihnen leicht schwindelig. Der Goldhändler, über die Maßen geschmeichelt, so viele Älteste als Gäste bei sich zu haben, hatte einen auserlesenen Imbiss für sie vorbereitet, gebratene Tauben, Kichererbsenpüree, Walnussküchlein, und dazu einen kühlen Wein aus Galiläa.

Gegen drei Uhr nachmittags beschloss Samuel, nach

Rama zurückzureiten. Er hatte genug gesehen, und die Redseligkeit von Greisen, die ein Fest genossen, behagte ihm nicht. Abraham, der erschöpft von der Aufregung auf einem Diwan eingeschlafen war, ließ er bei den anderen zurück. Der einstündige Ritt auf dem Rücken eines Maultiers, noch dazu in der Sonne, hätte ihm nur geschadet.

12

»Eine Frau, doch nicht irgendeine«

Als die Siegreichen am nächsten Tag nach Gibea zurückkehrten, herrschte eine gezwungene Stimmung. Die Offiziere schienen in ihre Gedanken vertieft zu sein, und mit Ausnahme Jonathans waren auch die Gesichter der Söhne Sauls – Malkischua, Abinadab und Jischwi – wie eine Maske, und sie tuschelten leise mit ihren Vertrauten.

Saul ritt mit Abner und einigen Männern seines Vertrauens an der Spitze. Manchmal trieben Malkischua, Abinadab oder Jischwi ihre Maultiere an, um sich einen Augenblick zu ihnen zu gesellen, bevor sie wieder zu ihrer Gruppe zurückfielen. Saul gab sich unbewegt und lächelte manchmal sogar, war aber nicht zum Reden aufgelegt. Ein Fußsoldat, der nicht wusste, worum es ging, hörte ihn nur einmal zu Jischwi sagen: »Frühlingsblüten. Geboren im Regen, bei den ersten Sonnenstrahlen verwelkt.« Ein wenig später hörte derselbe Soldat Abner sagen: »Samuel war in Jerusalem.«

Weiter hinten ritten David und Jonathan, gefolgt von ein paar Soldaten und zwei oder drei Hauptmännern, die David leidenschaftlich bewunderten. Ein Maultier trug Goliaths Kopf in einem Jutesack auf dem Rücken.

David wirkte nachdenklich, und Jonathan sprach ihn

darauf an. Der junge Mann lächelte ihn nur an, doch Jonathan blieb beharrlich.
»Man hat mir zu viel Ehre erwiesen«, murmelte David.
»Mir hat das Freude gemacht«, meinte Jonathan.
Doch man musste sehr verliebt oder sehr zerstreut sein, um nicht zu bemerken, dass das Königshaus nun ein Mitglied mehr zählte. Und zwar ein Mitglied, das den König in den Schatten stellte. David aber war keineswegs zerstreut.
Sie waren im Morgengrauen aufgebrochen und erreichten Gibea kurz nach Mittag. Dort wurden sie ebenso jubelnd empfangen wie in Jerusalem. »David, Schrecken der Philister, David, Schwert des Herrn!«, sangen einige Mädchen unten am Weg, der zur Stadt hinaufführte, und bekränzten das Maultier des Helden mit Blumengirlanden. Saul drehte sich nicht einmal um. Noch mehr Leute mit Blumen kamen ihnen entgegen und schmückten auch das Pferd des Königs mit zwei oder drei Girlanden, doch alle sangen das Loblied Davids, so dass es fast schon beleidigend wirkte. Auf Befehl Abners stieg ein Offizier vom Pferd, um die Anführer aufzufordern, bei ihren Lobgesängen nicht den König zu vergessen. »Es lebe König Saul! Es lebe David, der Liebling des Herrn!«, wurde also während des weiteren Aufstiegs gejubelt. Als das Gefolge am Stadttor ankam, ertönten Hornklänge und lärmende Zimbeln, und man vergaß darüber den Befehl des Offiziers. David wurde von begeisterten Anhängern vom Maultier gehoben und im Triumph zur Estrade des Palastes getragen, damit jeder ihn sehen konnte.
Saul hatte genug gesehen. Nachdem er sich aus Schicklichkeit ein paar Augenblicke lang neben David gezeigt hatte, zog er sich in den Palast zurück, gefolgt von

seinen drei Söhnen, Abner und den Offizieren. Nur Jonathan blieb bei David und bestand darauf, noch einmal Goliaths grausigen Kopf und sein Schwert zu zeigen. Die Hochrufe drangen durch die Fenster des Palastes. Ahinoam, Sauls Gattin, hatte die Sklaven angewiesen, das Becken für Saul und seine Söhne mit heißem Wasser zu füllen. Es war ein bescheidener Waschraum, eine gewölbte Kammer, halb in die Fundamente des weitläufigen Gebäudes eingegraben, das als Palast diente. Das eineinhalb Ellen tiefe Becken aus Steinen mit Zapfenloch hielt das Wasser gerade so lange, dass man sich waschen konnte, bevor es durch einen Abzugsgraben den Hügel hinunter abfloss.

»Wenn ihr zusammen mit mir ein Bad nehmen möchtet, seid ihr herzlich eingeladen. Wir hätten dabei die Gelegenheit uns zu besprechen!«, wandte sich Saul an Abner und seine Offiziere.

Er kleidete sich aus und stieg als Erster ins Becken. Ein Sklave goss ihm langsam warmes Wasser über den Körper und reichte ihm ein Stück Seife, die man aus Öl und Alkali hergestellt hatte. Saul seifte sich ein und wusch sich die Füße, dann ließ er sich von dem Sklaven auch den Rücken waschen. Nun stiegen auch die Prinzen ins Becken, während Abner sich auszog und dabei die Szene beobachtete. Er wurde nicht oft eingeladen, beim Bad des Monarchen und seiner Söhne dabei zu sein, dazu brauchte es einen wichtigen Anlass, und Abner erriet ihn ohne Mühe. Saul wusch sich nun die Haare und befahl dem Sklaven, ihm Wasser über den Kopf zu gießen. Dann setzte er sich auf eine Steinbank und ließ sich abtrocknen. Saul war ein schöner Mann; gerade wegen seiner Schönheit hatte Samuel ihn erwählt. »Eine Gunst des Himmels«, hatte der große Seher gesagt. Wenn der

Allmächtige einem seiner Geschöpfe äußerliche Schönheit geschenkt habe, dann waren ihm auch weitere Gnadenerweise, weniger ins Auge fallend, doch kostbarere, zuteil geworden, hatte Samuel damit zu verstehen gegeben. Doch Schönheit war eine Falle, dachte Abner, als er Sauls breite Schultern, seine kräftige Brust, seine makellose Haut und sein edles, markantes Gesicht betrachtete.

»Vermutlich wird ein Fest gefeiert«, meinte Malkischua, der sich gerade die Arme trockenrieb.

»O ja, sie werden feiern«, bestätigte Saul.

»Wir sollten nicht teilnehmen.«

»Doch, wir werden teilnehmen. Es wäre falsch, nicht hinzugehen«, erklärte Saul.

»Warum?«, fragte Jischwi. »Nichts zwingt uns dazu, beim Triumph dieses … beim Triumph Davids dabei zu sein.«

Abner stieg ins Becken, vorsichtig, weil er sich bei einem Sturz vom Pferd ein Bein geprellt hatte.

»Wenn wir dabei sind, hat das Volk den Eindruck, der Jubel gelte auch uns, und Davids Triumph stehe unter meiner Schirmherrschaft«, erklärte Saul.

»Triumphieren wird also er.« Jischwi kniff die Augen zu, als ihm warmes Wasser über den Kopf gegossen wurde.

»Wird sein Triumph lange währen?«, fragte Abinadab.

»Nach zwanzig Monden wird Goliath längst vergessen sein!«

Nun mischte sich Abner ein. »Da David nun ein Kriegsheld ist, schicken wir ihn doch in den Kampf.« Fragend sah er Saul an.

»Das ist ein guter Gedanke«, murmelte der König.

»Er wird nicht alle Philister mit der Schleuder erlegen«, bemerkte ein Offizier.

»Man muss dennoch an alles denken.« Saul begann sich anzukleiden. Seine Frau hatte ihm ein Hemd aus feinem Leinen bringen lassen. Ein Sklave bückte sich und half ihm, die frisch mit Lorbeeröl eingeriebenen Sandalen anzuziehen.

»An alles denken?«, fragte Abner und sah den König an.

»Eine Frau«, murmelte Saul.

»Daran mangelt es nicht«, meinte Malkischua.

»Nicht irgendeine Frau«, erwiderte Saul ruhig.

»Du schuldest ihm ohnehin die Hand deiner ältesten Tochter, meiner Schwester Merab.« Jischwi erinnerte Saul an sein Versprechen.

»Ich schulde niemandem etwas«, entgegnete Saul barsch.

Das Geschrei und Gepruste der Offiziere, die das Bad genossen, übertönten das Gespräch. Diese Soldaten hatten nicht alle Tage Sklaven, die ihnen mit Rosshaar, Seife und warmem Wasser den Rücken abrieben. Sie lachten wie Kinder. Doch die drei Söhne hatten ihren Vater gehört. Sie erstarrten, die Augen weit aufgerissen. Saul nickte, und Schweigen trat ein. Jischwi, der jüngste der drei, trat mit angespanntem Gesicht vor seinen Vater. Alle hatten verstanden: Saul hatte vor, David von einer seiner eigenen Töchter verführen zu lassen. Aber von welcher? Merab? Michal? Jischwi beugte sich vor, die Stirn gerunzelt, er erwartete eine Erklärung. Doch es kam keine. Wortlos hielt Saul seinem Blick stand. Jischwi wandte sich brüsk ab, kleidete sich fertig an und verließ den Raum mit noch ungeschnürten Sandalen. Malkischua und Abinadab blieben, starr vor Erstaunen.

»Von Jonathan getrennt wird er weniger gefährlich sein«, fuhr Saul erklärend fort. »Keine Ehe, ich will ihn nicht noch enger in meiner Familie haben. Ein Kompro-

miss soll es sein.« Er schwieg und fügte nach einem Augenblick hinzu: »Meine Pläne schließen sich an Abners Idee an.«
Die Offiziere badeten immer noch lärmend.
»Weiß man, was Samuel in Jerusalem wollte?«, fragte Saul Abner.
»Wahrscheinlich wollte er alles sehen«, antwortete der Befehlshaber und trocknete sich den kahlen Kopf.
»Sehen ...«, wiederholte Saul bitter. »Jedenfalls wollte er nicht mich sehen.« Er stand auf. »Gehen wir. Jonathan, David und ihre Leute werden auch das Bedürfnis haben, sich zu erfrischen. Es ist nicht Platz genug für alle.«
Nachdenklich trocknete Abner sich das Gesicht ab, zog sich an und ging als Letzter hinaus.
Es war wirklich nicht Platz genug für alle.

13

Eine gescheiterte Intrige

Gegen Ende des Festes, nachdem man schon Honigkuchen, gedörrte Datteln und geschälte Mandeln in geronnener Milch als Nachtisch geknabbert hatte, tanzten Mädchen herein, die Sistren spielten und dazu sangen. Sechs Mädchen, die Augen mit Antimon geschwärzt, die Lippen mit dem Purpur der Schildlaus geschminkt, das Haar eingeölt, in kurze Kleider gehüllt. Sie tanzten auf die Estrade der Königsfamilie zu, wo Saul den Ehrenplatz einnahm. Alle saßen auf Fellen, Teller und Becher neben sich.

»Ruhm und Preis! Ruhm und Preis für Saul, den erwählten König des Herrn! Preist Saul, Standartenträger des Herrn! Preist Saul, Schrecken der Ungläubigen!«, sangen sie, skandiert von einem Tamburin. Die Gäste applaudierten, auch die an der Tafel des Königs.

Saul beehrte die Tänzerinnen mit einem Lächeln. Malkischua, Abinadab, Jischwi und einige Offiziere ihres Gefolges blickten griesgrämig. Neben ihnen applaudierten Jonathan und David, die mit ihren Offizieren eine kaum abgetrennte Gruppe bildeten. David strahlte; er bemerkte kaum, dass Jonathans zuerst überraschter Gesichtsausdruck besorgt wurde.

Die Tänzerinnen blieben vor Jonathan und David stehen. »Ruhm, Ruhm für Jonathan, unseren tapferen Krieger! Ruhm, Ruhm für Jonathan, den würdigen Sohn des großen Königs Saul! Ruhm, Ruhm für David, den

Bezwinger des Ungeheuers! Ruhm, Ruhm für David, den tapferen Hauptmann!«

»Vorsicht«, murmelte Jonathan David zu. »Die erste Tänzerin ist meine Schwester.«

Als David sich umsah, bemerkte er, dass die Blicke der benachbarten Gruppe unter halb geschlossenen Lidern in seine Richtung gingen. Jonathan und seine Offiziere applaudierten verhalten, doch David klatschte mit jugendlicher Lebhaftigkeit in die Hände, wobei er den Eindruck vermittelte, dass ihm der Wein zu Kopf gestiegen war.

Er hatte begriffen, was hier angezettelt wurde.

Schließlich stand er sogar auf und deutete im Einklang mit den Tänzerinnen einen Tanzschritt an.

Der Beifall verdoppelte sich, und Sauls Blick funkelte.

Die Tänzerinnen drehten eine Runde durch die Gärten, dann kehrten sie zurück zur Estrade des Königs. Sie tanzten einen Saltarello, drehten sich auf der Stelle und steigerten den Klang der Sistren bis zum höchsten Punkt. Nach diesem Tanz verteilten sie sich und folgten den Einladungen der Gäste, die ihnen Wein oder Kuchen anboten. Die erste Tänzerin wandte sich David zu. Sie war kaum fünfzehn.

»Ich bin gekommen, um den Helden zu sehen, der unsere Häuser mit den Berichten über seine Großtaten zum Schwingen bringt«, erklärte sie selbstsicher.

»Hätte ich dein Gesicht gekannt, so hätte ich Goliath getötet, um deinen Blick zu erobern«, antwortete David.

»Bietest du mir einen Becher an?«, fragte das Mädchen.

Jonathan reichte ihr den Wein mit ironischer Miene.

»Mein Bruder ist also der Mundschenk des Helden«, meinte sie mit betrübtem Ton.

»Dein Bruder ist dein Mundschenk, Merab«, antwortete Jonathan.
Sie setzte sich auf den Rand der Estrade, denn Mädchen im heiratsfähigen Alter durften sich nicht zu den Männern setzen.
»Was kannst du noch, außer Köpfe abschneiden?«, fragte sie David.
»Wenn sie aus Gold wären, würde ich dir eine Halskette daraus machen«, erwiderte er.
Sie lachte. Am Nebentisch versäumte man kein Wort dieses Geplänkels.
»Behalte sie für deine Angebetete«, entgegnete sie in gespielt bissigem Tonfall.
»Verglichen mit der Süße deiner Augen sind die meiner Angebeteten wie Essig.«
Sie lachte noch mehr, doch mit einer Miene des Einverständnisses.
»Du redest wahrhaftig in süßen Worten.«
»Um es der Süße deiner Lippen gleichzutun«, entgegnete er mit einem übertrieben schwärmerischen Blick.
Jonathan schien Vergnügen an dem Gespräch zu haben und verbiss sich ein Lächeln. Hin und wieder warf er einen verstohlenen Blick zu seinem Vater.
»Hast du denn noch ein Herz, nachdem du Goliath deinen Stein an die Stirn geschossen hast?«, fuhr das junge Mädchen dreist fort.
Er lachte frei heraus, so dass man seine blitzenden weißen Zähne sah. »Muss ich mein Herz in meine Schleuder legen, um deines zu treffen?«, fragte er.
Am Nachbartisch hörte man die schlagfertige Erwiderung, und sogar Saul brach in Gelächter aus.
»Pass auf, Merab, sonst ernenne ich dich noch zum Hauptmann«, versetzte Jonathan.

Sie musterte ihn gespielt hochmütig.
»Nimmst du jetzt schon Frauen als Hauptleute?«
Anstatt verärgert zu sein, lachte er abermals und reichte ihr eine Dattel.
Der König entschied nun, dass es schon spät sei, und erhob sich. Fast alle verließen die königliche Estrade, nur ein paar Hauptmänner blieben noch einen Augenblick.
Es war eine laue Nacht.
»Ich muß gehen«, murmelte Jonathan David zu. »Pass auf.«
David nickte zustimmend und verließ die Gärten. Er ging bis an den Rand des Hügelplateaus, wo die königlichen Obstgärten begannen. Mandel-, Apfel- und Aprikosenbäume standen bis hinunter ins Tal und erfüllten die Nacht mit ihrem Duft, sobald sich ein wenig Wind erhob. David brauchte sich nicht einmal umzudrehen. Er wusste, dass sie ihm folgte, und einen Augenblick später holte sie ihn wirklich ein und blieb stumm an seiner Seite.
»Hast du dir auf die Zunge gebissen?«, fragte er nach einer Weile.
»Ich dürfte nicht hier sein«, antwortete sie schmollend.
»Warum bist du dann hier?«
»Weil du schön bist.«
»Aber in der Dunkelheit siehst du mich gar nicht.«
»Ich könnte dich morgen sehen, wenn es sein muss.«
»Du bist also nicht der Blicke wegen gekommen«, meinte er sanft. »Und es sind nicht deine Augen, die du befriedigen willst.«
Merab antwortete nicht. Sie setzten sich. Er streckte die Hand nach ihr aus, und sie schrak zusammen. Er legte

ihr die Hand auf die bereits ausgebildete Brust. War sie stolz auf sie? Sie stieß ihn nicht zurück.
»Es ist schon Sommer«, sagte er, und seine Hand bebte, als er die Konturen der einen Brust bis zur anderen nachzog.
Ihr Körper spannte sich an. Er zog sie an sich und beugte sein Gesicht so nahe über das ihre, dass kaum ein Haar zwischen ihren Lippen Platz gehabt hätte. Sie keuchte, und er roch ihren Atem, mild vom Wein, den sie getrunken hatte. Er liebkoste ihre Brust durch den Stoff ihres Kleides hindurch, bis die Spitzen hart wurden. Sanft spreizte er Merabs Beine und schob ihr das Kleid und das Hemd nach oben. Sie stieß einen leisen Schrei aus.
»Weißt du, wie ein Mann beschaffen ist?«, fragte er, nahm ihre Hand und führte sie.
Wieder schrie sie auf.
»Diesen Teil des Mannes nimmst du in dich auf«, sagte er und strich langsam, sehr langsam Merabs Bauch hinab, bis er zu ihrer Wölbung kam. Er war sich bewusst, wie merkwürdig fügsam sie war, und schob die Hand in den sprießenden Flaum bis zur Spalte ihres Geschlechts, die bereits angeschwollen war. »Und du nimmst ihn hier«, erklärte er und ließ vorsichtig einen Finger weitergleiten. Denn sie war Jungfrau, wie er festgestellt hatte. Doch sie hatte ihren Griff um ihn nicht gelockert. Er unterdrückte ein Lächeln und fuhr fort, sie zu berühren. »Und wie du mich streichelst, streichle ich dich«, murmelte er, eine Hand auf ihrer, die andere auf ihrer Spalte, und genoss es, wie sich dieser weibliche Körper langsam und sicher dem Höhepunkt näherte. Er wusste, sie erwartete, dass er sie entjungferte. Sie war dem Bezwinger Goliaths versprochen worden, daher gehörte sie ihm. Doch Saul wollte, dass er sie vergewal-

tigte, damit er entehrt war, und David tat daher nur ihrem Herzen Gewalt an. Er beugte sich über sie und tat mit ihr, was er mit dem Mädchen am Rand der Straße von Bethlehem gemacht hatte. Sie lehnte den Rücken gegen die Hand, die sie hielt. Ihr Körper spannte sich, sie streckte ihr Geschlecht dem warmen, feuchten Mund entgegen. Dann löste sich ihre Anspannung plötzlich und sie stieß eine Reihe leiser, spitzer Schreie aus. Er hielt sie fest, die Hände unter ihren Hüften.

»So wäre es für dich, wenn ich dich zur Frau nehmen würde«, meinte er, immer noch über sie gebeugt. Er erahnte den Blick, mit dem sie ihn in der Dunkelheit durchbohrte. »Doch dann wäre es nicht heimlich. Du weißt nun, was man empfindet, wenn man von einem Mann genommen wird, aber du bleibst Jungfrau. Und wenn du es wagst, kannst du sagen, dass David ein Mann ist.«

Sie streckte sich aus. »Du hast mich nicht genommen«, sagte sie. »Man wird sagen, ich bin hässlich.«

Er lachte kurz auf. »Wo sollte man das sagen, wenn nicht im Palast? Keine Königstochter ist hässlich, Merab. Und du weniger als die anderen.«

»Aber ich gehöre dir! Mein Vater hat mich dem Überwinder Goliaths versprochen.«

»Warum hat er mir das nicht selbst gesagt?«

»Du nimmst mich also nicht?«, fragte sie.

Er lachte leise, fast bitter. Das hatte der Waffenruhm ihm also eingebracht! Beliebtheit beim Volk, die Liebe eines Prinzen, die Eifersucht des Königs und schließlich eine unwürdige Intrige, deren Werkzeug ein raffiniertes und zugleich naives Mädchen war.

»Aber du kannst jeden Abend kommen, um Lust bei mir zu finden.«

»Und du?«, fragte sie und umschloss von neuem sein Glied.
Sie hoffte noch. Er ließ sie, obwohl sie ungeschickt war, doch er hielt sie nur im Arm und achtete darauf, dass sie sich nicht umdrehte, um sich auf ihn zu legen. Als es so weit war, öffnete er den Mund weiter und keuchte. Sie stieß einen Schrei der Überraschung aus, und David lachte laut. Sie stand auf und rannte beleidigt davon. Er lachte noch, als er zurückging, um sich schlafen zu legen.
Merab war hartnäckig. Oder vielleicht wirklich verliebt, oder beides. An den folgenden Abenden kam sie wieder und versuchte eigensinnig, ihn mit Listen, die ihr der Instinkt oder irgendeine Konkubine im Palast empfohlen hatte, dazu zu bringen, sie so zu besitzen, wie es sich gehörte. Zwar hatte er sein Vergnügen dabei, widerstand ihr aber lachend, während sie sich aus ihrer Ohnmacht in tobende Wut steigerte, ihn einmal zu kratzen versuchte und dann wieder mit Küssen überhäufte.
Jeden Abend erzählte er Jonathan davon, der sich darüber amüsierte, aber nicht ohne Sorge. Eine solche Kühnheit bei einer Jungfrau, seiner eigenen Schwester, so viel Hartnäckigkeit bei einem verschmähten Mädchen zeugten davon, dass es sich wirklich um eine Intrige handelte, die Saul und die Seinen angezettelt hatten. Davids und Jonathans einvernehmliches Gelächter in der Öffentlichkeit, die soldatische Kameraderie, mit der sie sich die Arme um die Schultern legten (sicher ein wenig übertrieben, fürs Publikum bestimmt), ihre gemeinsamen Mahlzeiten und vor allem ihr gemeinsames Zimmer bewiesen jedoch schließlich allen, dass die Stärke ihres Gefühls füreinander intakt blieb. Die

List war gescheitert. Der Klatsch im Palast ließ die beiden jungen Männer bald wissen, dass eine Hebamme Merab untersucht und ihre Jungfräulichkeit bestätigt hatte. David war gewiss weder gleichgültig gegen Frauen noch impotent, aber er hatte nicht die Absicht, heimlich der Schwager seines Geliebten zu werden.
»Es würde eigentlich nichts ändern«, überlegte Jonathan. »Ich meine, nicht an unserer Freundschaft.«
David dachte darüber nach und ließ sich schließlich überzeugen. Ja, es hatte ihn belustigt, die königliche Intrige zu durchkreuzen, doch er fand Merab nach seinem Geschmack. Und wenn Saul ihm offiziell ihre Hand gab, würde er sie heiraten. Eines Morgens teilte Jonathan daher seinem Vater mit, dass David auf die dem Bezwinger Goliaths versprochene Belohnung warte, vorausgesetzt, sie sei öffentlich, so wie vom König verkündet.
Saul hörte sich dieses Ansuchen mit unbewegter Miene an und sagte kein Wort dazu. Doch zu Beginn des Abendessens verkündete er in Gegenwart seiner Söhne und Davids in ruhigem Ton, dass er beschlossen habe, Merabs Hand Adriël von Mehola zu geben, einem ranghohen Mann, dem er einen Gefallen schuldig war. Alle Blicke richteten sich auf David, dem man öffentlich die Belohnung verweigerte, die ihm versprochen worden war. Er reagierte mit einem Lächeln auf diesen Affront, hob sein Trinkhorn und trank auf das Wohl der Verlobten. Diese Geste machte Saul wütend. Er wandte sich an David.
»So trink!«, stieß er hervor.
Jonathans Gesicht verzerrte sich. Sein Vater hatte gerade nicht nur seinen Verrat öffentlich gezeigt, sondern auch seinen Unwillen und seinen Neid. Der König war

eifersüchtig auf einen siegreichen Jugendlichen. Von nun an war David der wahre König. Er und Jonathan teilten sich die Königswürde.
»Merab war dem versprochen, der Goliath tötet«, fuhr Saul mit gesenktem Blick fort, »aber ich habe noch eine Tochter; sie soll diesem Sieger gehören. Allerdings unter einer Bedingung.«
Er sah auf und blickte seine Zuhörer an. »Dieser Sieger muss mir ihren Brautpreis bezahlen.« Alle hielten den Atem an. Der König verlangte einen Brautpreis? Der König? »Ich will hundert Philistervorhäute«, erklärte Saul. »Wir ziehen morgen in den Kampf.«
Diese Forderung war so außergewöhnlich, ja, so anstößig, dass die Zuhörer empört waren. Selbst Malkischua, der David keineswegs wohlgesinnt war, schien zutiefst bestürzt. Abner blickte finster und hörte, wie Malkischua seinem Waffenträger vertraulich zuflüsterte: »In Wirklichkeit will er Davids Mannesglied! Er hat den Verstand verloren! Er ist verrückt vor Eifersucht!«
Doch auch diesem Sturm trotzte David mit großsprecherischer Gebärde. »Auf diesen Brautpreis!«, rief er und hob lächelnd sein Trinkhorn.
In diesem Augenblick erhob sich Jischwi, der bisher regungslos und schweigend zugehört hatte, und setzte sich feierlich neben David. Alle Blicke folgten ihm, und Saul runzelte die Stirn.
»Ich trinke auf Davids Sieg«, sagte Jischwi langsam. »Ich trinke auf die hundert Vorhäute, die ihn zu meinem Schwager machen.«
Und er legte David den Arm um die Schultern, nahm von der Platte, die vor ihnen stand, ein Stück Geflügel und reichte es David, mit der Geste eines Liebhabers

oder eines Sklaven. Dieser nahm es, ohne den Blick von Jischwi zu wenden.

»Dieser Junge wird uns alle bezaubern«, murmelte Malkischuas Waffenträger. »Der Allmächtige ist mit ihm.«

»Wie es Samuel vorausgesehen hat«, erwiderte Malkischua finster.

14

Ein aussichtsloses Unterfangen

Die Philister hatten beschlossen, Gibea zurückzuerobern, und trafen seit drei Tagen Vorkehrungen, es zu belagern. Entlang des Flusses Sorek waren sie aus der Schefela, dem Hügelland, gekommen, hatten ihre Männer, die sich während der letzten Monate im Hebrongebirge und im Tal der Refaïm zersprengt hatten, neu gesammelt und knapp eine Meile südlich von den Juden, vor Keïla, ein Lager errichtet.[1] Laut Aussage der Späher waren es mindestens fünfzehntausend, die sich dort befanden.

Die Juden, zehntausend an der Zahl, brachen vor dem Morgengrauen auf, um dieses Lager zu zerstören und ihre Feinde bis hinter den Fluss Kesalon zurückzu-

1 Die Geographie des Alten Testaments ist sehr ungenau. So gibt es in den Hügeln um Jerusalem zwei Gibea, eines nördlich des Berges Skopus, das andere südlich von Chapharsalama, und zwei Gibea-Elohim, eines am Fluss Suwenit, während das andere identisch sein soll mit dem Mischpa, das nach 587 unter diesem Namen bekannt war (denn weiter nördlich gibt es noch ein Mischpa). Ich habe aus historisch-geographischen Gründen das östliche Gibea als Sitz der Hauptstadt Sauls gewählt, und zwar in erster Linie, weil dieses Gibea sich innerhalb der größten Konzentration von Ortschaften zu Ende des 2. Jahrtausends und zu Beginn des 1. Jahrtausends v. u. Z. befindet. Es liegt in der Mitte eines wichtigen hydrographischen Netzes, und vor allem dominiert es strategisch die große Nord-Süd-Achse, die durch das Jordantal gebildet wird: Die Kette, die aus dem Berg Karmel, den Gebirgen Samarias, Bethels und Jerusalems und den Bergen Judäas entsteht, ist eine Art Wirbelsäule, die das gesamte Palästina militärisch beherrscht.

treiben. Abner hatte fünf Bataillone von je zweitausend Mann aufgestellt, vier davon unter dem Kommando von Sauls Söhnen, das fünfte mit den meisten Bogenschützen unter seinem Befehl. Die fast tausend Lanzenträger waren in vier Gruppen auf die von den Prinzen befehligten Bataillone aufgeteilt worden. David, der keinerlei Rang in der Truppe innehatte, war natürlich bei Jonathans Trupp und nur mit einem Schwert bewaffnet, das dieser ihm geschenkt hatte. Keine Rüstung passe ihm, sagte er. Man erkannte ihn von weitem an seiner Haarmähne und an seinem fast nackten Oberkörper, da er darauf bestand, nur seine Schaffellweste zu tragen.

Der Plan zum Angriff war einfach: Vier Gruppen sollten das Lager der Philister umzingeln, die Lanzenträger vorausstürmen, gefolgt von den Fußsoldaten; der Rückzug sollte im Notfall von den Bogenschützen unter Abners Kommando geschützt werden.

Das Lager der Philister grenzte an einen Wald. Ihre Wachposten sahen im ersten Licht der Morgendämmerung die Reihen der Juden heranrücken und gaben Alarm. Jonathans Bataillon hatte auf der linken Flanke angegriffen, Jischwis Trupp auf der rechten, die beiden übrigen in der Mitte. Sobald sie in die Reichweite der gegnerischen Bogenschützen kamen, waren die Juden einem Pfeilhagel ausgesetzt, wobei die Philister vor allem auf die Beine, die am wenigsten geschützten Körperteile der Angreifer, zielten. Dennoch gelang es den jüdischen Lanzenträgern dank ihrer riesigen Lederschilde, dieses Sperrfeuer und die ersten Reihen der Philister zu durchbrechen. Somit waren die Bogenschützen ausgeschaltet, und da sie nicht genügend Nahkampfwaffen besaßen, mussten sie ihr Heil in der Flucht suchen. Der

Kampf entbrannte nun zwischen den Fußsoldaten und den Lanzenträgern beider Seiten, und das Gemetzel begann.
Kurz nach dem Angriff sah sich Jonathan suchend nach David um und fand ihn nicht. Er erschrak, und bei dem Gedanken, sein Gefährte sei womöglich tot, steigerte er sich in noch größere Raserei. Obwohl er an einem Bein, das ein Pfeil aufgerissen hatte, blutete, drang er im Schutz seines Schildes weiter vor, das Schwert waagrecht nach vorn gestreckt. Der Großteil der Philister hatte sich in den angrenzenden Wald zurückgezogen, um den Juden dort gegenüberzutreten. Sie waren immer noch so zahlreich, dass es eine lange Schlacht geben würde. Sie hatten noch nicht einmal fünfhundert Mann verloren.
Doch ein unerwartetes Ereignis ließ die hinteren Reihen der Philister in Panik geraten. Sie fingen an zu schreien und flohen in Gruppen von zehn oder zwanzig. Jonathan musste im Kampf innehalten, selbst überrascht von diesem Umschwung. Dann begriff er. An der Spitze einer Hundertschaft von Fußsoldaten, die ihm ergeben waren, war David um den Wald herummarschiert. Leise und verstohlen waren seine Männer eingedrungen und hatten die Philister von hinten angegriffen, dabei eine riesige Bresche in ihre Reihen geschlagen, da die Feinde nicht darauf gefasst waren, dass Juden aus dem Wald auftauchten. Die fliehenden Philister fielen nun unter den Hieben der Bataillone Jonathans und Jischwis. Die jüdischen Bogenschützen taten ein Weiteres mit ihrer Offensive: Sie schossen ins Zentrum der feindlichen Truppen.
David hatte gerade einen Philister mit seinem Schwert durchbohrt, als einer seiner eigenen Fußsoldaten ihn

zu Boden riss. Einen Augenblick später schwirrte ein Pfeil über seinen Kopf und bohrte sich in einen Baum.
»Auf dem Bauch zurückrobben!«, schrie der Fußsoldat. »Wir müssen alle auf dem Bauch zurückrobben! Gib den Befehl!«
Tatsächlich wurden sie nun von den Pfeilen der Bogenschützen Abners bedroht. David schrie den Befehl zum Rückzug. Alle krochen zurück in den Wald, wo sie vor den Pfeilen geschützt waren. Mit einer verwegenen Geste zog der Fußsoldat, der David gerettet hatte, noch rasch den Pfeil aus dem Baum.
»Der war für dich bestimmt, David«, sagte er und reichte ihn ihm. »Und jetzt hol deinen Brautpreis, mein Prinz!«
Der Pfeilhagel der Juden nahm ein Ende. Keuchend betrachtete David die Szene: Die Juden hatten das Lager der Philister besetzt, nur noch Verwundete, Gefangene und Tote waren da, die anderen hatten sich in den Wald geflüchtet. Die Schlacht war zu Ende, schon stieg der süßliche Geruch von Blut auf. David sah den Fußsoldaten an und legte ihm die Hand auf den Nacken, als wolle er ihn an sich ziehen.
»Nach Gott und meinem Vater hast du mir das Leben geschenkt«, erklärte er.
Er erhob sich, sah sich nach Jonathan um und erblickte ihn ein wenig entfernt, ebenfalls suchend. Aus seiner Jagdtasche nahm David ein kleines, sehr scharfes Messer, mit dem er die Hose des erstbesten Leichnams eines Philisters aufschnitt, das Geschlechtsteil zwischen Daumen und Zeigefinger ergriff und mit einem raschen Schnitt die Vorhaut abschnitt. Die Trophäe warf er in seine Tasche und bedeckte den Toten wieder. So ging er von einem Leichnam zum anderen, gefolgt von dem Fuß-

soldaten, und er hatte gerade die zwölfte Vorhaut abgeschnitten, als Jonathan sich auf ihn stürzte, ihn in seine Arme riss und hochhob. David fing an zu lachen. Die Soldaten beobachteten die Szene, verblüfft und begeistert, und als sie erkannten, dass David die List ersonnen hatte, die den Kampf auf so gelungene Weise abgekürzt hatte, liefen sie unter Jubelgeschrei auf ihn zu.

»Seht!«, rief Jonathan und stellte David wieder auf den Boden. »Dank seiner List ist die Schlacht verflogen wie ein Traum! Seht unseren Helden!«

Doch man hörte ihm nicht einmal mehr zu. Alle stritten sich um die Ehre, David umarmen zu dürfen. Wie nach Goliaths Tod berührten sie ihn und strichen ihm mit den Händen übers Haar, als wollten sie sich vergewissern, dass er real war. Auch Jischwi umarmte ihn lange, und sogar Malkischua und Abinadab. Als Letzter trat Abner langsam und nachdenklich vor David, gefolgt von seinen Offizieren, und nickte.

»Offizier David, du besitzt die Begabung zum Kampf.« Er legte ihm die von geronnenem Blut verschmutzte Hand auf die Schulter.

»David ist von nun an mein offizieller Waffenträger«, erklärte Jonathan.

David sah Abner lange in die Augen, ohne zu lächeln. Dann hielt er dem General den Pfeil hin, der ihn fast durchbohrt hätte.

»Was ist das?«, fragte Abner mit gespielter Überraschung.

»Einer deiner Pfeile. Er hat mich fast getötet.« Schreie wurden laut. Ein jüdischer Pfeil hatte David beinahe getötet! Eine Schande! Was für ein Hund hatte ihn abgeschossen? David ließ zu, dass die Proteste immer lauter wurden und seine Macht stärkten. Er wusste nun, welches Ansehen er bei den Truppen hatte, und konnte von Gleich zu Gleich mit Abner reden. »Ich will, dass dieser Mann, der mir das Leben gerettet hat, zum Offizier befördert wird«, verlangte er und nahm den Fußsoldaten am Arm.

Abner musterte den Pfeil. »Es ist wirklich einer unserer Pfeile«, gab er mit einem halben Lächeln zu. »Du bist wahrscheinlich ein Auserwählter des Herrn.«

Der Pfeil ging unter den versammelten Soldaten von Hand zu Hand. »Er hat David beinahe durchbohrt!« Erneut wurde Empörung laut.

»Es geschehe nach deinem Willen, Offizier«, bestätigte Abner, wandte sich an den Fußsoldaten, fragte nach seinem Namen – er hieß Ezer – und ernannte ihn ebenfalls zum Offizier.

»Lasst mich nun meinen Brautpreis einsammeln«, erklärte David herausfordernd, während Jischwi und sein Waffenträger Jonathan mitnahmen, um seine Wunde auszuwaschen und zu verbinden.

David setzte seine grausige Ernte fort, er ging von Leichnam zu Leichnam, zusammen mit Ezer. Schließlich war sein Hirtensack voll mit den jämmerlichen symbolischen Hautstückchen.

»Jetzt sind sie Juden für alle Ewigkeit«, meinte er, als er sich von den Soldaten entfernte, die nach der üblichen Plünderung die Zelte der Philister verbrannten.

Als sie zurückkehrten, stand die Sonne hoch am wolkenlosen Himmel.

Beim abendlichen Fest sprach Sauls Gesicht Bände; es trug nicht die Miene eines Siegers, sondern eines Unterlegenen. Abner hatte ihm alle Neuigkeiten mitgeteilt, und Saul nahm seinen jüngsten Sieg hin wie einen Schicksalsschlag. Denn das Schicksal in seiner Niedertracht verweigerte es ihm, den Erfolg über die Philister zu genießen. Davids Ankunft in den Gärten trieb seinen Groll auf die Spitze. Alle Gäste erhoben sich wie ein Mann zu einer Ovation, die bis zu den Sternen hallte. David hob den Arm, und der Jubel wurde noch lauter. Man nannte ihn nun ganz offen den Auserwählten des Herrn. Und er, Saul, was war er noch?

Sie setzten sich so wie eine Woche zuvor, doch diesmal saßen auch Sauls drei andere Söhne bei Jonathan und David. Saul saß zusammen mit Abner, dem Priester Abel und seinen Offizieren. Am Ende des Mahles, vom Wein ein wenig gestärkt, glaubte er, den Helden in ironischem Tonfall ansprechen zu können.

»Hast du an den *mohar* gedacht?«, fragte er.

»Ich habe an den Brautpreis gedacht«, erwiderte David lässig, stand auf, löste den Hirtensack von seiner Hüfte und leerte ihn auf eine große Platte, die noch nicht angerichtet war. Dann setzte er sich wieder zwischen Jonathan und Jischwi.

Saul erbleichte angesichts dieser Masse von Hautstückchen, die bereits schrumpelig wurden. Es waren mehr als hundert, der Waffenträger zählte das Doppelte. Saul leerte sein Trinkhorn.

»Ich hatte hundert gesagt«, wandte Saul sich streng an David.

»Ich bezahle für zwei deiner Töchter, König, aber ich fordere nur eine.«

Gemurmel erhob sich unter den Gästen. Saul sah niemanden mehr an. Aus halb geschlossenen Lidern fixierte er die erbärmlichen kleinen Hautstücke. In Jonathans Augen trat Furcht, und Jischwi brach in hysterisches Gelächter aus.

Unter den Gästen loderte nun der Hass.

15

Die Salbung

Als der Morgen dämmerte, saß David, mit dem Rücken an einen Mandelbaum gelehnt, am Rande des Obstgartens, ganz in der Nähe der Stelle, wo er vor ein paar Tagen das Innere der Frucht Merabs gekostet hatte, ohne die Schale zu zerreißen. Die Hügel Judäas erstreckten sich zu seinen Füßen, doch sein Blick war nach innen gerichtet.

Nicht ohne Melancholie. Noch vor ein paar Wochen hatte er sorglos seine Herden gehütet, das Leben war leicht gewesen: Arbeit, Lieder, Vergnügen. Mit dem Stein, den er Goliath an die Stirn geschleudert hatte, war alles, jede Handlung, jeder Augenblick schwieriger geworden. Vergnügen musste er nun teuer erkaufen. Erfolg und Ruhm hatten ihren Preis. Wäre nicht der verliebte Rausch Jonathans, dann wäre er nur ein junger Aufschneider, dem das Glück gelächelt hatte. Von nun an war er wie ein Halbbruder Jonathans und seit dem letzten Abend sein zukünftiger Schwager.

Er war gerührt, als er an den jungen Mann dachte. Geradeheraus, schön, mutig und seiner Tugend und seines Wertes so sicher, dass er sich mit Leib und Seele hingeben konnte wie eine Verlobte. Geschenkt wie ein Stück Brot, das man in der Hand hielt. Jonathan würde ihn niemals verraten. Aber was war der Einsatz im Spiel? Schlachten, Feste, Mädchen? Und dann noch mehr Schlachten, Feste und Mädchen? Intrigen, Blicke voller

Gift, Liebeserklärungen, Treueschwüre? Wenn Jonathan, der in dieser Nacht bei seiner Frau geschlafen hatte, wieder wach war, wollte David ihm sagen, dass er dieses Lebens überdrüssig war, dass er zu seinen Schafherden zurückkehren wollte. Er hatte bereits Erinnerungen genug für ein ganzes Leben. Er wollte Sara, der Tochter des Händlers, die Brüste streicheln können, ohne eine ganze finstere Berechnungsmaschinerie in Bewegung zu setzen, und er wollte nicht mit abgeschnittenen Vorhäuten dafür bezahlen, dass er mit einer Frau schlafen durfte.

Die Hähne krähten mit einer Arroganz, als wären sie es, die die Sonne steuerten. Der Himmel wurde heller. Vogelgezwitscher schwirrte durch das Blau. Ezer gesellte sich zu ihm und brachte ihm eine Schale heiße Milch. David spürte, es war die Geste eines Bruders, eines Sklaven, eines Geliebten, alles, was ein Mann für einen anderen sein konnte, dem er sich verschrieben hatte. Er betrachtete Ezers Hände und dachte an die Jonathans. Dieselben Gesten des Gebens, der Ergebenheit. Warum?

»Der Friede des Herrn sei mit dir«, sagte Ezer.

»Und sein Segen ruhe auf dir«, antwortete David.

Aus Ezers verstohlenen Blicken las David bald, dass dieser ihm etwas zu sagen hatte. Er täuschte sich nicht.

»Ein Mann will dich sehen«, sagte Ezer schließlich.

»Warum kommt er nicht?«, fragte David, dem bewusst war, dass sein Ansehen es nun erforderte, einen Boten zu ihm zu schicken, wenn man mit ihm, dem Hirten aus Bethlehem, sprechen wollte.

»Es ist keiner von denen, die man kommen lässt«, erwiderte Ezer. »Er gehört zu denen, die man bittet, sie aufsuchen zu dürfen.«

»Saul?«, fragte David.
»Nein.«
»Wer dann?«
»Samuel, der große Seher.«
David sperrte den Mund auf. Samuel, der berühmte Samuel, der Richter der zwölf Stämme, wollte ihn sehen?
»Wo?«
»Bei ihm, in Rama. Eine Stunde mit dem Maultier.«
»Woher weißt du, dass er nach mir verlangt hat?«
»Gestern Abend ist ein Bote gekommen.«
»Warum will er mich sehen?«
»Der Bote hat es nicht gesagt.«
»Hast du irgendeine Vermutung?«
»Mehrere, also keine.« Ezer nahm David die leere Schale aus der Hand. »Gehen wir.« Der Befehlston seines Waffenträgers belustigte David.
Im Vorbeigehen brachte Ezer die Milchschale in die Küche zurück, dann banden sie zwei Maultiere los. Der Palast schlief noch.
In der Nähe des Hauses, das die Leute in Rama ihnen als das Haus des Richters bezeichneten, waren Reittiere an Bäumen angebunden. Am Haus sagte ihnen die Sklavin, der Richter sei im Garten. Es handelte sich um eine Baumgruppe inmitten einer gerodeten Fläche, auf der Hühner scharrten. David sah mehrere alte Männer, die alle den Kopf in Richtung der Ankömmlinge wandten. Einer kam ihm entgegen. Das konnte nur er sein, der Richter, der große Seher. David küsste ihm die Hand. Samuel musterte ihn lange, und David hielt dem Blick seiner klaren Augen stand, die sich lächelnd und erstaunt auf ihn richteten. Vor allem erstaunt.
»Du hast nach mir verlangt, hier bin ich«, sagte David.

»Der Herr weist dir den Weg«, antwortete Samuel.
Er schritt ihm voran in den Kreis der Alten. Ein Gestrüpp weißer Bärte, kleine Augen, manche vom Alter getrübt. Alte Männer, starr sitzend wie Stein. Magere Hände wie Klauen, wie Krallen. Die Zehen vom Alter, vom Gewicht der knochigen Gestalt verformt.
»Setz dich«, forderte Samuel ihn auf und deutete auf eine Bank neben sich. »Das ist David, Sohn Isais aus Bethlehem, der Held des Herrn«, erklärte er den anderen. »Ihr kennt seinen Ruf. Er hat Goliath mit einem Streich getötet und hunderte von Philistern erschlagen. Der Herr bewaffnet seinen Arm.«
»Der Segen des Herrn ruhe auf ihm«, murmelten einige der Ältesten.
»Ich habe euch kommen lassen«, fuhr Samuel fort, »weil meine Tage gezählt sind. Ihr habt von mir gefordert, dass ich einen König erwähle, und ich habe euch geantwortet, dass allein der Allmächtige euer König sei. Doch ihr wolltet um jeden Preis einen König. Ich habe euch Saul gegeben. Der Herr, der ihn zuerst mit seiner Gunst überschüttete, hat sich von ihm abgewandt. Ihr hattet einen König, aber nicht den, den der Herr euch bestimmt hat. Der Blick des Allmächtigen hat sich auf David gerichtet. Er wird euer König sein.«
David begriff nichts. Welcher Herr? Und er sollte König werden? Das konnte nicht wahr sein. Samuel sprach vom Herrn wie von einem einzigen, unersetzbaren Wesen, das nur den Juden gehörte. Welcher Herr? Welcher Herr war ausschließlich jüdisch? El, Baal, Hadad? Und die anderen, die Kanaanäer, die Phönizier, die Philister, die ebenfalls höchste Götter verehrten …? Er musterte aufmerksamer diese Männer, alle gewandet in erdfarbene Mäntel, schwarze Erde, grünliche, rötliche oder

staubgraue Erde. Einer sah aus wie ein alter Raubvogel, kleine runde Augen neben der Habichtsnase, ein struppiges Haarbüschel über der Stirn. Ein anderer sah aus wie ein Hund, der vom Alter gleichmütig geworden war. Der Nächste mit seiner grau melierten Mähne hatte ein plattes Maul wie ein Löwe. Und der da, wie eine weiße Ziege …

»Sollen wir zwei Könige haben?«, fragte der Älteste des Stammes Issachar, Tobiel ben Tobiel. Er war die Ziege.

»Ich sage es euch noch einmal, Saul ist nur noch eine leere Schale. Er sieht aus wie eine Mandel, aber ohne die göttliche Gnade ist er nichts anderes als eine Baumrinde. Hier ist die Mandel. Ich gebe sie euch, während ich noch lebe. Ich pflanze sie ein, damit der Baum wächst und euch seinen Schatten spendet. So werdet ihr einen wahren König haben, der euch leitet, wenn ich nicht mehr bin. David ist von nun an euer König. Wollt ihr den Willen eures höchsten Herrn in den Wind schlagen?«

Sie betrachteten David misstrauisch. Dieser Jüngling ein König? David las ihre Gedanken. Saul mit seiner grimmigen Miene und seinen dunkel umrandeten Augen sah aus wie ein Herrscher. Aber er? Das Blut schoss ihm ins Gesicht, während Ezer bleich wurde.

»Welchen Fehler hat Saul begangen?«, fragte schließlich Hanamel ben Ephron mit spöttischer Miene. Er war der mit dem Löwenmaul.

»Das haben wir schon erörtert«, entgegnete Samuel kalt. »Er hat in Gilgal allein das Opfer dargebracht, was nicht seine Angelegenheit war. Er ist weder Priester noch der Beauftragte des Herrn.«

»Er hat das Opfer dargebracht, nachdem er sieben Tage lang auf dich gewartet hatte und du noch nicht da

warst«, beharrte Hanamel. »Das ist keine Verfehlung, die erfordert, dass man ihm die Königswürde nimmt.«
»Das ist eine schwere Verfehlung! Äußerst schwer!«, rief Samuel. »Habt ihr denn Saul als euren Priester erwählt? Und warum nicht als euren Seher, wenn ihr euch das schon anmaßt?«
Die Ältesten blickten an Samuel vorbei ins Leere, die Mienen waren nachdenklich.
»Und Sauls Kinder?«, fragte Tobiel.
Samuel senkte den Kopf und nahm sich Zeit für seine Antwort. »Ich habe es euch gesagt, der Baum ist verdorrt.«
»Der Baum ist verdorrt?«, wiederholte Hanamel ben Ephron.
»Der Baum ist verdorrt, Hanamel. Du hast richtig gehört. Sie werden alle zugrunde gehen.«
»Durch unsere Hand? Oder durch Davids Hand? Oder durch deine, Samuel?«
»Sie gehen zugrunde durch den Willen des Herrn«, antwortete Samuel.
Ein Schwindel überfiel David, als befände er sich in einem der dunklen Träume, die manchmal dem Genuss von Wein folgten. Man ernannte ihn zum König, und dabei stieß man ihm einen Dolch ins Herz. Er schloss die Augen, den Tränen nahe. Jonathans Tod! Das hatte er sich nie vorgestellt, und nun wurde ihm plötzlich klar, dass er Jonathan liebte. Nein, nicht Jonathan! Dass Saul starb, vielleicht, aber nicht Jonathan! Er holte tief Atem, innerlich zerrissen, weil ihm seine Liebe zu Jonathan bewusst geworden war, zugleich mit der Prophezeiung, dass sein Freund sterben würde. Sogleich sagte er sich, Samuel sei ein alter Narr, der Unsinn daherfaselte.

»David wird dem Gesetz des Allmächtigen zum Sieg verhelfen«, fuhr der Seher fort.
Die Ältesten scharrten mit den Füßen, wiegten Kopf und Hände, holten geräuschvoll Luft. Diese Vorstellung war ihnen sichtlich unangenehm. Welcher Allmächtige?
»Welcher Allmächtige?«, fragte schließlich Jussuf ben Adel, der Älteste des Stammes Dan. Er war es, der mit seinem sanften Blick und den Haaren, die ihm über die Stirn fielen, einem Hund ähnelte.
Samuel malmte mit den Kinnbacken. Immer dieser Stamm Dan, diese Sippen, eigentlich gar keine richtigen Juden, verfolgt von den Philistern, nie an einem angestammten Ort, immer Zuflucht bei anderen suchend ...
Alle Blicke richteten sich auf den Aufsässigen.
»Die Unsrigen wie auch die Eurigen opfern in Bethel und in Dan dem Allmächtigen der Kanaanäer«, fuhr Jussuf ben Adel fort. »Er hat denselben Namen, den wir unserem geben, El oder Baal. Was sollen wir unseren Leuten sagen? Dass unser El und unser Baal nicht dieselben sind, die von den anderen mit denselben Namen angebetet werden? Ist das der Grund, warum du einen neuen König ernennst?«
Langes Schweigen trat ein.
»Wenn ihr weiterhin dieselben Götter verehren wollt wie diese anderen Sippen, seid ihr nicht anders als diese Fremden. Dann seid ihr kein Volk. Nur ein Haufen.«
»Ein Gott ist ein Gott, wie er auch heißen mag«, erwiderte Jussuf ben Adel heftig. »Sollen wir über einen Namen streiten? Führen wir meinetwegen Krieg um Land oder um Brunnen, aber nicht um einen Namen!«
»Fein«, knurrte Samuel, »verehrt dieselben Götter wie sie, hurt weiterhin mit fremden Frauen herum, treibt

Unzucht mit Knaben wie die Kanaanäer und die Phönizier, ich bin nicht euer Richter. Ihr vom Stamm Dan, ihr seid wie das Stroh im Wind, ihr lasst euch von ihm treiben, und ihr verneigt euch vor dem erstbesten Altar. Nicht nur, dass ihr in Lajisch einen Altar zu Ehren Molochs und seiner Priester gestattet, ihr nehmt auch noch an ihren schändlichen Bräuchen teil!«

»Wir haben diesen Altar früher zerstört«, antwortete Jussuf ben Adel. »Sie haben ihn wieder aufgebaut, und er zieht eine beträchtliche Menschenmenge an. Wegen eines Altars wollen wir nicht im Krieg leben!«

»Natürlich nicht«, entgegnete Samuel höhnisch.

David hörte verblüfft zu. Bisher hatte er überhaupt nicht gewusst, wie bedeutsam diese Geschichten um Götter und Altäre waren. Sein Vater hatte ihn gelehrt, er müsse den Zorn Els, des Großen Gottes, der über alles herrsche, fürchten, doch er hatte ihm nie gesagt, dass dieser Gott der einzige und ausschließlich der Gott der Juden war.

»Höre, Samuel«, mischte sich Hanamel ben Ephron ein, »wir wollten einen König haben wie die anderen Völker auch. Du hast ihn erwählt, und wir respektieren deine Erleuchtung. Wir haben also Saul als König angenommen. Ihm stand es zu, einen Gott durchzusetzen, der der Gott der Juden sein sollte. Aber er ist König der zwölf Stämme, nicht König der Gebiete, auf denen sie leben, wo wir unsere Kinder aufziehen, unsere Felder bestellen und unser Vieh weiden lassen. Auf diesem Gebiet leben noch andere Völker, und diese Völker haben ihre eigenen Religionen. Was verlangst du von uns? Dass wir ihre Altäre zerstören? Nicht einmal Saul hat das getan.«

»Aus eben diesem Grund hat der Herr sich von Saul abgewandt«, erwiderte Samuel.

Diese Antwort ließ ihre Einwände verstummen. Erneut richteten sich ihre Blicke auf David. Es war wirklich verblüffend, mit welch ungeheurer Gunst der Himmel diesen jungen Mann überschüttet hatte.
David spürte die erfahrenen Blicke auf sich, Blicke alter Leittiere voller Macht und List. »Dieser wird euer König sein«, hatte Samuel verkündet. Und die Alten würden seine Königswürde bestätigen. Doch was erwartete man von ihm? Gewiss dachten sie, er würde ihr Spielball sein. David besah sich ihre alte Haut, diese vertrockneten Feigen, Gesichter, die alten Schläuchen glichen, und fragte sich, was diese Leute vom Leben wussten. Wann hatten sie das letzte Mal einem Mädchen Lust bereitet? Wann hatte das letzte Mal ein Mädchen mit der Wange ihre Brust liebkost oder ihre Wangen mit den Zehen gestreichelt?
»Dann haben wir also zwei Könige«, wiederholte Tobiel ben Tobiel mürrisch.
»David ist bereits König«, entgegnete Samuel achselzuckend. »Würdest du sagen, die Sonne existiert nicht, weil die Wolken sie verdecken?«
David hörte zu, begriff aber eigentlich nichts. Wie sollte er Sauls Blick begegnen?
»Du wirst den einzigen Gott der Juden verteidigen und nicht dulden, dass man auf unserem Gebiet einen anderen Gott verehrt als ihn«, wandte sich Samuel an den jungen Mann.
David nickte.
»Was soll ich zu Saul sagen?«, getraute er sich schließlich zu fragen.
»Nichts«, antwortete Samuel. »Willst du offenkundige Tatsachen erklären?«
David verstand nicht recht, was er damit meinte.

»Du bist heimlicher König, zugleich aber leuchtest du hervor. Du kannst dich deinem Gott Jahwe, deinem einzigen Gott, nicht entziehen, verstehst du?«
David nickte.
»Verstehst du?«, wiederholte Samuel mit laut grollender Stimme. »Sprich mir nach: ›Ich habe keinen anderen Gott außer Jahwe. Er ist mir teurer als das Leben.‹«
»Ich habe keinen anderen Gott außer Jahwe. Er ist mir teurer als das Leben«, sprach David mit erstickter Stimme nach.
Heimlich und zugleich hervorleuchtend. Was konnte das bedeuten? Dass er König sein würde, ohne es sagen zu können, obwohl es für alle Augen offensichtlich war? Kaum ein paar Stunden war es her, da hatte er zurückkehren wollen nach Bethlehem, um seine Herden zu hüten, und nun befand er sich unter diesen alten Männern, über deren Völker er herrschen sollte ... Der Mund wurde ihm trocken, er schluckte. Und was sollte er Jonathan sagen? Doch er wagte es nicht, diese Frage in Worte zu fassen. Schon verhärteten die Zwänge der Macht sein Fleisch. Er wusste, er war Gefangener dieser Greise um sich herum, und er konnte nicht fliehen. Mit der Jugend war es vorbei. Verstohlen musterte er sie, diese weißhaarigen, wortreichen Alten. Ihr Oberhaupt zu werden, das war die einzige Möglichkeit, um ihre Herrschaft, ihre Anmaßung, ihre Autorität abzuschütteln, sagte er sich.
»Ein Baum hat Mark und Rinde«, fuhr Samuel fort. »Zieht man die Rinde ab, überlebt der Baum. Ohne sein Mark aber stirbt er ab. Du bist sein Mark. Das ist der Wille des Allmächtigen. Der Allmächtige hat dich auserwählt, unser Volk zu führen. Du bist der König der zwölf Stämme.«

Er, der Erwählte eines Gottes? Angst lähmte David. Aber wie daran zweifeln, wenn der große Seher es sagte? Der große Seher hatte eine übernatürliche Autorität, die anderen fürchteten ihn. Wenn er sprach, sahen sie ihn an, als hätten sie Angst vor den Seitenhieben, die er austeilte. Ezer, der in der Nähe stand, betrachtete ihn mit einem Blick, der Entsetzen erregte.
Ein Diener, einem unsichtbaren Befehl gehorchend, trat in den Garten und ging auf Samuel zu. Auf einem Teller trug er eine Phiole. Der große Seher erhob sich und bedeutete auch David, dass er aufstehen solle. Die anderen taten es ihm nach.
»Knie nieder, David«, befahl Samuel. »David, Sohn Isais aus Bethlehem, der Herr hat seine Hand auf dich gelegt, du sollst sein Volk zum Sieg führen.« Samuel tauchte Zeigefinger und Mittelfinger in die Phiole und berührte dann Davids Stirn. »David, du wirst sein Volk seinem Willen gemäß führen, und dein Haus wird herrschen von Ewigkeit zu Ewigkeit.« Mit dem Öl zog Samuel drei Striche über Davids Stirn, die ihm hinunterliefen bis zu den Brauen. David stiegen Tränen in die Augen, ein Schluchzen schüttelte seine Brust, er wusste nicht, was ihm geschah, aber er begriff, es war etwas Außerordentliches, etwas Wahnwitziges. Er sah auf und begegnete Samuels Blick, in dem solcher Ernst lag, dass er den Atem anhielt.
»Der Segen Gottes ruhe auf dir«, sagte Hanamel ben Ephron.
Auch die Übrigen riefen den göttlichen Segen auf den jungen Mann herab.
»Steh auf, David«, befahl Samuel. Er umarmte ihn nach zeremonieller Sitte. Die knotigen, trockenen Finger umklammerten seine Schultern wie der Tod. David

ergriff Samuels Hände, um sie zu küssen, bedeckte sie aber mit Tränen.

Auch die anderen umarmten ihn nun, Ezer als Letzter.

»Mein König, ich bin dein Diener«, sagte er. Und David brach erneut in Tränen aus, in den Armen dessen, der ihm das Leben gerettet hatte.

Samuel ließ Wein kredenzen.

»Der Blick der Menschen zählt nichts«, sagte er. »Allein der Blick des Allmächtigen zählt.«

16

Trauer um einen Lebenden

Davids Salbung, von der die Ältesten, die dabei gewesen waren, ihren Stämmen nach ihrer Rückkehr berichteten, sorgte für Aufregung.

»Wir haben nun zwei Könige?«, fragte man ungläubig.

»Nicht zwei, sondern einen, David. Saul ist nicht mehr König.«

»Aber er befehligt die Armeen!«

»Es ist Samuels Entscheidung.«

»Samuel ist wahnsinnig geworden!«

»Sagt ihm das. Wir teilen euch seine Entscheidung mit, das ist alles.«

»Eine unsinnige Entscheidung! Habt ihr nicht Einspruch erhoben?«

»Wir haben damals seine Autorität anerkannt, als er auf unser Ansuchen hin Saul zum König ernannte. Es stünde uns schlecht an, diese Autorität jetzt zu bestreiten.«

Stamm um Stamm beschloss nach Rama zu gehen, zu Samuel. Zwei Tage brauchten sie, um sich darüber einig zu werden, was sie dem großen Seher vortragen wollten, dann machten sie sich auf den Weg. Der Alte begriff sofort, was im Gange war, als er mit zusammengekniffenen Augen sah, wie sich eine Staubwolke auf dem Weg zu ihm näherte. Zweiunddreißig Reittiere zählte er, während er auf der Bank vor seinem Haus saß.

Mühsam erklommen sie den Hügel. Verlegenheit überkam sie, als sie vor ihm standen. Der große Seher flößte ihnen immer Furcht ein. Zunächst fanden sie nicht die Worte, die sie so sorgsam geübt hatten. Ständig fixierte er sie mit diesem Blick, der unter seinen buschigen Brauen hindurch aus einer anderen Welt zu kommen schien. Er erkannte Abel, Sauls Priester, der sich heimlich der Abordnung angeschlossen hatte.

»Habt ihr die Sprache verloren?«, fragte Samuel. Sie stammelten. »Ich weiß, warum ihr gekommen seid. Ihr seid aufgescheucht wie ein Schwarm Wachteln. Meine Antwort ist einfach. Ihr habt nur einen Gott, Jahwe, und ohne ihn seid ihr wahrhaftig nur ein Schwarm Wachteln. Ohne ihn würden die Philister und alle anderen euch schnell niedermachen und versklaven. Ich bin Gottes Diener und sein Sprachrohr. Ihr wolltet einen König haben, und ich habe euch Saul gegeben. Er war es nicht wert, dass Jahwe ihm vertraute. Ein anderer König wurde nun ausersehen, David. So ist es. Lehnt euch auf, und es ist um euch geschehen.«

Klare Worte.

»Aber ... die Armeen?«, brachte schließlich Rëu vom Stamm Juda heraus.

»Die Armeen stehen unter dem Befehl des einzigen Gottes. Solange ihr den Willen Gottes respektiert, werden sie euch schützen, wer auch immer sie kommandiert. Aber sie werden Saul nicht schützen.«

»Sie werden Saul nicht schützen?«, wiederholte Rëu.

»Saul wird bald in einer Schlacht fallen.«

»Und ... seine Söhne?«

»Der ganze Stamm Sauls wird untergehen.«

Samuels Gewissheit ließ sie wie angewurzelt verharren. Er hatte seine knotigen Hände auf den Knien verschränkt. Keine Hände, sondern Wurzeln. Sich gegen seine Entscheidung aufzulehnen wäre ebenso unsinnig

gewesen wie der Versuch, die Wurzeln einer Thuja zu entwirren.
»Du kannst deinem Herrn diese Worte ausrichten, Abel«, fuhr er in etwas lauterem Ton fort. »Sag ihm, dass ich um ihn trauere.«
Alle sahen zu Abel. Tränen liefen ihm aus den Augen und bildeten dunkle Rinnen auf seinen staubigen Wangen.

17

»Der König bin ich!«

Halb geschlossene, gerötete Augen – die Augen der Schlaflosigkeit – über dunklen Tränensäcken. Saul hatte seit drei Nächten nicht geschlafen. Seine Wangen waren eingefallen, und der Unterkiefer hing ein wenig herunter, wie bei einem durstigen Tier. Seine robuste Schönheit war in Mitleidenschaft gezogen. Von unten her sah er Abel an, der diese Miene nur zu gut kannte und keineswegs schätzte. Diesen Ausdruck hatte Saul bei stummen Wutausbrüchen, wenn er Mordpläne schmiedete. Seit Samuel den gefangenen König Agag im Königszelt ermordet hatte, neigte Saul immer öfter zu solchen Anfällen. An diesem Abend hatte er ohne Erklärung nicht am Essen mit seinen Söhnen und seinen Offizieren teilgenommen, sondern hatte zusammen mit dem Priester in seinem Zelt Zuflucht gesucht. Eine Sklavin seiner Frau Ahinoam kam und meldete, ihre Herrin lasse fragen, ob er nichts brauche.

»Nein. Sag ihr, sie soll gut schlafen«, erwiderte Saul. »Ist sie bei Rispa?«

Die Sklavin nickte.

Rispa war Sauls Nebenfrau. Seit einer Woche hatte er keine Stunde mehr mit ihr verbracht. Als ging es jetzt um Lust!

Widerwillig entfernte sich die Sklavin. Der ganze Palast wusste, dass Saul abscheulicher Laune war. Er streckte die Hand nach dem Weinkrug aus und füllte sein Trink-

horn, worauf Abel ihm einen vorwurfsvollen Blick zuwarf. Saul hatte fast nichts zu Abend gegessen – einen Taubenflügel, eine Weintraube. Er trank zu viel. So viel trank man nicht, wenn man nichts gegessen hatte.
»Und sie waren alle da?«, fragte Saul.
»Fast alle.«
»Wer hat gefehlt?«
»Die vom Stamm Ruben, vom Stamm Simeon und vom Stamm Gad.«
»Und warum?«
»Es war nicht möglich gewesen, sie aufzusuchen.«
»Die vom Stamm Benjamin waren da?«
Abel nickte.
»Wie viele Männer von jeder Sippe?«
»Einer.«
»Ein Mann von jedem Stamm, und nicht einmal von allen Stämmen«, knurrte Saul. »Keine Vertreter ihrer Sippen. Eine Verschwörung von einigen verbitterten Greisen. Sie kehren wieder zu ihren Leuten zurück und sagen, die Juden haben einen neuen König, einen niedlichen kleinen Schönling, und man wird ihnen ins Gesicht lachen. Was du mir erzählst, ist nur das Gären in ein paar Kadavern!«
Abel hielt dem prüfenden Blick des Königs stand.
»Du bist nicht meiner Meinung?«, fragte Saul.
»Nein.«
»Warum?«
»Es waren die Oberhäupter aller Stammesältesten. Ihre Ansicht gibt den Ausschlag. Die anderen werden sich ihrer Meinung anschließen. Samuel hat eine gute Wahl getroffen.«
»Also lauter Verräter?«, rief Saul.
»Wenn ich mich beschimpfen lassen muss, dann nicht

von dir, Saul«, entgegnete Abel scharf. »Wenn ich überhaupt jemanden verraten habe, dann eher sie. Und ich glaube nicht, dass dieses Gerede über Verrat angebracht ist.«
»Man ernennt einen anderen König, während ich noch König bin, und ich soll keinen Grund haben, über Verrat zu sprechen?«, rief Saul mit rauer Stimme.
»Wenn es einen gibt, der dich verrät, Saul, dann ist es Samuel. Aber ich glaube nicht, dass du den großen Seher des Verrats bezichtigen kannst. Deshalb meine ich, dass diese Anschuldigungen unangebracht sind.«
Saul senkte den Kopf und streckte die Hand nach dem Wein aus.
»Du trinkst zu viel«, mahnte Abel.
Saul achtete nicht darauf, sondern füllte wieder sein Horn.
»Samuel«, murmelte er. »Was habe ich ihm denn getan?«
Resigniert schenkte Abel sich ebenfalls Wein ein. »Vielleicht hast du ihm keinerlei Unrecht angetan, Saul«, antwortete er. »Vielleicht waren das die zwölf Stämme.«
Saul zog die Augenbrauen hoch.
»Samuel hat sich als den wahren König der zwölf Stämme gesehen«, fuhr Abel fort. »Wir aber haben von ihm einen König gefordert, um zu sein wie die anderen Völker. Das hat ihn verletzt. Die Ältesten haben zwar versucht, ihm zu erklären, dass nicht seine Autorität angezweifelt würde, sondern dass die Juden ein militärisches Oberhaupt verlangten. Sie sagten: ›Du bist kein junger Mann mehr, Samuel. Was soll aus uns werden, wenn du nicht mehr bist? Wer wird uns leiten und verteidigen?‹ Und so hat er eingewilligt. Samuel wusste,

dass seine Söhne ihm nicht nachfolgen konnten, weil die Stämme ihnen Bestechlichkeit vorwarfen. So hat er dich erwählt. Er dachte, du seist nur ein Kriegsherr, ein Hauptmann unter seinem Befehl. Doch zweimal hast du seine Befehle nicht befolgt, einmal, als du ein Opfer vorverlegt hast, ohne auf ihn zu warten, ein andermal, als du den König der Amalekiter verschont hast. Das war für ihn eine Leugnung seiner Autorität. Du hast bei ihm eine alte Wunde aufgerissen.«

»Aber der König bin ich, oder nicht?«, rief Saul. Seine Augen waren rot wie die eines Schakals. Abel erschrak insgeheim.

»Du bist der König, Saul, niemand widerspricht dir. Aber Samuel hat gedacht, er sei es, der über deinen Kopf hinweg herrsche. Du hast ihm das Gegenteil bewiesen.« Abel leerte sein Horn.

»Und so ernennt er einen anderen König, während ich noch König bin!«, grollte Saul. »Ich sollte ihn umbringen!«

»Wen?«, fragte Abel.

»Samuel.«

»Bring diesen alten Mann um, dann erfüllst du seinen größten Wunsch! Dann bist du zwangsweise entthront, Saul. Du bist ein Gefangener Samuels, bis er eines natürlichen Todes stirbt«, erwiderte Abel.

Er nahm sich eine Dattel vom Teller, biss sie der Länge nach auf, spuckte sich den Kern in die Hand, kaute das Fruchtfleisch und sah wieder auf zum König.

»Da ist noch etwas anderes, Saul.«

»Was?«

»Jahwe.«

»Was hat Jahwe mit dieser Sache zu tun?«, fragte Saul beunruhigt.

»Was hat er mit dieser Geschichte zu tun …«, wiederholte Abel mit gesenktem Blick. »Er einigt dieses Volk, das ist alles.«
»Was soll das heißen?«
Abel seufzte.
»Muss ich dir das erklären? Wir sind aus der Wüste gekommen, angelockt von einem Land, in dem es an nichts mangelt. Wir haben diese Gebiete erobert, und wir erobern sie weiter. Aber was sind wir? Eine Hand voll verstreuter Eindringlinge, die meisten besitzen nicht mehr als ihre Hosen und Sandalen und sind darauf angewiesen, ihre Waffen von ihren Feinden zu stehlen. Sind deine Leute bewaffnet, Saul? Nein, du weißt es, manche deiner Soldaten haben nicht einmal einen Schild. Die einzige wahre Waffe all unserer zwölf Stämme ist der Glaube. Wenn wir aufhören zu erobern, selbst wenn wir sicher sind, dass wir am nächsten Morgen etwas zu essen haben, wenn wir einen einzigen Augenblick rasten, sind wir verloren. Wir würden verschlungen, verschluckt von den anderen Völkern in diesem Land, würden uns auflösen. Nichts mehr von allem, was Moses uns hinterlassen hat. Wir würden am Ende ihre Götter annehmen, und wir tun es bereits, Saul. Wie viele unserer Frauen tragen nicht heimlich, den Blicken ihrer Gatten verborgen, Amulette der Philister auf dem Bauch? Wir sind nicht zahlreich genug. Sieh dir den Stamm Dan an, die Söhne des Löwen, wie viele sind es denn? Nicht einmal sechshundert auf einem Gebiet, auf dem sich schon allein fünftausend Philister aufhalten. Verstehst du? Unsere einzige Identität ist Jahwe.«
Saul seufzte tief. »Und Samuel ist sein Vertreter. Er ist also unser einziger König, wenn ich dich recht verstehe. Und was soll ich tun?« Er nahm sich einen bereits erkal-

teten Geflügelschenkel vom Teller und biss lustlos hinein. »Soll ich es dulden, dass die zwölf Stämme einen heimlichen König haben? Diesen goldschimmernden Jüngling?«

»Dieser goldschimmernde Jüngling, wie du ihn nennst, ist ihr Held. Er ist ihr Samson.«

»Ein Lanzenstoß, und es ist aus mit ihrem Helden!«, rief Saul. »Ich bin König! Der König bin ich!«

Wie ein tollwütiges Tier sah er aus, dachte Abel. Es kostete ihn Mühe, einen kühlen Kopf zu bewahren und nicht die Flucht zu ergreifen. Saul hatte sich erhoben und durchmaß das Zelt mit großen Schritten. Die Lampen warfen bewegte Schatten auf die Zeltwände, die einer riesigen, mörderischen Fledermaus glichen.

»Saul ...«, murmelte Abel. Doch der andere schien ihn nicht zu hören. Der zum Gespött gemachte Monarch stand vor dem Zelteingang und kehrte seinem Gast den Rücken zu. Er röchelte. »Saul, wenn ich dir nicht helfen kann, gehe ich schlafen.« Saul drehte sich langsam um. Eine Weile verging. »Ich bin hier aus Treue«, sagte Abel. »Wenn meine Treue nichts hilft, sag es mir.« Saul ließ lange seinen Blick auf ihm ruhen. »Setz dich«, befahl Abel, zum ersten Mal in gebieterischem Ton, »und hör mir zu. Wenn du David ein Haar krümmst, ist es so, als würdest du dich an Samuel selbst vergreifen.« Saul ließ sich schwer niedersinken. »Kein Mann wäre am nächsten Tag mehr an deiner Seite«, fuhr Abel fort, »nicht einmal deine Söhne, verstehst du?« Saul betrachtete ihn, mit blutunterlaufenem Auge und hängender Lippe. »Du bist der König der zwölf Stämme, nicht der König der Welt. Gegen die Wirklichkeit kann deine Macht nichts ausrichten. Versuche, Samuels Wohlwollen wieder zu gewinnen. Versuche, dich mit Samuel auszusöhnen.«

»Noch eine Erniedrigung mehr wird mich nur noch tiefer sinken lassen, Abel, das weißt du sehr gut; du selbst hast mir doch ausgerichtet, dass Samuel Trauer um mich trägt.«

Abel senkte den Kopf. Es stimmte. Freikaufen konnte Saul sich nicht mehr.

Der Zeltvorhang hob sich, und Abner trat ein, besorgt um die Gesundheit seines Königs, beunruhigt über dieses Essen mit Abel, das kein Ende nahm. »Der Friede des Herrn sei mit euch.«

»Der Friede des Herrn sei mit dir«, antwortete Abel.

Saul warf Abner einen düsteren Blick zu.

Abner setzte sich umständlich, Saul aus den Augenwinkeln beobachtend, und warf Abel einen fragenden Blick zu.

»Bietest du mir Wein an, Saul?«, fragte Abner.

Saul nickte, nahm den Krug und goss Wein in ein Trinkhorn. »Der Friede des Herrn«, murmelte er. Es waren keine Worte des Willkommens, sondern ihr höhnisches Echo. »Und wo ist unser Held um diese Stunde?«

»David?«, fragte Abner.

»Unser Held«, wiederholte Saul, trunken vor Erschöpfung und vom Alkohol.

»Er hat mit Jonathan zu Abend gegessen, und wir haben von der Tochter geredet, die du ihm versprochen hast.«

»Ich habe ihm meine Tochter versprochen«, bestätigte Saul mit einem hämischen Lächeln.

»Michal«, sagte Abner. »Er hat sie mit zweihundert Vorhäuten bezahlt.«

»Richtig, man muss sich darum kümmern«, stimmte

Saul zu. »Ich werde David also doppelt als Schwiegersohn haben.«
Abner und Abel wechselten Blicke des Einverständnisses.
»Der Friede des Herrn«, murmelte Abel und stand auf. »Ich wünsche dir eine ruhige Nacht, Saul.«
Saul nickte schwer mit dem Kopf. Abel hielt den Zeltvorhang auf, dann besann er sich anders und drehte sich noch einmal um: »Saul, morgen feiern wir Davids und Michals Hochzeit.«
Saul warf ihm zuerst einen drohenden Blick zu, dann brach er in ein irres Lachen aus, das in einem Schluckauf endete, wie bei einem Anfall von Epilepsie. Erschrocken entfernte sich Abel eilig.
Mit klappernden Sandalen lief er über den gestampften Boden bis zu seinem Heim, und dort, fern vom Wahnsinn des Königs, hielt er inne, bevor er die Tür zu seinem Haus öffnete. Er blickte zum Himmel und seufzte. Mild war der Himmel über Palästina, die Luft roch nach Gras und den Mandelblüten, die Eulen und Füchse berauschten. Die Nacht kümmerte sich nicht um die Leidenschaften der Menschen, sie verhüllte sie nur. Abel flehte um den Schutz des Herrn, bevor er eintrat und sich bei seiner Frau niederlegte.

18

Stein und Lanze

Ihre Blicke hatten sich getroffen. Es war an dem Abend gewesen, als Saul aus verletztem Stolz und Verdruss öffentlich angekündigt hatte, dass er Merab mit Adriël verheiraten würde. David verstand es, in den Augen des Mädchens zu lesen. Michals Augen hatten deutlich gesagt, dass sie sich sehnlichst wünschte, Nachfolgerin ihrer Schwester in den Armen des Helden zu werden. Dieser stumme Austausch hatte David geholfen, die Beleidigung mit einem Achselzucken hinzunehmen. Und niemandem war die plötzliche Purpurfärbung Sauls entgangen, als David ihm an jenem anderen Abend die zweihundert Vorhäute der Philister vor den Teller geworfen hatte. Ganz zu schweigen vom Getuschel der jungen Mädchen, das wie jedes Getuschel durch alle Mauern drang und bestätigte, dass Michal in glühender Liebe zu David entbrannt war. Während des Hochzeitsmahls nach der Trauung durch den Priester Abel konnten sie nicht die Augen voneinander lassen.

Ein düsteres Hochzeitsmahl, bei dem nichts Fröhlichkeit oder Begeisterung ausstrahlte – nicht Saul mit seinem eingefallenen Gesicht, nicht seine ängstliche Frau Ahinoam mit ihrem gekünstelten Lächeln, nicht Jonathans erzwungene Lustigkeit oder die sorgenvollen Mienen Abners und Abels. Und die Stimmung sank weiter, als die Offiziere und Soldaten im Glanz ihrer Waffen, die im Licht der Fackeln wie Gold schimmerten, David

hochleben ließen und Saul darauf aus dem Saal stürmte, so hastig, dass er das Geschirr umstieß und sich nicht einmal umdrehte, als seine Söhne ihm nachriefen.
Endlich waren sie allein in ihrem Zelt, bewacht von vier Hauptleuten Davids. Erhitzt vom mit Nelken gewürzten Wein nahm er seine Rüstung ab, zog das Hemd aus feinem Leinen aus, das Jonathan ihm geschenkt hatte, und zuletzt die Schuhe. Sie stand im bernsteinfarbenen Licht der Lampen und betrachtete ihn. David trat zwei Schritte auf sie zu, nahm ihr den Oleanderkranz ab und strich ihr durchs Haar, lange, während er ihr zu ihm erhobenes Gesicht betrachtete wie kein anderes zuvor. Das Gesicht seiner Frau, und das erste, das nie mehr ein anderes widerspiegeln sollte als das seine.
»Du bist nachdenklich«, meinte sie.
»Wer es nicht wäre, der wäre nicht bei Sinnen«, antwortete er.
Er löste ihren goldbestickten Mantel aus feiner Wolle und ließ ihn auf den Teppich fallen. Sie zog das mit Türkisen bestickte Kleid aus, behielt nur noch die Hose an, und sie standen einander mit nacktem Oberkörper gegenüber. Wie zwei Schalen legte er die Hände um ihre Brüste, langsam die Spitzen mit dem Daumen streichelnd. Sie erschauderte, atmete schneller, schloss einen Moment die Augen, taumelte und legte David die Hände auf die Brust. Er roch die Duftöle, mit denen sie sich vor dem Festmahl eingerieben hatte und die sich nun durch die Wärme ihres Körpers verwandelt hatten.
»Du hast eine so weiche Haut«, sagte sie.
Eine Hand um ihre Taille gelegt, löste er den Gürtel ihrer Hose, die herunterfiel. Sie stand bebend, einen Schrei zurückhaltend. Davids Hand war bereits über die Wölbung ihres Bauches geglitten, bis zu dem sprießen-

den Flaum zwischen ihren Schenkeln. Noch tiefer strichen sie, während Michals Hände die Arme des jungen Mannes umklammerten. Einen Augenblick löste er sich, um seine eigene Hose auszuziehen, und sie sah, was weder Ammen noch alte Frauen ihr hatten beschreiben können, das erregte Glied eines Mannes, und sie erriet nur zu gut, was es tun sollte. Er las den Schrecken in ihrem verliebten Blick. Seine Hand glitt wieder zu dem Flaum, ein Finger fuhr in die Spalte, und sie hielt noch einen Schrei zurück, während sie Davids Arme noch fester umklammerte. Sie bebte nun hemmungslos, während die Hand des jungen Mannes sie betastete. Die Beine gegen den Boden gestemmt, gab sie sich vollkommen hin, zu einem unbekannten Ort gleitend. Als sie halb die Augen öffnete, begegnete ihr Davids Blick, der starr auf sie gerichtet war, und sie umklammerte ihn noch fester. Ein neues Gefühl ließ sie stärker erzittern und keuchen; David liebkoste ihre Brust.

Sie zog ihn an sich, während er sie nach hinten bog und auf dem Lager ausstreckte. Das frische Stroh knisterte, und sie nahm Davids Gesicht, presste ihren Mund an den seinen, sog denselben Atem ein, atmete Wein mit Gewürznelken ein und aus, bog sich erneut mit gestemmten Beinen nach hinten, während David, der halb über ihr kniete, noch tiefer von ihr Besitz ergriff. Sie nahm sein Glied in die Hand, erstaunt, wie zart es sich anfühlte, doch er entglitt plötzlich ihrem Griff, und das Unwiderrufliche geschah. Sie wurde rechtmäßig seine Frau, und die Lust, vermischt mit dem Schmerz, ließ sie diesmal laut aufschreien, rau und kurz. Er staunte über die Kraft, mit der sie ihn an sich drückte, sein Haar in Büscheln packte und die Hüften bewegte, um ihn noch stärker zu besitzen. Denn sie besaß ihn, und ihm wurde das bewusst, als er sich in ihr ergoss. Nach einem Moment versuchte er, sich aus ihr zurückzuziehen, doch sie hielt ihn fest. »Noch nicht«, flüsterte sie. Sie erreichte einen zweiten Höhepunkt und nahm ihn noch einmal, bis ihm der Atem versiegte.

»Ich hätte dich die ganze Nacht in mir behalten«, flüsterte sie, während er die Decke über sie breitete.

Im Morgengrauen lagen sie ineinander verschlungen, ein androgyner Körper, den die Sonne erst geteilt hatte.

»Schenk mir die Früchte meines Samens
der Nacht,
so wie du sie mir
am Tage schenkst«,

sang eine Stimme in Davids Herzen. Laut sang er es nicht, da er Michal nicht wecken wollte.

»Ich nahm, o Herr, die Blüten, die du mir gabst,
und in deinem Licht
habe ich sie in Früchte verwandelt.
Ich bin dein Baum, und du meine Sonne,
zu dir strecke ich, Herr,
die tausend Hände meiner Zweige …«

»Herr«, hatte er gesagt, und er verstand sofort, dass er den Herrn Samuels gemeint hatte. Davids Gedanken flogen zu dem alten Mann, der ihn zum König gemacht hatte. Er musste wissen, wer dieser Herr war. Aber hatte nicht jeder Mensch einen himmlischen Herrn?

»Und König worüber oder über wen, wenn nicht über diese Frau?«, dachte er. Aber er konnte niemanden

fragen, weder Michal noch Jonathan, die nicht wussten, dass er erwählt war, um den Thron ihres Vaters einzunehmen, noch Samuel, der denken würde, er zweifle an seiner Mission.
Er beugte sich über Michal und betrachtete sie lange. Ein Bein hatte sie angezogen, ihr Mund war halb geöffnet, ihre Haut schimmerte von einem hellen Braun bis zu einem sanften Rot. Die Brustwarzen waren wie kleine dunkle Früchte, das Geschlecht war wie ein Granatapfel, der sich öffnete. Er wunderte sich, dass zwei Schwestern sich einerseits so ähnlich, andererseits so verschieden sein konnten. Das Wenige, das er von Merab gesehen hatte, erinnerte ihn an Brot und Honig; Michal, nicht ganz zwei Jahre jünger als ihre Schwester, ließ ihn an einen Baum denken, der zugleich Rose und Granatapfelbaum war. »Mein Obstgarten«, nannte er sie leise.
Die Erforschung ihres Körpers führte ihn zu ihrem Ohr. Blütenblatt einer Rose, dieselbe Farbe, dieselbe seidige Struktur, aber kompliziertere Krümmungen, die den Finger verlocken konnten, bis zum Eingang des Gehirns vorzudringen. Eine Öffnung, verborgen durch ein kleines hartes Läppchen, ähnlich einer Klitoris. Rose und Muschel zugleich, eine Art verbotenes Geschlecht. Hier nahmen die Frauen die Worte in sich auf, die ihr Gehirn schwängerten. »Im Grunde sind wir an den Ohren alle weiblich«, sagte er sich. »Durch das Ohr hat Samuel mich besessen, durch das Ohr hat Jonathan mich gehabt.«
Er seufzte, stand auf, zog sich an und trat hinaus. Die Wachen waren abgelöst worden, die Soldaten grüßten ihn mit lächelndem Blick. Als David von seiner Morgenwäsche zurückkam und hinter dem Zelt seine San-

dalen schnürte, hörte er einen der Wachposten, der dem anderen scherzhaft zuflüsterte: »Für Goliath der Stein, für die Kinder des Königs die Lanze.« Er hielt ein Lachen zurück. Die Ammen kamen und holten Michal zur Morgentoilette nach der Hochzeitsnacht.
Später wollte er ihr auf der Lyra vorspielen.

19

Die Lyra und der Verräter

Noch am selben Abend, als sie sich erneut ins Zelt zurückgezogen hatten, spielte er für sie.

»Glücklich der Mensch,
den die Sonne des Herrn leitet,
hin zu den Geschöpfen, die er erwählt,
glücklich der Mensch,
dessen Schläge der Herr
lenkt gegen die Mächte der Finsternis!«

Seit er in Gibea war, also seit mehreren Wochen, hatte er nicht mehr gesungen. Michal entdeckte nun die Stimme ihres Mannes, warm und zu Modulationen fähig, die sie überraschten und faszinierten, während sie von neuem die Erregung des Vorabends spürte. Bei den hohen Tönen fast eine Kinderstimme, bei den tiefen Tönen eindeutig eine Männerstimme; aber wie sollte man sich darüber wundern, da er doch beides zugleich war? Aber sie staunte dennoch darüber und dachte daran, dass sie sich vor ein paar Stunden diesem jungen Mann hingegeben hatte, der die Sanftheit einer Beute und zugleich die Kraft eines Räubers besaß.

Sie servierte ihm heißen Wein, um seiner Kehle wohl zu tun, und dachte an die stürmische Freundschaft, die Jonathan David entgegenbrachte, während die Verführungskraft ihres Mannes sich in seinem Gesang ent-

wickelte und nach oben stieg wie der Rauch eines Feuerbeckens, in dem Weihrauch verbrannte.
Mit verschwommenem Blick, verloren jenseits der wirklichen Welt, verstand David. Er verstand endlich Samuels Worte damals in Rama, als er vor den Ältesten vom Herrn, von Jahwe gesprochen hatte, dem einzigen Gott der Juden! Ja, es musste einen Gott geben! Es musste einen Gott geben, der ihm zur Seite stand, denn die Zeit der Prüfungen nahte, und an welche Macht konnte er, David, der Hirte, der zum König geworden war, sich wenden, wenn nicht an diesen Gott?
Seine Stimme erhob sich also, gespannt wie ein Bogen, vibrierend wie ein Pfeil.
»David!«, sang Michal innerlich. Und ihr Herz drehte sich zu dieser Melodie.
Sie glaubte Gemurmel zu hören und stand auf, um den Zeltvorhang zu heben. In der Dunkelheit erblickte sie undeutlich einen Wald von Menschen, ganz vorne Jonathan.
»David!«, rief sie. »Sie hören dir zu! Ein ganzer Menschenauflauf ist da!«
Er erhob sich, um diese unerwarteten Zuhörer zu sehen. Seine Hauptmänner, Soldaten, Kinder, ein paar alte Frauen ... Sie standen da in der Dunkelheit, und er lächelte verlegen.
»Wir dachten, wir würden einen Boten des Herrn hören«, sagte Jonathan mit belegter Stimme. »Es tut mir Leid, dass ich dich unterbrochen habe.«
Seltsam verwirrt umarmten sie sich, und in der Verschwommenheit der Nacht, die von einer Fackel kaum erhellt wurde, bemerkte David Jonathans feuchten Blick und begriff, dass seinem Schwager die Stimme versagte. Er ließ sich von Jonathan lange die Schulter

drücken, dann, um abzulenken, erkundigte er sich, wie alle diese Leute erfahren hatten, dass er sang. Die Wachsoldaten, die ihn gehört hatten, hatten andere gerufen, und die Neuigkeit hatte sich in Gibea wie ein Lauffeuer auf einem trockenen Hügel verbreitet.
»Wirst du auch für uns singen?«, fragte eine alte Frau und lächelte zahnlos. »Zum ersten Mal träume ich außerhalb meines Bettes!«
Er nickte, ein wenig erschrocken über seine neue Macht. Ja, er würde für sie singen. »Für wen sollte ich singen, wenn nicht für euch?«
Jonathans Blick ruhte auf ihm. Hastig zog er sich in sein Zelt zurück.
Michal verstand sicher nicht, warum David in dieser Nacht noch leidenschaftlicher war als in der vorigen. Er wollte sie öfter als sie ihn.
Lieben und den Geliebten verraten! dachte er, als er in den Schlaf glitt, denn an diesem Abend war ihm sein Verrat klar geworden. Was für ein Leiden für den Verräter! Was für eine Ungerechtigkeit für den Unschuldigen! Ich habe zuerst seine Liebe genommen, und nun habe ich seinen Thron genommen! Möge der Herr mir beistehen, da er es ist, der das gewollt hat! Tränen flossen in dieser Nacht.

20

Der Riss

Stumme Angst herrschte in Gibea. Die ganze Stadt wusste, dass Saul sich seit vielen Tagen in seinem Haus eingeschlossen hatte, heimgesucht von großer Müdigkeit, sagten die einen, von großer Verdrossenheit, sagten die anderen. Mit Ausnahme seiner Kinder, seiner Frau Ahinoam, seines Kebsweibes Rispa und von Abel und Abner sah er niemanden. Aber die wahren Gründe dieser hartnäckigen Melancholie waren allen bekannt: die abweisende Missbilligung Samuels, des großen Sehers, und Davids glänzende Erfolge. Die Eigenliebe des Königs war über die Maßen verletzt worden. »Er sieht seinen Stern verblassen«, murmelten und tuschelten Soldaten, Bauern und Spinnerinnen beim Abendessen.

David hatte Saul seit dem Hochzeitsmahl nicht mehr gesehen. So war er ziemlich verlegen, als Jonathan eines Morgens kam und ihn bat, die Melancholie seines Vaters mit seinem Gesang zu lindern. Er sah Jonathan erstaunt an.

»Dein Vater schätzt meine Anwesenheit nicht«, sagte er.

»Er war eine Zeit lang über deine Erfolge verärgert«, antwortete Jonathan, »aber er ist ein kluger Mann und hat seine Verstimmung wohl überwunden.« Jonathan schritt auf und ab, aufgewühlt von sichtlich widersprüchlichen Empfindungen.

»Es wäre außerdem eine Gelegenheit, dass ihr euch

versöhnt, und für dich, deinen guten Willen zu zeigen«, fügte er hinzu.
»Warum hat er sich in seinem Palast eingeschlossen?«
»Ich glaube, wegen Samuel. Wie du weißt, hat sich der große Seher von ihm abgewandt, und mein Vater leidet darunter.«
David musterte prüfend Jonathans Gesichtsausdruck und sein Herz schlug schneller: Wusste Jonathan, dass Samuel sich nicht nur von Saul abgewandt hatte, was allgemein bekannt war, sondern dass er auch einen Nachfolger für ihn bestimmt hatte? Neue Verwirrung ergriff ihn, als Jonathan bemerkte: »Man erzählt sogar, dass Samuel dich als Nachfolger meines Vaters auserwählt haben soll.«
Wusste Jonathan also Bescheid über Davids Salbung in Gegenwart der Ältesten? Oder machte er sich über ihn lustig? Fragend sah er ihn an.
»Hast du nichts gehört von diesem Gerücht? Nun aber!«, rief Jonathan lachend. »Samuel ist sehr wohl im Stande zu so einer Rache. Aber es hätte keinen großen Sinn, denn wir sind drei Brüder, die meinem Vater nachfolgen. Selbst wenn mein Vater dieses Gerücht gehört hat, wird er ihm keinerlei Bedeutung beimessen, und du irrst dich, wenn du denkst, dass er dir aufgrund einer Laune von Samuel böse ist.«
Schmerz ließ David stumm bleiben. Innerlich verwünschte er die Macht, die die Herzen in ihrer ehernen Hand hielt und die zartesten Gefühle ausmerzte. Und er, David, der Hirte, der gerne gesungen hatte, wenn er seine Herden weiden ließ, fand sich nun eingeschlossen in einer Zelle mit dem König, von den himmlischen Mächten zu einem Zweikampf gezwungen, aus dem er

mit für immer verwundetem Herzen, aber als Sieger hervorgehen würde.
Aber Jonathan verstand davon nichts. »Du könntest zu meinem Vater gehen und ihn beruhigen, wenn der Abend hereinbricht. Dann ist er am erschöpftesten. Vielleicht hilft ihm das, eine ruhige Nacht zu verbringen. Du weißt, dass er seit einigen Nächten nicht oder nur schlecht schläft.«
David nickte. Jonathan fasste die Geste als Zustimmung auf.
»Ich wusste, dass du es mir nicht abschlagen würdest«, erklärte er. »Ich werde es ihm sagen.«
David wurde seine Ängste den ganzen Tag über nicht los. Er vertraute sich Michal an, und sie beruhigte ihren Mann. »Wenn Jonathan dich darum gebeten hat, dann hat er meinem Vater schon Bescheid gesagt«, meinte sie. »Und wenn mein Vater zustimmt, dass du für ihn singst, dann deshalb, weil er eine Versöhnung wünscht.«
Am Abend ging David, die Lyra in der Hand, mit langsamen Schritten zu Sauls Haus. Der Aufseher der Sklaven empfing ihn dort, dann erschien Abel.
»Ich glaube, das wird ihm gut tun«, sagte er halblaut. »Jedermann versichert mir, dass du ein wunderbarer Sänger bist, und ich bedauere es, das ich dich neulich nicht gehört habe. Aber ich werde an der Tür stehen, um endlich dieses Vergnügen zu haben.« Er öffnete selbst die Tür. »Saul, David erwartet deine Befehle«, kündigte er an.
»Er soll hereinkommen«, vernahm David die Stimme des Königs.
Der Raum, in dem sich der Monarch aufhielt, war so dunkel, dass David Saul zuerst nicht sah. Dicke Tep-

piche hingen vor den beiden Fenstern, und offenkundig lebte Saul nur noch im Licht von Lampen, denn die Luft war erfüllt vom Geruch des verbrauchten Öls. Drei große Teraphim[1] aus mit Gold verziertem Holz standen an einer Wand; ihren Mienen nach starrten die Gesichter der Statuen in eine düstere Zukunft.

»Tritt ein«, sagte Saul, und David erkannte ihn schließlich in der Gestalt, die auf einer hohen, mit Fellen bedeckten Bank lag. Der Bronzeschild an der Wand und die Lanze in Griffweite reflektierten als einzige Gegenstände etwas Licht. David erschrak darüber, wie hager das Gesicht des Königs, im Halbdunkel kaum zu erkennen, geworden war. Die Nase war fleischlos und dominierte die früher vollen Wangen. Der Bart hing bis zur Brust herab. Einen Augenblick lang fing eines der Augen in seiner Tiefe so wie die Waffen einen roten Lichtpunkt auf und funkelte wie das eines wilden Tieres. David schluckte.

»Jonathan sagt mir, dass du singst wie ein Engel und man bis zum Vorhang deines Zeltes kommt, um dich zu hören. Du hast ganz entschieden alle Talente, David.«

»Ich danke dir, König, mein Vater«, antwortete David und tat so, als hätte er die Ironie in dem Kompliment nicht bemerkt.

1 Die Teraphim waren Skulpturen oder Figürchen aus Bronze, Ton oder Holz. Diese Götzenbilder in Familienbesitz dienten als Orakel, ebenso wie die *Urim* und die *Tummim* (die kleiner waren) aus der Zeit des Exodus. Wie die Episode von Jakobs Aufbruch *(Gen.* 31, 19), als seine Frau Rachel die Teraphim seines Schwiegervaters stiehlt, zeigt, waren sie Teil des Familienerbes. Dass es in Sauls Umgebung und in den hebräischen Häusern der Zeit Teraphim gab, ist bezeugt dadurch, dass seine Tochter Michal einen besaß und Samuel ihren Gebrauch missbilligte *(Sam.* 15, 23). Der Übergang vom Polytheismus zum Monotheismus vollzog sich bei den Hebräern nur nach und nach.

»Setz dich dorthin«, sagte Saul und deutete auf einige Kissen auf dem Boden, die an einer mit Elfenbein eingelegten Truhe lehnten.
David gehorchte, und wenig später entlockte er seiner Lyra ein paar süße Töne. Saul rührte sich nicht.

»Wenn ich rufe zu dir, Herr, mein Fels,
so schweige doch nicht,
dass ich nicht, wenn du schweigst,
gleich werde denen,
die in die Grube fahren.
Höre die Stimme meines Flehens,
wenn ich zu dir schreie,
wenn ich meine Hände aufhebe
zu deinem heiligen Tempel.
Raffe mich nicht hin mit den Gottlosen
und mit den Übeltätern,
die freundlich reden mit ihrem Nächsten
und haben Böses im Herzen.
Gib ihnen nach ihrem Tun
und nach ihren bösen Taten;
gib ihnen nach den Werken ihrer Hände;
vergilt ihnen, wie sie es verdienen.
Denn sie wollen nicht achten auf das Tun des Herrn
noch auf die Werke seiner Hände;
darum wird er sie niederreißen
und nicht wieder aufbauen.«

Seine Stimme war rein wie Honig, und er wusste, dass er gut sang. Er blickte Saul an und spürte eher, als dass er es sah, dessen Blick ohne Lidschlag auf sich geheftet. Saul sagte nichts.

»Gelobt sei der Herr; denn er hat erhört
die Stimme meines Flehens.
Der Herr ist meine Stärke und mein Schild;
auf ihn hofft mein Herz, und mir ist geholfen.
Nun ist mein Herz fröhlich,
und ich will ihm danken mit meinem Lied.
Der Herr ist seines Volkes Stärke,
Hilfe und Stärke für seinen Gesalbten …«

Blitzschnell kam Leben in die fast reglose Gestalt des Königs. Er sprang auf, packte die Lanze und schleuderte sie erstaunlich kräftig und schnell auf David. David, der Sauls Bewegung gesehen hatte, rollte sich auf den Boden, und die Lanze bohrte sich machtvoll in die Truhe, an der er einen Augenblick zuvor gelehnt hatte. Keuchend sprang er dann auf und stand Saul gegenüber.
»Betrüger! Thronräuber! Du verhöhnst mich mit deinen Rehaugen und deinem Turteltaubengurren! Intriganter kleiner Eunuch! Diesmal habe ich dich verfehlt, aber das nächste Mal wird mir das nicht passieren!«, schrie Saul mit rauer Stimme.
»Jetzt verstehe ich Samuel«, murmelte David bebend.
Ein Wutschrei antwortete ihm, und Saul wollte sich auf ihn stürzen. Aber die Tür war aufgegangen, und Abel erschien, bleich, mit weit aufgerissenen Augen. David stieß ihn beiseite und nützte diese Ablenkung aus, um zu fliehen.
»Haltet ihn!«, schrie Saul.
Aber David war bereits weit weg. Er rannte lange durch die Nacht, bis zu dem Wald, der den Hügel von Gibea umgab. Als er wieder zu Atem gekommen war, fuhr er sich mit den Händen übers Gesicht. Er spürte ein Brennen am ganzen Körper, wie von einer Wunde.

Es war in der Tat ein Riss. Dieses Ereignis hatte das große Pergament zerrissen, auf dem die Namen Sauls und Davids bisher vereint gewesen waren.

»Wie naiv ich war! Herr, Herr, komm mir zu Hilfe!«, flehte er.

Er begriff, dass er sich nicht mehr selbst gehörte. Er war ein Werkzeug in den Händen einer höheren Macht, die Samuel klar sehend gedeutet hatte. Diese Macht war der Gott Samuels, und von nun an auch der seine. Allein dieser Herr, der ihn zum König gemacht hatte, konnte ihn schützen.

21

Die Flucht

Nachdem David sich ein wenig beruhigt hatte, verließ er den Wald wieder, denn er wollte nicht das Opfer von wilden Tieren werden, nachdem er sich gegen die Menschen erfolgreich seiner Haut gewehrt hatte. Nicht vor den kleinen, Früchte fressenden Flughunden hatte er Angst, die auf ihrem präzisen Flug weich seinen Kopf streiften, auch nicht vor den Pharaonenratten, die ihm um die Beine huschten, sondern vor den Wildschweinen, die Menschen angriffen, so wie er die Philister angegriffen hatte, und er fürchtete die Wespennester in den niedrigen Ästen, gegen die er womöglich stieß. Er war aus Sauls Palast mit seiner Lyra als einziger Waffe und seinem Hemd als einzigem Kleidungsstück geflohen.

Mondlicht flutete über den Hügel, auf dessen Spitze die Stadt schlief. Hier befand sich von nun an sein gefährlichster Feind, furchtbarer als Goliath und alle Philister: Saul. Der andere König, dachte David unwillkürlich. Der andere König, ja, denn nun war er erfüllt von Samuels Plänen. David wusste, dass er König war, eine unerklärliche Überzeugung beherrschte ihn, dass wirklich er der künftige, wahre König war. Und er verstand plötzlich, was der große Seher so grausam vorhergesagt hatte: Der Saft des Stammes Saul war von nun an vergiftet. Saul würde jung fallen.

Während er den Hügel erklomm, bemühte er sich ver-

nünftig zu denken. Saul habe, so redete er sich ein, mitgenommen von seiner Krankheit, einem Wutanfall nachgegeben und würde nicht weiter auf Mord sinnen. Und weder Jonathan noch Michal oder Abel würden es zulassen, dass er seinen eigenen Schwiegersohn ohne Grund umbrachte. Doch er war nur halb davon überzeugt, und Vorsicht bewog ihn, zum Haus Ezers, seines Waffenträgers zu gehen, um dort die restliche Nacht zu verbringen.
Dieses Haus war genügend weit vom Palast entfernt. David klopfte an die Tür. Ezer selbst öffnete ihm, eine Lampe in der Hand, um zu sehen, wer der Besucher war.
»Mein König!«, rief er bestürzt, als er David mit wirrem Haar vor sich stehen sah. »Was ist passiert?«
»Ich bitte um deine Gastfreundschaft für eine Nacht.«
Ezer trat prompt zur Seite. »Komm herein, bitte, komm herein.« Er verriegelte die Tür hinter David.
»Saul hat versucht mich zu töten, und ich bin in den Wald geflohen.«
»Wolltest du dich mit deiner Lyra verteidigen?«, fragte Ezer.
Auf einem Schemel sitzend, erzählte David ihm, was geschehen war. Ezer erging sich in Ausrufen. Das Haus war erwacht, und Ezers Frau, die fragen wollte, was los war, unterdrückte einen Schrei der Überraschung, als sie David sah.
»Mach Milch warm«, sagte Ezer zu ihr. »Und lass eine Strohschütte für meinen Herrn herrichten.«
»Kannst du jemanden schicken, der meiner Frau sagt, dass ich heil und gesund bin?«, fragte David.
»Meinen Sohn«, antwortete Ezer. »Er zieht sicher keine Aufmerksamkeit auf sich.«
Es war ein zehnjähriger Junge, dünn und lebhaft, zu-

nächst zwar noch etwas verschlafen, doch dann ganz aufgeregt bei dem Gedanken, einen nächtlichen Auftrag zu erledigen.

»Pass auf, dass dir niemand auf dem Rückweg folgt«, befahl Ezer ihm. »Leicht wie eine Fliege, unsichtbar wie der Wind, verstehst du?«

Der Junge nickte mit glänzenden Augen, in denen stolze Tapferkeit zu lesen war.

»Glaubst du, man könnte ihm folgen, um mich umzubringen?«, fragte David.

»Aus der Armee wird keiner die Hand gegen dich erheben«, antwortete Ezer. »Nicht einmal Abner, auch wenn der König es ihm befiehlt. Doch Saul hat seine verdammten Seelen. Er könnte einen gedungenen Mörder schicken.«

David trank nachdenklich seine Milch und aß ein Stück Sesambrot. Langsam wurde er wieder gelassener.

»Das war vorherzusehen«, meinte Ezer. »Die Ältesten konnten ihr Geheimnis nicht ewig bewahren. Abel erfuhr von deiner Salbung durch Samuel und hat Saul diese Neuigkeit mitgeteilt.«

»Abel ist kein schlechter Mann«, bemerkte David.

»Nein, aber er ist Sauls Diener, nicht Samuels Diener. Er hätte sich schuldig gefühlt, wenn er Saul nichts von der Salbung mitgeteilt hätte. Früher oder später hätte Saul auf alle Fälle von deiner Königswürde erfahren. Dein Tod ist seine einzige Rache, die er an Samuel üben kann. Wie ist es möglich, dass du das nicht begriffen hast?«

»Und Jonathan?«

»Wir haben gestern von dir gesprochen. Er glaubt, dass Samuel dich als Nachfolger seines Vaters ausersehen hat, aber in unbestimmter Zukunft. Er weiß nichts von

der Salbung, und selbst wenn ich ihm sagen würde, dass ich dabei war, würde er mir nicht glauben. Er ist sich ganz sicher, dass er den Thron erben wird.«
David seufzte und streckte sich auf der Strohschütte aus.
»Schlafe ruhig«, sagte Ezer. »Ich stelle eine Wache auf.«

David erwachte im ersten Licht des Morgengrauens. Als er zu seiner Morgentoilette hinaustrat, sah er vor der Tür zwei Wachsoldaten, die ihn voll herzlicher Ehrerbietung grüßten. Er wusch sich das Gesicht. Kurz danach kam Ezers Sohn und berichtete ihm voll Stolz, dass er seinen Auftrag ausgeführt habe. Ezer, der sich nach Neuigkeiten erkundigt hatte, wusste, dass Saul sich nach einer heftigen Auseinandersetzung mit Abel wieder in seinen Gemächern eingeschlossen hatte und sich weigerte, irgendjemanden zu sehen.
»Du kannst zurück nach Hause gehen«, meinte Ezer, »aber ich weiß nicht, für wie lange. Es wird nicht ewig so weitergehen. Saul betrachtet dich als Thronräuber und Verräter und er wird wieder versuchen dich umzubringen, um seinen Kindern das Recht auf den Thron zu sichern.« Seine Frau brachte zwei Schalen mit heißer Milch, Ezer reichte David eine davon. »Saul hat jede Selbstbeherrschung verloren. Ich habe Angst davor, was los sein wird, wenn es zu einer Schlacht mit den Philistern kommt, an der er teilnehmen muss. Seine Tage sind gezählt.«
Was tun?, fragte sich David, während er seine Milch trank.
»David, du bist König, was auch geschieht«, erklärte Ezer, als hätte er seine Gedanken gelesen. »Hab Geduld.

Dein Tag wird kommen, so steht es am Himmel geschrieben. Samuel wusste, was er tat.«

Schweren Herzens ging David nach Hause. Als er hereinkam, stürzte Michal weinend auf ihn zu.

»Samuel hat ihn verhext«, murmelte sie. »Wie konnte er nur so etwas tun!«

Doch David konnte ihr nicht antworten, denn sie wusste von nichts.

Das Leben nahm weiter seinen Lauf. In regelmäßigen Abständen trafen sich David, Abner und Jonathan, um über die Scharmützel mit den Philistern zu sprechen. Die Spione der Hebräer verfolgten ständig die Bewegungen ihrer Feinde, und alles schien darauf hinzudeuten, dass sich diese in der Umgebung von Gibea und der größeren Siedlungen der Stämme Dan und Benjamin erneut zusammenschlossen. Seit einigen Tagen kam es deutlich häufiger zu Zusammenstößen. Offensichtlich bereiteten sie einen groß angelegten Angriff vor, doch es sei besser, erklärte David, mit einer eigenen Offensive zu warten, bis ausgekundschaftet war, wo die Philister ihre Truppen sammelten, sonst bestand Gefahr, sich zu verzetteln. Abner und Jonathan schlossen sich dieser Meinung an, und die drei Männer beschlossen, ihre Truppen für einen bevorstehenden Kampf vorzubereiten. Weder Abner noch Jonathan erwähnten auch nur mit einer Silbe, welche Ansicht Saul vertrat, es schien, als sei der König unschlüssig.

Als sie sich trennten, sah Jonathan David lange an. David lächelte verlegen und fragte, was los sei.

»Ich habe dich im Frühling deines Lebens gekannt«, antwortete Jonathan. »Ich betrachte nun dein Gesicht, und ich sehe den Sommer. Dein Blick ist dunkel und reif.« David nickte, immer noch zum Schweigen verurteilt, da es unmöglich war, Jonathan die wahren Gründe des Streits zwischen Saul und ihm zu erhellen. »Was auch geschieht, ich schwöre, nichts kann uns trennen.« Davids Augen füllten sich mit Tränen.

Einige Tage später, als die Spione bestätigten, dass die Philister im Norden, am Fuß des Bergs von Bethel, und im Westen, am Rand des Tals von Ajalon, zehntausend Männer versammelt hatten, fand David bei seiner Rückkehr Michal fiebrig vor, das Gesicht angstverzerrt.

»David, du musst sofort fliehen! Gibea verlassen!«, bestürmte sie ihn. »Sonst bist du morgen ein toter Mann! Saul lässt seit heute Morgen das Haus von seinen Dienern überwachen. Dreimal haben sie nach dir gefragt, ich habe ihnen gesagt, dass du nicht da bist und ich dich nicht vor morgen zurückerwarte. Ich habe Jonathan Bescheid gesagt, er hilft dir zu fliehen. Ich weiß, dass sie morgen bei Tagesanbruch wieder kommen, vielleicht noch heute Nacht.«

»Wo soll ich denn hingehen?«, fragte er mit erstickter Stimme.

»Jonathan erwartet dich unter dem Fenster des Dienerhofs.« Sie reichte ihm seine Lyra, während er nach seinem Mantel griff.

David, überzeugt von der drohenden Gefahr, lief zu den Dienerkammern. Als er sich aus dem Fenster beugte, erblickte er unten eine dunkle Gestalt, in der er Jonathan erkannte. Er pfiff leise, und Jonathan hob den Kopf und streckte ihm die Arme entgegen. David kletterte durch das Fenster und ließ sich fallen. Jonathan fing ihn auf und zog ihm die Kapuze des Mantels über Schultern und

Kopf. »Folge mir«, flüsterte er. »Wir gehen einen Weg, der um diese Zeit verlassen ist.«
Dahin hatten Sieg und Schönheit ihn nun also gebracht, dachte David. Eine erbärmliche Flucht, als sei er ein Dieb.
Sie gingen einen abschüssigen Weg hinunter und folgten ihm eine ganze Weile, bis Jonathan stehen blieb. »Ich lasse dich hier allein«, sagte er. »Ich muss zurück, sonst lässt mein Vater auch mich verfolgen.«
Die Nacht hatte der Welt ihre Farbe genommen; die ins Mondlicht getauchte Landschaft war wie ein schlechter Traum.
»Geh nach Süden, zum Stamm Juda. Dort bist du am besten aufgehoben«, riet Jonathan.
»Ist etwas Neues geschehen, dass dein Vater mich umbringen will?«
»Nein, aber der böse Geist hat sich noch mehr ausgebreitet. An dem Abend, bevor ich dich zu ihm geschickt habe, damit du ihm vorsingst, hat er mir geschworen, dass er dir kein Haar krümmen würde. Er hat mich betrogen. Er hat sich selbst verraten. Er ist nicht mehr Herr seiner selbst. Mögen die Götter Mitleid mit uns haben.«
Die Götter, dachte David. Warum sollten es mehrere sein?
Sie umarmten sich. Jonathan gab David eine Feldflasche und einen Beutel mit Brot und Datteln. Jedes Mal, wenn David sich umdrehte, sah er Jonathans reglose Gestalt, bis die Dunkelheit alle beide verschlungen hatte. Doch er sah nicht mehr, was im Folgenden geschah.
Im Morgengrauen klopften Sauls Boten an seiner Tür. Die Sklaven öffneten ihnen, und Michal empfing sie.

»Wir sind gekommen, um David auf Befehl des Königs zu verhaften«, erklärten sie.

»Wollt ihr einen kranken Mann verhaften?«, fragte Michal.

»Wir wollen ihn sehen.«

»Weckt ihn nicht auf. Er schläft.«

Sie führte die Männer in das kaum beleuchtete Zimmer. Auf der Strohschütte sahen sie einen Umriss, eingehüllt in eine Decke. Die zerzausten und struppigen Haare, die darunter hervorschauten, sahen tatsächlich nach Fieber aus. Die Boten kehrten zurück in den Palast und erklärten, sie könnten keinen Kranken von seinem Bett zerren. »Bringt ihn mir hierher, samt Strohschütte und allem!«, donnerte Saul. »Ich töte ihn mit eigenen Händen!«

Sie gingen zurück zu Michal, drangen trotz ihrer Proteste in Davids Zimmer ein, packten die Strohschütte und trugen sie in den Palast. Als sie ihre Last Saul, der bereits das Schwert in der Hand hielt, zu Füßen legten, wurde die List offenkundig. Die Gestalt unter der Decke war ein *Teraph,* und was sie für zerzaustes Haar gehalten hatten, war das Fell einer Ziege. Saul erstickte fast vor Zorn.

»Bringt mir Michal!«

Die Männer zerrten sie in den Palast.

»Warum hast du mich getäuscht?«, brüllte er, immer noch das Schwert in der Hand. Sie glaubte, er würde sie enthaupten. Vielleicht hätte er das auch, aber Michals drei Brüder waren anwesend. Saul spürte ihre Gegenwart eher, als dass er sie sah, und zügelte seine Wut, da er begriff, dass sonst sein eigenes Leben auf dem Spiel stand. Michal sah ihn kalt und herausfordernd an.

»Weil er sagte, dass er mich töten würde, wenn ich es

nicht täte«, antwortete sie leiser die Stimme voller Hass, jedoch nicht so leise, dass die Zeugen es nicht hören konnten.
Ihr Hass steckte andere an und erreichte schließlich ganz Gibea. Jedermann wusste, dass Saul wahnsinnig geworden war. Der große Seher hatte richtig gesehen. Der Geist des Herrn hatte den König verlassen. Saul war zu einem wilden Tier geworden, dem man besser aus dem Weg ging.

22

Ein dunkles Zeichen

David verbrachte die Nacht in einer Höhle, in Gesellschaft einer Eule; er schlief kaum. Im Morgengrauen aß er ein wenig von dem Brot und den Datteln, die Jonathan ihm gegeben hatte, und trank aus seiner Feldflasche. Er kannte die Gegend, er hatte dort gekämpft. Es gab zahlreiche Wasserläufe, und auch Feigenbäume würde er finden. Doch nach Süden würde er nicht gehen, sondern nach Norden. Er wusste, wen er aufsuchen musste.

Als er drei Tage später in Rama eintraf, war ihm zum ersten Mal bewusst, dass er ein Wanderer auf Erden war. Er schritt den Weg hinauf, der zu Samuels Haus führte, als käme er zu seinem Vater zurück. Zwei Sklaven, die den Garten jäteten, empfingen ihn und teilten Miriam seine Ankunft mit.

Sie küsste ihm die Hände und verbeugte sich. »Willkommen, mein König.« Sie sah sich nach seinem Gefolge um, doch er antwortete, dass er allein sei. Fragend sah sie ihn an und ging zurück ins Haus. Einen Augenblick später erschien Samuel, blinzelnd, da er nicht mehr gut sah.

»David!«, rief er, das Gesicht zu der Gestalt erhoben, die er vor seinem Haus erahnte.

David lief herbei. Samuel umklammerte seine Arme mit seinen knochigen, aber immer noch kräftigen Händen, während David kaum die Tränen zurückhalten konnte.

»Ich weiß«, sagte der Greis sogleich.
»Woher weißt du?«
»Es war vorherzusehen. Der Geist des Herrn hat ihn verlassen.«
»Er hat zweimal versucht, mich umzubringen.«
»Dass du hier bist, beweist, dass der Herr mit dir ist und nicht mit ihm. Saul und sein Geschlecht sind verflucht.«
»Was soll ich tun?«
»Überleben bis zu seinem baldigen Tod. Alle Stämme wissen mittlerweile, dass du der vom Herrn bestimmte König bist.«
»Möge der Herr mich schützen!«, antwortete David.
Samuel streckte einen seiner knochigen Finger zum funkelnden Himmel. »Bevor sechs Monde vorbei sind, werden Saul und die Seinen nur noch Gebeine sein!« Er schwieg einen Augenblick. »Bis dahin musst du überleben, David! Verstehst du? Überleben! Um jeden Preis! Der Herr will es! Er will, dass du sein Haus erbaust und dass du sein Volk sammelst und es zusammenführst! Ein vereinigtes Volk, das seinen Nachbarn Furcht einflößt!«
Woher hatte er dieses Wissen? Welche Macht feuerte seine Stimme an? Sie ließ David erbeben.
»Danach«, fuhr Samuel fort, »werden die Prüfungen beginnen, und dann wird die Macht des Allerhöchsten dir unentbehrlich sein.«
»Wohin soll ich fliehen?«, fragte David. »Welcher Stamm wird mich aufnehmen?«
»Die Stämme bestehen aus Menschen, und alle Menschen werden dich aufnehmen, aber bis zu dem Augenblick, da deine Macht sich behaupten und das Zeichen des Herrn über dir leuchten wird, können alle dich auch

ebenso gut verraten.« Samuel setzte sich auf die Bank vor dem Haus. »Wenn Saul stirbt, bleibt von seiner Königsmacht nichts mehr. Nicht einmal ein Königreich. Die Stämme werden sich in der Wüste verstreuen, wie aufsässige Schafe. Deine Aufgabe wird sehr schwierig sein. Du musst sie sammeln.«
»Was soll ich ohne dich tun?«, fragte David weiter.
»Ich bin nur der Diener meines Herrn. Er wird deinen Arm wappnen und dich leiten.«
Inzwischen kam Miriam und teilte mit, dass sie für ihren König eine kleine Mahlzeit vorbereitet habe. Samuel und sein Besucher traten ins Haus. David hatte Hunger. Er erwies den Fleischpasteten alle Ehre. Sie waren ähnlich wie jene, die einst Sara für den himmlischen Gast bereitet hatte, der vor dem Zelt Abrahams Halt gemacht und ihr verkündet hatte, dass sie nach ihrer Zeit noch empfangen werde. David tat sich gütlich an dem mit Korn gefüllten Geflügel, dem Salat aus bitteren Kräutern, den Honigkuchen und dem hellen, schäumenden Wein.
»Bleib diese Nacht über hier«, sagte Samuel, »und dann geh. Denn hier werden die Sendboten Sauls dich zuerst suchen. Morgen werden sie zweifellos kommen. Geh im Morgengrauen, tauche unter. Du kannst bei Ahimelech in Nob Zuflucht suchen. Er ist Priester und ein rechtschaffener Mann. Aber meide den Berg Skopus, der in den Händen der Kanaanäer ist. Warte auf deine Stunde. Wenn ich nicht mehr da bin, sorge dich nicht. Bete und denke daran, dass der Herr über dein Leben wacht.«
David streckte sich auf der Strohschütte aus, die ihm die Sklaven hergerichtet hatten, und schlief sofort ein. Später weckte ihn Samuel, damit er seine Waschungen vornahm, und David gesellte sich zum Abendgebet

zu ihm. Beim Abendessen saß er ihm gegenüber, dem Mann, der ihn zum König gemacht hatte und der nun in der Unbeweglichkeit derer verharrte, die den Tod nahe wussten. Dieser Greis, wie zum Mineral geworden, brüchig, spröde, gab keinerlei Gefühl preis. Erriet er die Gefühle, die David bewegten? Oder hielt er Gefühle nur für vorübergehende Krankheiten oder Anzeichen schwacher Seelen, während der Gerechte mit der Zeit lernte, sich nicht mehr erschüttern zu lassen?
An jenem Abend begriff David jedenfalls, dass er ein noch unbedeutendes Zeichen auf einem immens großen Pergament war, doch nach den Worten des großen Sehers ein Zeichen von der Hand des Herrn selbst.
Oftmals wandte er sich am nächsten Morgen auf dem Weg um, da er noch die Gestalt Samuels sehen wollte, der auf dem Hügel stand. Bis das Bild sich schließlich im Licht der Landschaft verwischte. Doch er vergaß es niemals.
Er brach auf mit seiner Lyra, ein wenig Brot und Datteln. Wenig für einen König.

23

Das Schwert

Von Galiläa herunter folgte er dem westlichen Ufer des Jordan und kam so vom Gebiet des Stammes Issachar auf das Gebiet des Stammes Manasse. David war froh darüber, dass er scharfe Augen hatte. Ständig sah er sich wachsam um, da er fürchtete, irgendwelche Philister könnten ihn als den Bezwinger Goliaths erkennen. Sobald er sah, dass in der Ferne Staub aufwirbelte, versteckte er sich hinter einem Felsen und wartete, bis die Leute an ihm vorbei waren. Oft waren es wirklich kanaanäische Soldaten. Einmal sogar eine große Abteilung mit fünf Streitwagen, gefolgt von Lanzenträgern zu Pferde und Bogenschützen, die mit bedrohlichem Lärm den Weg entlangdonnerten.

So hatte er sich auch versteckt, auf dem Bauch hinter einem Felsen liegend, als er eines Tages sechs Männer herankommen sah. Er beobachtete sie und erkannte Soldaten aus der Legion Jonathans, zwei Bogenschützen, drei Lanzenträger und einen Schleuderwerfer. Hatten sie den Auftrag, ihn umzubringen? »Samuel hat gesagt, wir würden ihn in Nob finden«, hörte er einen. Samuel hatte ihn sicher nicht verraten. Schließlich erkannte David Ezer als einen der Soldaten und sagte sich, dass nach Jonathan unter allen Männern Ezer derjenige war, der ihn niemals verraten würde. Er stand auf und rief. Sie erstarrten zuerst verblüfft und stürzten dann mit freudigen Mienen auf ihn zu.

»Jonathan schickt uns! Er war beunruhigt, dich allein auf den Straßen zu wissen! Es kommen noch mehr!«, erklärten sie etwas zusammenhanglos nach vielen Umarmungen. Sie sprachen von Gibea, als wären sie errettet aus den Abgründen der Scheol. »David, Saul ist wahnsinnig geworden! Jonathan, ach! David, wenn du wüsstest …«

»Wenn ich was wüsste?«

»Sein Vater redet nur noch davon, dich umzubringen! Er leidet!«

Sie hatten einige Vorräte dabei, ein wenig Brot, Käse, gedörrte Feigen, sodass sie nicht zu sehr Hunger litten. Allerdings hofften sie, in ein Dorf zu kommen, in dem sie sich im Austausch gegen einige Dienste endlich satt essen konnten. Drei Tage später erkannte David östlich am Fuß des Berges Skopus den bescheidenen Ort Nob, wo Ahimelech wohnte. Es war höchste Zeit, denn sie hatten fast alle Lebensmittel verbraucht. Doch als sie dort ankamen, sank ihre Hoffnung. In Nob würde man kein gemästetes Kalb für sie schlachten, die Häuser sahen nicht nach üppigem Reichtum aus. Wie viele Einwohner gab es an diesem Ort? Nicht mehr als dreihundert, Hirten, Bauern, die dem Boden etwas Essbares abzuringen versuchten, kleine Handwerker. David fragte nach dem Weg zum Tempel, doch sie standen schon fast vor ihm. Das Gebäude war von äußerster Schlichtheit. David klopfte an die Tür. Ein gebückter, weißhaariger Mann, weit über fünfzig, machte ihnen auf.

»Ich suche Ahimelech«, erklärte David.

Ein Funken des Erstaunens glomm in den Augen des Alten auf. Er warf einen vorsichtigen Blick auf die sechs Soldaten. »Das bin ich. Sind das deine Freunde? Kommt herein.« Nachdem sie eingetreten waren, riegelte er ab.

Das war also der berühmte Ahimelech, der Hohepriester, der einst der Stiftshütte in Silo vorgestanden und den unfassbaren Schmerz erlitten hatte, die Bundeslade in die Hand der Feinde fallen zu sehen.
»Ich bin David.« Der andere nickte. Gewiss hatte er ihn nach den Beschreibungen erkannt. Oder vielleicht war er nach dem Sieg über Goliath bei der Parade in Jerusalem gewesen. »Ich komme von Samuel.«
»Und sie?«
»Von Sauls Sohn Jonathan. Es sind Freunde.«
»Seid willkommen. Ich weiß Bescheid.«
Es gab zahlreiche Boten, Nachrichten wurden rasch verbreitet.
»Samuel hat mir gesagt, ich solle Zuflucht bei dir suchen.«
Ahimelechs Miene wechselte von Verlegenheit zu Skepsis. Er zog ein wenig die Brauen hoch. »Zuflucht sucht man bei Starken. Ich bin kein starker Mann. Nob ist keine Festung. Zu deinem Besten sage ich dir, dass du hier nur vorübergehend Zuflucht findest. Und Sauls Rache ist sicher.«
»Kann ich wenigstens hier schlafen?«
»Aber sicher, aber sicher!«, erwiderte der Priester und hob die Arme gen Himmel. »Wollt ihr Wasser? Ich sage meinen Brüdern Bescheid.«
David wartete einen Augenblick, und Ahimelech kam mit fünf anderen Priestern zurück, die sich um den Gast drängten und ihn genauestens musterten. Das war der künftige König der fünf Stämme! Lange hielten sie seine Hände fest und tauchten ihren Blick in den seinen, als wollten sie sein Herz und seine Gedanken erforschen. David verstand sie, sie waren erstaunt, dass ein König so jung und so arm sein konnte. Doch es war der Wille des

großen Sehers, dass dieser hier Saul nachfolgen sollte, und wer würde die Entscheidungen des großen Sehers anfechten, vor allem, wenn es um eine so wichtige Sache ging wie das Königtum? Ahimelech reichte ihm einen Krug, und David trank ihn leer. Der Priester musste für die Begleiter des Königs weitere Krüge holen.

»Wie lange können wir bleiben?«, fragte David.

»Im Namen unseres Sehers Samuel und in deinem Interesse so kurz wie möglich«, antwortete einer der Priester. »Hier kannst du keinen Stützpunkt errichten, von dem aus du das Königreich erobern wirst. Doch natürlich gewähren wir dir unsere Gastfreundschaft.«

In Nob gab es kaum junge Männer, die waren fortgegangen. Nob war eine Art Refugium für geächtete Priester. Abjatar, ein eckiger Jüngling mit leidenschaftlichem Gesicht, war einer der wenigen, die David dort sah. Wovon lebten diese Leute? Das Essen, zu dem man sie am ersten Abend einlud, war ein Beispiel für die Kargheit, die herrschte: eine Getreidesuppe und ein Salat mit einem Hauch Öl und ein wenig Salz. Kein Wein, nur Wasser. Vielleicht waren diese Männer so in Trauer versunken, dass sie nicht mehr daran dachten zu jagen oder zu fischen.

Drei Tage später beschlossen David und seine Gefährten, sich nach etwas anderem umzusehen. Die Priester und einige Männer aus dem Dorf, von denen einer David bekannt erschien, versammelten sich, um sie zu verabschieden. David fragte Ahimelech, ob sie für die nächsten Tage ein paar Vorräte mitnehmen könnten. Nein, sie hatten nichts, gar nichts. Nur Schaubrote. Das waren Brote aus feinstem Mehl, die man dem Herrn darbrachte. David war bestürzt.

»Ihr seid die Soldaten des Herrn«, sagte Ahimelech. »Er wird es dulden, dass ihr esst, was für ihn bestimmt ist. Aber ich muss wissen, ob ihr rein seid und euch der Frauen enthalten habt. Ihr könnt diese Brote nur essen, wenn ihr rein seid.«

David und die Männer sahen sich an. Ausschweifungen hatte es in letzter Zeit nicht gegeben. Sie nickten überzeugt.

»Wir sind rein«, antwortete David. »Aber vielleicht sind wir es nicht mehr lange.« Ahimelech riss die Augen auf. »Wenn wir weiterhin nichts zu essen haben, laufen wir Gefahr, dass wir Leichname werden, und Leichname sind unrein.«

Kummer malte sich auf den Gesichtern der Priester. Auf ein Zeichen Ahimelechs holte einer die Brote, die sie in feines Leinen eingeschlagen hatten. Es waren zwölf, und die Soldaten steckten sie in ihre Quersäcke. Das war das erste Mal, dass der Herr ihnen durchgebackenes Brot gab, bemerkte Schamma, Sohn des Age, einer der Soldaten, die bei David waren.

»Wir haben noch ein anderes Geschenk für dich«, erklärte Ahimelech und reichte David einen langen, schweren Gegenstand, der in mehreren Bahnen feinen Leinens eingewickelt war. »Sieh es an«, forderte er ihn auf.

David wickelte den Gegenstand aus und war sprachlos. Goliaths Schwert!

»Wie? Woher ...?«, stammelte er.

»Erinnere dich«, antwortete Ahimelech. »Als du bei der Parade auf dem Streitwagen gestanden hast, dieses Schwert in der Hand und den Kopf des Philisters zwischen den Beinen, hast du es Abel, dem Priester gegeben. Wir haben es dann in die Stiftshütte getragen, wo die Bundeslade aufbewahrt wurde, und später von dort in Sicherheit gebracht.« Fasziniert betrachteten die Soldaten dieses ungeheuer große Schwert. Welcher Riese hatte genügend Kraft gehabt, um es am Knauf zu packen und zu schwingen? Und David hatte diesen Riesen getötet und enthauptet? »Heute bekommst du es wieder«, fuhr Ahimelech fort. Die Priester stimmten kopfnickend zu. Ahimelechs Sohn lächelte zufrieden. »Wer sonst sollte es haben?«, fragte er.

Erst einen Mond später erfuhren David und seine Männer, welche Folgen ihr kurzer Aufenthalt in Nob gehabt hatte. Sie erreichten die Wüste Judäas, als Abjatar auf dem Weg zu ihnen stieß. Mit zerrissenen Kleidern, verweint, bleich.

»Mein Vater, meine Mutter ... die anderen, alle anderen ...«, begann er und brach in Tränen aus. Es war schrecklich, was er zu berichten hatte, als er dazu fähig war. Der Mann, der David bekannt erschienen war, als sie sich aus Nob verabschiedeten, war Doëg der Edomiter gewesen, ein Diener Sauls, eine seiner verworfenen Seelen. Er hatte seinem Herrn zugetragen, dass David Zuflucht in Nob gefunden hatte, und Saul hatte ein Kommando geschickt, um Ahimelech und die anderen Priester samt ihren Familien zu verhaften und nach Gibea zu bringen. »Du hast David geholfen«, hatte er zu Ahimelech gesagt, »du hast den Herrn für ihn angefleht. Du hast ihm das Schwert gegeben, und nun verschwört er sich gegen mich. Du hast dich gegen mich verschworen, also musst du sterben.« Ahimelech hatte versucht sich zu verteidigen, hatte angeführt, dass Saul selbst David zu seinem Schwiegersohn gemacht und ihm einen besonderen Platz in seinem Haus eingeräumt habe, doch Saul hatte nichts hören wollen. Er hatte seinen Hauptmännern Befehl gegeben, alle Einwohner von Nob zu töten. Doch die Hauptmänner hatten das Schwert nicht gegen die Priester erheben wollen. Doëg der Edomiter führte daher diesen Befehl aus. Er tötete alle Bewohner und brannte das Dorf ab. Abjatar, der Doëg ohne seinen Vater kommen sah, hatte verstanden, dass sie verraten worden waren, und war geflohen.

David und seine Gefährten hörten seinen Bericht voller Bestürzung. »Saul, Saul, der Arm des Herrn wird schwer auf deinen Hals niederfahren«, murmelte David schließlich, während er dem weinenden Abjatar die Hand auf die Schulter legte.

24

Der Schwachsinnige

Acht Männer. Ohne Haus und ohne Herd. Nichts. Auf welches Nichts sie reduziert waren, wurde deutlich, als sie nach mehreren Tagen, an denen sie nicht genug zu essen gehabt hatten, unachtsam aus einem Waldstück herauskamen und auf eine Abteilung kanaanäischer Soldaten stießen, zwei- oder dreihundert Mann stark, mehrere von ihnen betrunken. Flucht kam nicht in Frage, noch weniger ein Kampf. Die Kanaanäer umringten sie, eigentlich nicht aggressiv, aber mit einer spöttischen und bedrohlichen Ausgelassenheit.

»Schaut mal, wer da unterwegs ist! Soldaten, die ihren Feldherrn verloren haben!«, lachten sie laut heraus.

Natürlich zog das riesige Schwert, das David mit sich schleppte, ihre Aufmerksamkeit auf sich.

»Du kämpfst mit diesem Schwert, Bürschchen?«, fragte ein Hauptmann. David antwortete mit dem Blick eines Einfältigen. »Wie heißt du?«

»David.«

»Du heißt David und kämpfst mit diesem Schwert?«

Noch ein Blick voller Einfalt und dazu ein ebenso schwachsinniges Lächeln. »Ja.«

»Du bist nicht zufällig der David, der Goliath umgebracht hat?«

»Das bin ich! Das bin ich!«, rief David zur Verblüffung seiner Gefährten mit schriller Fistelstimme. Doch er blinzelte ihnen verstohlen zu.

Der Hauptmann scharte seine Soldaten um sich. »Hört nur, dieser kleine Schönling behauptet, er habe Goliath getötet!«
Sie brachen erneut in lautes Gelächter aus und betasteten mit gespitzten Mündern seine Muskeln. David ließ es sich gefallen. Zumindest belustigten sich die Soldaten, und es war besser, sie bei Laune zu halten.
»Zu welchem König gehört ihr, Soldaten?«, fragte Abjatar, der das Spiel begriffen hatte.
»Zu König Achisch von Gat.«
»Ist er reich, euer König?«
Der Hauptmann brach in Gelächter aus. »Er ist ein König, mein Junge!«
»Kann er uns zu essen geben, wir haben Hunger!«
Jetzt lachten alle. Sie hatten geglaubt, dieser David sei ein gefährlicher Krieger, und nun fanden sie einen jungen Mann, der geistig zurückgeblieben war.
»Ja, wir haben Hunger!«, rief David.
Seine Gefährten überschrien ihn noch, ja, sie hatten Hunger, großen Hunger. Der Hauptmann ließ ihnen Brot und Käse geben. So gierig, wie sie alles verschlangen, war Beweis genug, dass sie nicht logen.
»Man sollte ihn zum König schicken«, meinte ein Soldat. »Er würde bestimmt gerne den Furcht erregenden David kennen lernen!«
»Man hätte dort auch zu essen«, erwiderte David. »Was sucht ihr hier, so weit entfernt von Gat?«
Gat lag in der Ebene an der Küste, und die Soldaten waren in entgegengesetzter Richtung unterwegs.
»Wir werden uns eine Schlacht mit König Saul liefern!«
David fuchtelte mit den Armen und versuchte vergebens, Goliaths Schwert zu schwingen. »Kann ich mitkommen? Ich mag Saul nicht!«, rief er.

»Stimmt, wir mögen Saul nicht! Ganz und gar nicht!«, riefen Abjatar und seine wenigen Soldaten noch lauter. »Wir wollen mit euch ziehen!«
Doch der Hauptmann und seine Mannschaft zeigten sich misstrauisch, was die kriegerischen Fähigkeiten dieser Vagabunden betraf.
»Wir schicken euch nach Gat«, bestimmte der Hauptmann und beorderte einen Trupp von zwanzig Männern, die David und seine Gefährten begleiten sollten. Da Achischs Soldaten mit reichlich Vorräten ausgestattet waren, bedeutete das für drei Tage einen vollen Bauch, ganz zu schweigen vom Wein.
»Was machen wir bloß?«, flüsterte einer von Davids Gefährten ihm nachts zu.
»Überlass es mir.«
»Meinst du nicht, wir sollten jetzt fliehen?«
»Das ist zu gefährlich.«
»Willst du weiter den Einfältigen spielen?«
»Aber sicher.«
Drei Tage später waren sie in Gat. Wie auch anderswo war David dort berühmt. Auf dem Weg zum Palast des Königs Achisch sang man im Reigen: »Saul schlug tausend, David aber zehntausend.« Doch in Gat lebten Philister, und dieser Reigen hätte David und seine Gefährten, die eher Gefangene als Besucher waren, das Leben kosten können. Als die Eskorte beim Palast ankam und David in einen Saal geführt wurde, erriet er, dass die dickbauchige, mürrische Gestalt, die dort saß, Achisch war, der König. Daher hüpfte er auf ihn zu, das Gesicht wie das eines Narren verzogen.
Der König riss angesichts dieser Bocksprünge die Augen auf. Die Höflinge und Hauptleute an seiner Seite zogen verdutzte Mienen.

»Du bist David, Sohn Isais?«
»Dir zu Diensten, edler König.« Er taumelte von einem Bein aufs andere, versunken in dieses kindische Spiel.
»Und du hast Goliath getötet?«
»Ja, ich habe Goliath getötet!«, rief er, riss die Arme nach oben und verlor fast das Gleichgewicht. Er schrie gellend auf. Der König reckte den Hals, um diesen Kauz näher zu sehen. »Ich habe Durst«, sagte David, das Gesicht so verzogen, dass man seine Augen nicht mehr sah. Schlimmer noch, er sabberte. Speichel lief ihm aus den Mundwinkeln.
»Wie hast du ihn getötet?«
»Ein Kieselstein. Peng! Er ist gefallen.« David ahmte die Geste nach, und instinktiv duckte sich der König.
»Durst«, sagte David.
»Aber das ist ein Schwachsinniger!«, rief der König. Und an die Soldaten gewandt, die David zu ihm gebracht hatten: »Ein vollkommen Schwachsinniger! Habe ich denn zu wenig Narren und Schwachsinnige, dass ihr mir diesen Idioten ins Haus bringt? Gebt ihm zu trinken und setzt ihn dann schnellstens mit seinen Gefährten vor die Tür!«
Die Soldaten ergriffen David und seine Gefährten und schubsten sie zum Tor des Palastes; dort gaben sie ihnen Trinkbecher, dann warfen sie den Bezwinger Goliaths und seine Unglücksgefährten unter Beschimpfungen hinaus. Abjatar zitterte noch vor Angst.
Die Sonne war am Untergehen. Als sie weit genug von Gat entfernt waren, rief David: »Wir sind mit heiler Haut davongekommen!« Und alle bekamen einen Lachanfall.

25

Ein guter Handel unter Räubern

Sie kehrten um. Die Küste war von den Philistern besetzt, und wenn sie ihnen zufällig in die Hände fielen, würden sie nicht so leicht davonkommen wie diesmal.
»Wenn wir nur einen Ort hätten, der uns gehört!«, rief Isch-Boschet der Achmoniter, einer seiner Gefährten.
»Und wenn wir ein paar mehr wären ...«, fügte David hinzu.
Sie waren nun in der Gegend von Adullam, einer kanaanäischen Stadt am Fuß des Hebrongebirges. Um weitere Zusammentreffen mit Philistern zu vermeiden, wichen sie der Stadt aus und wanderten quer über felsiges Gelände, auf dem Terebinthen und Tamarisken wuchsen, zu einem dichten Eichenwald, in dem sie Schutz finden konnten. Immer mit leerem Magen.
»Ich würde sogar Schlangen essen!«, rief Abjatar.
»Versuch zuerst, sie zu erwischen«, erwiderte David.
Dann blieben sie reglos stehen, als sie an einen Teich kamen. Sandflughühner tranken dort Wasser. Es waren an die hundert. Der Wind stand gegen sie, so dass diese großen, den Tauben verwandten Vögel nicht bemerkten, wie sich die acht Menschen anschlichen und auf sie stürzten. Die Gefährten kämpften um ihre Mahlzeit, einer tauchte mit dem Gesicht ins Wasser, der andere ins Gras, jeder packte seinen Vogel, zwei von ihnen

erwischten sogar zwei. Sie hatten also zu acht zehn dieser Hühnervögel, und so würden sie sich an diesem Abend das Loch im Bauch füllen können.
Nun mussten sie die Vögel nur noch braten, ohne dass die Philister, die hier überall waren, auf den Rauch aufmerksam wurden. Sie irrten im Wald herum, bis schließlich Abjatar den Eingang zu einer Höhle entdeckte. Sie stürzten hinein.
Erkaltete Feuerstellen, Reste von Mahlzeiten und behelfsmäßige Strohschütten zeugten davon, dass die große Höhle erst vor kurzem als Zuflucht gedient hatte. Doch der Hunger war stärker, und sie begannen ihre Vögel zu rupfen und auszunehmen, während David und Abjatar versuchten, mit draußen gesammeltem Kleinholz ein Feuer zu Stande zu bringen. Sie brauchten eine Stunde, um ein wenig Werg mit Funken aus Feuerstein zu entzünden und schließlich mit Ästchen und trockenem Laub das Feuer zu unterhalten.
Die Höhle war verräuchert, und Federn flogen immer noch durch die Luft, doch es war ihnen gleichgültig. Einer der Soldaten hatte eine Kupferschale dabei, in der sie den Bratensaft der Hühner auffingen, den sie mit den Resten der Schaubrote auftunkten. Es war ein königliches Mahl, und wenn die Sandflughühner am nächsten Morgen zurückkamen, würde man schon wissen, was man mit ihnen anfangen sollte.
Sie saugten noch das Mark aus den Knochen und beklagten sich darüber, dass sie keinen Wein hatten, als zwei Männer auftauchten. Mit noch fettigen Händen stürzten sich David und seine Gefährten auf ihre Waffen. Die Eindringlinge rissen die Arme hoch.
»Um des Himmels willen! Seid willkommen bei uns!«
»Wie, bei euch?«, fragte David.

»Das ist unsere Höhle, wir wohnen hier«, erklärte der eine, ein großer Kerl mit rötlicher Mähne, der recht zerlumpt aussah. Der andere, dunkel, mit sonnengegerbter Haut, wirkte kaum zivilisierter. Das waren weder Soldaten noch Bauern, noch Hirten. Beide trugen Dolche an der Hüfte.

»Legt eure Waffen ab und setzt euch«, befahl David. »Danach sprechen wir.« Die beiden Männer kamen der Aufforderung nach und stellten auch ihre vollen Quersäcke ab, neben die sie noch einen Schlauch Wein legten. »Warum wohnt ihr in einer Höhle, wenn ihr nur eine Wegstunde von Adullam entfernt seid?«

»Die Frage könnte ich dir ebenfalls stellen«, spottete einer der beiden Männer. »Vielleicht treibt ihr dasselbe Geschäft wie wir?«

»Was für ein Geschäft?«

»Wir sind Räuber.«

Der Mann, der das gesagt hatte, sah David aus hellen, lächelnden Augen an, ohne eine Spur von Scham. Abjatar und die Soldaten rissen die Augen auf.

»Hör zu«, fuhr der Mann fort, »wäre ich König und würde eine benachbarte Stadt plündern, dann würde jeder sagen, dass ich mein Geschäft gut verstehe. Der einzige Unterschied zwischen mir und einem König ist der, dass ich kein König bin.«

David fing zu lachen an. »Warum seid ihr Räuber?«

»Weil unser König uns nicht den Anteil an der Beute aus einer Plünderung gegeben hat, der uns zustand«, antwortete der Rothaarige. »Ihr seid also keine Räuber, da ihr solche Fragen stellt?«

»Und bestimmt ist auch der Wein in diesem Schlauch gestohlen«, fragte Ezer.

»Ganz richtig, Fremder, und ich sehe, dass du Durst

hast.« Der Rothaarige löste die Lederbänder des Schlauches, und die acht Männer holten eilig die Krüge oder Schalen, aus denen sie gewöhnlich Wasser tranken, aus ihren Säcken.
»Einen Augenblick!«, rief David. »Wer sagt mir, dass du und dein Gefährte nicht versuchen werdet, uns heimlich anzugreifen, nachdem ihr uns Wein gegeben habt?«
Der Dunkle lachte. »Wir sind kluge Räuber, Fremder. Was könnten wir euch stehlen? Man braucht sich nur euer Abendessen anzusehen, dann weiß man, dass ihr bettelarm seid.« Er reichte den Wein in die Runde.
»Das ist Wein aus Galiläa«, bemerkte Ezer.
»Richtig. Wir haben ihn einer Karawane abgenommen, die einen reichen Händler beliefert. Und wir haben ihr nicht nur Wein abgenommen.«
Nachdem er eine Decke auf dem Boden ausgebreitet hatte, leerte er seinen Sack – Käse, Dörrfisch, Sesambrot und Honigkuchen, gedörrte Feigen, Datteln, ein Krug Oliven ... Eine sehr überzeugende Einladung zum Gespräch.
»Wie heißt du?«, fragte David.
»Ich heiße Ammon, mein Gefährte Elie. Und du?«
»David.«
»Bist du der David, den die Leute des Königs von Gibea suchen?« David nickte. »Dann hast also du Goliath erschlagen«, fügte der Mann hinzu und warf einen Blick auf das Schwert, das hinter David stand. »Wie kommt es, dass ein Held wie du Sandflughühner fangen muss, um sich zu ernähren?«
»Eine lange Geschichte«, antwortete David.
Ammon verteilte Brote und kleine runde feste Käse. »Kann ich mein Messer benutzen, um das Brot zu schneiden?«, fragte er ironisch. Schweigend verteilte er

Käse auf dem Brot und deutete dann auf die restlichen Lebensmittel. »Bedient euch. Es ist noch von allem da. Ihr solltet euch uns anschließen, dann lauft ihr nicht mehr Gefahr, euch mit leerem Magen schlafen zu legen.«

»Man hat Könige gesehen, die rauben, aber nie gekrönte Räuber«, antwortete David. »Ihr solltet euch uns anschließen.«

»Und wovon sollen wir uns ernähren?«, fragte Elie.

»Die Leute werden uns zu essen geben, weil wir sie beschützen.«

»Wovor beschützen?«

»Vor Räubern«, erwiderte David lächelnd. Ammon und Elie brachen in Lachen aus. »Und wenn ich König bin, setze ich euch an die Spitze meiner Truppen.«

»Du willst König sein?«, fragte Ammon spöttisch.

»Er ist es«, erwiderte Ezer.

»Machst du dich über uns lustig?«, rief Ammon.

»Der große Richter der Juden hat ihn an Stelle Sauls zum König ernannt«, erklärte Ezer.

»Deshalb also seid ihr so weit gekommen«, meinte Elie nachdenklich.

Am Morgen zählte Davids kleiner Trupp zehn Männer. Zwei Tage später hatten die beiden reuigen Diebe noch sechs weitere um sich gesammelt.

26

Wiedersehen

Sie wurden in Dörfern aufgenommen und bekamen dort im Austausch gegen ein paar geleistete Dienste auf den Feldern oder in den Häusern – jäten oder Oliven und Mandeln pflücken – eine Strohschütte und magere Kost angeboten. Niemand kannte sie, oder man schien sie nicht zu kennen, aber seit Doëgs Verrat musste man misstrauisch sein. Manche waren bezaubert von Davids liebenswürdiger Art, und an manchen Abenden sang er, aber nur selten, denn er fürchtete, von Sauls Bütteln erkannt zu werden. Fragte man ihn nach seinem Namen, antwortete er wahrheitsgemäß, und manche erwiderten dann: »Es heißt, dass wir einen zukünftigen König haben, der auch David heißt und schön ist.« Einige fragten die Soldaten, ob dieser junge König nicht Sauls Sohn sei, aber niemand kam auf den Gedanken, dass er dieser zukünftige König und eben nicht Sauls Sohn war. Die Mädchen warfen ihm kokette Blicke zu, die ihn träumerisch stimmten. Sein Herz war in Gibea geblieben, doch Samuels Worte über die Verfluchung von Sauls Sippe kam ihm immer wieder in den Sinn.

Jedenfalls streunt das Herz nicht herum, wenn der Kopf in Gefahr ist. Und Feinde waren überall, Sauls Leute und die Philister. Als sie ans Tote Meer, in das Dorf Bet-Araba am nördlichen Ufer kamen und die Fischer seinen Namen hörten, sagten sie ihm, es seien Soldaten aus Gibea da gewesen, die nach einem jungen Mann dieses Namens gefragt hatten. Er konnte nur antworten, dass es auf der Welt viele Davids gebe. Da er einen judäischen Akzent hatte und daher nicht fremd wirkte, konnte er einer klaren Antwort ausweichen und weiterziehen, ohne dass man ihm noch mehr Fragen stellte.

Sie ließen das Akortal hinter sich, durchquerten die Wüste Jeruël, erreichten die Wüste Juda und schließlich die Wüste Sif. Dort tat David sich mit einem alten Hirten zusammen, dessen Arbeit er ein paar Tage lang teilte und der ihm ein Dach über dem Kopf und den Lebensunterhalt sicherte. Die anderen gingen auf die Jagd, um das einfache Essen etwas üppiger zu machen. David glaubte, er sei dort nur zwei Tagesmärsche entfernt von Bethlehem. Vielleicht könnte er eines Tages dorthin zurückkehren, um seine Herden zu hüten. Doch das Gewicht des Schwerts brachte ihn in die Realität zurück. Der große Seher hatte anders entschieden.

Am Abend betrachtete er den Mond. Ein Monat war vergangen, und David fragte sich, ob Samuels Worte sich nicht, wie so viele andere, im Wind verloren hatten. Würde sich alles zum Guten wenden? Und die anderen, all die anderen, Michal, Jonathan, was war mit ihnen? Hatten sie ihn denn vergessen?

Zusammen mit dem Alten hütete er am nächsten Tag die Herden, als sie sahen, wie unter den Hufen einer Karawane aus Pferden, Eseln und Maultieren eine Staubwolke auf dem Weg aufwirbelte.

»Was wollen diese Leute hier?«, knurrte der Alte und legte die Hand auf seinen Dolch. Es gab viele Räuber in der Umgebung, doch waren es Banden von fünf

oder sechs, und dieser Trupp war weit stärker. Außerdem ritten Räuber nicht auf Eseln, sondern auf Pferden.
Er umklammerte den Dolch und runzelte die Stirn, als die kleine Karawane den Weg verließ und den Pfad einschlug, der zu ihnen führte. David aber sprang auf und das Gefühl des Erkennens überwältigte ihn. Er stürzte auf den ersten Reiter zu.
»Jonathan!«, rief er, und der Wind trug den Namen über die dünnen Stängel von Beifuß, die Kornblumen und die fleischigen Lupinen, die über der Ebene wogten. Der erste Reiter stieg rasch ab und lief auf David zu. Wieder einmal umarmten sie sich.
»Ich dachte schon, ich sei verlassen!«, erklärte David.
»Wie du siehst!«, erwiderte Jonathan lachend.
Noch ein Reiter war abgesessen, Joab, einer seiner verdienten Lanzenreiter. Unter dem strengen Blick des Hirten und von Hunden umbellt, hatte die ganze Karawane angehalten.
»Das sind alles deine Männer«, sagte Joab. »Sieh das Samenkorn deines Volkes.«
Es waren mehr als hundert, mit Rüstungen und Quersäcken. Vor Stolz und Vertrauen stieg David das Blut ins Gesicht. Er hob die Arme zum Himmel. »Ruhm dem Herrn!«, rief er voller Begeisterung.
»Ruhm dem Herrn!«, wiederholten sie.
Abjatar und die anderen kamen von der Jagd zurück, und die sechs Soldaten, die als Erste zu David gestoßen waren, jubelten, als sie ihre Gefährten vorfanden. Rufe, Gelächter, Tanzschritte. David eilte zu denen, die zu Fuß kamen. Drei von ihnen stürzten auf ihn zu und hoben ihn unter Freudenrufen hoch, während er lachte.

Es waren seine Brüder, die drei Bogenschützen Eliab, Abinadab und Schamma.
»Erinnerst du dich an den Tag, an dem du mich ausgescholten hast, weil ich gegen Goliath kämpfen wollte?«, fragte David Eliab, als sie ihn wieder heruntergelassen hatten.
»Konnte ich wissen, dass Jahwe, der Herr, deine Hand bewaffnen würde?«, entgegnete Eliab.
Der Herr. Auch sie hatten sich also Samuels Gott zugewandt. Er ging zu den Übrigen, die er einen nach dem anderen mit Namen begrüßte, zehn Lanzenkämpfer und zehn Bogenschützen. Er hatte nun hundertsiebenundzwanzig Männer unter seinem Befehl.
»Aber was sagt Saul?«, fragte David und wandte sich wieder Jonathan und Joab zu.
»Was fällt es ins Gewicht, was Saul sagen mag?«, erwiderte Joab. »Diese Männer wissen, dass sie die Soldaten des wahren Königs sind.«
David erbebte bei dieser verbalen Unbesonnenheit. Jonathan, der bisher geschwiegen hatte, legte David die Hand auf die Schulter. »Und es werden noch mehr kommen, viel mehr«, erklärte er und senkte den Kopf. »Ich weiß jetzt, dass du über Israel herrschen wirst. Ich werde dein Stellvertreter sein.«
»Möge der Herr dich schützen!«, rief David. »Möge es so kommen, wie du sagst!« Und fast im selben Atemzug fragte er: »Michal?«
Jonathans Miene sprach schon vor seinen Worten. »Sie ist heil und gesund, aber sie ist nicht glücklich.« Er sah David mit traurigen Augen an. »Mein Vater hat es ihr übel genommen, dass sie dir zu fliehen erlaubt hat. Er hat sie einem anderen zur Frau gegeben.«

»Einem anderen!«, rief David.
»Paltiël. Er ist ein guter Mann.«
Tränen schossen David aus den Augen.
»Sie hätte dir gleich folgen sollen«, sagte Jonathan. »Ich hätte dir auch gleich folgen sollen. Ich liebe dich, und nun bin ich hier.«
David schwieg lange. Es lag sicher ein Sinn darin, dass seine Hochzeiten mit den Töchtern Sauls, mit Merab und Michal, so durchkreuzt wurden. Um sich abzulenken, wandte er sich an die Soldaten, die dieser Szene mit angespanntem Gesicht beigewohnt hatten, und fragte: »Seid ihr so bewaffnet aus Gibea gekommen? Man hat euch sicher bemerkt!«
»Nein«, antwortete Jonathan, »wir hatten keinen so langen Weg. Wir kommen aus der Schefela, in der Nähe von Lakisch, wo mein Vater und Abner sich darauf vorbereiten, die Philister anzugreifen, die sich dort versammeln.«
»Und die erste Schlacht?«
»Saul hat die Philister nach Süden abgedrängt.«
»Aber sollte ich mich dann nicht auch anschließen?«, rief David.
Jonathan schüttelte langsam den Kopf. »Nein, David. Der Pfeil eines Verräters wäre zu schnell abgeschossen. Dieser Kampf ist nicht der deine. Ich weiß nicht, warum, aber jeden Morgen stehe ich mit dem Gefühl auf, dass die Sonne meines Vaters untergeht. Meine Frau hat ein Kind zur Welt gebracht, das krank und verwachsen ist. Mir gefällt dieses Zeichen nicht. Es bedeutet, dass das Glück uns verlässt. Nein, ich sage es noch einmal, das ist nicht dein Kampf. Du wirst sicher andere führen.« Ezer ergriff Davids Hände. »Wir hätten dich verraten, wenn wir nicht gekommen wären. Verstehst

du? Und die, die noch kommen werden, würden dich auch verraten, wenn sie es nicht tun.«
»Muss ich nicht mein Volk verteidigen?«, entgegnete David.
»Es ist noch nicht dein Volk«, widersprach Jonathan. »Du musst zuerst überleben, David.«
Das war fast wörtlich das, was Samuel gesagt hatte. Die Liebe hatte dieselben Worte gefunden wie die göttliche Inspiration. Vielleicht war beides miteinander vermengt.
»Ich reite jetzt zu meinem Vater und meinen Brüdern zurück«, erklärte Jonathan. Er saß auf und nach einem Gruß mit ausholender Geste entfernte er sich. Bald war er nur noch ein Schatten in einer Staubwolke.
»Nun gut«, sagte David zu Joab und hielt seine Rührung zurück. »Wie viele Männer, sagst du, werden noch zu uns kommen?«
»Vielleicht dreihundert. Ich kann es nicht vorhersehen. Für viele Soldaten bist du der Geist des Sieges. Ich wäre nicht übermäßig überrascht, wenn wir in ein paar Tagen tausend Leute wären.«
»Wir brauchen also eine Befestigung«, meinte David. »Wir können nicht so in der Wüste bleiben, von allen angreifbar.«
Sie kamen überein, dass der nächste und geeignetste Ort das Dorf Horcha auf einem Hügel im Süden von Hebron war. Dort gab es drei Brunnen, und die Bevölkerung war gering.
»In Hebron ruht Abraham«, erklärte David in träumerischem Ton.
In der Hocke, das Kinn auf die Arme gestützt, gleichgültig gegen den Lärm der jungen Männer, hatte der alte Schäfer die Szene aufmerksam beobachtet.

»Du bist also der König David«, sagte er, als dieser sich von ihm verabschiedete. »Ich habe mir auch gesagt …«

»Was hast du dir gesagt?«

»Ich habe mir gesagt, dass du zu schön bist, als dass nicht ein göttliches Zeichen auf dir läge.«

27

Abigail

Tatsächlich kamen sie in Wellen. Am ersten Tag etwa fünfzig, am zweiten zehn, am dritten Tag noch einmal etwa hundert. Sie strömten herbei. Nach vier Tagen zählte Ezer dreihundertdreiundzwanzig Männer.

Und der Strom hörte nicht auf. Es war, als strahle am Himmel über Bethlehem ein Stern, der auf ein künftiges Geschick verwies, an dem die Einzelnen teilhaben wollten, um mit seinem Ruhm zu verschmelzen. Ein Mann braucht Ruhm. Ein Soldat doppelt, und diese Hebräer waren alle Soldaten.

In knapp zehn Tagen waren es mehrere Hundert. Keine Deserteure, sondern Enthusiasten. Ohne David kämpfen zu müssen, nahm ihnen die Leidenschaft, und nur mit Leidenschaft schlägt man sich gut. Ständig umringten sie ihn, um ihn zu sehen, zu hören, zu berühren, wenn sie konnten.

»In welche Schlacht führst du uns?«, fragten sie.

»Die Schlacht von morgen wird die größte und schönste sein«, antwortete er.

Von einigen Soldaten kamen die Frauen nach. Horcha, das bisher nur ein Dorf aus einer Hand voll Häuser gewesen war, musste dringend vergrößert werden. Zur Verblüffung der Einwohner, Moabiter, die bisher ohne Anführer gewesen waren, ließ David Befestigungen mit einem Wachturm bauen, ebenso errichtete man neue Wohnhäuser und ein Badehaus. Blitzschnell verwandelte sich Horcha in eine Zitadelle. Da gab es nichts zu diskutieren, und die Moabiter waren auch nicht geneigt aufzubegehren. Diese Leute brachten ihnen Handel, und die arabischen Karawanen, die es bisher kaum einmal wert gefunden hatten, dort Halt zu machen, stießen verblüffte Schreie aus: Horcha war eine Stadt geworden. Sie fragten, wie das zu Stande gekommen war. »Durch den Willen von König David«, antwortete man ihnen. Sie glaubten, dass Saul tot und David sein Sohn sei. Oder vielleicht war er nur der König des Stammes Juda. Die Nachfolge von Königen war immer eine komplizierte Sache.

Ein weiterer Grund für die Zufriedenheit der Bewohner von Horcha war, dass die bewaffneten Neuankömmlinge sie gegen Räuber verteidigen konnten. Die Schäfer der Umgebung, Moabiter, Ammoniter oder andere, beglückwünschten sich ebenfalls; sie bezahlten den Schutz mit Naturalien, mit Vieh, Getreide und Dingen für den täglichen Bedarf.

Tatsächlich verging kaum eine Woche, bis Räuber aus der benachbarten Wüste Araba versuchten, Lösegelder von den Dörfern der Region zu erpressen. Wie gewöhnlich kamen sie zu fünft oder sechst auf kleinen, schnellen Pferden und begannen ihre Raubzüge mit einigen Morden und Vergewaltigungen, um zu zeigen, dass sie nicht mit sich spaßen ließen. Sie waren jedoch überrascht und bald wütend, dass sie es mit richtigen Soldaten aufnehmen mussten, die sich mit Lanzen und Schwertern auf sie stürzten und sie niederschlugen. Am erbittertsten kämpften Elie und Ammon, die zu Hauptmännern aufgestiegen waren, und die von ihnen rekrutierten Gefolgsleute. Von den Räubern wäre kein einziger am Leben geblieben, doch Ammon erteilte Befehl, immer einen von ihnen fliehen zu lassen, damit er die

Nachricht von der Niederlage verbreitete. So herrschte nach einigen Wochen Frieden in der Gegend. Davids persönliche Armee wachte über einen großen Teil Judäas, und für diesen Schutz bezogen sie Lebensmittel, Kleider und Dienstleistungen.

Zwar war David noch nicht offiziell König Israels, aber immerhin König der Wüste Judäas bis zum Toten Meer. Dennoch, je mehr neue Soldaten Sauls sich ihm anschlossen, desto prekärer wurde die Situation. Die Vorräte an Fleisch und Getreide aus der Gegend genügten nicht. Zudem gab es Verrat oder zumindest die Verbreitung von Nachrichten, und schließlich gelangte die Nachricht, dass David mit seiner Truppe in Horcha ansässig war, nach Gibea. Sie waren zwar stark genug, um die Ordnung in der Region zu gewährleisten, aber noch nicht stark genug, um gegen die Truppen Sauls zu kämpfen.

»Wir brauchen Verbündete«, sagte David in dem Rat, der sich spontan um ihn gebildet hatte, bestehend aus seinen Brüdern, Ezer und ein paar Soldaten.

Verbündete waren umso nötiger, als eine Wache vor ein paar Tagen eine Abordnung von Sauls Soldaten erkannt hatte. Sie hatte einen Erkundungsgang durch Horcha gemacht. Ein Schäfer, den sie ausgefragt hatten, überbrachte Davids Leuten eilige ihre Worte: »Hier versteckt sich also der Usurpator mit seiner Bande von Abtrünnigen. Sobald wir mit den Philistern fertig sind, kommen wir und rechnen mit ihnen ab.« David wusste, dass Horcha nicht groß genug war, um einer langen Belagerung standzuhalten, wenn Saul ein paar Tausend Männer herschickte.

»Fangen wir mit dem Problem der Lebensmittel an«, meinte Ezer.

In Karmel, südlich von Hebron, lebte ein reicher Viehzüchter namens Nabal, der ebenso wie die anderen seinen Nutzen aus der neuen Schutztruppe Davids gezogen hatte. Mit dreitausend Schafen und tausend Ziegen, ganz zu schweigen von Häusern und Land, war Nabal eine bedeutende Persönlichkeit. David schickte vier Boten zu ihm, die ihm einen Handel vorschlagen sollten.

Einen Tag später, am Abend, kamen sie verstimmt und verdrossen zurück. Nabal hatte sie zum Teufel geschickt.

»Wer ist dieser David? Wer ist dieser Sohn Isais? In unseren Tagen erklären sich alle entflohenen Sklaven zu Königen! Ihr verkauft Wind und fordert im Austausch dafür Fleisch!«, hatte er gehöhnt. »Sagt eurem Herrn, von dem jeder mir erzählt, dass er ein Prahler und ein Usurpator ist, dass ich mein Vieh nicht herschenke! Ich verteidige mich sehr gut allein gegen irgendwelche Diebe!«

David geriet in flammenden Zorn. »Wir werden ihm zeigen, was die Waffen von Usurpatoren wert sind!«, rief er und beschloss, innerhalb kürzester Zeit eine Strafexpedition aufzustellen.

Doch am nächsten Tag im Morgengrauen berichteten die Wachen, dass ein Zug den Weg heraufkam, der zur Zitadelle führte. David sprang mit einem Satz auf. »Schafe, Ziegen, Rinder!«, riefen ihm die Wachposten vom Turm und von den Mauern aus zu. Also keine Militärexpedition. Im Gegenteil: An der Spitze dieses seltsamen Zuges ritt eine Frau auf einem Esel! David fing zu lachen an.

Die Frau schlug den Weg nach oben ein, und als sie am Tor von Horcha ankam, war David, der die Fremde empfing, noch überraschter. Sie war schön. Sie musterte David von Kopf bis Fuß und tat so, als würde sie ihn wieder erkennen. Eine Sklavin eilte herbei und half ihr beim Absitzen, und auch David reichte ihr seine Hand. Sie kniete vor ihm nieder, doch er hob sie auf.

»Ich glaube, du bist dieser David, von dem man sagt, dass er König ist. Ich bin die Gattin Nabals und heiße Abigail.«

»Ja, ich bin David«, bestätigte er.

»Wenn du noch nicht König bist, wirst du es bald sein«, erklärte sie unter den belustigten Blicken der Männer, die um sie herumstanden, mit klangvoller Stimme. Sie war nicht mehr im Frühling ihres Lebens, doch der Sommer zeigte sich großzügig, und zudem hatte sie seine Farben mit dezenter Schminke betont. Welch eine Frau, dachte David, und er hatte es kaum gedacht, als sie schon fortfuhr: »Ein König muss schön sein, und du bist schön wie ein König. Mein Herr und Gebieter Nabal ist es gewohnt, mit Schäfern zu verhandeln, und so hat er schließlich ihre Art des Benehmens angenommen.« Sie zupfte die Kapuze ihres Mantels zurecht. »Sein Name beschreibt ihn schon.[1] Deshalb hat er sich trotz meiner Ermahnungen geweigert, dir zu bezahlen, was deinem königlichen Schutz zukommt. Ich komme nun, um das wieder gutzumachen.« Sie zeigte auf das Vieh, das die Sklaven auf dem winzigen Platz von Horcha zusammenzuhalten versuchten. »Es sind dreißig Hammel und Mutterschafe, ebenso viele Ziegen und sechs Rinder. Ich habe auch Geflügel, Getreide, Käse und Wein mitgebracht.«

David musste sich nicht zum Lächeln zwingen; das

1 *Nabal* bedeutet auf Hebräisch Flegel.

Schauspiel entsprach der Größe des Geschenks. Einer der Esel war voll beladen mit Geflügel, das an den Beinen zusammengebunden war, ein anderer mit Weinschläuchen. Abigail hatte keine halben Sachen gemacht.

»Sei willkommen, Abigail, und möge der Segen des Herrn dir im Übermaß zuteil werden. Aber sag mir …«

Sie schnitt ihm das Wort ab. »Es ist kein gestohlenes Gut, David. Das ist der Anteil, der mir als Brautpreis in vollem Maß zusteht.« Ezer musste sich ein schallendes Lachen verkneifen, als er an die zweihundert Vorhäute dachte, die als Brautpreis für Michal gefordert worden waren. »Ich meine auch, dass dieser Teil gerecht ist.« Sie sprach mit Sicherheit und einem gewissen Nachdruck, auf jeden Fall mit Wärme und Ehrlichkeit.

»Dank sei dir für dein Empfinden für Gerechtigkeit«, erwiderte David. »Doch dein Mann teilt es nicht, das beunruhigt mich …«

Sie wischte diese Meinung mit einer Geste beiseite. »Diese paar Stück Vieh machen ihn nicht arm«, erklärte sie. »Mein Mann ist sehr reich.«

Es widerstrebte David sich vorzustellen, welche Misshandlungen ihr bei ihrer Rückkehr womöglich drohten. Sie bat um ein Glas Wasser, und er ließ ihr Tamariskensaft bringen und lud sie ein, zum Abendessen in Horcha zu bleiben.

»Dann muss ich die Nacht hier verbringen«, bemerkte sie.

»Ich werde dir eine Unterkunft herrichten lassen, die dir und deiner Großzügigkeit würdig ist«, antwortete er.

Er ließ ihr sein eigenes Haus geben; er würde diese Nacht bei Ezer verbringen. Die Soldaten bemühten sich, das Vieh in den Ställen unterzubringen, die nun zu klein geworden waren. Abigail ging in die ihr überlassene Unterkunft, gefolgt von ihren Sklavinnen.

Zum ersten Mal seit vielen Wochen schlemmte man an diesem Abend in Horcha. Das Essen war zwar einfach, aber reichlich, und der Wein floss weniger spärlich als sonst. Abigail zeigte sich als Königin des Festes. Zur Rechten Davids sitzend, schien sie zu thronen. Im schmeichelhaften Licht der Lampen lächelte sie voll anmutiger Majestät.

Doch David fragte sich, ob die Großzügigkeit der Unbekannten so spontan war, wie es schien. Nabals Gattin hatte einen Feststaat mitgebracht, der bei einer Expedition wie der ihren keineswegs nötig war, außerdem eine beträchtliche Menge an Schmuck. Ein so großzügiges Unterfangen verlangte keinen solchen Aufwand. Auch die berechnende Geschicklichkeit, mit der sie David über seinen Streit mit Saul ausfragte, und die samtweichen Blicke, die sie ihm unter ihren mit Antimon geschwärzten Wimpern hervor zuwarf, waren verräterisch. Was beabsichtigte sie? David fiel es wie Schuppen von den Augen: Abigail war gekommen, um sich die Gunst des künftigen Königs zu sichern.

Doch sie war verheiratet, und zudem würde sie morgen nach Hause zurückkehren. Seine Leute berichteten ihm später, wie die Geschichte weiterging. Als sie in ihr eheliches Heim zurückkam, fand sie Nabal bei einer Feier mit seinen Leuten. Er war betrunken, und obwohl in fröhlicher Stimmung, war er kaum in einem Zustand, um sich den Bericht über die Expedition seiner Frau anzuhören. Sie verschob es daher auf den folgenden Tag.

Die Wirkung war durchschlagend. Nabal hatte den

Zornausbruch eines Tobsüchtigen, dann erlitt er einen Schlaganfall. Er war nicht tot, aber es fehlte nicht viel. Zehn Tage später erledigte ein zweiter Schlaganfall den Rest. Abigail war Witwe. Die Großzügigkeit hatte den Geiz geschlagen.

Die Neuigkeiten erreichten Horcha rasch. Ezer, der Abigails Interesse an David und die Verwirrung seines Anführers bemerkt hatte, sprach mit ihm darüber. »Ein Mann deines Ranges muss mehrere Frauen haben«, bemerkte er. »Abigail scheint mir geneigt, sich dir zu geben, und sie ist die beste Partie der Gegend.« David stimmte zu und beauftragte seinen Waffenträger, zu Abigail zu gehen und für ihn um sie anzuhalten. Eine zweite Heirat wurde mit Ahinoam, der Tochter eines ebenfalls reichen Besitzers aus der Stadt Jesreel[2], arrangiert, einer Jungfrau, die seit sechs Monaten heiratsfähig war. David beschloss, dass beide Hochzeiten am selben Tag stattfinden sollten.

Rasch geschah es so. Ezer brach mit einer kleinen bewaffneten Eskorte nach Karmel auf. Abigail sah sie sicherlich schon von weitem kommen, denn sie erwartete sie auf der Schwelle ihres Hauses. »David hat uns geschickt, um dich zu bitten, seine Frau zu werden«, sagte Ezer einfach.

Sie warf sich nieder. »Ich wasche die Füße der Diener meines Herrn.«

Binnen einer Stunde war sie fertig und saß auf ihre Eselin auf, begleitet von fünf Dienerinnen, die ihr Gepäck trugen, und ritt wieder nach Horcha, eskortiert

2 Es handelt sich offenkundig um die Stadt Jesreel im Hebrongebirge, nahe der Stadt Horcha und der Wüste Sif, und nicht um das Jesreel in Galiläa, das heutige Esdrelon. Der Name von Ahinoams Vater ist nicht bekannt.

von den Boten. Am nächsten Tag brachen Ezer und seine Eskorte auf, um Ahinoam zu holen.
Drei Tage später traute Jochaphat, ein Priester aus Karmel, David mit Abigail und Ahinoam. Ein wenig betrunken, wiederholte er im Laufe des folgenden Festmahls mehrmals, dass er den König von Israel getraut habe. David hörte ihn und dachte, dass er nun also nicht mehr der Schwiegersohn des Königs war.
Es war das größte Fest, das Horcha jemals gesehen hatte. Abigail saß rechts von David, Ahinoam links von ihm. Die eine war üppig, die andere zierlich, die eine weiß, die andere braun. Sie waren wie eine Aprikose und eine Dattel. David setzte ihnen Oleanderkränze auf. Er hatte die grünen Trauben vom Stamme Sauls gekostet, das hatte ihm ein unangenehmes Gefühl an den Zähnen hinterlassen. Er spürte, dass ein Abschnitt seines Lebens zu Ende ging, und erwartete ungeduldig den nächsten.
Am Ende des Mahls hob David den Blick zum Himmel und sah, dass der Mond voll war. Das dritte Mal seit Samuels Prophezeiung. Ein unbekannter Gast beobachtete David, es war ein magerer, nachdenklicher junger Mann. Er kam auf David zu. »Du zählst die Monde?«, fragte er.
»Ja«, antwortete David. »Warum fragst du?«
»Ich bin Samuels Neffe. Er schickt mich, um dir zu sagen, dass es insgesamt fünfundzwanzig Monde dauern wird, bis dein Name sich zum Himmel erhebt.«
Noch eine Prophezeiung, dachte David. Wenn diese sich als wahr erwies, dauerte es nur noch zweiundzwanzig weitere Monde bis zum richtigen Königtum.
Die Nacht teilte er zwischen der Aprikose und der Dattel. Am besten konnte man eine Frau lieben, dachte

David, wenn man noch eine andere besaß, denn hatte man den Honig der einen gekostet, wusste man den säuerlichen Zucker der anderen besser zu schätzen. Im Augenblick war der Bauch einer Frau sein einziges Reich; er pflanzte also die Palme und den Aprikosenbaum. Verstanden sie das? Sie sprachen nichts, stießen nur Seufzer oder kurze Schreie aus, wie die Nacht mit ihrem säuselnden Wind und ihren Eulenschreien.
Im Morgengrauen fand Abigail ihn in tiefem Schlaf in Ahinoams Bett. Sie brachte eine Schale Mandelmilch mit Rosinen. Nach einem Lächeln des Einverständnisses berieten sich die beiden Frauen mit Blicken. Sollte man ihn wecken? Einem Sonnenstrahl kam schließlich diese Ehre zu.

28
DER ZUSAMMENSTOSS BEI EN-GEDI

Eine private Armee, gesicherter Lebensunterhalt und dazu eine Frau, schön, liebend und reich, doch Davids Schlaf war gestört. Immer noch war er nur ein heimlicher Provinzfürst. War dies das Schicksal, das Samuel vorhergesehen hatte? Oder hatte sich der große Seher geirrt? Immerhin hatte er sich auch geirrt, als er Saul zum König auserwählt hatte. Er konnte sich auch geirrt haben, als er ihn, David, zum König ausersah.

Denn Samuels Traum war nun seiner geworden. Der Traum, die zwölf Stämme zu vereinen, die Haufen, die von den Philistern und Kanaanäern verfolgt wurden, in ein Volk zu verwandeln. Ein wahres Volk, dessen Lanzen und Schwerter in der Sonne des Herrn funkelten! Die Erniedrigten in Sieger verwandeln! Den Traum der Urväter verwirklichen: ein Gelobtes Land, ein wahres! Wie weit war das entfernt!

Die Soldaten begannen ungeduldig zu werden. Sie hatten sich David angeschlossen, um Ruhm zu erlangen, und nur kleine Pfründe gefunden. Das Land nach zerlumpten Plünderern zu durchstreifen, war eine Weile ganz lustig, aber damit erwarb man doch nicht Ruhm. Sie fragten sich oft beunruhigt, ob Saul seine schmutzige Seele nicht ganz dem Bösen verschrieben hatte.

Schließlich war da noch Sauls Hass. In seinem Verfolgungswahn, in seinem verletzten Hochmut würde er keinen Schlaf finden, solange David am Leben war. Und da nicht das Alter David fällen würde, musste es ein kräftiger Schwertstoß sein, der ihm die Eingeweide durchbohrte. Jonathan würde ihm den nicht versetzen, ebenso nicht Abner, der es nicht wagte, die Zuneigung seiner Truppen zu David, ihrem verlorenen Helden, herauszufordern. Also musste Saul selbst in die Schlacht ziehen und seine Rechnung mit ihm begleichen. Eines schönen Tages, sagte sich David, würde er auf Saul treffen, verrückt vor Enttäuschung und Schlaflosigkeit, mörderischer als eine Löwin, deren Junge man getötet hatte.

David sah es richtig voraus.

Zweimal kamen Abordnungen von Sauls Armee, um die Festung, zu der Horcha geworden war, auszukundschaften. David glaubte an der Spitze der zwei- oder dreihundert Männer sogar die Gesichtszüge Abners unter einem Helm zu erkennen. Doch diese Expeditionen führten nicht zum Kampf. Abgesehen davon, dass seine Truppen David ergeben waren, widerstrebte es Abner vielleicht, einen Mann anzugreifen, von dem er wusste, dass er der zukünftige König sein würde. Vielleicht hatte ihm auch Jonathan davon abgeraten, oder aber er zog es vor, Saul die Initiative zu einem solchen Kampf zu überlassen.

Denn das würde keinesfalls eine leichte Sache sein. Erstens war sicher, dass Jonathan und seine Männer dabei nicht mitmachen würden. Wahrscheinlich würden auch Jonathans Brüder sich weigern. Saul würde gezwungen sein, den Angriff mit denjenigen seiner Truppe zu führen, die ihm treu geblieben waren. Aber wie viele waren das noch?

Diese Fragen nahmen plötzlich Gestalt an, als Ezers

Späher nach einer Patrouille in der Region berichteten, dass Saul selbst und seine Truppen, die im Kampf mit den Philistern lagen, nur ein paar Stunden von Horcha entfernt waren. Ohne Zweifel hatte auch er seine Spione. Wahrscheinlich hatte er vor, Horcha zu belagern.
»Wir dürfen uns nicht in Horcha umzingeln lassen«, sagte David und brach mit Ezer und dreihundert Männern nach Süden auf, in die Wüste von Maon. Saul musste davon Kenntnis haben, denn auch er teilte seine Armee und ließ die eine Hälfte zu dieser Wüste marschieren. Sauls Truppen und Davids Armee waren nur noch durch einen Hügel mit einem Felsen auf seiner Spitze voneinander getrennt; der Zusammenstoß war unvermeidlich. David machte sich zur Flucht bereit.
Der Kampf wurde allerdings auf unvorhergesehene Weise verhindert, denn der Späher, den David auf der Spitze des Hügels postiert hatte, kam heruntergerannt: »Saul kehrt um! Die Philister kommen! Er muss gegen die Philister kämpfen!« Saul und David waren offenkundig nicht die Einzigen, die Spione hatten. Auch die Philister hatten die ihren und waren darüber informiert, dass Saul und seine Truppen sich so weit von Gibea entfernt befanden, dass es ein Leichtes war, sie anzugreifen.
David und die Seinen flüchteten nach Osten, wo sie eine weitere Festung hatten, En-Gedi, eine Oase am Ufer des Toten Meeres. David hatte mehrere Stützpunkte für seine Polizeioperationen geschaffen. Ammon hatte darum gebeten, über Adullam wachen zu dürfen, während Ezer, der das Amt eines Armeegenerals übernommen hatte, die Bewachung Horchas dem Achmoniter Isch-Boschet anvertraut hatte. In En-Gedi gab es eine Höhle, die ihnen als Schlupfwinkel für die Nacht dienen würde.

Am nächsten Tag im Morgengrauen hatten sie noch keine Nachricht vom Ausgang der Schlacht Sauls mit den Philistern. Sie fragten sich, ob der Moment gekommen war, ihr Versteck zu verlassen. In diesem Augenblick trat Saul ganz allein in die Höhle, um ein natürliches Bedürfnis zu befriedigen. Sie standen da, dreihundert Männer, und hielten den Atem an, während sie zusahen, wie der verhasste Mann allein dastand und sich entleerte.

»Die Stunde ist gekommen«, flüsterte Ezer. »Der Herr hat dir deinen Feind in die Hand gegeben. Tu, was du tun musst.«

»Das kommt nicht in Frage«, entgegnete David. »Es ist nicht meine Sache, den Tagen dessen, den der Herr erwählt hat, ein Ende zu setzen. Und bestimmt nicht unter diesen unwürdigen Umständen.« Doch er erhob sich, bewaffnet mit seinem Schwert, und schlich zu Saul. Hinter seinem Todfeind angekommen, hob er einen Zipfel des königlichen Mantels hoch und schnitt mit einer raschen Bewegung ein Stück davon ab. Saul drehte sich um und erkannte David. Mit schreckverzerrtem Gesicht sprang er auf und floh.

David folgte ihm aus der Höhle.

»Saul, mein König!«, rief er laut. Der andere blieb stehen und wandte sich um. Seine Truppen waren weit entfernt, sie konnten ihn nicht schützen. Und er konnte nicht fliehen, der jüngere David war viel schneller als er. Davids Männer standen dicht gedrängt im Höhleneingang und beobachteten die Szene. Es war das erste Mal, dass sich die beiden Könige wieder sahen, seit Saul versucht hatte, David mit seiner Lanze zu durchbohren.

»Warum lässt du verbreiten, dass ich dir Böses will?«, schrie David weiter, immer noch das Mantelstück in der Hand. »Du kannst sehen, dass der Herr dich heute meiner Gnade ausgeliefert hat. Ich wollte dich töten, ja, wegen all der Dinge, die du mir angetan hast, aber ich habe dich verschont.« Er ging auf Saul zu, der abgemagert war, starr vor Furcht, das Gesicht verzerrt. »Sieh, Saul, mein schöner König, ich habe ein Stück von deinem Mantel, ich hätte dir mein Schwert in den Leib stoßen können, als du dabei warst, dein Bedürfnis zu verrichten, aber ich habe es nicht getan, weil ich nicht die Hand gegen den erheben will, den der Herr erwählt hat. Du wärst ich deinen Exkrementen gestorben, mein schöner König, aber ich habe dich verschont. Und dabei warst du entschlossen, mich zu töten! Möge Jahwe über uns urteilen! Aber selbst wenn er beschließt, mich an dir zu rächen, wird es nicht meine Hand sein, die sich gegen dich erhebt!« Saul, mit aschfahlem Gesicht und unfähig, sich zu bewegen, sah ihn auf sich zukommen. »Du kennst das Sprichwort, König: Von den Frevlern geht Frevel aus. Und nun sag mir, was wollte der König Israels in dieser Gegend hier jagen? Einen toten Hund? Einen Floh? Du hast mich bis hierher verfolgt, um mich umzubringen. Möge der Herr über uns urteilen! Er wird meinen Fall betrachten, sich auf meine Seite stellen und mich freisprechen!«

David stand nur noch drei Schritte von Saul entfernt, das Mantelstück in der linken, das Schwert in der rechten Hand. Er sah dem König direkt in die Augen.

»David, mein Sohn!«, rief Saul mit versagender, greisenhafter Stimme, einer Mitleid erregenden Stimme, gefärbt von Angst und Erniedrigung. »David!«, rief er unter Tränen, das Gesicht mit den Händen bedeckt. »Du hast Recht! Und ich habe Unrecht!« Er fasste sich wieder, beherrschte das Entsetzen, das ihm die Schultern krümmte. »Deine Großmut ist unendlich, ja, du hättest mich töten können und hast es nicht getan! Und ich war gekommen, um dich zu töten! Möge der Herr dir vergelten, was du heute getan hast.« Er schniefte. »Ich weiß, David, du wirst eines Tages König Israels sein. Ich weiß, das Königreich Israel wird unter deiner Herrschaft erstrahlen. Ich bitte dich einzig darum, dass du mein Geschlecht nicht ausrottest und meinen Namen nicht aus meines Vaters Haus austilgen wirst!«

Eine Weile verstrich. »Ich schwöre es«, sagte David schließlich.

Lange standen sie einander so gegenüber. Während dieser unerträglichen Konfrontation begann die Bedeutung dieser vermiedenen Rache den beiden Männern und sicher auch den Zuschauern vollkommen klar zu werden. Tatsächlich hatte David Saul getötet. Indem er ihn verschonte, hatte er ihn zermalmt, er hatte ihm sein Mitleid aufgezwungen und ihm so seine Überlegenheit deutlich gemacht. Saul war nicht mehr der große König, sondern ein kranker Zwerg. David überließ ihn dem Willen des Herrn, was hieß, dass Saul für ihn bereits nicht mehr von dieser Welt war. Begriff Saul das? Er hörte seinen Waffenträger nicht, der in der Ferne aufgetaucht war und seinen Namen rief. Er hüllte sich gebeugt in seinen zerschnittenen Mantel, und seine Miene wurde bitterer als Galle. Nachdem er seine ganze Erniedrigung ausgekostet hatte, kehrte er David den Rücken zu und ging zu seinen Truppen zurück. Die Felsen entzogen ihn rasch den Blicken. David blieb eine Weile stehen, betrachtete das abgeschnittene Mantelstück, warf es auf den Boden und ging mit langsamen Schritten zur Höhle zurück. Seine Leute standen reglos

da und sahen ihn an, die Augen rund wie bei einer Brut von Eulen, die vom Tageslicht überrascht werden. Sie fanden keine Worte.
»Du bist wahrhaftig der König«, murmelte schließlich Ezer. »Selbst Saul weiß das nun.«[1]

1 Dem Alten Testament nach soll David Sauls Leben, der seiner Gnade ausgeliefert war, zweimal verschont haben *(Sam. 1,* 24 und 26), einmal in der Höhle von En-Gedi und noch einmal auf dem Hügel Hachila. Das zweite Mal soll David, begleitet von zwei »Kommandos« (es gibt kein anderes Wort dafür), sich nachts ins Lager seines Feindes geschlichen haben und bis zum schlafenden Saul vorgedrungen sein. Dort soll er es wiederum abgelehnt haben, den Feind, der ihm ausgeliefert war, zu töten.
Doch die Wiederholung dieser Großmutsgeste von David halte ich für zweifelhaft. Zunächst versteht man nicht, wie David sich in das Lager schleichen, geschweige denn bis zum Zelt vordringen konnte, ohne dass eine Wache das bemerkte. Ebenso wenig versteht man, warum er das enorme Risiko auf sich genommen haben sollte, sich in das Lager und bis zu Sauls Zelt zu wagen, um dann plötzlich auf den Plan, seinen Feind umzubringen, zu verzichten. Und schließlich hat die Beschreibung der verpassten Heldentat, die das ganze Kapitel 26 des ersten Buchs Samuel einnimmt, zahlreiche gemeinsame Züge mit der Episode von En-Gedi und erinnert weit stärker an eine hinzugefügte Prahlerei, als dass sie die spezifischen Akzente eines Originalberichts aufweist.

29

Der Traum in Gefahr

Im fünften Monat kamen Boten nach Horcha, um David mitzuteilen, dass Samuel gestorben war. Man begrub ihn in Rama, nahe seinem Haus.

David hörte ihre trostlosen Worte und verschwand bis zur Abenddämmerung. Er wanderte in die Wüste und sagte sich, genauso sei er von nun an, allein in der Wüste. Ein fleischlicher Vater ist viel, ein Vater, der einen erwählt hat, ist weit mehr. Es war kein Schmerz, der die Tränen hervorschießen ließ, sondern ein Schmerz, der das Leben veränderte.

Er machte sich auf den Weg nach Rama, nur von Ezer begleitet. Der Hügel war vor lauter Menschen nicht mehr zu sehen. Von jedem Stamm waren Hunderte von Menschen gekommen. Samuel war im Grunde ihr wahrer König gewesen. Nacheinander traten sie in das Haus, um sich vor seinen sterblichen Überresten zu verbeugen und Segenswünsche zu sprechen, dann sprachen sie mit seinen beiden Söhnen und seiner Witwe Miriam.

In seinen Mantel gehüllt, die Kapuze über dem Kopf, war David zunächst unbemerkt geblieben. Gewiss hatte er sich seit einiger Zeit auch verändert. Er war ein wenig dicker geworden, und sein Bart reichte bis zur Brust. Nur Miriam erkannte ihn. Als sie ihn sah, stieß sie einen Schrei aus und nahm ihn in den Arm, als wäre er ihr eigener Sohn. »Eine Stunde bevor er seinen Geist dem Allmächtigen empfohlen hat, hat er deinen Namen gerufen! Er hat gerufen, dass der Allmächtige dich schützt!« Nun verbreitete sich dieser Name im Haus, dann draußen, und schließlich auf dem Hügel. »David! David ist da!« Ein ansteckender Schauder lief durch die Menge wie der Wind durch hohes Gras. Der Wind hatte sich erhoben und trug in sich eine unsägliche, noch unklare Hoffnung. Mehrere der Ältesten, die bei seiner Salbung zugegen gewesen waren, Hanamel ben Ephron, Jussuf ben Adel und Tobiel ben Tobiel, die er vorhin noch gestreift hatte, ohne dass sie ihn erkannten, drängten sich zu ihm, ergriffen seine Arme, seine Hände und berührten ihn an der Schulter. »David! Du bist da! Aber ja, du bist da!« Er war Samuels wahrer Sohn, und sie waren nicht mehr bärtige Greise, sondern die Zeugen Samuels, die Garanten der Legitimität Davids. Andere Alte, die er nicht kannte, riefen aus: »Mein König! Unser König!«

Ezer stiegen Tränen in die Augen. Sie trockneten, als er in der Menge Doëg erkannte, den Diener Sauls, der sie verraten hatte. Ezer drängte sich zu ihm und beschimpfte ihn: »Doëg, schmutziger Sklave, geh hin und verrate David noch einmal! Los, geh zu deinem Herrn Saul und sag ihm, dass David bei Samuels Beerdigung war, bei der es ihm verboten war, dabei zu sein! Geh in deinen Hundezwinger, Doëg! Lass noch einmal unschuldiges Blut fließen!« Und er schlug ihm ins Gesicht. Der andere begehrte auf, und es kam zu einem Handgemenge. Jene, die Doëg ebenfalls erkannt hatten, vertrieben ihn, ohne ihn zu schonen.

Dass man Saul bei der Beisetzung des großen Sehers öffentlich verhöhnen konnte, war der Beweis, dass dieser König nur noch durch seine Armee existierte. Seine

Krone war ein Eisenhut geworden! Aber es bewies auch, dass David noch nicht auf den Thron gehoben war. Die Vereinigung der zwölf Stämme zum Volk Israel, zu Beginn von Sauls Herrschaft kurze Zeit verwirklicht, war brüchig geworden, bald würde man sie erneut herstellen müssen. Nie war der Traum des großen Sehers stärker in Gefahr als in dem Augenblick, als er seiner Verwirklichung am nächsten schien. Ach! Samuel hatte ihm ein schweres Geschenk gemacht!
Kurz darauf erfuhr man, dass Saul, informiert vom Tod des großen Sehers, aus seinem Scheinkönigreich alle verbannt hatte, die mit Geistern und Gespenstern umgingen, das heißt alle Seher.

30
Siebzehn Monde

Das Paradoxe passierte so unvorhergesehen wie ein Sandsturm und verdunkelte ebenso rasch Augen und Gemüter.

Kaum zwei Jahre nachdem David den Helden der Philister, Goliath, enthauptet hatte, schickte der Philisterkönig Achisch von Gat, ebenjener, vor dem David den Schwachsinnigen gespielt hatte, eine kleine Abordnung zu ihm nach Horcha. Eine Hand voll stutzerhafter Offiziere, in denen David, ziemlich außer Fassung, dieselben erkannte, die ihn damals nach Gat gebracht hatten. Nun konnte er nicht mehr den Narren spielen. Ein fünfjähriges Kind hätte erkannt, dass David Herr in Horcha war und nicht ein geistig Zurückgebliebener. Er empfing die Boten im großen Saal seines Hauses, das nur er allein nicht Palast nannte. Er saß auf einem Stuhl, der mit Fellen bedeckt war, flankiert von seinen Brüdern, von Ezer, Isch-Boschet, Ammon und ein paar anderen seiner Offiziere. Die Philister erfassten die Szene auf den ersten Blick.

»Gut gespielt«, sagte der Botschafter Achischs, der auf einem Sitz Platz genommen hatte, der ein ganzes Stück niedriger war als der Davids. »Wir haben dich wirklich für einen Idioten gehalten. Du bist keiner; das beweist, dass du noch klüger bist als die meisten Könige.« David sagte kein Wort. »Unsere Kundschafter haben uns berichtet, dass du eine Armee und einige Festungen hast, En-Gedi, Adullam, Horcha und vielleicht auch Karmel. Du schützt die Herden der Gegend im Austausch gegen Lebensmittel, und dank der Heirat mit einer Frau aus Karmel bist du reich. Wir schätzen deine Armee auf tausend Männer.[1] David nickte. »Tausend Männer, das ist gut«, fuhr der Philister fort, »aber das ist wenig angesichts der Truppen Sauls. Du hast sein Leben verschont, aber mir scheint, dass er dir dafür keinen Dank schenkt.« David zog die Augenbrauen hoch. »Er befindet sich ein oder zwei Tagesmärsche von hier, im Ajalontal, mit einer Armee von zehntausend Mann.« David bemühte sich unbewegt zu bleiben, Ezer und die anderen erbebten und scharrten mit den Füßen. »Saul hat geschworen, dich ins Grab zu befördern, bevor er selber in die Grube fährt. Es ist möglich, dass er sich mit uns messen will, aber gegen unsere fünfzehntausend Mann sind zehntausend Mann wenig, noch dazu, da wir Streitwagen und Verbündete haben.« Der Philister nahm sich Zeit, bevor er sagte, was er zu sagen hatte. »Es ist weit wahrscheinlicher, dass er einen Schlag gegen dich plant. Übermorgen, spätestens in drei Tagen.« David hörte diese Worte mit Unwillen. Wie kam es, dass seine Kundschafter ihn nicht von der Anwesenheit so zahlreicher Truppen informiert hatten? »König Achisch, der es dir nicht übel nimmt, dass du vor ihm den Idioten gespielt hast, bietet dir seinen Schutz gegen Saul an«, fuhr der andere fort. »Ich bin gekommen, um dir feierlich zu erklären, dass er dir, deiner Familie und deinen

1 In *Samuel 1* wird die Zahl sechshundert Männer genannt, die ein wenig gering scheint; die Zahl der Getreuen Davids und der Überläufer, die sich die Gunst des künftigen Königs sichern wollten, muss ein wenig höher gewesen sein.

Männern Asyl bietet. Unter der Bedingung, dass du sein Verbündeter wirst.«
Sofort kam David Samuels Befehl in den Sinn. Überleben! Er musste vor allem überleben! Allein mit seiner kleinen Truppe konnte er einer Schlacht gegen Saul, der immer noch auf Rache sann, nicht standhalten. Vielleicht war Sauls Rachgier durch Davids Großmut, die tiefste Erniedrigung, noch gesteigert worden. Das Angebot Achischs war ein Geschenk des Himmels. »Ich nehme die Einladung deines Königs an«, antwortete David.
Die Blicke seiner Hauptleute ruhten schwer auf ihm.
»In diesem Fall«, meinte der Philister, »bleibt dir nur wenig Zeit, um Horcha zu verlassen. Saul wird morgen hier sein oder zumindest so nahe, dass der Aufbruch schwierig wird und du gezwungen sein würdest, nach Süden zu ziehen. Ich werde einen Kurier zu unseren Truppen bei Hebron schicken, damit eine Abordnung kommt, um dich zu schützen. Sie müssten in der Zeit von zwei Sanduhren hier sein.«
David nickte. Achisch musste sich vollkommen sicher sein, dass es bald zu einer Konfrontation mit Saul kommen würde, wenn er ihn um seine Hilfe anging. Tausend Männer mehr, das zählte. Befehle wurden erteilt, einerseits von dem Philister, um die Abteilung herzubeordern, andererseits von David, der seinen Gefolgsleuten sagte, sie sollten ihre Bündel packen und Horcha noch vor Sonnenuntergang verlassen. Er selbst ging, um Abigail und Ahinoam Bescheid zu geben.
»Wenn Saul euch hier findet, wird er keine Gnade kennen«, sagte er ihnen. »Wir gehen zu Achisch, dem König von Gat.«
»Zu einem Philister?«, wunderte sich Abigail.

»Überleben kennt keine Rasse«, antwortete er. »Achisch bietet uns seine Gastfreundschaft an. Der einzige Philister im Moment ist Saul.«
Sie rief ihre Dienerinnen. David war kaum hinausgegangen, als diese schon begannen, Kleider zusammenzulegen und einzupacken, während Abigail ihren Schmuck und ihre Schminke in einem Kästchen verstaute. David kehrte zu den Abgesandten der Philister zurück, um ihnen etwas zu essen servieren zu lassen.

Die Sonne hatte noch nicht den Horizont erreicht, als sich eine lange Karawane auf den Weg nach Hebron machte, nach Norden, um dann weiter nach Har-Heres, Geser und Gat zu ziehen.[2] Als der Weg anstieg und der Blick über die Wälder und Täler im roten Sonnenglanz schweifte, überkam David die Lust, die Hand auszustrecken und sie zu streicheln, als wäre er ein Riese.
Sie kamen spät in der Nacht an. Überall auf den Wällen brannten Fackeln auf eisenbeschlagenen Spießen. Der Hauptmann der Philister rief den Wachposten Befehle zu, Geschrei antwortete ihm, Eisenbeschläge knirschten in den Ringen der Tore, die sich knarzend öffneten. Innerhalb der Mauern hatte eine große Menschenmenge die Stunde der Schlafenszeit verschoben, um die Fremden zu erwarten. Kinder rissen die Augen auf und blickten sich suchend nach dem legendären Bezwinger Goliaths um. »Morgen werdet ihr alle meine Untertanen sein«, murmelte David in seinen Bart. Ein Kämmerer erkannte David, half ihm vom Pferd und erklärte ihm, dass man für ihn und seine Familie eine Unterkunft im Königspalast reserviert habe und dass Quar-

2 Es handelt sich um eine Entfernung von etwa vierzig Kilometern.

tiere für seine Truppen vorbereitet seien. Schließlich lud der König ihn zu einem Abendessen ein, und auch für die Truppe war eine Mahlzeit vorbereitet. Es dauerte eine Stunde, bis alle sich eingerichtet hatten. Die Soldaten und ihre Gefährtinnen hatten Berge von Bündeln mitgebracht. »Was für ein Gepäck!«, murmelte David. »Man müsste mit einem Quersack reisen, und fertig.« Er hatte nur Goliaths Schwert und seine eigenen Waffen mitgenommen.
Bald dachte er nur noch daran, sich den Staub aus der Kehle zu spülen. Dafür sorgte das mit Wein gefüllte Horn, ein richtiges, goldverziertes Büffelhorn, das Achisch ihm zum Zeichen des Willkommens reichte. Einen kurzen Moment lang schätzten die beiden Männer einander mit Blicken ab. Dann öffnete Achisch die Arme und hob sie ein wenig, um die Schultern Davids, der ein wenig größer war als er, zu umfassen. Sein Atem verriet, dass er getrunken hatte, und sein Lächeln im geröteten Gesicht, dass er sich den Luxus der Großherzigkeit erlaubte. »Willkommen!«, wiederholte er immer wieder. »Willkommen der Held! Willkommen der listige David!« Die Höflinge mit ihren prächtigen Beinschienen, ihren bestickten Gewändern und ihren Pelzmützen schienen glücklich, einen so tapferen Krieger in ihren Reihen zu wissen. Alles setzte sich zu Boden, um zu essen und zu trinken. »Du hast mich schön zum Lachen gebracht!«, rief Achisch. »Ha! Du bist ein pfiffiger Bursche!« Er hatte in schlauem Ton begonnen, und nun lachte er aus vollem Halse, und David lachte ebenfalls. »Ich mag listige Leute!«, meinte Achisch, dessen Reden, zumindest an diesem Abend, etwas beschränkt waren. David lächelte natürlich über diese Komplimente. Seine Brüder und Ezer warfen ihm verschwörerische

Blicke zu. Wenn Achisch glaubte, er habe den Löwen gezähmt, konnte er sich auf eine Enttäuschung gefasst machen.

Doch das minderte nicht ihren Appetit. Das Essen war reichlich und auserlesen. Gebratene Seezunge mit Sesamkörnern, gebratenes Geflügel in Weinsauce, gegrilltes Lamm, Kichererbsenmus, Salate, Kuchen mit Mandelcreme, trockener und frischer Käse, und vor allem Wein, Schläuche um Schläuche voll Wein. Nicht zu herb, sondern fruchtig. Diese Leute tranken ihn fast unverdünnt. Die Höflinge schenkten sich Trunk um Trunk ein, tranken auf die Tapferkeit ihres Gastes, auf den Sieg, auf die Fruchtbarkeit der Frauen, auf ihre Nachkommen und die Nachkommen ihrer Nachkommen. Sie wurden immer fröhlicher, immer unvorsichtiger. Es wurde immer lauter, noch unterstützt durch eine schrille Musik aus Sistren und Holzflöten, dann schließlich nahm der Lärm ab, die Stimmen wurden belegt. David wandte sich um. Achisch schlummerte. Offiziere in ihren Prunkgewändern schnarchten ohne Scham. David hatte nur zwei Hörner geleert, das zweite stark mit Wasser verdünnt. Seine Gefährten hatten sich an seine Mäßigung gehalten. Er blinzelte ihnen zu, und sie erhoben sich, ohne gegen ihre Tafelgenossen zu stoßen, dann suchten sie ihre neuen Quartiere auf.

Am nächsten Morgen, ziemlich spät, da der König erst erschien, als die Sonne schon hoch stand, erging sich David in überströmenden Dankesbezeigungen für dieses Festmahl.

»Ich bin glücklich, dich unter uns zu haben«, erwiderte Achisch. »Aber ich erinnere dich daran, dass ich bei den kommenden Schlachten auf dich und deine Männer zähle.«

»Du wirst sehen, aus welchem Holz wir geschnitzt sind«, antwortete David. Wenn es darum ging, gegen Saul zu kämpfen, konnte man mit ihm rechnen. Das Übrige war eine andere Sache.
Und er begann die Monde zu zählen.

31

Wie der Adler und der Löwe

Er zählte siebzehn Monde bis zu seiner Befreiung.
Es waren bewegte Monde. Durch sein Exil in Gat verlagerte sich die Region, in der seine Truppe als Polizei fungierte, nach Westen, vor allem in die Schefela und den Negev.
Aber es war keine Polizei mehr, sondern eine Vernichtungstruppe, die unter dem Schutz von Achisch im Besonderen und der Philister im Allgemeinen operierte. Der zarte Lyraspieler, der flaumige Jüngling, der Jonathan betört hatte, existierte nicht mehr. Weder indem er Lyra spielte noch indem er den Narren mimte, würde er die Mission erfüllen, die Samuel ihm aufgetragen hatte. Er organisierte Vorstöße gegen die Stämme im Süden, mit denen die Philister Scharmützel hatten und deren Plünderungen immer häufiger wurden. Er begann mit den Geschuritern des Negev; in drei Tagen hatte er kurzen Prozess mit ihnen gemacht. Die Philister waren entzückt; kein einziger Geschuriter mehr im Umkreis von Meilen. Das war Anlass für ein Fest.
Solche Expeditionen wurden zur Regel, manchmal einen Tag lang, manchmal mehrere Tage. Einmal in der Woche aß David zusammen mit Achisch, der ihn fragte, was er in der Zwischenzeit gemacht habe.
»Ich war im Negev, bei den Kenitern«, antwortete er, »und habe die Plünderer in die Flucht geschlagen.«
Achisch beglückwünschte ihn. »Schmutzige Kerle,

diese Räuber«, meinte er, »man muss ihnen aufs Haupt schlagen.« Ein andermal war David bei den Midianitern, den Jerachmeelitern oder anderen, und wieder beglückwünschte ihn Achisch. Die Berichte, die er in Gat erhielt, besagten allesamt, dass im Negev und in der Wüste von Juda endlich Ordnung herrschte dank der Aktionen dieses Juden namens David. Die Leichen der Geschuriter, Amalekiter oder Gisriter konnten natürlich nicht sprechen, sonst hätte Achisch über die Grausamkeit dieses hübschen jungen Mannes nachdenken müssen. Jedenfalls war dieser David ein guter neuer Gefolgsmann, und was machte es, dass er dieses geisttötende Großmaul Goliath enthauptet hatte! Und dieser junge Mann war ihm zu Dank verpflichtet, sogar eine Stadt hatte er bekommen als Geschenk. »Ich bin wie ein Vater für ihn«, sagte Achisch und klopfte David auf den Rücken. Den Offizieren der Philister, die beunruhigt über die Macht dieses jungen Juden waren, antwortete er, man brauche sich keine Sorgen zu machen, denn David habe außerhalb der Kreise der Philister keine Zukunft, da die Juden ihn verabscheuten und Saul hinter ihm her sei, um ihn in Stücke zu schneiden.

»Wenn du zufrieden mit meinen Diensten bist«, sagte David zu Achisch, »dann gib mir einen Bezirk, wo ich mich freier bewegen kann.«

»Ich gebe dir Ziklag!«, rief Achisch in einem Anfall von Freigebigkeit.

Eigentlich war diese Stadt im Norden des Negev ja nur ein halbes Geschenk. Zu weit entfernt von Gat, als dass die Philister dort hätten für Ordnung sorgen können, befand sie sich im bevorzugten Bereich der Nomaden, die aus der Wüste Araba im Osten und aus Ägypten im Westen kamen und die nicht nur Oasen überfielen, sondern auch noch gerne untereinander kämpften. Dennoch nahm David das Geschenk bereitwillig an. Noch am selben Tag brach er nach Ziklag auf und verkündete den Einwohnern, König Achisch habe ihn zu ihrem neuen Herrn gemacht.

»Aber bist du nicht dieser David, der Goliath getötet hat?«, fragten ihn die Ältesten der Stadt überrascht.

»Das bin ich, und ich bin bereit, es mit allen meinen Feinden ebenso zu machen. Achisch gehört nun zu meinen Freunden und wird mich unterstützen.«

»Aber hat Achisch denn Frieden mit den Juden geschlossen?«, fragten sie beharrlich weiter.

»Achisch hat mit mir Frieden geschlossen, das muss euch genügen«, antwortete David.

Er beschlagnahmte Häuser, nahm sich selbst das schönste, dann brachte er seine Truppe unter und verwandelte Ziklag in seinen vierten Stützpunkt. Zur Verblüffung der Priester befahl er, innerhalb kürzester Zeit einen Tempel zu errichten, dessen Leitung er Jochaphat anvertraute, dem Priester, der ihn getraut hatte und den er auch beauftragte, weitere Priester auszuwählen. Schon am ersten Abend ließ er auf einem improvisierten Altar ein Opfer darbringen. Abigail und Ahinoam kümmerten sich mit ihren Dienerinnen und Sklavinnen darum, dass er errichtet wurde. Auch sie hatten gelernt, Befehle zu erteilen.

Im Handumdrehen war die Stadt besetzt. Am Tag nach seiner Ankunft ließ David von den Einwohnern und von seinen Männern die Mauern erhöhen und verhielt sich wie ein Potentat, kaum wie ein Vasall des Philisters. Freitags hielt er bis Sonnenuntergang Gericht ab, zumindest wenn er da war. Denn oft war er auf Feldzügen.

Amalekiter, Gisriter und Wüstenräuber mussten seinen Eifer büßen, da David die schweigende Unterstützung des Stammes der Region, der Keniter, gewonnen hatte, die zwar keine Juden waren, sich aber daran erinnerten, dass der Schwiegervater von Moses sie einst in die Wüste geführt hatte. Die Juden konnten sich – so wie es gewesen war, als David seinen Sitz in Horcha gehabt hatte – nur glücklich schätzen über seinen Schutz. So war es auch bei den Jerachmeelitern, einer Sippe aus dem Stamm Juda, deren Städte und Herden oft von Plünderern angegriffen wurden. Die einen wie die anderen stellten ihm Männer, denen es gefiel, innerhalb eines Trupps jene zu dezimieren, die sie als Räuber bezeichneten. Jede Woche brach David mit seiner Truppe auf, und wenn sie ein feindliches Lager erblickten, stürmten sie es unvermittelt ohne Gnade. Wer nicht fliehen konnte, selbst Frauen, wurde unbarmherzig niedergemetzelt, die Leichen wurden in einem Massengrab verscharrt. Das Lager wurde geplündert, der Rest in Brand gesteckt. David räumte gründlich auf. Das waren alles Feinde weniger an dem Tag, an dem er die Herrschaft ergriff. Er machte nie Gefangene, denn er hätte sie mit nach Ziklag oder, noch schlimmer, nach Gat mitnehmen müssen, wo sie von seiner Grausamkeit erzählt hätten.

»Wie der Adler und der Löwe«, hatte ihm eines Tages Ezer einen großen Kriegsherrn beschrieben. »Wie der Adler, der von sehr hoch oben sieht, und wie der Löwe, der unbarmherzig ist.« Und David lernte weit zu sehen und wurde unbarmherzig, obwohl es nicht in seiner Natur lag. Als Ezer bemerkte, dass David sich an seine Lehre hielt, fügte er noch hinzu: »Und schlau wie der Fuchs.«

»Ich bin kein Hühnerdieb!«, rief David lachend aus.
»Das besondere Merkmal des Fuchses ist es, nicht zu sagen, dass er einer ist«, konterte Ezer.
Manchmal stieß David auf einen Feind, dessen Truppen größer waren als seine. Das war der Fall, als er dem Appell des Halbstammes Manasse folgte, der östlich vom Jordan und vom Territorium des Stammes Gad sein Gebiet hatte, zwischen Bet-Schean und Rabba. Drei der Ältesten kamen zu ihm, weil sie ständig Händel mit einem anderen Halbstamm, den Geschuritern, hatten. »Sie streiten um alles, um Brunnen, um Weideland, und sie behaupten sogar, unsere Obstbäume würden auf ihrem Land wachsen!«, beklagten sich die Alten. »Befreie uns doch von diesen Leuten, du bist so stark!«
David nickte und begab sich mit seinen Brüdern, mit Ammon und Ezer auf Erkundung. Drei Tage verbrachten sie damit, die Städte und Dörfer der Geschuriter zu schätzen. Diese Leute hatten feste Ansiedlungen, und sie waren zahlreich. »Mindestens zwanzigtausend«, meinte Ammon. »Noch dazu viele junge Männer.« Das war ein zu großer Brocken. Als sie in Mephaat anhielten, um in einer Art Herberge zu essen und zu übernachten, stellten sie fest, dass er noch größer war, als sie dachten. Ein alter Mann erzählte ihnen, dass Talmai, der König der Geschuriter, viele Kinder hatte und durch Heiraten mit allen benachbarten Machthabern verbunden war, vom König von Baschan über den König von Galaad bis zum König von Edom. Das bedeutete natürlich viele Verbündete; eine Truppe von tausend Männern konnte damit nicht fertig werden. Man musste die Strategie ändern.
David kehrte nach Ziklag zurück, zog sich einen Prunk-

mantel und bestickte Stiefel aus Lammleder an und machte sich mit seinen Brüdern, Ezer, Ammon und dem Priester Abjatar, der nun über den Tempel von Ziklag und über jene wachte, die nicht in Horcha oder Adullam waren, auf den Weg. Sie ritten nach Kerijot, wo König Talmai residierte. Ezer kündigte David beim Haushofmeister des Palastes als König von Ziklag an, und die Höflichkeit von König zu König verpflichtete zur Gastfreundschaft. Diese Gastfreundschaft wurde besonders herzlich, als Talmai, ein robuster Mittfünfziger mit noch nicht ergrautem Bart, erfuhr, dass der König von Ziklag David war, die Geißel der Räuber und der Bezwinger Goliaths. Ein improvisiertes Essen verwandelte sich in ein kleines Fest.

»Hat man nicht genügend Feinde in der Gegend? Sollte man da nicht von König zu König gute Nachbarschaft pflegen?«, fragte David.

Talmai antwortete mit einer Gegenfrage. »Ist unser Hauptfeind nicht Saul?«

»Ja«, antwortete David. »Und er ist auch mein Feind.«

»Aber ist er nicht unser Feind, weil er sich das ganze Land aneignen will, um es unter sein Joch zu bringen?«

»So ist es«, erwiderte David.

»Hat man dich nicht eine Zeit lang als seinen Erben angesehen?«, fragte Talmai.

»Ich konnte nicht Erbe Sauls sein, da er Söhne hat«, erklärte David vorsichtig.

»Aber die Stämme der Juden versichern, dass du als Erbe Sauls auserwählt worden bist!« Talmai war beharrlich. Diese Leute waren wirklich gut informiert.

»Und wenn ich es wäre? Hätte ich dann nicht noch mehr Gründe, freundschaftliche Beziehungen zu dir zu unterhalten?«

Talmai nickte, lächelte und hob sein Horn mit Wein, um auf das Wohl seines Gastes zu trinken. »Wenn deine Haltung so ist, wäre es dann nicht das beste Mittel, eine Beziehung des Vertrauens zwischen uns herzustellen, indem du mein Schwiegersohn wirst?«

»Davon bin ich überzeugt«, stimmte David zu.

»Ich wäre glücklich, dir meine Tochter Maacha zu geben.«

»Ich wäre stolz, ihr Gatte zu sein.«

Talmai erhob sich und verkündete den Anwesenden, dass David, König von Ziklag und künftiger König Israels, seine Tochter Maacha heiraten und so sein Schwiegersohn werden wird. Alle Anwesenden standen auf und tranken auf die glückliche Verbindung. Die Begeisterung war nicht geheuchelt. Man sah, dass dieser Stamm der Aramäer bei dem Gedanken, dass Israel bald kein Feind mehr sein würde, erleichtert war. Man hörte Wünsche, dass Saul rasch verschwinden möge.

Talmai schickte einen Waffenträger, um Maacha zu holen. Sie ließ sich Zeit, um sich herzurichten, und als sie schließlich kam, begleitet von ihrer Amme und drei Dienerinnen, in einem Leinenkleid, das mit Perlen bestickt war, und in einem mit Goldfäden gesäumten Mantel, war sie verschleiert. Ein weißer Schleier, spinnwebzart, ein zu Stoff gewordener Nebel, wie David ihn noch nie gesehen hatte.

Ihr Vater rief sie, und sie kam, leicht wie ein Insekt, ihre Füße schienen kaum den Boden zu berühren.

»Ich gebe dich diesem Mann, dem König von Ziklag, zur Frau«, erklärte Talmai.

Die Augen hinter dem Schleier funkelten. David hob den weißen Nebel hoch und entdeckte die Miniatur einer Frau. Ernst und heiter. Zum ersten Mal in seinem

Leben fragte er sich, ob er gefiel. Er lächelte sie an, sie neigte leicht den Kopf, ohne den Blick von ihm zu wenden.
Zwei Tage später sollte er von Ziklag wieder kommen, um sie zu holen und dort von Abjatar seine Trauung zelebrieren zu lassen.

32

Was das Efod weissagte

Sie kehrten zurück. Doch kaum angekommen, fanden sie Boten von Achisch vor, der David und seinen Truppen befahl, sich dringend zum König nach Afek zu begeben.

»Worum geht es?«, fragte David.

»Die Philister bereiten einen großen Angriff gegen Saul und seine Truppen vor, die sich in En-Harod befinden. Der König sagt, du sollst in Afek zu ihm stoßen.«

David kannte En-Harod gut, die »Quelle des Zitterns« zwischen der Ebene von Jesreel und dem Jordantal, im Norden des Gilboa-Gebirges mit seinen dichten Wäldern. Afek befand sich auf der anderen Seite des Jordan. Die Stunde war also gekommen, in der er seinem alten Feind gegenübertreten musste. War Jonathan ebenfalls in En-Harod? Der Herr allein konnte es sagen! Die Hochzeit musste aufgeschoben werden. Er trat in den Palast, um seine Waffen zu holen, und befahl Ezer, die Truppen zu sammeln. In raschem Tempo trabten sie nach Galiläa und kamen nach zwei Tagen dort an. Sie stießen auf ein außergewöhnliches Aufgebot an Armeen der Philister. Zwanzigtausend Mann, Streitwagen, Reiter, Bataillone von Lanzenreitern, funkelnde Rüstungen … David schnürte es das Herz zusammen. Die Philister waren sichtlich entschlossen, Saul und seinen Ansprüchen, das Land zu regieren, ein Ende zu bereiten. David fragte nach Achisch. Man zeigte ihm, wo er war, und er glaubte, in den Augen der Offiziere um ihn herum Feindseligkeit zu lesen. Er fand Achisch, dessen Truppe die Formationen der Philister abschloss. Man wusste nicht, wann der Angriff beginnen würde. An Achischs sorgenvoller Miene erkannte David, dass ihre Beziehung sich getrübt hatte. Der König war umgeben von Generälen anderer Truppen, die ihn keineswegs liebenswürdig betrachteten.

»Wer ist dieser Mann?«, fragte ein General. »Ist das nicht der Hebräer David? Was sucht er hier?«

»Das ist David. Er dient mir seit einem Jahr, ich habe ihm nichts vorzuwerfen.«

»Er ist Hebräer, ein ehemaliger Hauptmann Sauls. Er hat Hunderte von Philistern getötet. Sollen wir einen Feind in unsere Reihen aufnehmen? Er wird uns während der Schlacht verraten, um der Sache seines Herrn zu dienen.«

»Saul ist nicht mehr sein Herr«, widersprach Achisch.

»Er ist Hebräer. Wir wollen keine Hebräer in unseren Reihen«, konterte der General in einem Ton, der keinen Widerspruch duldete. »Schick diesen Mann in die Stadt zurück, die du ihm gegeben hast.«

Langes Schweigen herrschte, dann wandte Achisch sich an David. »Du hast mir treu gedient, und ich habe dir nichts vorzuwerfen. Kehre zurück nach Ziklag. Die anderen Könige wollen nicht, dass du mit uns kämpfst. Mögen meine Götter und dein Gott dich segnen. Geh nun, bring mich nicht in Verlegenheit.«

David nickte. Man konnte es nicht ewig mit zwei Seiten halten. Sie umarmten sich, David rief Ezer, und sie kehrten auf der Stelle um. Die Reihen der Philister teilten sich, um ihnen den Rückweg frei zu machen – tausend Männer, denen man klar gemacht hatte, dass

sie keine Waffenbrüder waren. Sie hatten ihren einzigen Beschützer verloren. Das war bitter, doch es sollte noch schlimmer kommen.
Als sie am Ende zweier düsterer Tagesmärsche in Sichtweite von Ziklag kamen, erstarrten sie bestürzt. Hinter den eingerissenen Mauern standen nur noch schwarze Ruinen. Vollkommen verwirrt näherten sie sich der Stadt, alle sprachen durcheinander. Sie durchsuchten die Häuser nach ihren Familien oder ihren Leichnamen und fanden lediglich immer noch warme Asche und tote Greise.
»Während der König sich eine Verlobte gesucht und mit unseren Feinden verhandelt hat, ist unsere Stadt zerstört worden!«, riefen manche. Empörte Schreie ertönten. Ezer konnte die Gemüter nur mit Mühe beruhigen. »Seine beiden Frauen sind auch verschwunden«, erinnerte er sie. »Er ist ebenso ein Opfer wie ihr.« Abjatar durchsuchte die Ruinen des Tempels und fand als Einziger einen Trost: Die Plünderer hatten das Versteck des Efod[1] nicht gefunden, das er nun in der Hand hielt, in ein weißes Tuch gewickelt.
Eine Flut von Verwünschungen erfüllte die Luft, doch niemand konnte sagen, gegen wen. Man hätte zwanzig Namen für die Urheber dieses Überfalls aufzählen können – all jene, die David verfolgt und besiegt hatte und die sich nun gerächt hatten. Hatten die Räuber die

1 *1 Sam.* 30, 7. Das Efod, ein Instrument zur Konsultation des göttlichen Willens, war zu jener Zeit ein gegossenes Götzenbild, »von dem man in Zeiten, in denen die Lehren und Vorschriften Mose unbekannt waren oder verspottet wurden, Orakel erwartete« (André-Marie Gérard, *Dictionnaire de la Bible*, Paris 1989). Man darf nicht vergessen, dass zur Zeit Davids, zu Beginn des 10. Jahrhunderts v. u. Z., noch zahlreiche Gebräuche in Kraft waren, die man von anderen örtlichen Religionen entlehnt hatte.

ganze Bevölkerung Ziklags, Frauen und Kinder mitgenommen oder hatten sie sie in der Wüste umgebracht?

»Nimm das Efod heraus«, forderte David Abjatar auf. »Man muss den Herrn befragen. Soll ich diese Räuber verfolgen? Und werde ich sie besiegen?«

Abjatar nickte und wickelte eine handgroße Figur aus gegossenem Gold aus dem Tuch. »Herr, wir flehen dich an, uns anzuhören«, begann er und hielt das Efod vor sich. »Wir flehen dich an, uns in dieser Prüfung zu leiten. Wir flehen dich um deine Erleuchtung an. Sage bitte deinen Dienern, was sie tun sollen, um den Gerechten zu rächen und den Ungerechten zu bestrafen!« Er schloss die Augen und versenkte sich in sich selbst, umringt von all diesen Männern, deren Gesichter vor Schmerz und Wut verzerrt waren. Nach einem Augenblick erbebte er und hob die Arme mit dem Efod empor. Dann stieß er einen Schrei aus, fast wie ein Röcheln.

»Rache!«, schrie er. »Rache!« Er öffnete die Augen wieder. »Wir müssen sie verfolgen! Wir werden sie besiegen! Wir werden die Gefangenen befreien! Der Herr ist mit uns!« Er seufzte tief.

Ein Murmeln erhob sich unter den Männern.

»Aber wen sollen wir verfolgen?«, fragte ein Soldat.

»Der Herr wird es uns sagen!«, rief Abjatar.

»Glaubt daran!«, rief Joab, der Ältere von Davids drei Neffen, der seit einigen Wochen trotz seiner Jugend großen Eifer gezeigt hatte. David hatte ihn nach Ezer und Ammon in den Rang eines dritten Generals erhoben.

David beschloss, sofort in die Richtung, wo die Felder zertreten waren, aufzubrechen. So würden sie zum Bach Besor und dahinter in die Wüste kommen. Aber zweihundert seiner Leute, ausgelaugt von ihrem Kummer, weigerten sich, ihm zu folgen. »Sollen wir Gespenster verfolgen?«, seufzten sie.

Seit dem Ablauf einer großen Sanduhr waren sie unterwegs, als Ammon in der Wüste eine Gestalt erblickte, die mit den Armen winkte. Zwei Männer gingen hin, um nachzusehen. Ein Junge, zu schwach, um zu laufen, das sah man schon von weitem; einer der Soldaten nahm ihn auf den Arm und trug ihn. Ezer ließ Halt machen. Der Junge, aschfahl und stöhnend, schien dem Tode nahe. Doch nachdem sie ihm etwas zu trinken und ein paar Feigen und Rosinen zu essen gegeben hatten, erholte er sich ein wenig. David fragte ihn aus. Der Junge sagte, er sei Ägypter, Sklave eines Amalekiters, und man habe ihn seit drei Tagen ohne Lebensmittel in der Wüste zurückgelassen, weil er krank war.
»Wie viele Leute waren bei deinem Herrn?«, fragte David.
»Zweitausend.«
»Und was haben sie gemacht?«
»Was sie immer machen, Überfälle. Sie haben bei den Keretern in der Wüste Juda gewütet, dann bei den Kenitern[2] dieser Wüste. An dem Tag, an dem sie mich hier zurückgelassen haben, sind wir nach Ziklag gekommen, das wir geplündert und angezündet haben.«
Es waren also Amalekiter gewesen, und sie waren fast unmittelbar gekommen, nachdem David und seine Truppen aufgebrochen waren.

2 *1 Sam.* 30, 14 spricht vom »Südland Kalebs«. Sehr wahrscheinlich handelt es sich dabei um das Gebiet, das von den Edomitern, auch Keniter genannt, besetzt war, Abkömmlinge Kalebs, die zum Stamm Juda gehörten.

»Kannst du uns zu ihnen führen?«, fragte David.
Als der junge Ägypter dies bejahte, nahm Joab ihn zu sich auf den Sattel. David schickte vier seiner Männer zu den Städten und Dörfern Judäas, deren Besitz und Vieh er gegen Plünderer verteidigt hatte. »In jeder Stadt und jedem Dorf sagt ihr: ›David, der euch so tapfer vor den Räubern beschützt hat, ist nun selbst von ihnen angegriffen worden. Er braucht Männer, die ihm beistehen.‹ Hebt so viele Truppen aus wie möglich, aber über welche Streitkräfte ihr auch immer verfügt, ihr müsst unbedingt vor Morgengrauen bei uns sein, am Ufer des Bachs Besor. Dort warten wir auf euch.« Eine Nacht reichte kaum aus, dass die Männer ihren Auftrag erfüllen und rechtzeitig zurück sein konnten.
Der Trupp machte sich wieder auf den Weg. Es war ein ruhiger, schöner Tag, fast windstill.
Die Sonne war am Untergehen, als der Ägypter einen Schrei ausstieß und mit dem Finger deutete. »Da! Rauch! Das müssen sie sein!« David befahl anzuhalten, und zusammen mit Ammon und dem Ägypter ging er auf Erkundung.
Versteckt hinter Felsen kamen sie bis an den Ort, von dem der Rauch kam. Ein ausgedehntes Lager lag im roten Schein des Sonnenuntergangs, und etwa dreißig Feuer brannten, deren Rauch fast senkrecht in den Himmel aufstieg. Diese Schurken hielten mit den Herden und Lebensmitteln, die sie in Ziklag und anderswo geraubt hatten, ein Festmahl ab.
»Das sind sie!«, rief der Ägypter. »Ich erkenne das Zelt meines Herrn, auf dem ein rot gefärbter Pferdeschweif mit schwarzer Spitze hängt!«
Ungefähr geschätzt mussten die Amalekiter etwa zweitausend sein, wie der Ägypter gesagt hatte. Man konnte

nicht alle Zelte zählen, aber es waren mehrere Hundert. In diesen Zelten mussten auch die Gefangenen sein, Abigail, Ahinoam ... David knirschte mit den Zähnen. Auf einer Seite standen etwa fünfzig Kamele, die Pferde und Maultiere auf der anderen. Einen Augenblick lang studierten die zwei Männer und der Junge die Lage, dann kehrten sie wieder zurück, jedoch nicht ohne die Stelle ausgemacht zu haben, wo der Bach am wenigsten tief war.

»In der Nacht bleiben wir hier«, erklärte David. »Wir können nicht vor Morgengrauen angreifen, damit wir nicht aus Versehen die Gefangenen töten. Dass ja keiner von euch Feuer macht! Sie dürfen nicht den geringsten Verdacht schöpfen, dass wir hier sind. Für unseren Sieg ist entscheidend, dass wir sie überraschen.«

Sie schliefen kaum ein paar Stunden. Der Tag war noch nicht angebrochen, als Hufgeräusche und ein paar leise Pfiffe die Rückkehr der Boten ankündigten. »Wo ist David?«

»Ich bin hier.«

»Wir sind es, Jeremia, Hoham, Paschhur und Jubal.«

»Habt ihr Truppen ausheben können?«

»Ja, dreihundert Mann.«

»Haben sie Waffen?«

»Lanzen, Schleudern und Dolche, aber nicht alle. Aber wir haben achtundzwanzig Reittiere mitgebracht, Maultiere und Esel.«

»Gut. Ezer, sammle die Männer! Erkläre ihnen, wo die Amalekiter sind und was sie getan haben. Dann komm wieder zu mir.«

Beim ersten Licht des Morgengrauens stürzten sie sich auf das Lager. David und Ezer führten den Angriff an, die Schwerter hoch erhoben. Sie bildeten die Spitze

eines Dreiecks, das immer breiter wurde, um das Lager der Feinde in zwei Teile zu schneiden und diese immer weiter voneinander zu trennen. Die Wachen, die am Ende der Nacht einzudösen begannen, hatten kaum einen Alarmschrei ausgestoßen, als David und Ezer schon die ersten Zelte erreicht und sie mit einem Schwerthieb zerschnitten hatten. Die Amalekiter, noch voll der üppigen Speisen und des Weines, schliefen; die als Erste Überraschten beendeten weder ihren Schlaf noch ihre Verdauung. Ammon packte einen der Jüngsten an der Kehle, setzte ihm den Dolch auf die Brust und zwang ihn zu sagen, wo die Gefangenen waren. Der Junge zeigte auf die dritte Zeltreihe und starb sofort.
Die Amalekiter versuchten nun, sich zu wehren, aber dort, wo sie gerade noch drei Männer gesehen hatten, waren es plötzlich sechs, und im selben Moment sahen sie nichts mehr. Ihre Augen verdrehten sich. David drang zur dritten Zeltreihe vor. Nachdem er sie aufgeschlitzt hatte wie die anderen, stand er plötzlich vor zwei Amalekitern mit erhobenem Schwert. Die Fußsoldaten, die ihm gefolgt waren, stießen ihnen die Lanzen in den Körper. Gefangene Frauen waren hier, aber weder Abigail noch Ahinoam. Doch die Frauen, die David erkannten, konnten ihm sagen, wo die anderen waren. Er drang weiter vor. Wieder stürzten sich Amalekiter auf ihn, doch eine Frau kam heraus, es war Ahinoam, und sie stieß dem einen einen Dolch in den Rücken. David enthauptete den anderen, der dritte wurde vom Pferd niedergetrampelt, und Soldaten erledigten den Rest. Abigail kam herausgestürzt, einen Dolch in der Hand, Gott allein wusste, woher sie ihn hatte, und sie schien entschlossen, ihn zu benutzen.
»David!«, schrie sie. »Gepriesen sei Gott!«

Gott würde man später preisen. David sprang vom Pferd und befahl Abigail, mit gespreizten Beinen aufzusitzen wie ein Mann, Ahinoam auf die Kruppe zu nehmen und durch die Bresche, die der Angriff geschlagen hatte, nach hinten zu reiten. Er half ihr beim Aufsitzen, sagte ihr, sie solle die Schenkel ans Pferd pressen, dann hob er Ahinoam hoch und gab dem Tier einen Klaps auf die Kruppe. Schon waren sie fort.

Der Angriff hatte das Lager wie mit einem Keil in zwei Teile getrennt. Wer von den Amalekitern konnte, stürzte zu den Kamelen, die in einiger Entfernung lagen, zerrte sie hoch und ritt davon, ohne sich um die anderen zu kümmern. Wem diese Möglichkeit versagt war, musste sich den Angreifern entgegenstellen. Doch sie hatten es nicht mit Kriegern zu tun, sondern mit Mördern, deren Wut ihre Kraft verzehnfachte. Die Amalekiter versuchten sich zu verteidigen, aber die Schwerter der Juden schwangen hin und her wie Sensen, schnitten hier einen Arm, dort ein Bein ab. Die Flüchtenden wurden verfolgt, in Stücke gehackt und den Schakalen zum Fraß vorgeworfen.

Als kein einziger lebender Amalekiter mehr in Sicht war, lag zwischen den beiden Flügeln der Armee eine Entfernung von mehr als einer Meile. David ließ das Horn erschallen. Die Schlacht war zu Ende, und die Männer ließen die Waffen sinken. Die Sonne, die ihre Kraft verloren hatte, ging unter.

Das Efod hatte richtig vorausgesagt.

Nun musste man noch die Toten und Verwundeten zählen. Über hundert waren es. Man arbeitete während der ganzen Nacht, um die Toten zu begraben.

Anschließend zählte man die befreiten Gefangenen, mehr als dreihundert. Junge Mädchen, Männer in der

Blüte ihrer Jahre, junge Burschen. Die Amalakiter hätten sie zu Sklaven gemacht. Auch sie hatten zum Sieg beigetragen. Als David zu ihnen kam, stürzten Abigail und Ahinoam auf ihn zu.

»Ich habe keine Angst gehabt«, erklärte Abigail. »Ich wusste, du würdest kommen und mich befreien.«

Ammon zählte die toten Feinde und fand fünfzehnhundert, deren Leichname er an den äußersten Rand des Lagers ziehen ließ.

Der Tag war hart gewesen, und David spürte gewaltigen Hunger. Doch er erinnerte sich an Saul und bat Abjatar, ein Opfer vorzubereiten. Nach den Anweisungen des Priesters errichteten Soldaten einen behelfsmäßigen Altar, und David ließ ein Lamm opfern. Abjatar entzündete das Feuer und goss einen Becher Wein und einen Becher Milch darüber aus. Wie ein endlos langer Dolch stieg der Rauch zum tiefblauen Himmel auf.

»Dein Wort hat die Gerechten geleitet, Herr«, sagte David, der im Kreis seiner Offiziere stand. »Dein Arm hat unsere Arme bewaffnet. Mögen unsere Stimmen und die unserer Nachkommen auf ewig deine Macht preisen!«

Nach dem Opfer richtete man rasch eine Mahlzeit her. Der Wein hellte schließlich die Stimmung der Gefangenen wieder auf und löste ihnen die Zunge. Sie berichteten von ihren Heldentaten. Ein Junge hatte sich den Dolch eines toten Amalekiters angeeignet und einen anderen mit einem Stoß in den Rücken getötet. Ein junges Mädchen hatte ihren Gegner von vorn erstochen. Dann, mit einem Schlag, wurden alle vom Schlaf übermannt und sanken an Ort und Stelle zu Boden.

Im Morgengrauen sammelte man die Beute ein: Waffen, Silber- und Bronzegeschirr, Pelze, Kleidung … und schließlich Lebensmittel. Man lud alles auf die von den Amalekitern zurückgelassenen Reittiere, dann setzten die Soldaten die Überreste des Lagers in Brand. Hinter einem Rauchvorhang machten die Truppen sich auf den Rückweg. Doch Rückkehr wohin? Die Männer, die man am Vorabend in den Dörfern Judas rekrutiert hatte, konnten zurück in ihr Zuhause. David und seine Truppen würden in Ziklag jedoch nur Ruinen finden. Ab morgen musste man sofort damit beginnen, die verwüstete Stadt neu aufzubauen. Und dann würde er Maacha kommen lassen.

Und das Efod hatte richtig geweissagt, dachte David, der in sich versunken an der Spitze ritt. Gott war mit ihm, nicht mit Saul. Gott konnte nicht mit beiden der verfeindeten Männer zugleich sein.

Bei der Rückkehr rief er die zweihundert Männer zusammen, die nicht den Mut gehabt hatten, ihm zu folgen. Sie waren in einem jämmerlichen Zustand. Als die Hauptmänner sie versammelten, waren sie gerade dabei, in den Töpfen, die der Plünderung entgangen waren, und mit dem wenigen Getreide, das sie in den leeren Säcken gefunden hatten, eine Suppe zuzubereiten. Die Soldaten überhäuften sie mit beißendem Spott. Mehrere forderten sogar, diese Feiglinge sollten bei der Aufteilung der Beute ausgeschlossen werden.

»Es hat euch an Vertrauen in den Herrn gefehlt«, sagte David zu ihnen. »Ihr seid dafür durch unseren Sieg genug gestraft, ohne dass ich noch etwas hinzufüge. Ihr werdet also euren Teil der Beute erhalten, obwohl ihr nichts davon erobert habt. Aber ich will, dass ihr euch morgen mit Tagesbeginn an die Arbeit macht, um Ziklag wiederaufzubauen.«

An diesem Abend schlief er in seinem verwüsteten Haus den Schlaf eines Mörders. Schwer. Tief. Unrein. Einmal wachte er auf, um etwas zu trinken. Verworrene Gedanken. Kämpften sie bereits in En-Harod? Und welchen Ausgang würde die Schlacht nehmen? Dann dachte er daran, dass Abigail schwanger war und Ahinoam es sicher bald sein würde, ebenso wie Maacha. Sein Baum trieb neue Zweige; stand er immer noch unter der Bedrohung von Sauls Schwert? Und was war aus Michal geworden, fragte er sich. Alles Brot, das man essen kann, vertreibt nicht die Erinnerung an den Bissen, der einem aus dem Mund gefallen ist. Abigail, die ebenfalls wach geworden war, erriet anscheinend seine Gedanken. Sie sah ihn mit ihrem runden Gesicht, das Schwangere haben, an und sagte plötzlich: »Du wirst König Israels sein, zweifle nicht daran.« Er nickte. Alles, was man tut, hindert einen daran, etwas anderes zu tun. Nie wieder würde er der verträumte kleine Hirte sein, der Mädchen auf den Feldern gestohlene Lust bereitete, wenn er den Duft ihres Körpers mit dem des zerdrückten Grases mischte. Jede Handlung war das Glied einer Kette. Er war dazu bestimmt, König Israels zu werden. Nichts anderes.

Ach, Samuel hatte ihn fein in die Falle gelockt! Wer wollte schon König Israels sein? All diese Intrigen, all dieses Blut, dieses ganze niederdrückende Gewicht!

Dann zählte er, dass seit der Vorhersage des Alten vierundzwanzig Monde vergangen waren. Und wieder dachte er an diesen kranken Hund Saul. Dann an Jonathan. Endlich schlief er wieder ein.

Am nächsten Tag schickte er Boten mit Anteilen der

Beute an die Ältesten der Dörfer, die ihm Männer zu Hilfe gesandt hatten. Betul, Ramot, Jattir, Arara, Sipmoth, Eschtemoa, Rakal ... Er sandte Beuteteile an die Jerachmeeliter und die Keniter. »Das sind die Anteile, die euch aus unserem Sieg über die Feinde des Herrn zukommen«, sollten die Boten jeweils erklären. Anschließend gab David Befehle zum Wiederaufbau der Stadt, in der er möglichst bald seine Hochzeit mit Maacha feiern wollte. Als Erstes ließ er die Mauern wieder hochziehen. Wenn Saul, wie schon mehrmals, über die Philister gesiegt hatte, konnte es von einem Tag auf den anderen gefährlich werden.

33
Die Totenbeschwörerin von En-Dor

Noch feiner ... Nicht zu viel Wasser ...«
Während David den Mörtel verstrich, um die großen Mauersteine von neuem zu verfugen, wechselte er abgehackte Worte mit Ezer und Ammon. Die Berichte der Dorfbewohner aus der Umgebung und die seiner Kundschafter stimmten überein. Saul war in den letzten Wochen mehrmals um Ziklag und Horcha herumgestrichen, er hatte die Gegend um Adullam und En-Gedi durchsucht, wie ein Schakal, der seine Beute umkreist, aber nicht mehr genügend Zähne hat ... Sollte das immer so weitergehen? Sollte man nicht Spione nach En-Harod und Afek schicken, damit man wusste, wie es in den Schlachten stand?
»Neuigkeiten werden uns bald genug mitgeteilt«, antwortete Ammon. »Du wirst als Erster benachrichtigt.«

An dem Abend, als David die Amalekiter in die Flucht schlug und Sauls in En-Harod zusammengezogene Truppen auf den Befehl zum Angriff warteten, befragte Saul seine drei Efodim. »Herr, wie wird die Schlacht ausgehen?«, wollte er wissen. »Sie sind über zehntausend. Wir sind dreitausend. Wirst du deinen Diener und dein Volk schlagen lassen?«
Bei diesen rituellen Befragungen ließen die Efodim fast immer nach kürzerer oder längerer Zeit eine Stimme im

Innersten des Wesens ertönen, und dies war die Antwort für den Fragesteller. »Tu es«, oder: »Tu es nicht.« »Es ist gut.« Oder: »Es ist schlecht.« »Die Vorzeichen sind gut, der Herr beschützt dich.« Oder: »Dies findet nicht den Gefallen des Herrn, es wird scheitern.«

Diesmal schwiegen die Efodim. Ihre Jaspisaugen blickten drohend auf den alten König.

Saul seufzte. Seit mehreren Nächten hatte er nicht geträumt; der Herr blieb taub gegenüber seinen Bitten. Er trat aus seinem Zimmer. »Bring mir deinen Mantel«, sagte er zu dem Diener, der Wache hielt.

»Dieser Mantel ist deiner nicht würdig«, antwortete dieser.

»Bring ihn, sage ich dir.«

Der Mann kam mit dem geforderten Kleidungsstück zurück. Saul zog den Mantel an, warf sich die Kapuze über und ging hinaus, übertrieben gebückt, um sehr alt auszusehen. So ging er bis an den Rand seiner Stadt Gibea, wo er vor einem Bäcker stehen blieb.

»Hilf mir. Ich suche eine Frau, die von einem Geist durchdrungen ist, damit ich meine Vorfahren befragen kann«, bat er mit verstellter Stimme.

Der Bäcker betrachtete ihn einen Augenblick lang. »Saul hat alle, die die Zukunft weissagen, aus dem Königreich werfen lassen, weißt du das nicht?«, antwortete er schließlich. »Aber eine gibt es noch, hat man mir gesagt, in En-Dor.«

»Das ist weit«, meinte Saul.

»Mehr weiß ich nicht.«

Saul kehrte in den Palast zurück und rief seine beiden treuesten Waffenträger. »Lasst sofort eure Pferde und das meine satteln«, befahl er ihnen. Die Sonne ging unter, als sie davongaloppierten.

»Wo reiten wir hin?«
»Nach Süden.«
Diese Richtung war entgegengesetzt zu der, wo das Heer lagerte. Nachdem sie eine Weile durch die dunkle Nacht galoppiert waren, sahen sie die Lichter eines Weilers. Saul fragte nach dem Weg. »Ist es noch weit bis En-Dor?« Es war ein kanaanäisches Haus. Die Kanaanäer in dieser Gegend nahe dem Berg Tabor waren nicht auszurotten gewesen. Ein Mann antwortete Saul, dass er fast schon am Ziel sei.
»Und wo ist das Haus der Totenbeschwörerin?«
Der Mann warf ihm einen misstrauischen Blick zu. »Sie ist keine Totenbeschwörerin mehr.«
»Wo ist sie?«
»Es ist das erste Haus am Weg. Du erkennst es an der großen Eiche, die ihm Schatten spendet.«
Sie ritten hin, banden die Pferde an der Eiche fest, und Saul klopfte an die Tür, nachdem er seinen Begleitern befohlen hatte, auf ihn zu warten. Eine Frau löste schließlich den Riegel und öffnete. Mit ihrer Lampe beschien sie eine Weile das Gesicht ihres Besuchers. Sie war eine alte Frau mit eingesunkenen Augenhöhlen, weil sie zu oft den Tod gesehen hatte.
»Was willst du um diese Zeit?«, fragte sie.
»Ich will, dass du die Toten beschwörst und die Seele eines Mannes heraufholst, und mir dann meine Zukunft weissagst.«
»Du weißt, dass Saul alle Geisterbeschwörer außer Landes gejagt hat. Willst du, dass ich mein Leben riskiere?«
Er nahm eine Goldspange mit einem Rubinhalbedelstein, der unter der Lampe glitzerte, aus der Tasche. »Im Namen des Herrn, ich versichere dir, dass dir deswegen nichts Böses geschehen soll.«

Unter den verblüfften Blicken der Waffenträger ließ sie ihn eintreten und wies ihm einen Sitz zu. Sie holte ein Kohlebecken aus Bronze auf drei Füßen, warf Reisig hinein und zündete es an. Die Flammen schlugen hoch. Die Totenbeschwörerin warf dickere Zweige und dürre Blätter nach, die das Zimmer mit duftendem Rauch erfüllten, den sie einatmete. »Wen soll ich rufen?«

»Samuel.«

Vor dem Feuer kauernd, schien sie so weit in sich selbst zu versinken, dass man fürchten konnte, ihre Arme und Beine würden zurück in ihren Körper schrumpfen, bis sie nichts mehr als eine Kugel aus Kleidern ohne Inhalt war, nur mit einem Schädel, der herausragte. Der Raum war in Rauch gehüllt, man sah nur mehr Furcht einflößende Spiralen. Die Greisin stieß den Schrei eines Kindes aus.

»Da ist er! Aber das ist der große Seher!«, rief sie. »Warum hast du mich getäuscht? Du bist es, Saul!« Sie stieß ein wütendes Grollen aus.

»Hab keine Angst. Sag mir, was du siehst.«

»Ich sehe ihn aus der Erde aufsteigen, einen alten Mann in seinem Mantel ...«

Saul warf sich zu Boden, und das Undenkbare geschah: Samuel sprach durch den Mund der Frau, die mit nach hinten geneigtem Kopf und verdrehten Augen vor dem Feuer kauerte. Es war wirklich seine Stimme, die aus dem faltigen Mund der Totenbeschwörerin ertönte, eine Grabesstimme.

»Warum hast du meine Ruhe gestört? Warum lässt du mich aus der Scheol heraufsteigen?«, fragte Samuel.

»Ich bin in großer Bedrängnis«, antwortete Saul voller Furcht. Er schluckte und wagte es kaum, das Gesicht zu heben. »Die Philister bereiten sich darauf vor, mich anzugreifen, und sie sind zahlreich. Und der Herr hat sich von mir abgewandt. Er antwortet mir nicht mehr, erscheint mir nicht mehr im Traum. Ich habe dich gerufen, damit du mir sagst, was ich tun soll.«

»Warum befragst du mich nun, da der Herr sich von dir abgewandt hat und dein Feind geworden ist? Er hat getan, wie er durch mich geredet hat. Er hat das Königreich aus deiner Hand genommen und es David gegeben. Morgen wirst du mit deinen Söhnen bei mir sein, weil der Herr dein Heer und dein Volk in die Hände der Philister geben wird!«

Da stürzte Saul, der sich halb aufgerichtet hatte, zu Boden. Die Totenbeschwörerin schrie auf und beugte sich über ihn. Die Hexe versuchte den König, der von einem Geist niedergestreckt worden war, aufzusetzen. »Ich habe getan, was du von mir verlangt hast, und dabei mein Leben aufs Spiel gesetzt«, erklärte sie. »Hör zu, du musst etwas essen, bevor du dich wieder auf den Weg machst.«

In seiner Verwirrung schüttelte er den Kopf und gab weiterhin unverständliche Laute von sich. Sie rief die beiden Waffenträger zu Hilfe, und zu dritt brachten sie Saul dazu, dass er eine Fleischpastete und zwei ungesäuerte Brote aß.[1] Darauf machten sie sich wieder auf den Weg zu den Truppen nach En-Harod. Als David in den Ruinen von Ziklag aufwachte, waren sie wieder zurück.

1 *1 Samuel* 28, 21–25 behauptet, die Totenbeschwörerin habe ein gemästetes Kalb geschlachtet und in dieser Nacht für ihn zubereitet. Ein malerisches Detail, aber wenig glaubwürdig. Man kann sich kaum vorstellen, dass Saul wartete, dass man mitten in der Nacht dieses Tier schlachtete und zubereitete, während er zu einer entscheidenden Schlacht zurück zu seinen Truppen nach En-Harod musste, fünfzig Kilometer entfernt. Die Entscheidung, das Kalb zu schlachten, wäre schon nicht plausibel, wenn sie von jemandem mit einem großen Haus getroffen worden wäre, doch sie wird entschieden unwahrscheinlich, wenn es sich um eine Magierin in einem kleinen Dorf Judas handelt.

34

Der Sturz des Baumes

Es war eine entsetzliche Schlacht.
Die Philister kamen vom Ostufer des Sees Genezareth und stürmten zuerst mit ihren Streitwagen gegen Sauls Truppen, die sie am südlichen Zugang zur Jesreel-Ebene erwarteten. Diese hatten keine Streitwagen, waren aber deshalb anfangs nicht im Nachteil. Die schweren Geräte waren unhandlich zu lenken; einschließlich der Pferde brauchten sie zwanzig Ellen, um eine Kurve zu nehmen. Großer Lärm verriet außerdem, wenn sie sich näherten, so dass man leicht fliehen und sich an einer Seite des Gefährts zusammenkauern konnte. Die Lanzenwerfer auf diesen erzenen Ungeheuern wurden zu leichten Zielen für Schleuderer und Bogenschützen. Auf diese Weise verloren die Philister viele Männer. Der Hauptzweck ihres Angriffs war es, sofort einen Keil in die feindliche Armee zu treiben. Die Streitwagen der Philister hatten tatsächlich eine Schneise in die Front der Juden geschlagen, in die sich zuerst die Lanzenreiter, dann die Bogenschützen und die Fußsoldaten stürzten. Man musste nur noch links und rechts die Soldaten von Sauls Armee verfolgen. Entweder fielen die Juden unter der Masse der Angreifer oder sie flohen. Einer, dem die Flucht gelang, berichtete David am nächsten Tag von der Schlacht.
Saul und Abner hatten eine Rückzugslinie im Gilboa-Gebirge geplant. Aber nur eine Hälfte ihrer Truppen

konnte dorthin fliehen, die Hälfte, in der sich der König und seine drei Söhne befanden. Die andere Hälfte, durch den Ansturm der Streitwagen von ihnen abgetrennt, wurde von den Philistern eingekesselt und niedergemetzelt. In die Defensive gezwungen, erklommen Saul und seine Männer das Gebirge unter einem Hagel von Pfeilen. Seine Bogenschützen versuchten zu kontern, doch die Entfernung zwischen ihnen und den Verfolgern war zu gering. Sobald sie sich niederließen, um ihre Bogen zu spannen, verloren sie noch mehr an Vorsprung. Am Ende der Nacht endete die Schlacht in Zweikämpfen. Jonathan, Abinadab und Malkischua fielen einer nach dem anderen. Saul, von einem Pfeil in den Bauch getroffen, forderte seinen Waffenträger auf, ihn zu töten. Entsetzt weigerte sich dieser. Darauf stürzte Saul sich selbst in sein Schwert, was sein Waffenträger ihm nachtat, als er es sah. Die beiden Leichname rollten in die Myrtenbüsche, die auf den Berghängen wuchsen.[1]

1 Diese Version entspricht *1 Samuel* 31, 4–6. Die Version in *2 Samuel*, 4–16 unterscheidet sich davon erheblich: Hier wird behauptet, dass sich Saul, umzingelt von den feindlichen Streitwagen und Reitern, aber ohne eine Verwundung, an einen jungen Amalekiter, von dem man nicht weiß, was er dort tat, gewandt und den Fremden aufgefordert habe, ihn zu erschlagen, da er den Tod nahen sah. Dieser Amalekiter soll der Aufforderung nachgekommen sein, sich der Krone und der Armschienen Sauls bemächtigt und David die Todesnachricht überbracht haben. David habe ihn darauf töten lassen, da er die Hand gegen den Gesalbten des Herrn erhoben hatte. Diese Version jedoch ist aus mehreren Gründen suspekt. Zunächst einmal fand Saul den Tod im Gilboa-Gebirge, das vielleicht gerade noch von den Reitern der Philister erklimmbar war, sicherlich aber nicht von Streitwagen. Zweitens kann man sich schlecht einen König vorstellen, noch dazu einen Charakter wie Saul, der einen fremden, wenn nicht gar feindlichen jungen Mann auffordert, seinem Leben ein Ende zu setzen. Drittens ist kaum verständlich, warum ein junger Amalekiter sich Sauls wertvollster Hinter-

Die Flüchtenden, die in den Städten und Dörfern der Juden dieser Gegend Unterschlupf suchten, am Westufer des Jordan und südlich des Gilboa-Gebirges, verstärkten unbeabsichtigt den Vorteil der Philister: »Es ist aus! Saul und seine Söhne sind tot! Die Philister haben die Armee vernichtet!«, verkündeten sie.
Zu Tode erschrocken, schnürten die Juden hastig ihre Bündel und ergriffen die Flucht. Die Philister übernahmen kampflos ihre Orte.
Hasserfüllt von fünf Jahre lang währenden Kleinkriegen, deren Ziel es war, ihnen ihr eigenes Land streitig zu machen, übten die Philister gnadenlose Rache an den sterblichen Überresten ihres Feindes. Sie rissen ihm seine Rüstung herunter und schickten sie in den großen Astarte-Tempel nach Geser. Darauf enthaupteten sie ihn und trugen seinen Kopf auf der Spitze eines Spießes durch ihre Städte und durch jene, die sie erobert hatten. Auch den kopflosen Leichnam sowie die sterblichen Überreste seiner Söhne schonten sie nicht, sondern nagelten sie an die Mauern von Bet-Schean.
Dort nahmen ein paar mutige und fromme Männer aus Jabesch sie während der Nacht ab. Eine düstere Aufgabe, die rituelle Unreinheit nach sich zog. Doch ein König war ein König, man konnte ihn nicht den Hunden und den Geiern überlassen. Sie hüllten die Leichname in Tücher und nahmen sie zu sich mit, wo sie sie

lassenschaft, seiner Krone und seiner Armschienen, die dem Anführer der Philister zukamen, bemächtigt und überdies noch bei David damit geprahlt haben soll. Hier handelt es sich offenkundig um die romanhafte Dichtung von Autoren, denen die frühere Version aus *1 Samuel* nicht bekannt war, und die darauf abzielt, David eine zusätzliche schöne Rolle zu verleihen. Aus diesem Grunde habe ich sie hier nicht verwendet.

wuschen, einbalsamierten und unter der großen Tamarinde ihrer Stadt begruben.
Sie fasteten sieben Tage lang und beteten in ihrem Kummer zu dem Gott, der sie anscheinend verlassen hatte. Der Baum war gefällt, und sie sahen keinen anderen.

35

Ende einer Jugend

Und sie haben sie gewaschen, mit Gewürzen einbalsamiert und in Jabesch unter der großen Tamarinde begraben …«

Die Stimme des Ältesten aus dem Stamm Naftali brach. Er war mit zwei weiteren Ältesten aus dem Stamm Manasse nach Ziklag gekommen, um David vom Ausgang der Schlacht zu berichten. Alle drei saßen auf großen Steinen vor Davids zerstörtem Haus, während der Lärm von den Baustellen ringsumher widerhallte. Sie waren auch gekommen, um zu sehen, wie es um die Verfügungen stand, die Samuel getroffen hatte. Würde David sein Recht auf die Nachfolge geltend machen? Alle drei waren bei Davids Salbung dabei gewesen. Aber schließlich hatte Samuel auch Saul gesalbt, und man sah, was dabei herausgekommen war. Vielleicht war David den Anforderungen nicht gewachsen. Schließlich hatten die zwölf Stämme vor sechs Jahren einen König von Samuel gefordert, und wenn sich nun der Wille des verstorbenen großen Sehers nicht erfüllte, musste man eine Entscheidung treffen und möglicherweise von den Stämmen einen König ernennen lassen.

David beugte sich nach vorn, ein Schwindelgefühl der Trauer ergriff ihn, und er lehnte sich an Joab, der dicht bei ihm war. Schließlich hob er wieder den Kopf. Es war einer dieser Tage, an denen man sich fragt, warum die Sonne noch scheint. Doch sie strahlte auch an diesem

Spätsommertag, gemildert durch eine Meeresbrise. Die Granatapfelbäume bogen sich unter ihren Ästen.
»Was soll aus uns werden?«, fragte der Älteste. Seine beiden Begleiter richteten fragende Blicke auf David.
»Der Herr hat durch Samuel zu uns gesprochen. Er hat uns nicht verlassen«, erklärte David.
Alle drei schüttelten den Kopf.
»Nein, der Herr hat uns nicht verlassen«, wiederholte einer der beiden vom Stamm Manasse. »Von nun an bist du sein Herold.«
»Was wirst du tun?«, fragte der Alte vom Stamm Naftali. »Sauls Geschlecht ist nicht mit ihm oder den drei Söhnen, die in Gilboa gefallen sind, ausgestorben. Es gibt noch Jischwi.«
»Abner lebt auch noch«, fügte der zweite Älteste aus dem Stamm Manasse hinzu. »Und er ist Sauls Vetter ersten Grades.«
Die Abfolge der Ereignisse war vorhersehbar: Abner würde versuchen, das Haus Saul mit Jischwi als Erben an der Macht zu halten. Wenn er das tat und Jischwi nach seinem Gutdünken manipulierte, konnte er eine Machtstellung von David fordern, die dieser ihm nicht einräumen wollte. David hatte bereits seine Getreuen und seine Generäle, er brauchte Abner nicht.
»Ihr habt Samuel gehört«, erwiderte David nach einer Weile. »Sauls Baum ist vom Zorn des Herrn gefällt worden. Dieser schwache Zweig Jischwi genügt nicht, um ihn wieder aufleben zu lassen.« Er sprach einfach, klar, kraftvoll. Ihre Augen belebten sich. »Ich sage es euch, damit ihr es allen anderen weitersagt: Es nützt nichts, gegen den Willen des Herrn vorzugehen. Wer glaubt, mit Abner oder Jischwi paktieren zu müssen, wird sich meinen Zorn zuziehen.«

Rasch nickten sie. Der Zorn Davids war sicher ebenso schrecklich wie der Sauls! Sie standen auf, riefen den Segen des Herrn auf David herunter und ritten auf ihren Eseln davon.
Nachdem sie fort waren, kamen die Leiter der Baustellen zu ihm, um Fragen über den besseren Verlauf dieser oder jener Straße oder über den Ausbau eines Hauses an ihn zu stellen. Er antwortete ihnen zerstreut. Ziklag war nicht mehr seine Stadt, sondern nur noch das Geschenk von Feinden, das er eines schönen Tages niederreißen würde.
Beim Abendessen, bei dem der Priester Abjatar, Ezer, Ammon, der Ammoniter Isch-Boschet, Joab und einige andere Hauptleute vor einer großen Schüssel Linsen mit Geflügel zusammensaßen, ergriff David das Wort.
»Vom Königreich Sauls ist nichts mehr übrig«, begann er. »Abner ist ein Intrigant, der versucht, sich eine Vormachtstellung zu schaffen, indem er den Namen Jischwis benutzt, aber es wird nichts Gutes dabei herauskommen, denn die zwölf Stämme wissen, dass Sauls Stamm verdorrt ist. Die Philister sind Herren des Landes, umso mehr, da sie wissen, dass wir nun gespalten sind und es bequemer ist, jeden der zwölf Stämme einzeln zu beherrschen als ein geeintes Volk. Ich muss einen Stützpunkt errichten, von dem aus wir dieses Land zurückerobern können.«
»Wir verlassen Ziklag?«, fragte Ammon.
»Ziklag gehört uns und wird uns bleiben. Wir haben andere Festungen, wie Horcha und Adullam, sie werden uns bei Gelegenheit nützlich sein. Aber Ziklag ist nicht die Stadt eines jüdischen Königs.«
»Wo willst du hin?«, fragte Joab.
»Nach Hebron. Wir brauchen einen Ort, in dem das

Gedächtnis unseres Volkes verwurzelt ist. Dort ruht Abraham, dort ruhen unsere Vorfahren. Und wir haben Freunde in der Umgebung. In Betul, in Ramot, in Jattir, in Arara, in Sipmoth, in Eschtemoa, in Rakal ... Die Jerachmeeliter und die Keniter sind unsere Verbündeten.«

»Ihnen haben wir ihre Beuteanteile geschickt«, bemerkte Ezer.

»Der Herr ist mit dir«, meinte Abjatar. »Samuel hat es gesagt. Ich wiederhole es.«

Am nächsten Morgen rief David Abjatar.

»Ich will, dass du das Efod befragst«, erklärte er. »Ich will wissen, ob es der Wille des Herrn ist, dass ich nach Hebron gehe.«

Zusammen gingen sie in den Tempel, wo die Maurer gerade dabei waren, das Dach aus Eichenholz wiederherzustellen. Während die Handwerker im Lärm der Hämmer nagelten und schwitzten, wickelte Abjatar die Bronzestatue aus, schloss die Augen und erbebte. Seine Stimme veränderte sich. Sie klang seltsam, wie die einer verrückten alten Frau.

»Was willst du wissen, David, Diener des einzigen Gottes?«

»Ich will wissen, ob ich die Städte Judas erobern werde.«

»Du musst es.«

»Wohin soll ich gehen?«

»Nach Hebron. Dort ruhen deine Väter.«

Ich habe es gesagt, dachte David.

Am nächsten Tag brach er mit Ezer, Ammon, Joab und dessen zwei Brüdern, Abischai und Asaël, nach Hebron auf, auch Abjatar war mit dabei. David rief die Ältesten der Stadt zusammen. Sie kannten ihn bereits, alle kannten David, den Bezwinger Goliaths, den Helden, mit

dem sich die kleinen Jungen identifizierten, wenn sie mit der Schleuder auf Vögel schossen, und den sich die Mädchen als Gatten erträumten.
»Saul ist tot, und wir haben keinen König«, sagte er. »Samuel hat mich vor den Ältesten der zwölf Stämme zum König gesalbt.«
Alle richteten ihre Blicke auf ihn – alte Frauen und junge Männer, Räuber und Bäcker, Richter und Tempelpriester, Schmiede und Metzger, Bettler und Wucherer, Kinder und erwachsene Männer, die an seiner Seite gekämpft hatten. Er erriet, was sie dachten, nämlich, dass Könige einen in den Krieg zogen und Steuern verlangten.
»Wir haben nur einen König, das ist der Herr. Aber wenn wir keinen König auf Erden haben, sind wir bald die Sklaven der Philister. Wenn wir keinen König haben, der Diener des Herrn ist, werden wir Sklaven der Philister. Wollt ihr die Diener des einzigen Gottes sein oder die Sklaven der Philister?«, rief er.
Er hatte den richtigen Ton getroffen. »Wenn ihr die Diener des einzigen Gottes seid, bin ich euer König.«
Die Ältesten erhoben sich. »David«, erklärte der ehrwürdigste unter ihnen, »wir kennen deine Heldentaten, und noch besser kennen wir das Wort Samuels. Wenn er dich erwählt hat, bist du unser König.« Er wandte sich der Menschenmenge um ihn herum zu. »Dieser Mann ist unser König. Er ist unser Verteidiger. Lobt den Herrn, der ihn auserwählt hat!«
Sie riefen alle das Lob des Herrn. David wusste, dass diese Rufer verwirrt waren, dass viele ihren Gott nicht von dem der Kanaanäer unterschieden. Er würde sie lehren, wer ihr Gott war.
Dieselbe Rede wiederholte er in den anderen Städten Judas. Natürlich in Bethlehem, wo er geboren war, in

Nebo, Mamre, Schamir, Jattir, Karmel und vielen anderen. Jedes Mal ließ er vom Priester der Stadt ein Opfer darbringen. Innerhalb von ein paar Monaten wurde anerkannt, dass er König Judas war. Das Gebiet des Stammes Simeon muss nicht erwähnt werden, denn dort befand sich Ziklag, und dessen König war er schon.[1] Wie hätte es anders sein können, da es zu dem Stamm Juda gehörte? Die Benjaminiter, die an der Grenze lebten, hatten nicht vergessen, dass sie Israels ersten König, Saul, gestellt hatten, und unterwarfen sich nur widerstrebend. Daher ließ er sich in Hebron, auf dem Gebiet Juda, von dem dortigen Priester zum König salben, im Beisein von Abjatar, der vor Ergriffenheit weinte.

Die Feier, bei der die Priester aller Städte Judas und Benjamins zugegen waren, fand im Tempel statt. Sie dauerte fast den ganzen Tag, begann mit einem gemeinsamen Opfer, dargebracht auf einem großen Altar, den man zu diesem Zweck errichtet hatte, und endete auch mit einem Opfer, in der Nähe von Abrahams Grab, zu dem die ganze Bevölkerung in einer Prozession zog. Der Priester, gekleidet in ein goldbesticktes Leinengewand und einen scharlachroten Mantel, die Füße in hellem Lammleder, goss wie einst Samuel in Rama Öl über Davids Stirn. Die Sonne ging über den goldenen Feldern unter, als David, den Goldreif um die Stirn, neben den Priestern und eskortiert von seinen Generälen, durch die Stadt schritt, um gemeinsam mit ihnen am Grab zu beten.

»Freue dich, Israel, der Herr hat dir einen König gegeben!

1 Unter den Gebieten, die David anlässlich seiner Krönung in Hebron zukamen, wird das Gebiet Simeon nicht erwähnt, aber es ist wohl mehr als wahrscheinlich, dass es offiziell dazugehörte, da es sich eben innerhalb des Gebiets Juda befand.

Bitte den Herrn, Israel, dass dein Ruhm in den Augen deines Vaters erglänzt wie das Gold an der Stirn seines Erwählten!«, rief der Priester nach dem Brandopfer des Abends. »Bitte den Herrn, dass deine Wechselfälle nichts anderes sind als Unkraut auf deinen Feldern, das von den Händen frommer Menschen herausgerissen wird!«
Ein Fest folgte nun, das die ganze Nacht dauerte und bei dem junge Leute im Licht der Fackeln tanzten.

Als David am nächsten Morgen in dem weiträumigen Haus, das er sich ausgesucht und das er vergrößern hatte lassen, erwachte, fand er über seiner Tür eine Menge von Blumengirlanden, die die Bevölkerung im Morgengrauen dort aufgehängt hatte. Er schickte nach Ziklag, um Abigail und Ahinoam herzubringen. Eine Eskorte von hundert Mann, angeführt von Ezer und Joab in Prunkgewändern, sandte er nach Kerijot, um Maacha zu holen.
Dann endlich nahm er sich die Zeit, Jonathan zu beweinen. Man stirbt vor seiner Zeit mit den Toten, und die Toten sterben zweimal, wenn man sie vergisst. Aber immer beweint man sich selbst, denn man hört nie auf zu sterben. Er weinte daher über den, der er einmal gewesen war. Über den zarten jungen Mann, der er gewesen war und der er nie wieder sein würde.
»Samuel, Samuel, du hast meine Jugend gestohlen!«
Er schickte Joab mit einer Nachricht nach Jabesch. Er rief den Segen des Herrn auf die Menschen dieser Stadt herab, weil sie die Frömmigkeit besessen hatten, Saul und seine Söhne zu begraben. Und nun, da der Herr ihn zum König über Juda gemacht hatte, würde er ihre Frömmigkeit nicht vergessen.
Nein, er würde nichts vergessen, auch nichts anderes.
Er schrieb seinen Schmerz nieder:

Die Edelsten in Israel
sind auf deinen Höhen erschlagen.
Wie sind die Helden gefallen!
Sagt's nicht an in Gat, verkündet's nicht
auf den Gassen in Aschkelon, dass sich nicht freuen
die Töchter der Philister, dass nicht frohlocken
die Töchter der Unbeschnittenen.
Ihr Berge von Gilboa, es soll weder
tauen noch regnen auf euch, ihr trügerischen Gefilde;
denn daselbst ist der Helden Schild verworfen,
der Schild Sauls, als sei er nicht gesalbt mit Öl.
Der Bogen Jonathans hat nie gefehlt,
und das Schwert Sauls ist nie leer zurückgekommen
von dem Blut der Erschlagenen und vom Mark.
Saul und Jonathan, geliebt und einander zugetan,
im Leben und im Tod nicht geschieden; schneller
waren sie als die Adler und stärker als die Löwen.
Ihr Töchter Israels, weinet über Saul, der euch
kleidete mit kostbarem Purpur und euch schmückte
mit goldenen Kleinoden an euren Kleidern.
Wie sind die Helden gefallen im Streit!
Jonathan wurde auf deinen Höhen erschlagen!
Es ist mir leid um dich, mein Bruder Jonathan,
ich habe große Freude und Wonne an dir gehabt;
deine Liebe ist mir wundersamer gewesen,
als Frauenliebe ist.
Wie sind die Helden gefallen
und die Streitbaren umgekommen.[2]

2 Man weiß nicht, ob dieses Klagelied, niedergeschrieben in *2 Samuel* 1, 18–27, vollständig ist. Man kann es nicht mit der Version im »Buch des Aufrechten«, die hier genannt ist, vergleichen, da diese Gedichtsammlung eines der drei Bücher des Alten Testaments ist, die verloren gegangen sind.

Er gab den Text Abjatar und bat ihn, Abschriften davon für alle Priester Judas zu machen, damit diese wiederum weitere Abschriften machten und man die Kinder Israels dieses Trauerlied lehrte.
Abigail war niedergekommen; es war ein Sohn, und David nannte ihn Daniel, doch die Mutter wollte ihn auch Kilab nennen. Auch Ahinoam würde bald gebären, und David ließ endlich seine Hochzeit mit Maacha feiern.
Das war vielleicht eine der letzten Freuden des Lebens, der Körper einer jungen Frau. Diese glatte und gefährliche Anmut, bevor die Brüste unter dem Gewicht der Milch schwer zu werden begannen! Diese Art und Weise, zugleich Blüte und Frucht zu sein. Diese Lyra aus Fleisch und Blut. Und diese Stimme im Morgengrauen, die einem Mann beweist, dass er noch am Leben ist.

II

Der ewige König

I

Eine vergebliche militärische Aktion

Ein paar Tage nach der Salbung Davids fand auf der anderen Seite des Jordans, in Mahanajim, am Rande von Gilead und Ammon, eine andere Salbung statt. Abner hatte dort die Krönung Jischwis zum König über Gilead, Asser, Jesreel, Ephraim, Benjamin und – der Gipfel der Unverschämtheit – »über ganz Israel« veranlasst.
Abner und das Haus Saul wussten natürlich, dass David bereits König über Judäa war. Aber sie hatten beschlossen, so zu tun, als wüssten sie es nicht.
»Täusche dich nicht«, warnte Joab, »es sieht aus wie Herumgeprahle, aber es ist eine Herausforderung. Früher oder später werden Abner und Jischwi dir das Königtum über Juda und Simeon streitig machen.«
Abischai und Asaël, die beiden Brüder Joabs, sahen die Sache ähnlich. Ezer, dem Jischwi schon lange nicht gerade am Herzen lag, sprach nur von einem »Königreich der Überlebenden«. Wie kam es, meinte er, dass Abner das Massaker am Berg Gibeon überlebt hatte? Und Jischwi, wo war er zum Zeitpunkt der Schlacht gewesen? Warum hatte nicht er die Leichname seines Vaters und seiner Brüder geholt, als die Philister sie an die Mauern von Bet-Schean genagelt hatten? Es stimmte, mit seinen vierzig Jahren hatte Jischwi sich im Gegensatz zu seinen gefallenen Brüdern durch nichts ausgezeichnet.

David hörte zu, sagte aber nichts, und jedem in seiner Umgebung war klar: Es widerstrebte ihm, direkt gegen das Haus Saul vorzugehen. Er verschob jede Diskussion zu diesem Thema auf später.

»Erinnerst du dich nicht mehr, was du uns eines Abends in Ziklag gesagt hast? Hast du vergessen, dass du erklärt hast, der Stamm Saul sei verdorrt? Haben wir denn für nichts gekämpft?«, rief Ezer empört. »Sind wir für nichts und wieder nichts durch die Wüste gezogen? Ist Samuels Vermächtnis nichts mehr wert? Genügt es, dass ein Mann von Sauls Geblüt auftaucht, um deinen Mut erlahmen zu lassen?«

Das war keine gespielte Erbitterung: Ezer war zornig. Es mochte noch angehen, dass David laut und offen seine Zuneigung zu Jonathan herausschrie; man wusste, worum es dabei ging, das konnte man verzeihen. Doch diese Klagen um Saul – Saul, der versucht hatte, ihn mit seiner Lanze zu durchbohren, der ihn über Jahre hinweg mit seinem Hass verfolgt hatte, der ihm seine Frau genommen hatte – waren unerträglich. Und seine Untätigkeit angesichts der Ränkespiele Abners wurde für alle, die David verteidigt hatten, schlechthin beleidigend.

David erkannte die Gefahr. Die Ältesten, die zu ihm gekommen waren, hatten ihn bereits gewarnt, indem sie ihn daran erinnerten, dass Jischwi und Abner noch am Leben waren. Vor allem begriff David die Drohung, die in Ezers Anspielung auf Samuel enthalten war. Reagierte er nicht auf die Salbung im Hause Saul, schien er tatsächlich dem Willen des großen Sehers untreu zu sein. Und zudem befände er sich wie zu Lebzeiten Sauls in Gefahr. Außer gegen die Philister müsste er sich der ständigen Bedrohung durch die Armeen des Nordens stellen. Er vertrat nur zwei Stämme, während gegen ihn zehn zusammengeschlossen waren. Solange er am Leben war, würden Abner und sein Strohkönig kein anderes Königreich Israel dulden.

»Wir werden ganz sicher gegen Abner und Jischwi kämpfen«, sagte David den Männern seines Vertrauens zwei Tage später. »Aber der erste Schlag wird nicht von mir kommen.«

Lange brauchte er nicht zu warten. Es kam immer öfter zu Zusammenstößen, da die beiden Königreiche aneinander grenzten. Entlang der ganzen Linie, die von Jabeel bis Beth-Hoga führte und das Königreich Juda vom Territorium der Benjaminiter trennte, folgten Beleidigungen, Schlägereien, Überfälle und Morde immer rascher aufeinander. Die Soldaten der beiden Lager beschimpften sich gegenseitig als Sklavenseelen, Heuchler und Unbeschnittene. Schließlich setzten sich beide Armeen in Bewegung, und Abgesandte Abners trafen am Teich von Gibeon, auf dem Gebiet Benjamin, auf Joab, der die von David bestimmte Armeeeinheit befehligte.

Sie standen einander gegenüber, jeweils an einer Uferseite, als Abner den Vorschlag machte, jedes der beiden Lager solle zwölf junge Männer entsenden, die einander im Zweikampf gegenüberstehen sollten. Joab willigte ein und schickte zwölf Männer. Man wollte auf diese Weise großes Blutvergießen vermeiden, doch Joab machte sich kaum Illusionen.

Es wurde ein herzzerreißendes Massaker. Die Kämpfer standen Mann gegen Mann, sie packten sich an den Haaren und durchbohrten sich gleichzeitig mit ihren Schwertern. Keiner überlebte dabei. Die Sinnlosigkeit dieses Gemetzels entflammte den Zorn von Joabs Truppen. Bevor noch die Zweikämpfe beendet waren, stürzten sie sich mit gezücktem Dolch auf Abners Truppen. Überrumpelt versuchten diese ungeschickt, ihre Stellung zu halten, waren aber bald gezwungen, sich zurückzuziehen.

Asaël, Joabs Bruder, setzte hinter Abner her, der ihm zuschrie, er solle andere verfolgen. »Ich werde dich töten! Ich werde dich töten! Flieh!«, rief Abner. Doch Asaël ließ nicht von seiner Beute ab, sondern stürzte sich auf Abner, der ihn mit seiner Lanze durchbohrte und seine Flucht fortsetzte. Bestürzung lähmte Joabs Soldaten, die Asaël gefolgt waren, einen Augenblick. Man trug seinen Leichnam fort, dann ging die Verfolgung weiter. Abner und seine Truppen, vor allem Benjaminiter, suchten Zuflucht auf dem Hügel Amma, der sich über der Straße zu den Weiden von Gibeon erhob. Davids Truppe, geführt von Joab und Abischai, versuchte, diesen Hügel zu erobern. Sicher erinnerte das Abner an den kürzlich erfolgten unheilvollen Rückzug Sauls in den Bergen Gilboas. Er trat vor und schrie Joab zu: »Wird dieses Massaker nie ein Ende haben?«

»Wenn du nicht um Gnade geschrien hättest«, brüllte Joab voller Verdruss zurück, »hätten wir dich bis zur Morgendämmerung weiterverfolgt! Wir hätten dich getötet, dich und noch den letzten deiner Männer!«

Abner hatte seinen Bruder getötet, das würde Joab nie vergessen. Aber da er um Gnade bat, stieß Joab in sein Horn. Kämpfe und Verfolgung hörten auf. Abner und die Benjaminiter zogen sich auf die andere Hügelseite zurück, überquerten den Jordan und kehrten zurück nach Mahanajim. Joab zählte die Toten: Außer seinem Bruder hatte er neunzehn Männer verloren, aber seine Truppen hatten dreihundertsechzig Soldaten Abners getötet.

Asaël würde dadurch nicht wieder lebendig. Joab bestimmte eine Abordnung, die den Leichnam seines Bruders nach Bethlehem bringen sollte, damit er dort begraben würde. Die Frauen wuschen ihn und bestatteten ihn im Dorf seiner Vorfahren, während der Nacht. Im Morgengrauen kehrte Joab voller Schmerz und Zorn nach Hebron zurück.

David hatte zweifellos diesen Sieg errungen, aber das würde nichts in Ordnung bringen. Diese militärische Aktion war vergeblich gewesen, nur ein weiteres blutiges Unternehmen.

2
Zwei Frauengeschichten

Wir haben uns also zu einem Kampf hinreißen lassen und zwanzig junge Männer verloren. Was hat uns das gebracht?«, fragte David die Männer seines Vertrauens in verärgertem Ton. »Du, Joab, hast deinen Bruder verloren, hat uns das weitergebracht? Es hat uns dasselbe gebracht wie unseren Brüdern, die Untertanen Jischwis sind und in Gibeon einen Bruder oder einen Sohn verloren haben.«

Mit gesenktem Kopf hörten sie zu, Ezer, Ammon, Joab und Abischai und all die anderen jungen Leute, die sich danach gedrängt hatten, mit Abner und Jischwi abzurechnen. Man war tatsächlich an einem toten Punkt angelangt. Immer noch trugen zwei Männer die Krone über Israel.

»Ich will nicht, dass wir Krieg gegen unsere Brüder führen. Dem Herrn kommt es zu, darüber zu entscheiden, wie wir weiter vorgehen werden«, erklärte er energisch.

Als sie sich zurückzogen, machten sie ihrer Enttäuschung Luft. »Hätte er dem Hause Saul gegenüber mehr Entschlossenheit gezeigt, wäre er bereits unbestrittener König über die zwölf Stämme!«, rief Joab.

»Ich würde gern den Grund für seine Milde wissen«, meinte Ezer. »Wie kann er Kummer über den Tod Sauls zeigen, der ihn mehrmals umzubringen versucht hat? Das kann doch nicht wahr sein!«

Es blieb ein Rätsel.

Der augenblickliche Zustand blieb unverändert. Die Zusammenstöße zwischen den Benjaminiten und den Angehörigen des Stammes Juda fingen wieder an, heftiger als je zuvor. Es verging kein Tag, an dem es nicht einen Streit über die Nutzung eines Brunnens, von Weidegrund, über das Recht, diese oder jene Waren zu transportieren, gegeben hätte, es nahm kein Ende, und meistens wurden die beiden Könige von den gegnerischen Parteien mit Schimpfnamen überhäuft. Das ließ die Soldaten, die gezwungen waren, ihren Ärger zu verbeißen, übellaunig werden, denn die Philister griffen das Land Juda, das entschieden zu groß für sie war, nicht an. Doch David blieb eisern. Keine Feindseligkeiten gegen die Gebiete des Nordens.
Er wurde allerdings gezwungen, aufmerksamer auf die Vorhaltungen der ihm nahe Stehenden zu hören, als man erfuhr, dass Abner Rispa, die Nebenfrau Sauls, für sich gefordert hatte. Rispa hatte Saul zwei Söhne geboren. Die Absichten Abners, das Haus Saul abzulösen, zeigten sich deutlich. Er war nicht nur ein Vetter ersten Grades des gefallenen Königs, sondern eignete sich nun den zweiten Spross seiner Nachkommenschaft an, indem er zum Adoptivvater der beiden Prinzen aus einem zweiten Bett wurde.
Joab schilderte die Gefahr mit der größten Beredsamkeit und dem größten Ungestüm. David hörte ihn geduldig und vielleicht ein wenig verärgert an. Joab wollte den Tod seines Bruders rächen, die Leidenschaft machte ihn blind. »Die Weisheit des Herrn ist unendlich«, antwortete David. »Er wird Wege finden, Abners Pläne, wenn sie so sind, wie du sagst, zu durchkreuzen.«
Abners Pläne waren bereits durchkreuzt. Als Jischwi eines Abends von der Falkenjagd in seinen Palast in

Mahanajim zurückkam, der neben Abners weiträumigem Haus lag, empfingen ihn seine Höflinge mit verschwörerischen Mienen.
»Was schaut ihr denn wie die Eulen?«, fragte Jischwi, während die Diener seinen Jagdgefährten das Wild abnahmen.
»Rispa ist seit gestern Abend in Abners Haus«, erklärte einer der Höflinge.
Sie sahen ihn an, die Gesichter feucht angesichts dieser Denunziation. Jischwi drehte sich auf dem Absatz um, lief die Treppe zum Tor hinunter und überquerte die Straße zum Haus Abners. Wie ein Wirbelwind stürmte er hinein und stieß auf die Wachen, die völlig verdutzt über sein Eindringen waren.
»Ruft Abner zu mir«, befahl er.
Man führte ihn in den großen, mit Bänken, einem Tisch, Teppichen und Fellen möblierten Saal, in dem Abner seine Offiziere empfing. Der General erschien in einem weiten Wollgewand, das an den Rändern scharlachrot eingefärbt war.
»Eine gute Jagd, Vetter?«, fragte er. »Welch günstiger Wind bringt dich zu mir?«
»Wie kannst du es wagen, mit der Nebenfrau meines Vaters zu schlafen?«, schleuderte Jischwi ihm entgegen. »Schick diese Frau sofort wieder nach Hause zurück!«
Abner erstarrte. »Sie ist die Nebenfrau meines Vetters, also wie eine Witwe. Du kannst sie nicht haben, es sei denn, du möchtest dich des Verbrechens schuldig machen, einen Inzest zu begehen. Sie steht mir zuerst zu«, antwortete er kalt.
»Schick sie nach Hause zurück!«, wiederholte Jischwi.
»Ich bin kein Hund, dem man Befehle erteilt, Jischwi.

Ich war dem Hause Saul treu, seinen Brüdern, seinen Freunden. Ich habe dir treu gedient. Ich hätte dich David ausliefern können und habe es nicht getan. Aber wenn du wegen dieser Frau einen solchen Ton anschlägst, schwöre ich, dass ich alles tun werde, um das Haus Saul niederzuschlagen!« Jischwi wurde fahl. »Ich werde alles tun, damit sich Davids Krone über ganz Israel und Juda erstreckt, von Dan bis Beerscheba!«
Nun begriff Jischwi, was er sich bisher, eitel wie er war, nicht eingestanden hatte – der wahre König der Stämme des Nordens war Abner. Abner befehligte die Armee und hatte das Vertrauen der Ältesten aller Stämme. Jischwi, der König, zog sich also zurück und ging wieder in seinen Palast. Wer von seinen Dienern seinen Vater in den letzten Monaten seiner Melancholie gekannt hatte, sah an ihm dasselbe Gesicht. Sie kannten den Grund für seine schlechte Laune, der nur zu offensichtlich war. Abner bedrohte seine Krone, so wie David die seines Vaters bedroht hatte.
Erriet David dieses Drama? »Jischwi geht es nicht gut«, sagte er eines Abends nur.
Zwei Tage später kam Ezer und teilte ihm mit, zwei Gesandte Abners wünschten ihn zu sehen. Sie hatten eine klare Botschaft: »Kommen wir zu einer Verständigung, und ich tue alles, damit das gesamte Königreich in deine Hände kommt.«
David nickte. »Ich möchte mich gern mit ihm verständigen, aber unter einer Bedingung«, antwortete er. »Er soll Michal mitbringen.« Die Boten waren schon an der Tür, als David sie zurückrief. »Wartet, ich schicke meine eigenen Boten mit euch. Ich habe eine Nachricht, die sie nach Mahanajim bringen sollen.«
Die Gesandten der beiden Königreiche unternahmen

den Weg also gemeinsam. Sie unterhielten sich, und sogar freundschaftlich.
»Worum geht es da?«, fragte einer.
»Eine Frauengeschichte«, erwiderte ein anderer.
Sie fingen an, darüber zu lachen, dann wurden sie nachdenklich.
»Abner droht, Jischwi wegen einer Frau im Stich zu lassen, David möchte sich gerne wegen einer anderen Frau mit beiden aussöhnen«, fuhr der Erste fort.
»Eine Frau ist Beute«, bemerkte der andere.
»Ja, aber eine Beute, die kleine Könige macht«, konterte der Erste.
Sie fingen wieder an zu lachen.

3

Michal

»Mein König hat einen Brautpreis von zweihundert Philistervorhäuten für Michals Hand bezahlt«, erklärte der Bote aus Hebron, »er verlangt, dass Michal ihm zurückgegeben wird. Du hast damals auf den *mohar* getrunken, den dein Schwager entrichten musste. Er fordert dich auf, den Wein nicht zu vergießen.«

Die Gelegenheit, sich mit David zu versöhnen und Abner zu hintergehen, schien ein Geschenk des Himmels. Jischwi begann zu strahlen.

»Sie wird mit euch kommen«, antwortete er.

Er rief seine Schwester sofort zu sich und befahl, dass ihre Dienerinnen ihren Schmuck und ihre Sachen packten.

»Was geht hier vor?«, fragte Michal erzürnt.

»Du kehrst zu deinem Mann zurück.«

»Was erzählst du da? Mein Mann ist hier, an der Tür.«

»Ich rede von David. Du hast keinen anderen Mann«, erklärte Jischwi in einem Ton, der keinen Widerspruch duldete.

»Und will ich David noch haben? Bist du der König oder Davids Vasall?«, rief Michal. »Mein Vater hat mich Paltiël gegeben!«

»Nun gut, und ich gebe dich David zurück!«

Die Tür ging auf, Paltiël stürzte herein und warf sich Jischwi zu Füßen.

»Ich flehe dich an«, schluchzte er, »nimm mir nicht

meine Frau fort! Der Herr möge dich mit all seinen Gaben überschütten! Aber nimm mir nicht meine Frau fort!«

Jischwi befahl den Wachen, den unglücklichen Ehemann zu ergreifen und vor die Tür zu werfen. Zu ärgerlich, diese Geschichten von ehelicher Treue! »Und du wirst gehen«, sagte er zu seiner Schwester, »selbst wenn ich dich in Ketten legen muss. Dein Brautpreis ist bezahlt worden.«

Ein unbeschreibliches Hin und Her herrschte im Saal – die Wachen schleppten den schreienden Paltiël hinaus, Dienerinnen legten Michal die gepackten Bündel zu Füßen, Offiziere verlangten nach Befehlen, gegen ammonitische Räuber vorzugehen –, als Abner eintrat.

»Was willst du?«, fragte Jischwi.

»Ich warte auf Michal, um sie zu eskortieren«, erwiderte Abner.

»Ich habe bereits eine Eskorte.«

»Ich werde sie hinbringen«, erklärte Abner barsch.

Jischwis Miene verfinsterte sich. Wollte ihm Abner das Sinnbild seiner Versöhnung mit David stehlen? Sein Triumph war kurz gewesen.

Michal machte sich am nächsten Tag mit den beiden Boten Davids und der von Abner geführten Eskorte auf den Weg. Paltiël folgte der Karawane seufzend, schreiend und schimpfend bis Bahurim, wo Abner ihn verärgert zwang umzukehren.

Der Empfang in Hebron war glänzend. Die Soldaten Davids, die früher unter Abner gedient hatten, umarmten Abner auf dem Weg zum Palast immer wieder. Endlich würde alles in Ordnung kommen! David selbst empfing ihn, als gehöre er zu seiner Familie, brachte ihn im Palast unter und befahl, ein Fest für seinen Gast aus-

zurichten. Doch zuerst, erklärte er, sei es angebracht, dass er seinem Wiedersehen mit Michal einige Zeit widme.
Sie trafen sich hinter den geschlossenen Türen der Gemächer, die er für seine erste Frau hatte herrichten lassen. Einen Augenblick standen sie einander wortlos gegenüber.
»Vier Jahre«, sagte er schließlich.
Sie sah ihn ohne besondere Freundlichkeit an. »Du bist dicker geworden«, bemerkte sie.
Er fühlte ihren Blick auf seinen Hüften, seinem Bauch, seinem dicker gewordenen Hals. Die kleinen runden Scheiben aus poliertem Silber, in denen er sich betrachtete, um sich zu kämmen, sagten ihm oft genug, dass er nicht mehr der freche junge Mann war, der das Haus Saul verführt hatte.
»Es gibt eine Zeit, in der man ein Jüngling ist, und eine Zeit, in der man ein Mann ist«, antwortete er lächelnd. »Du bist auch nicht dünner geworden.«
»Ich kann zu meinem Bruder zurückkehren, wenn ich dir nicht mehr gefalle. Du hängst wohl so an mir, dass du mich gewaltsam meinem Mann wegnehmen musst«, erwiderte sie, während sie den Schal abnahm, den sie um das Haar geschlungen hatte, und den Kopf schüttelte.
»Dein Vater hat dich gewaltsam deinem Mann weggenommen. Ich habe deinen Brautpreis bezahlt.«
»Ich bin kein Stück Jungvieh«, antwortete sie und fing an, eines ihrer Bündel aufzuschnüren.
»Nun sei auch kein Zankweib. Du wärst bei mir geblieben, wenn dein Vater sich nicht durch mich in seiner Eigenliebe verletzt gefühlt hätte. Denk dir einfach, dass diese vier Jahre nicht existiert haben. Erinnere dich

an die Nacht, in der ich dich begattet habe. Erinnere dich, dass du mir das Leben gerettet hast.«

»Begattet?«, wiederholte sie, richtete sich auf, wandte sich ihm zu und erklärte spröde: »Dein Samen hat nichts hervorgebracht.«

»Und der Paltiëls?«, fragte er ein wenig niederträchtig. Sie zuckte die Schultern. »Auch nichts«, erwiderte sie leise und wandte den Blick ab. Er dachte an Samuels Vorhersagung. »Ich werde die Linie meines Vaters nicht fortsetzen«, fügte sie bitter hinzu. Sie war also unfruchtbar; Davids Herz zog sich zusammen. »Und als ich dir das Leben gerettet habe, hätte ich wissen müssen, dass ich dadurch das meines Vaters verkürzt habe.«

»Ich habe ihn nicht auf dem Berg Gilboa umgebracht!«, protestierte er.

»Nein, du warst nicht auf dem Berg Gilboa. Du hattest eine Verabredung mit dem Gespenst Samuels!« Er versuchte sie zu unterbrechen, aber sie schnitt ihm das Wort ab. »Du hast dich von Samuel zum König salben lassen, als du noch hoch in der Gunst meiner Familie standest, David! Mein Vater hat es gewusst, und das hat ihn zerfressen! Wie konntest du die Unverschämtheit besitzen, dich zum König salben zu lassen, während mein Vater noch König war? Während du mit Jonathan herumgegurrt hast?« Ihre Heftigkeit erschütterte David. »Ach ja, du hast gesungen, du hast gut gesungen, für Jonathan und für mich, und für wen hast du noch gesungen, David? Wen hast du noch mit deiner Honigstimme bezaubert, mit deiner Elfenbeinbrust, mit deinen erobernden Händen und deinem Granatapfellächeln? Während du gesungen hast, hast du meinen Vater mit deinen heuchlerischen Ansprüchen auf den Thron vergiftet! Und jetzt ...«

»Michal!«
»Und du hast ihm den Schlaf geraubt!«, fuhr sie fort, ohne auf seine Unterbrechung zu achten. »Und am Ende war er nur noch ein Schatten seiner selbst. So haben die Philister den Löwen getötet!«
Tränen liefen David über die Wangen.
»Und nun hast du mich herkommen lassen, hast mich der Liebe meines Mannes entrissen. Und warum, David? Um deinen Samen mit dem Hause Saul zu verbinden?« Sie brach in Lachen aus. »Aber ich bin unfruchtbar, David! Du wirst mir kein Kind entreißen, du wirst dem Baum Saul keinen Zweig abreißen!«
»Ich habe nicht darum gebeten, gesalbt zu werden«, erklärte er unter Tränen.
»Du hättest wählen müssen zwischen der Freundschaft meines Vaters und dem Wahn eines Sehers!«, rief sie. »Dann wären wir noch in Gibea. Aber nein, du hast dem großen Seher geglaubt! Und nun sind sie tot! Saul! Meine Brüder! Selbst der Bruder, den du geliebt hast, wie du sagst. Du hast keine Frau geliebt!« Sie verschluckte sich vor Zorn und Spott. »Und ich habe dir das Leben gerettet! Ich! Ich habe das Haus meines Vaters zerstört. Möge ich auf ewig verflucht sein! Die Hunde sollen meinen Leichnam fressen!«
»Michal!«, rief er, stürzte auf sie zu und nahm sie in die Arme. Doch sie blieb reglos.
»Weil ich dich geliebt habe«, murmelte sie. »Wenn der Herr, den du verehrst, existieren würde, David, hätte er mich ohne Herz erschaffen. Oder er ist ein böser Gott!«
»Michal, ich verbiete dir ...«
Sie machte sich von ihm los. »Du wirst bald der König über Israel sein, David. König meines Herzens wirst du nie mehr sein. Weil du dieses Herz mit Füßen getreten

hast, indem du meinen Vater umbrachtest. Ich bin hier eine Gefangene. Ich habe nicht einmal mehr Lust, nach Mahanajim zurückzukehren, selbst wenn du mir meine Freiheit wieder gibst. Ich habe versucht, all das Übel zu vergessen, das meine Liebe zu dir heraufbeschworen hat. Jetzt, da ich dich wieder gesehen habe, kann ich nicht mehr vergessen. Lieber lasse ich Paltiël darüber weinen, dass ich fort bin. Ich bin tot. Es ist ein Leichnam, den du hast kommen lassen, David, ein Leichnam!«

Er floh und suchte Zuflucht bei Abigail, aber er konnte ihr nichts erklären. Solche Dinge erklärt man nicht. Man begräbt sie.

4

Verrat und Betrug

David empfing Abner erst am folgenden Tag. Er hatte zuvor den Befehl erteilt, ihn und seine Begleiter ins Bad zu bringen und sie mit Duftölen zu massieren, denn Männer, die sich in ihrem Körper wohl fühlen, sind umgänglicher. Er hatte auch beschlossen, Abner auf feierliche Art zu empfangen: umgeben von seinen zwanzig ersten Generälen und Offizieren, je zehn in Prunkgewändern zu beiden Seiten seines Thrones stehend, sorgfältig gewaschen und eingeölt, mit hochmütiger Miene und glänzendem Haar. Im Saal duftete es nach Myrre und Weihrauch. Kurz, David empfing seinen alten Feind majestätisch, eingehüllt in das himmlische und immaterielle Blau der Großzügigkeit und in königliches Purpur.

Abner warf sich dem Monarchen zu Füßen. Es war verwunderlich, diesen massigen Körper, der zugleich durchdrungen war von Heldentum und Betrug, von wahrer Energie und stets gekränkter Eitelkeit, von ehrlicher Ergebenheit und Berechnung, so liegen zu sehen wie einen Hund, der seinen nächsten Herrn erkennt. David hob ihn mit gemessener Langsamkeit auf. Die Offiziere, die Abner begleiteten, beeilten sich, David Geschenke zu Füßen zu legen. War man sich nun einig? Abner strahlte. Im Grunde, sagte sich David, war er eine Dienerseele, er konnte nur im Schatten eines Herrn leben, und nachdem er nun gesehen hatte, dass dieser arme Jischwi ein Hampelmann war, schloss er sich dem Lager des Siegers an. Nach den offiziellen Umarmungen, Lobreden und Beteuerungen der Treuepflicht begab man sich zu Tisch.

In Juda war es nicht wie in Horcha oder Ziklag; Lebensmittel gab es hier im Überfluss. Man speiste zwei mit Thymian gebratene Lämmer, mit Rosinen gefülltes Wild, sechs verschiedene Salate, Linsen mit Zwiebeln, Bohnen mit Eiern, Kichererbsenmus mit Sesam, in Essig eingelegten Kohl, grünen Salat mit Knoblauch, Rüben mit Fisch, danach drei Desserts, zwei verschiedene Weine ... Und das Geschirr war einheitlich, kunstvolle Gold- und Silberteller, mit Gold verzierte Trinkhörner. Der Prunk am Hof von Saul wurde weit übertroffen.

»König«, sagte Abner und stand auf, »ich trinke auf deine Herrschaft. Morgen breche ich auf und werde dafür arbeiten.«

Hochrufe wurden laut, Hornklang erscholl.

»Keinerlei Schwierigkeiten«, murmelte David Ezer zu, der zu seiner Linken saß.

Ezer nickte unauffällig mit dem Kopf. »Ein Glück, dass Joab unterwegs ist«, stellte er fest. Joab war auf der Jagd nach seinem Lieblingswild: dem Menschen. Er durchstreifte die Gegend stets nach Räubern, die man je nachdem mit Schwert oder Knüppel zur Vernunft bringen musste.

Nach dem Festmahl erfreuten Tänzerinnen die Zuschauer mit ihren anmutigen Körpern, ihren zierlichen Füßen und ihren festen Brüsten, die gut in eine Hand passten. Abner war begeistert. Jeder konnte denken, sein Plan sei ihm geglückt. Jischwi mochte in Mahanajim in tausend Ängsten schweben; er hätte eben nicht

so unverschämt wegen der Nebenfrau seines Vaters herumnörgeln sollen.
Wie alle Feste endete auch dieses in laszivem Durcheinander. Der Rausch des Weins verführte die Gäste dazu, sich mehr oder weniger heimlich zu Paaren zu finden, die Abjatar zu sehen vermied, indem er sich frühzeitig zurückzog. Die Tänzerinnen waren auf jeden Fall Sklavinnen und Töchter von Unbeschnittenen. Auch David war früh schlafen gegangen, nicht ohne Abner zuvor feierlich einen Geleitbrief für seinen Weg durch das Königreich Juda übergeben zu haben. Das Echo seines Zusammentreffens mit Michal hallte noch in seinem Kopf wider, nur Schlaf konnte es auslöschen.
Am nächsten Tag machte Abner die Runde bei den Ältesten der benachbarten Stämme, zuerst beim Stamm Benjamin, dann bei Ruben, Gad, Ephraim, Dan.
Wesentlicher Inhalt seiner Rede war folgender: »Ihr wollt David als König, weil Samuel ihn als Nachfolger Sauls erwählt hat. Ihr habt das Wort des Herrn gehört: ›Durch die Hand meines Dieners David werde ich mein Volk von den Philistern und all seinen anderen Feinden befreien.‹ Nun ist für euch die Stunde gekommen, David zuzujubeln. Er herrscht bereits über Juda, beeilt euch, den Willen des Herrn zu vollenden.«
Am meisten überraschte diese Rede die Benjaminiter, da sie von Abner kam, der selbst aus dem Hause Saul stammte und noch vor kurzem Herold seines Großvetters Jischwi gewesen war. Aber wenn es sein musste, dass die Krone von einem Benjaminiter auf einen Abkömmling des Stammes Juda überging, dann sollte es eben so sein. Und diejenigen der Ältesten der anderen Stämme, die bei der Salbung Davids zugegen gewesen waren, bewahrten eine lebhafte Erinnerung daran.

Alles stand zum Besten, als Joab mit reicher Beute von seinem Streifzug zurückkehrte. Die Freude daran wurde ihm noch am selben Abend verdorben. Als er danach fragte, was sich während seiner Abwesenheit ereignet hatte, erfuhr er, dass Abner David aufgesucht hatte.

»… Und David hat zu seinen Ehren ein großes Fest gegeben! Du hättest es sehen sollen, ein außergewöhnliches Fest! Er war mit seiner Eskorte da!«

»Und wo ist Abner jetzt?«, fragte Joab.

»Er ist mit einem Geleitbrief von David aufgebrochen.«

Joab bekam einen Wutanfall. Staubig, so wie er zurückgekehrt war, stürzte er zu David. »Was erfahre ich? Abner war da, und du hast ihn empfangen wie einen Fürsten?«

»Er ist ein Fürst«, erwiderte David ruhig.

»Du hast ein Fest zu Ehren des Mannes veranstaltet, der meinen Bruder umgebracht hat, und ihm anschließend noch einen Geleitbrief gegeben!«

»Zahlen wir Blut mit Blutvergießen zurück?«, fragte David leise.

»Du zeigst wirklich große Nachsicht für die Verbrechen des Hauses Saul!«, rief Joab. »Was war dann mein Bruder? Ein Opferlamm? Du hast dich von diesem Mann übertölpeln lassen! Du kennst Abner nicht! Er ist ein Heuchler! Er ist gekommen, um dich auszuspionieren und Jischwi zu berichten, was du tust!«

»Abner hat sich mit Jischwi gestritten, weil er sich Sauls Nebenfrau genommen hat«, erklärte David und bemühte sich, ruhig zu bleiben.

»Und du glaubst, dass Abner, der im Augenblick der tatsächliche Herrscher über die Stämme des Nordens ist, auf seine Macht und seine Rechte verzichten wird, um dir einen Gefallen zu tun? Jischwi ist seine Marionette! Er beherrscht ihn und herrscht durch ihn!«

Ezer, der bei der Auseinandersetzung zugegen war, konnte wohl anmerken, dass Joabs Verdächtigungen durchaus begründet waren, doch David wollte nichts hören. Mit einer Geste bedeutete er ihnen, dass es genug war. Joab verabschiedete sich. Weder ein Bad noch die folgende Nacht und die Gunst seiner Frau milderten seinen Zorn. Am nächsten Morgen rief er die Männer seines Vertrauens zusammen. »Schickt Spione durchs ganze Land, die nach Abner suchen«, sagte er ihnen. »Wenn ihr ihn gefunden habt, sagt mir Bescheid, und ich komme. Aber haltet das geheim.«

Seine Leute begriffen ohne viele Worte. Die Ermordung Asaëls war ein bitterer Schlag gewesen, den man nur mit Blut tilgen konnte. David verstand das nicht. Darauf bedacht, Ruhm und Glanz zu erringen, machten sie sich mit größtem Eifer und umsichtiger Schlauheit daran, Abner zu finden.

Lange mussten sie nicht suchen. Abner hatte seine Runde bei den Stämmen beendet und sich wieder auf den Weg nach Hebron gemacht, als Joabs Leute ihn in Bor-Sira, nördlich von Hebron, fanden.[1] Er war gerade angekommen und entspannte sich in den Bädern der Gegend, bevor er sich eine Nacht Schlaf gönnte. Die Geheimboten behielten ihn im Auge; einer von ihnen machte sich auf zu Joab, um ihm mitzuteilen, dass Abner am nächsten Tag nach Hebron zurückkehren würde.

Die Nachricht erreichte Joab spät in der Nacht, und von

1 Der Ort ist nicht mit Sicherheit festgelegt, es war Bor-Sira oder Bella nördlich von Hebron und ist ein Hinweis darauf, dass Abner nach Hebron zurückkehrte, um dort David von seiner Sendung zu berichten.

da ab war an Schlaf nicht mehr zu denken. Er stieß auf seinem Strohsack um sich, sodass seine Frau wach wurde. Schon im Morgengrauen war er auf, von Kopf bis Fuß bewaffnet, und galoppierte mit Abischai und einigen Gefolgsmännern bis zum Tor von Hebron, wo er auf seinen Feind traf.

»Da ist er! Da ist er!«, schrie einer.

Und da kam Abner tatsächlich. Joab lief zu ihm und empfing ihn, als wollte er eine persönliche Sache mit ihm besprechen. Sobald sich die beiden ein wenig von den anderen entfernt hatten, stieß Joab seinem Feind den Dolch in den Bauch, genauso wie Abner seine Lanze in Asaël gerammt hatte. Mit einem dumpfen Schrei brach Abner zusammen und presste die Hände auf die Wunde. Die Offiziere seiner Eskorte liefen herbei, während er starb.

»Das wär's«, sagte Joab nur, zog seinen Dolch heraus und wischte ihn ab, bevor er wieder zu den anderen ging.

Abners Gefährten schrien nach Rache, aber sie waren in Hebron, wo sie keinerlei Macht hatten. Sie trugen den Leichnam in den Palast. Es war zur frühesten Morgenstunde. Man teilte David die Nachricht sofort mit, und dieser reagierte mit einem Geschrei, das Ezer und die anderen Offiziere erschreckte.

»Ich und mein Königtum sind unschuldig an dem Blut Abners, des Sohnes Ners! Dieses Blut aber ströme auf den Kopf Joabs und auf sein ganzes Geschlecht; und es soll nicht aufhören im Hause Joabs, dass einer Eiterfluss und Aussatz habe oder am Stabe gehe oder durchs Schwert falle oder an Brot Mangel habe!«

Die Offiziere des Königshauses hörten diese flammende Rede zunächst mit Besorgnis, dann mit einer gewissen

Befriedigung. Das war entschieden eine Menge an Verwünschungen. Man hatte zuerst gefürchtet, dass David zu extremen Maßnahmen greifen könnte, etwa seine beiden Neffen, und Joab zuvörderst, zu töten, doch er schmähte sie nur. Diese so öffentlich bezeigte Ungunst stärkte die Macht der anderen Offiziere, die von Joabs steigendem Einfluss beunruhigt waren.
Doch David beließ es nicht bei seinen Verwünschungen. Er befahl Joab und Abischai, ihre Kleider zu zerreißen, sich einen Sack umzugürten und sich zum Zeichen der Totenklage öffentlich auf die Brust zu schlagen. Dann ließ er ein feierliches Begräbnis für Abner ausrichten und folgte selbst mit Zeichen der tiefsten Trauer dem Sarg. Die Bevölkerung von Hebron, die dem Trauerzug beiwohnte, sagte sich, dass ihr König ein guter Mann sei, der nicht zu so grausamen Mitteln wie Mord griff, und alles weinte mit ihm.
Als Abner ins Grab gelegt wurde, warf David die Arme gen Himmel und begann erneut zu klagen.

»Musste Abner sterben, wie ein Gottloser stirbt?
Deine Hände waren nicht gebunden,
deine Füße waren nicht in Ketten gelegt. Und doch
bist du gefallen, wie man vor Ruchlosen fällt!«

Einige Böswillige fanden diese Zurschaustellung von Kummer übertrieben. Immerhin hatte dieser Abner gegen David gekämpft, indem er Jischwi auf den Thron der zehn Stämme des Nordens gesetzt hatte, und wenn er sich mit diesem Strohkönig gestritten hatte, dann nicht aus himmlischer Eingebung, sondern wegen einer jämmerlichen Nebenfrau. Diese Leute bezeichneten David nicht offen als Heuchler, aber darauf lief es hinaus.

Nach dem Begräbnis setzte David sein Schauspiel fort. Im Palast ließ er öffentlich lautes Jammern hören. »Wisst ihr nicht, dass heute ein bedeutender und mächtiger Mann in Israel umgekommen ist. Ich bin zwar König, aber ich war zu schwach, dies zu verhindern. Diesen Söhnen Zerujas bin ich nicht gewachsen. Der Herr möge sie für ihre Tat bestrafen, wie sie es verdient haben.«

Dabei war Zeruja seine eigene Schwester, murmelten einige heimlich, und außerdem brauchte man nicht zu übertreiben: Auch viele andere Leute in Juda beweinten ihre Brüder und Söhne, die im Krieg Davids gegen Saul gefallen waren. Wem war David denn treu? Seinem Volk oder dem Hause Saul?

Sowohl bei den Handelskarawanen und den Zusammentreffen der Ältesten als auch bei den Soldaten sorgte das Begräbnis Abners für Gesprächsstoff. Innerhalb von drei Tagen wusste jeder davon, auch Jischwi. Die Nachricht hätte ihn entzücken müssen, doch sie bestürzte ihn. Wie sein Vater war er ein sehr ängstlicher Mensch, und die Wahrheit, wie sie sich ihm und allen anderen darstellte, hieß, dass er nun allein David gegenüberstand. Er verfügte nicht über solche Bündnisse wie dieser. Und am schlimmsten: Vor seinem Tod hatte Abner noch Stammesbündnisse zu Gunsten von David geknüpft. Man musste der Realität ins Auge sehen: Er, Jischwi, befand sich nun allein mit den beiden Söhnen Rispas, der Nebenfrau seines Vaters, und dem einzigen Sohn Jonathans, Merib-Baal, der auf Grund eines schlecht zusammengewachsenen Beinbruchs lahm war, in den Ruinen des Hauses Saul. Der Palast in Mahanajim wurde von Höflingen heimgesucht, die ihn belauerten, sobald er die Nase aus dem Zimmer streckte.

Jischwi machte es wie sein Vater, er zog sich ganz in sein Zimmer zurück. Seine Tür wurde von der einzigen Person bewacht, zu der er Vertrauen hatte, seiner Amme. Sie beschäftigte sich dort mit ihren gewöhnlichen Tätigkeiten, Wolle spinnen, flicken, Linsen oder Getreide sieben. Das tat sie auch an diesem Nachmittag, aber es war warm, und sie schlief ein.

Zwei Offiziere, Rechab und Baana, ergriffen die Gelegenheit und schlüpften in das Zimmer Jischwis, der Siesta hielt und schnarchte. Sie enthaupteten ihn und schlichen leise wieder davon, den Kopf in einen Sack gehüllt. Auf ihren Pferden galoppierten sie nach Hebron, wo sie am nächsten Morgen ankamen und David zu sehen verlangten. Sie warfen sich vor ihm nieder, öffneten den Sack und zogen Jischwis Kopf heraus.

»Hier ist der Kopf von Sauls Sohn, von deinem Feind, der dich töten wollte.«

Wieder stieß David entrüstete Schreie aus und gab Verwünschungen von sich. »Einen unschuldigen Mann im Schlaf umbringen, wahrhaftig!« Er rief die Wachen und befahl ihnen, die beiden Mörder zu ergreifen und sie enthaupten zu lassen.

Das war nunmehr eine Menge an Verrat und Betrug und verratenen Verrätern. Wesentlich war, dass David die Maske der Rechtschaffenheit behielt. Niemand konnte je behaupten, er habe seine Krone durch Mord erlangt.

5

Jerusalem! Jerusalem!

Der Sommer kam. David würde sich im Winter seines Lebens, wenn der graue Himmel den Erinnerungen die lebhaftesten Farben verleiht, an diesen Sommer erinnern.

Der Thron über Juda und Israel kam nun endlich David zu, dreizehn Jahre nachdem ihn Samuel, der letzte der großen Richter, ihm symbolisch übertragen hatte.

Mehrere Wochen lang zogen die Vertreter der zwölf Stämme nach Hebron, brachten Geschenke und Huldigungen. »Wir sind dein Fleisch und Blut«, erklärten sie. »Der Herr hat dir gesagt: ›Du bist der Hirte meines Volkes Israel. Du wirst sein Fürst sein!‹« Die Könige der Umgebung sandten Gewürze, Goldgefäße, Ebenholzkästchen, die mit Elfenbein oder Edelsteinen eingelegt waren, Sklaven, besondere Tiere wie etwa sprechende Vögel, Purpurmäntel, Goldsandalen ... Hiram, der König von Tyrus, tat noch mehr: Er beauftragte eine Abordnung, David eine ganze Ladung Zedernholz zu bringen, und schickte Architekten, Steinmetze und Maurer mit, die ihm einen Palast bauen sollten.

David erreichte das dreißigste Lebensjahr. Die flinke Schlankheit der Jugend hatte einer etwas korpulenten Fülle Platz gemacht, die Schönheit des Teufelskerls einer würdevollen Verführungskraft.

Sein Stamm wuchs. Sechs Söhne wurden ihm in Hebron geboren: Kilab, Sohn von Abigail, Amnon, von Ahinoam, Absalom, von Maacha, Adonija, von Haggit, Schefatja, von Abitam, Jitream, von Egla. Auch Töchter wurden geboren. Der Palast wuchs entsprechend der Zahl der Gemächer, die man für die neuen Frauen des Königs, Töchter der Oberhäupter des einen oder anderen der zwölf Stämme, brauchte. Ganz zu schweigen von dem jungen Merib-Baal, den David mit Gunst überhäufte, weil er in ihm das Gesicht seines Vaters Jonathan wieder fand, Merib-Baal, der nur mit einem Stock gehen konnte. Selbst Hebron hatte nicht mehr die nötige Größe für die Königsfamilie.

Hebron war eine Stadt im Süden, auf dem Gebiet des Stammes Juda. Die Hauptstadt des neuen Königreichs Juda und Israel musste sich im Zentrum des Reiches befinden. Abjatar, zwei seiner Hilfspriester und ein Astrologe hatten auf einem Papyrus eine Karte der zwölf Stammesgebiete mit ihren Städten gezeichnet. Diese Karte wurde auf einer Zederntafel befestigt und an eine Wand des Königssaals gehängt. Mehrere Städte lagen an der Grenze zwischen Juda und Israel. Da war zunächst Jabneel, aber das lag in einer Gegend, die noch von den Philistern heimgesucht wurde, noch dazu fast am Meer, zu sehr am Rand des Königreichs. Dann kam Ekron, der erste Ort, an den die Philister die Bundeslade gebracht hatten, bevor sie ihnen Katastrophe um Katastrophe geschickt hatte.

Außerdem, argumentierte Abjatar, war diese Stadt zugleich Juda und Dan zugesprochen worden. David nickte. Bet-Schemesch? Das war ein kleiner Ort, der sich durch nichts auszeichnete, außer dadurch, dass die Philister dort jahrelang die Bundeslade gelagert hatten. Kirjat-Jearim? Dort befand sie sich im Augenblick.

»All diese Städte wären geeignete Orte«, räumte David

ein, »aber man findet dort nur wenig Wasser, man muss tiefe Brunnen graben. Ich möchte eine Stadt, in der es eine Quelle gibt. Auf der Grenzlinie gibt es nur eine einzige, Jerusalem!«

Abjatar, die beiden anderen Priester und der Astrologe waren bass erstaunt und aufgewühlt. Ah! Ja, das war eine Wahl! Jerusalem! Urusalim, wie die Kanaanäer sagten, Jebus, wie sie von ihren Einwohnern genannt wurde, Salem, wie die Philister sagten. Dem Stamme Dan zugeteilt, gehörte sie ihm doch nicht mehr als den anderen Stämmen. Sie widerstand aus gutem Grund den Eroberungsversuchen der Hebräer. Zum einen lag sie auf einem natürlichen Steilhang, der sie schützte, mit dem Kidrontal im Osten und dem Tyropoeiontal im Westen. Im Süden erstreckte sie sich auf einem felsigen Vorsprung, der uneinnehmbar war, dem Ofel. Eine Schwachstelle hatte sie nur im Norden, doch diese Seite konnte man schützen.

Vor allem hatte Jerusalem eine eigene Quelle, den Gihon. Dank dieser Quelle hatte die Stadt allen Belagerungen widerstanden. Aber es war ein äußerst schwieriges Unterfangen.

»Wir nehmen Jerusalem«, schloss David.

Er rief Joab, dem diese Ehre seit Abners Tod nicht mehr zuteil geworden war.

»Morgen«, kündigte er ihm an, »werden du und einige deiner Hauptleute mich nach Jerusalem begleiten. Ich möchte, dass du junge, flinke und geschmeidige Männer nimmst.«

»Du warst nicht mehr in Jerusalem, seit du den Jebusitern Goliaths Kopf gezeigt hast«, bemerkte Joab, die Brauen hochgezogen.

Einen Augenblick antwortete David nicht und hielt

den Blick gesenkt. »Jerusalem wird meine Hauptstadt sein«, antwortete er ruhig, als er den Kopf wieder hob. Joab nickte, dann lächelte er voll Bewunderung. »Sie hat uns immer widerstanden.«

»Nicht mit Gewalt, sondern mit List müssen wir sie einnehmen«, erwiderte David. »Als ich Hirte in Bethlehem war, bin ich manchmal hingegangen. Hör mir gut zu: Wenn man sich der Stadt durchs Kidrontal nähert, kann man direkt unterhalb der Stadtmauern zwei große Öffnungen sehen. Steht man vor der Stadt, befinden sich beide links. Die eine, in etwa sechzig Ellen Höhe des Hügels, ähnelt einem Brunnen; sie führt zu einem langen Tunnel, der dem Umriss der Mauern folgt und im Innern der Stadt zu einem gewölbten Raum führt. Der letzte Teil des Tunnels, der zu dieser Höhle führt, ist sehr steil. Als ich jung und leicht war, habe ich es geschafft, ihn zu erklimmen. Man bräuchte Eisenhaken, an denen man ein oder mehrere Seile befestigen kann, um in größerer Zahl in diese Höhle zu kommen. Der zweite Eingang liegt wesentlich tiefer, praktisch auf Höhe des Kidron; der Weg führt ein wenig nach unten, dann wieder nach oben und stößt schließlich auf einen natürlichen, senkrechten Brunnen, der in den Tunnel führt, von dem ich gerade gesprochen habe.«[1]

1 Es gilt als gesichert, dass die Eroberung Jerusalems auf die hier beschriebene Weise vonstatten ging, die in den Büchern *Samuel* nur sehr kurz erwähnt wird: durch die Einschleusung von Truppen in natürliche unterirdische Gänge karstischen Ursprungs, die durch den Hügel von Jerusalem verlaufen und aus einer relativ brüchigen Kalkschicht auf einer harten dolomitischen Schicht gebildet werden. Diese Gänge wurden im Laufe von Millionen Jahren durch hydrologische Einsickerungen ausgeschwemmt. Im Laufe späterer Jahrhunderte wurden sie noch erweitert, vor allem im 8. Jahrhundert v. u. Z. durch Ezechée, als die Stadt von den assyrischen Truppen Sennacheribs belagert wurde. Ezechée ließ einen

David machte eine Pause. Der Plan begeisterte Joab, der Mühe hatte, seine Aufregung zu zügeln.
»Die Männer, die in den ersten Tunnel eingedrungen sind«, fuhr David fort, »können leicht den anderen im zweiten Tunnel Seile zuwerfen und so für die Verstärkung unserer Truppen sorgen. Meiner Ansicht nach sind weniger als dreihundert Männer nötig, um nachts in die Stadt einzufallen und die Überrumpelung der Jebusiter auszunutzen. Diejenigen, die als Erste in der Stadt sind, sollen die Tore öffnen, vor denen unsere Truppen bereits versammelt sind. Es gibt drei Tore, im Osten, im Westen und im Norden. Aber ihr werdet sie finden, wenn ihr mit mir in Jerusalem seid.«
»Woher weißt du das alles?«
»Ich habe dir gesagt, ich war öfter dort. Ich habe den ersten Tunnel ausgekundschaftet.«
Joab ging im Saal auf und ab. »Ich habe meine Männer«, sagte er. »Ich werde sie sofort auswählen.«
»Geh«, erwiderte David. Joab warf sich in seine Arme.

Tunnel graben, der im Inneren der Befestigungsmauer von Jerusalem begann und auf einer Ebene bis zur Quelle Gihon führte. Das Wasser dieser Quelle fand so einen Durchfluss bis zum Becken von Siloam im Innern der Stadt, was den Belagerten erlaubte, der assyrischen Blockade zu widerstehen. Anscheinend waren die Zugänge zu diesem System von Gängen, die Davids Truppen benutzt hatten, in jener Zeit verschüttet.
Seit dem 19. Jahrhundert wurden eingehende Untersuchungen über das Gängesystem unter Jerusalem unternommen. Die *Biblical Archaeology Review* vom Juli/August 1994 hat eine Gesamtdarstellung dieser Untersuchungen vorgelegt. Dabei konnten philologische Untersuchungen auch ein altes Missverständnis über eine rätselhafte, wenn nicht sogar absurde Passage in *2 Samuel* 5,8 ausräumen, wo David in Anspielung auf die Eroberung Jerusalems sagt: »Jeder von denen, die einen Jebusiter töten, soll einen Eisenhaken verwenden ...« Das hebräische Wort, das mit »Eisenhaken« übersetzt wurde, heißt *trinnor*, was auch »Kanal« oder »Tunnel« bedeuten kann.

»Jerusalem«, wiederholte er, als er den Raum verließ.
Langsam brachen sie also auf ihren Pferden und Maultieren auf, David, Ezer, Ammon, Joab, Abischai und eine Schar von Priestern und Offizieren, eine wahrhaft königliche Abordnung von etwa hundert Personen, die das Leben von der guten Seite nahmen, möglichst lässig. Am nächsten Tag kamen sie in Jerusalem an und sorgten bei der Bevölkerung für Aufregung.
»Hier ist das Südtor«, murmelte David Joab zu.
Jungen rannten auf den Straßen umher. »David ist da!«, schrien sie. Die Ältesten waren sprachlos. Das war derselbe David, den sie vor vierzehn Jahren auf einem Streitwagen vorbeidefilieren sahen, den Kopf des Riesen Goliath zwischen den Beinen. Und jetzt war dieser Jüngling König über das Land geworden!
Die Hauptleute, die als Boten fungierten, baten darum, das Oberhaupt der Stadt zu sehen. Der Machthaber empfing sie in einer Art Bastion, die die Mauern überragte. Es war ein schöner Mann Mitte vierzig, schlank und eingeölt, namens Araphaël. Er fand, es sei eine gute Gelegenheit, sich interessant zu machen. Der König über Israel stattete ihm einen Besuch ab! Die beiden Fürsten umarmten sich auf offizielle Art. Araphaël spielte den Schlauen, David den Naiven. Er war König über die zwölf Stämme, also auch auf dem Gebiet der Philister, und die Kriege waren grausam und sinnlos. Er sei daher gekommen, um einen Vertrag guter Nachbarschaft abzuschließen, und frage sich, ob Jerusalem bei gegebener Gelegenheit von seinem Schutz profitieren wolle.
Araphaël hörte sich den Vorschlag mit komplizenhafter Miene an.

»Jerusalem ist unabhängig«, erwiderte er, »und hat sich stets selbst genügt. Viele Generäle haben versucht, es an sich zu reißen, wie du weißt, auch die Hebräer, aber es fürchtet sich weder vor Räubern noch vor Fürsten. Dein Vorschlag guter Nachbarschaft kann uns nur entzücken, aber wir sind keine Vasallen.«
David machte Anstalten zu argumentieren, dann zu nörgeln; der andere setzte ihm ein befriedigtes Lächeln entgegen. »Wenn es keine Blinden noch Lahmen mehr gibt, wirst du willkommen sein«, schloss Araphaël.
Müde und traurig nickte David.
Während dieser Zeit erkundeten Joab und seine Kundschafter die Öffnungen zu den Gängen, die David genannt hatte, ebenso die Stadttore. Gegen Tagesmitte machten David und seine Botschafter sich wieder auf den Weg.
»Wir haben alles gesehen«, berichtete Joab. »Sag mir wann, und ich bin bereit.«
»So bald wie möglich«, antwortete David. »Nimm Seile in verschiedenen Längen mit. Sorgst du auch für Haken?«
»Ich lasse sie gleich machen, wenn wir zurück sind.«
Die zwei Schmiede in Hebron schliefen nicht in dieser Nacht; sie fabrizierten etwa hundert Eisenhaken mit offenen Ringen, durch die man Seile ziehen konnte.

Drei Tage später schliefen die Jebusiter tief und die Wachen auf der Mauer betrachteten wie immer den Ölberg, während Joabs Kommandos in den beiden von David angegebenen Gängen Wühlmaus spielten. Sie schürften sich Hände und Knie auf, doch die Aufregung dämpfte ihren Schmerz. Gegen Mitternacht befanden sie sich in dem gewölbten Höhlenraum, von dem David ge-

sprochen hatte. Sobald sie meinten, ihre Zahl sei ausreichend, strömten sie hinaus auf die Gassen und zu den Stadttoren. Die Wachen ahnten noch nichts. Sie hatten die Truppen nicht durch das Kidrontal kommen sehen, weil die Fackeln kaum die Höhe der Mauer beleuchteten. Und da der Wind an diesem Abend von Osten kam, blies er die Flammen in ihre Richtung, so dass sie auch noch Flugasche ins Gesicht bekamen. Und vor allem kam der Angriff nicht über die Mauern, sondern aus dem Bauch der Stadt und durch die Tore.
Plötzlich erschollen ungewohnte Schreie in der Stadt. Hunde bellten. Die Wachen an den Toren der Stadt wurden niedergemacht, erwürgt oder durchbohrt, und die Tore standen im Handumdrehen offen. Dreitausend von Davids Soldaten, angeführt von Ezer, Ammon, Isch-Boschet und Abischai, strömten in die Stadt und besetzten die strategischen Punkte. Die Truppe, die in der Kaserne schlief, hatte kaum ein Auge geöffnet, als Araphaël in seinem Bett schon erdrosselt war und seine Hauptmänner gefesselt oder getötet waren.
Abgesehen von kleinen Schürfwunden, Prellungen und Verstauchungen, die man in den Tunneln erlitten hatte, waren Davids Truppen unversehrt. Sie hatten keinen einzigen Mann verloren.
Noch vor dem Morgengrauen hatte Jerusalem den Herrscher gewechselt. Die wichtigen Leute der Stadt versuchten zu protestieren oder zu verhandeln.
»Was sollte es zu erörtern geben?«, konterte Joab. »Ihr seid in unserer Hand. Wir haben euch Freundschaft angeboten, und ihr habt erklärt, uneinnehmbar zu sein.«
»Jerusalem! Jerusalem!«, rief David, der zu der Stunde, zu der die Zeiger der Sonnenuhren keinen Schatten

warfen, angekommen war. »Ich mache dich zur Jungfrau und befruchte dich gleichzeitig! Du hast keine Vergangenheit, und ich gebe dir deine Zukunft! Unter der Mutterschaft Israels! Samuels Wille ist erfüllt. Es ist der Wille des Herrn, der von nun an dein einziger Gott sein wird!«

6

Fleisch und Stein

Der Umzug und das Herrichten der Stadt wirkten auf David wie ein Aphrodisiakum. Er hurte leidenschaftlich herum.

Eine endlose Girlande von Brüsten, von Schamhaar und Pobacken schmückte den inneren Himmel des Königs. Er brauchte nicht mehr zu träumen, er probierte alles aus, was eine Frau bieten konnte. Er kannte mittlerweile alle Aspekte, von der säuerlichen Frische zur vollsüßen Reife, vom Zimt des dunklen Fleisches aus der Wüste Araba bis zum Jasmin der blonden Sklavinnen, die die Prinzen aus Tyros, aus Kleinasien und Sidon mitbrachten. Auf den ersten Blick erkannte er die Apfelbrust der jungen Mädchen mit hohem und straffem Hinterteil, die mit den Karawanen des Sinai aus Afrika kamen, und die birnenförmige Brust der Jungfrauen aus Kleinasien mit tief sitzendem Hintern, den sie wiegten wie die Kamele, die ihnen als Reittiere dienten. Nach dem Beispiel des Jägers, der das Vorüberziehen der Wachteln an ihrem feuchten Schrei erkennt und das der Schwalbe an ihrem kurzen, flötenden Gesang, unterschied er je nach der Modulation ihrer Schreie, welche Lust in der Blume der Klitoris und welche sie in den Tiefen der Scheide empfanden.

Ausschweifung hätte man kritisiert, aber all dieses Sperma war wie die Blüten des Kirschbaumes, es versprach Frucht zu tragen. Und wer würde einen fruchtbaren Baum kritisieren?

Manche Gefährtinnen des Königs blieben nur eine Nacht, andere hinterließen ein Gefühl der Unvollkommenheit, und David kam zu ihnen zurück. Manche heiratete er, manche waren nur Nebenfrauen, andere wieder gingen mit einem Geschenk, kamen aber später wieder, weil sie um Gunst für ihren Vater oder Bruder baten. Nicht alle empfingen, aber er hatte längst aufgehört, seine Kinder zu zählen. Darum kümmerte sich Abigails Amme, eine Alte mit faltigem Gesicht, die sich mit Lügen auskannte und die Wahrscheinlichkeit mit Hilfe eines Rechenbretts und anhand von Klatsch bestimmte.

»Er wird die Stadt bevölkern!«, lachte Ezer, doch er musste sich eingestehen, dass auch er sich nicht langweilte. Er folgte darin dem Beispiel Davids.

»Lasst die Schwerter nicht verrosten«, meinte er mit einem hintergründigen Lächeln, das den autoritären Ton Lügen strafte. »Wenn es stumpf geworden ist, dann wechselt die Scheide! Abwechslung stimuliert den Appetit!« Wichtig war, dass alle in Jerusalem geborenen Knaben beschnitten wurden, auch wenn ihre Mütter Jebusiterinnen waren, und dass es eine möglichst große Zahl von Kindern gab. Der junge Merib-Baal war seit kaum sechs Monden mannbar, als David ihn anwies, sich eine junge Jebusiterin ins Bett zu nehmen. »In der Mitte hinkt man nicht«, erklärte er.

Die jebusitischen Frauen hatten im Übrigen nichts gegen solche Verbindungen einzuwenden. Nach den ersten unvermeidlichen Auseinandersetzungen, Streit zwischen Soldaten und Wirtshausraufereien, machten die Jebusiter gute Miene zum bösen Spiel. So schlecht fuhren sie dabei nicht. Jerusalem wurde die Hauptstadt eines Königreichs, und die Ersten, die diesen Glücksfall begriffen, waren die Kaufleute. Seit Davids Ankunft kamen immer häufiger Abordnungen der Stämme, und jedes Mal mieteten die Besucher Zimmer, kauften Salat, Fisch, Brot, Oliven, Öl, Gurken, Geflügel, Mäntel, Sandalen, wenn nicht gar einen Esel, ein Maultier oder ein Pferd, Glaswaren aus Syrien oder phönizische Goldschmiedearbeiten. Man tätigte Geschäfte, man schrie sich heiser beim Handeln, das sich endlos hinzog.[1] Da die besten Geschäfte natürlich den Beschnittenen zukamen, entschlossen sich nicht wenige Jebusiter, ein Stückchen Haut zu opfern, das ihnen alles in allem zu nichts nütze war.

Die Menschen, nun reicher geworden, aßen mehr und besser. Der Gemüseanbau auf dem Ölberg verdoppelte und verdreifachte sich, und die Metzger schlachteten doppelt so viel Vieh wie zuvor. Man ließ die vierfache Menge Bier aus Syrien, aus Coba, Damaskus und von noch weiter her, bis aus dem Gebiet am Euphrat, kommen, denn dort wurde das schmackhafteste Bier gebraut. Die Weinhändler mussten ihre Importe von den Weinbergen Galiläas und Judas verdreifachen, und die Urenkel der Weinschösslinge, die Josuas Spione einst gestohlen hatten, ermöglichten es, auf den Hügeln der Schefela neue Weinberge anzulegen.

Diesen Aufschwung sah man auch in der Stadt. In der Zeit zwischen Davids Entschluss, sich in der Oberstadt einen Palast bauen zu lassen, der noch schöner und größer war als der in Hebron, und der Fertigstellung dieses

1 Zu dieser Zeit existierte keinerlei Form von Geld, es handelte sich ausschließlich um Tauschhandel, zum Beispiel ein Sack Linsen (eines bestimmten Gewichts) gegen ein Maß Dörrfisch u. dgl.

Palasts etwa fünfzehn Monde später hatte sich die Zahl der Häuser aus Stein verdoppelt. Aus den benachbarten Gebieten der Stämme Ruben, Gad, Ephraim, Benjamin und Juda strömten zahlreiche Juden nach Jerusalem, um David näher zu sein, den sie das Licht Israels nannten. Der machte sich darüber eher Sorgen als sich zu freuen. »All diese Häuser, so eng zusammengepfercht …«, bemerkte er. »Eine umgefallene Lampe, und das Feuer wird ganze Viertel verwüsten.«

Er ernannte Joab zum Statthalter Jerusalems und verlangte von ihm, dass er einen Kataster führte und darüber wachte, dass die Freiräume für die Straßen respektiert wurden, dass sich nicht weiterhin jeder irgendwo niederließ und zu dichte Ansammlungen von Häusern entstanden. Die neue Regelung ließ sich nicht ohne Konflikte durchsetzen. Wer ein Grundstück besaß, das direkt an ein anderes grenzte, wollte keinen Streifen davon verlieren, um zwischen den Häusern Platz für eine Straße zu schaffen. »Führt sie anderswo vorbei«, protestierten sie.

»Sie wird hier vorbeigehen und nicht anderswo«, beharrte Joab, dessen jähzornigen Charakter jeder kannte. Der andere forderte nun eine überhöhte Entschädigung. Als ein Mann vom Lande mit Sinn für Gewinn hatte er nicht die Absicht, einen Teil dieses Gewinns für nichts abzutreten.

Joab explodierte. »Wenn du und die Deinen in den Trümmern deines Hauses umgekommen seid, weil im Haus deines Nachbarn Feuer ausgebrochen ist, dann ist dein Grundstück keine Linse mehr wert! Es ist von allgemeinem Interesse, verstehst du, dass zwischen den beiden Grundstücken ein freier Streifen bleibt!«

Als die Stadtverwalter dann in besagter Straße eine

Rinne gruben, gab es anderes Genörgel. Die Anlieger beschwerten sich, dass in dieser Rinne Unrat floss. Man musste ihnen erklären, dass darin während der Regenzeit das Wasser abfließen konnte, das sonst die Häuser wegspülen würde.

Der enorme Zustrom an Menschen zwang Joab dazu, zweimal den Verlauf und die Höhe der Stadtmauer zu verändern. Da man sie innerhalb der Mauer der Jebusiter erbaut hatte, hatte sich die Grundfläche der Stadt verkleinert; deshalb musste man sich nun im Osten und im Westen ausdehnen.

»Wir müssen bald einmal alles neu überdenken«, sagte Joab eines Tages zu David.

»Ich habe bereits über alles nachgedacht«, erwiderte David, und Joab wartete auf die Erklärung. »Die Grundstückspreise sind so gestiegen, dass sich die Sache von selbst regulieren wird«, fuhr David fort. »Nach Jerusalem kommen nur noch die, für die es eine Notwendigkeit ist, und die, denen es möglich ist. Weißt du, was für einen Preis ich für das Tempelgelände bezahlen musste?«

»Aber wir haben doch schon einen Tempel ...«, wandte Joab verblüfft ein.

»Nein, für den anderen Tempel, den ich bauen will ...« David sah verträumt drein. »Ein großer Tempel. Für die Bundeslade. Der größte Tempel.«

»Die Bundeslade«, wiederholte Joab. »Aber sie steht in Kirjat-Jearim ... Sie ist in den Händen der Philister ...«

»Wir holen sie zurück«, erwiderte David und strich sich den Bart glatt. »Was hätte unsere Ansiedlung in Jerusalem für einen Sinn, wenn es nicht zuerst darum ginge, dass die Stadt in den Augen aller als Stadt unseres Herrn erscheint? Was wäre ohne den Schutz des Herrn aus uns

geworden? Und welch leuchtenderes Symbol für seinen Schutz könnte es geben als die Bundeslade?«
»Wir müssen also wieder Krieg gegen die Philister führen«, bemerkte Joab ohne Missfallen.
»Der Krieg hört erst auf, wenn sie begriffen haben, dass dieses Land das Königreich der zwölf Stämme ist. Das Königreich Gottes. Wenn ihnen das nicht passt, sollen sie verschwinden!«
Das waren klare Worte, dachte Joab. Am selben Abend noch sprach er mit seinem Bruder Abischai, mit Ezer und mit Ammon darüber. Den Berichten der Spione nach begannen die Philister wieder unruhig zu werden. Dieser neue König, sein Anspruch, über das ganze Land zu herrschen, und der Glanz seiner Hauptstadt verärgerten sie. Hatten sie ihn nicht aus ihren Reihen verjagt, diesen Usurpator? Und er wollte es ihnen zeigen?

7

Ein gefährlicher Gegenstand

Das Aufgebot der Philister war beeindruckend: sechstausend Mann. Der größte Teil ihrer Truppen, nach Berichten der Spione ungefähr viertausend Mann, war durch das Refaïmtal von Bet-Schemesch gekommen, der Rest durch die Schefela, vorbei an Lachisch, von Gaza. Eine Belagerung drohte Jerusalem vom Land abzuschneiden, aber hinunterzusteigen und die Philister anzugreifen war riskant, denn ein großer Teil von Sauls Truppen war in Mahanajim geblieben und Joab wegen der Morde an Abner und Jischwi weiterhin feindlich gesinnt; Davids Distanzierung betrachteten sie mit Skepsis. So konnte Ezer nicht mehr als fünftausend Mann aufstellen.

David rief Abjatar und schloss sich mit ihm in seinen Gemächern ein. Abjatar hatte Weihrauch mitgebracht, um ihn vor den Teraphim abzubrennen. Es waren drei, wie bei Saul, aber nicht dieselben, denn diese waren in Mahanajim geblieben. Ein Diener brachte Holzkohlenglut, die sie in drei Bronzegefäße vor den Statuen warfen. Der Priester und der König warfen Weihrauch darauf.

»Beten wir«, sagte Abjatar.

Sie beteten schweigend. Langsam stieg der Rauch auf und verlor sich dann zwischen den geschnitzten Deckenbalken aus Zedernholz.

»Frag den Herrn«, bat David. »Wenn ich die Philister

angreife, wird er sie mir dann ausliefern? Es ist seine Stadt, Jerusalem, die auf dem Spiel steht.«
Abjatar versank in Meditation. Nach einer langen Weile erhob sich endlich seine Stimme. »Greif die Philister an, David«, psalmodierte er, »ich werde sie dir ausliefern.«
Die Spione berichteten, dass die beiden Truppenteile der Philister sich zusammengeschlossen hatten und im Refaïmtal vorrückten. Ihr Ziel war offensichtlich Jerusalem, die einzige Stadt am Ende dieses Tals.
David rief Joab und Ezer und befahl ihnen, die Armee in zwei Gruppen von je zweitausend Mann zu teilen, die sich zu beiden Seiten des Tals aufstellen sollten, verborgen in den dichten Wäldern, die die Hügel bedeckten. »Die beste Stelle ist die, wo sich das Tal vor dem Hügel Baal-Perazim verengt«, erklärte er. »Tausend Männer sollen unter Ammons Kommando die Stadt selbst verteidigen. Wir lassen die Philister vormarschieren, ohne uns bemerkbar zu machen, und sobald sie mit uns auf gleicher Höhe sind, greifen wir sie mit Pfeilen und Schleudern an. Die Lanzenwerfer sollen erst eingreifen, wenn die Feinde schon auf der Flucht sind. Macht schnell. Wir müssen uns nachts in den Wäldern aufstellen, damit ihre Spione uns nicht sehen, am Engpass des Tals, wo es weniger als zweihundert Ellen breit ist.«[1]
Noch in derselben Nacht brach die Armee auf und versteckte sich in den Wäldern, und David ging mit ihr.
Die Späher, die auf den Bäumen hockten, berichteten, dass die Philister in engen Reihen vorrückten, wie immer ganz vorn die Streitwagen.

1 Etwa achtzig Meter.

»Lasst die Streitwagen vorbeifahren«, befahl David. »Sobald sie einmal isoliert sind, bieten sie ein leichtes Ziel.«
Die Kundschafter der Philister, sechs oder sieben, tauchten im Morgengrauen auf. Sie bewegten sich im Laufschritt, sahen sich nach links und rechts um und blieben von Zeit zu Zeit stehen, um Atem zu holen und im Osten das Ende des Tales zu überblicken; dann beratschlagten sie sich. Sie waren sichtlich erstaunt, keinen einzigen Hebräer zu entdecken. Jerusalems Spione hatten doch bestimmt ihre Herren gewarnt; aber wo waren Davids Truppen?
Die Sonne stand schon hoch, als man sah, wie zwei Späher zu der vorrückenden Armee zurückkehrten.
Wenig später kündigten Eisenlärm und Staubwolken die Streitwagen an: Zweiundzwanzig in der Sonne funkelnde Streitwagen, immer zwei nebeneinander, fuhren auf Jerusalem zu, jeweils mit einem Kutscher und einem Lanzenwerfer auf der Plattform. Einen Augenblick später folgten die Lanzenreiter. David rief einen Befehl. Sofort ließen die Bogenschützen, die auf den Bäumen thronten, und die Schleuderwerfer auf dem Boden einen Hagel von Pfeilen und Steinen auf die Philister niedergehen. Die Lanzenreiter fielen, ohne zu wissen, aus welcher Richtung sie angegriffen wurden. Die reiterlosen, oftmals verletzten Pferde galoppierten wiehernd in alle Richtungen, wurden immer verschreckter und sorgten für eine höchst wünschenswerte Konfusion. Die nächsten Philisterbataillone stolperten in dieses Getümmel, kamen nicht mehr vorwärts und versperrten den Rückweg durch das Tal. So wurden sie ein leichtes Ziel. Noch weiter hinten verloren Bogenschützen und Fußsoldaten der Philister ihre schöne

Schlachtordnung, und da sie auch nicht mehr vorrücken konnten, gerieten sie zwischen die in Todesangst fliehenden Pferde, von denen sie oft niedergetrampelt wurden. Die Soldaten glaubten den Feind rechts erkannt zu haben, aber als sie auf den Wald zustürzten, um gegen ihn anzukämpfen, wandten sie den Bogenschützen und Schleuderwerfern auf der anderen Seite den Rücken zu und fielen unter einem Pfeil in den Nacken oder einem Stein gegen das Hinterhaupt. Ihre Truppen waren blockiert, alle Armeekorps durcheinander. Die Generäle schrien, man solle den ungeordneten Rückzug antreten, denn das war tatsächlich der einzige Ausweg. Doch die hinteren Truppenteile hörten diese Befehle nicht, rückten weiter vor und sorgten für immer größeres Durcheinander.

David, Ezer und die Offiziere auf ihrer Talseite, Joab und seine Hauptleute auf der anderen Seite stürzten in diesem Moment aus dem Wald hervor und rannten auf die Generäle zu, die ihnen am nächsten waren und die sie an ihren schönen Rüstungen erkannten. Von rasendem Zorn ergriffen, vergaßen diese Generäle, dass sie keine Rückendeckung hatten. Einer stürzte sich auf David, doch in dem Augenblick, als er sein Schwert und David seinen Schild hob, durchbohrte ihn die Lanze eines Juden von hinten. Das letzte Bild, das er von der Welt hatte, waren Davids Stiefel zwischen Rispen von Asphodelus.

Die Streitwagen hatten umgedreht und kamen nun zurück. Die Juden hörten sie und kletterten rasch wieder auf die Abhänge der Hügel. Die Streitwagen verheerten die Reste ihrer eigenen Truppen, rasten zurück, wenn sie eine Schneise fanden, oder versuchten zu entkommen, indem sie ein Stück den Hügelabhang hinauffuhren, was drei von ihnen umkippen ließ. Die Sonne sank, als der Kampf endgültig vorbei war. Die Philister mussten an die sechshundert Tote beklagen, die Juden nicht einmal hundert.

Nun begann das Einsammeln der Beute. Den Juden fielen die drei umgekippten Streitwagen zu, mehrere Pferde, Harnische, Helme, Schwerter und Lanzen, die man noch reparieren konnte, Goldschmuck der drei gefallenen Generäle, Dutzende von Amuletten ... Man lud alles auf die Streitwagen, an die man die Pferde anschirrte.

Es war eine triumphale Rückkehr nach Jerusalem. David ließ mit großem Prunk auf einem Altar, den man auf dem Gelände des künftigen Tempels errichtet hatte, ein Opfer zelebrieren.

Einen Monat später kamen die Philister, um sich zu rächen. Ihre Truppen waren noch stärker als beim ersten Mal. Sie schickten viele Spione und Kundschafter voraus, und, durch Erfahrung klug geworden, besetzten sie diesmal das ganze Tal. Spezialtruppen durchkämmten den Wald und drangen auf beiden Seiten der Abhänge vor.

David rief Abjatar zu sich und erneut befragten sie die Teraphim. »Umgehe sie weiträumig«, erklang die erleuchtete Stimme des Priesters, »und sobald du ein Rascheln in den Baumwipfeln hörst, greife sie gegenüber vom Pappelwald an. Denn dann werde ich sie schon vor dir geschlagen haben.« Diese genaue Angabe verblüffte David. Die Feinde in einem Bogen zu umgehen war strategisch klug, aber was hatte es mit dem Rascheln und Ächzen in den Baumwipfeln auf sich? Doch Abjatar wusste nicht mehr zu sagen; David konnte ihm keine weitere Erklärung entlocken.

Am nächsten Tag gegen Mittag machte David sich auf, um das Tal Sorek, das verlassen dalag, zu erkunden. Er sah sich an, welche Bäume hier wuchsen, und fand zuerst nur grüne Eichen, dann weit auseinander stehende Pinien. Auf der anderen Seite des Berges streiften die Philister, die nach der anderen Richtung vordrangen, hastig durch das Gestrüpp und fragten sich, welche List die Juden sich diesmal ausdenken würden. Als die Sonne, die am bleigrauen Himmel stand, am Untergehen war, stieß Ezer einen Schrei aus: »Pappeln!«
Tatsächlich stand hier ein Pappelwald, der am Rand der Ebene, am Auslauf des Sorektals endete, dort, wo es ins Refaïmtal mündete. Und das Gewitter brach los. Als das erste Ächzen und Rauschen in den Wipfeln zu hören war, begriff David. Der Regen. In wenigen Augenblicken würde er von einem leisen Geplätscher zu einer prasselnden Sintflut werden. Donnergrollen ließ die Hügel erzittern. Wolkenbrüche ergossen sich über die Hügel Jerusalems. Der Bach im Tal Refaïm würde anschwellen und schließlich über die Ufer treten!
Auf ein Zeichen Davids gaben Ezer und Joab die Signale zum Angriff. Im Laufschritt umrundeten die Juden den Berg und fielen ins Refaïmtal ein, hielten sich aber an den Abhängen, die bereits glitschig wurden. Immer stärker tobte das Unwetter. Drei Meilen weiter fanden die Juden die Philister in äußerst misslicher Lage. Die Streitwagen trieben im Sturm ab, bis sie kehrtmachen mussten, die Pferde kamen nicht mehr weiter und versuchten, die Uferböschung zu erreichen. Die Lanzenwerfer und Bogenschützen der Philister standen bis zu den Hüften im Wasser. Die Juden hatten es nicht schwer, sie anzugreifen. Das Gewitter wurde immer

heftiger. Die Philister, die das Ufer erreichten, hielten dem Angriff nicht stand; beim Anblick ihrer Gefährten, die von der Angriffswelle der Feinde dezimiert wurden, flohen sie in den Wald. Die würde man später schon finden. Die Lanzenwerfer und die Bogenschützen, die in der Strömung kämpften, manche von ihnen waren bereits ertrunken, mussten den Pfeilhagel der Juden über sich ergehen lassen. Die nassen Bogensehnen ließen sich nicht mehr spannen, und die Lanzen konnte man im Wasser gar nicht gebrauchen. Es war ein Massaker, das war gewiss, schon schwammen Leichen im Wasser. Wer von den Philistern konnte, erklomm die Ufer, wo am wenigsten Juden waren, und floh zum Hügel Baal-Perazim, wo sie vor einem Monat bereits geschlagen worden waren. Die Streitwagen, denen es gelungen war, auf festen Boden zu kommen, fuhren in scharfem Tempo davon, gefolgt von Soldaten, die wiederum von den Juden verfolgt wurden.

So rannte, floh oder verfolgte alles, bis zu den Ebenen vor Jerusalem, bis nach Geba, wo die Philister schließlich völlig auseinander liefen. Um ihre Territorien zu erreichen, mussten sie einen großen Umweg durch das Tal von Ajalon und über die Schefela machen. Dazu würden sie mindestens eine Woche brauchen. Die schmachvolle Lehre war eindeutig: Mit der Stadt Davids legte man sich besser nicht an.

In Jerusalem feierte man drei Tage und drei Nächte lang den Sieg.

»Baal ist wirklich mit diesem König«, sagte ein alter Jebusiter zu seiner Frau, während die Stadt von Hornklängen und Gesang widerhallte.

»Er bringt ihm nach jedem Sieg Opfer dar«, erwiderte sie, während sie die Hafersuppe mit Geflügelfleisch

umrührte. »So muss man es machen, um seine Gunst zu erlangen.«
»Ich werde unsere beiden Söhne beschneiden lassen«, meinte er.
»In ihrem Alter?«
»Es ist nie zu spät, um etwas Gutes zu machen.« Der Alte öffnete das Fenster, um den Rauch abziehen zu lassen. »Dieses Holz ist feucht, Frau.«
»Dann kauf mir trockenes!«
»Wenn sie einmal reich sind, werden wir trockenes Holz haben«, erwiderte er gelassen.
»Und wann werden sie reich sein?«
»Wenn sie beschnitten sind. Das wird ihr Opfer an Baal sein.«
»Ihr Gott heißt El, nicht Baal«, berichtigte sie ihn.
»Baal, El, das ist alles eins!«, schloss er ungeduldig. »Es sind nicht die Namen, die etwas verändern!«

Abjatar suchte David auf. Er sah ihn mit dieser Miene an, die ihn in Davids Augen für immer bemitleidenswert erscheinen ließ. Es war die Erinnerung an jenen Tag, an dem Abjatar in der Wüste Juda zu ihnen gestoßen war, bleich und verstört, um ihm zu berichten, dass Sauls Truppen seine ganze Familie niedergemetzelt hatten. Natürlich hatte Abjatar seither zugenommen, er hatte sogar einen Bauch, aber seine Figur ließ David immer noch an ein schlecht ernährtes Kind denken. In Davids Augen war er immer noch der Sohn Ahimelechs, des Priesters, der so arm war, dass er nur die Schaubrote gehabt hatte, um David und seinen Gefährten etwas zu essen zu geben.
»David«, sagte Abjatar ernst. »Wir müssen jetzt die Bundeslade zurückholen.«

»Die Bundeslade …«, wiederholte David.
Schon lange erwähnte Abjatar immer wieder die Bundeslade und ihre Rückführung nach Jerusalem, und David hatte es sich angewöhnt zuzustimmen, ohne nachzudenken. Er hatte sogar für wertvolles Silber ein Gelände für einen prachtvollen Tempel gekauft, in dem sie aufbewahrt werden sollte. Aber um die Wahrheit zu sagen, David wusste nicht so recht, was diese Bundeslade eigentlich war. Samuel hatte nie mit ihm über die Bundeslade gesprochen. Nur zufällig und flüchtig hatte David hin und wieder davon gehört.
»Was genau ist diese Bundeslade?«, fragte der König.
»Mein Vater hat sie einst gesehen«, antwortete Abjatar verträumt. »Es ist eine Truhe aus Gold.«
»Was ist in dieser Truhe?«
»David«, antwortete der Priester leise und legte die Hand auf den Arm des Königs, »darin sind die Reste der Gesetzestafeln. Zerbrochen. Denn Moses hat sie aus Zorn zerschlagen, als er sein Volk um das Goldene Kalb tanzen sah.«
David erhob sich und füllte zwei mit Silber verzierte Trinkhörner, die auf einem Tisch lagen, mit Wein und reichte eines Abjatar, der sich die Lippen benetzte.
»Die Lade ist der Beweis für den Bund, den wir mit dem Herrn geschlossen haben«, fuhr er fort, »der Bund, durch den du über die zwölf Stämme herrschst und der uns befähigt hat, Jerusalem zu erobern.«
»Und die Tafeln sind zerbrochen«, überlegte David. »Müsste man dann nicht neue Tafeln hineinlegen?«
Abjatar rollte entsetzt die Augen. »Neue Tafeln!« Er schluckte. »Man müsste den Herrn befragen, David. Die Bundeslade berührt man nicht ungestraft!« Und angesichts Davids erstaunter Miene erklärte der Priester:

»Als die Philister sie uns damals bei Eben-Eser geraubt und nach Aschdod in den Tempel ihres Gottes Dagon gebracht haben, sind in diesem Tempel schreckliche Dinge geschehen … Deshalb haben sie die Lade in die Obhut eines frommen Juden namens Abinadab in Kirjat-Jearim gegeben. Nein, nein, David, man muss größte Hochachtung zeigen, wenn man die Bundeslade berührt. Ich werde dir ihre Geschichte erzählen. Wir brauchen die Bundeslade. Ohne sie ist Jerusalem nichts.«

Einen Mond später sandte David sechsunddreißig Boten zu den Ältesten des ganzen Königreichs: zum Stamm Dan in seiner Enklave zwischen dem Gebiet von Naftali und Manasse jenseits des Jordans, nach Ebron auf dem Gebiet von Asser, zum Stamm Sebulon nördlich von Bethlehem, nach Jesreel auf dem Gebiet von Issachar, nach Bet-Schean zum Stamm Manasse, nach Sukkot zum Stamm Gad, nach Janoach zum Stamm Ephraim, nach Joppe im Hafengebiet des Stammes Dan, nach Gibeon zum südlichen Teil des Stammes Benjamin, nach Kirjatajim auf dem Gebiet des Stammes Ruben und nach Beer-Scheba auf dem Gebiet des Stammes Simeon. Die Botschaft war einfach: David wollte die Bundeslade von den Philistern zurückholen und in Jerusalem aufstellen. Und er wollte, dass eine Abordnung des ganzen Volkes Israel sich nach Kirjat-Jearim begab, um sie nach Jerusalem zu transportieren.
Die Spione der Philister bekamen natürlich Wind von einem so großen Unterfangen und berichteten ihren Herren davon.
»Ah! Die Bundeslade wollen sie!«, riefen diese. »Nun gut, sollen sie die Lade nach Jerusalem bringen, damit wird die Stadt fallen.«

Die jüdischen Spione teilten David die Reaktion der Philister mit. Und Abjatar setzte seinen Bericht über die Bundeslade fort.
Vor siebzig Jahren hatten die Philister die Bundeslade in der Gegend von Eben-Eser aus dem Lager der Hebräer entführt und nach Aschdod in den Tempel des Gottes Dagon gebracht. Man hatte die Lade neben der großen Statue dieses Gottes aufgestellt. Am nächsten Morgen war die Statue von ihrem Sockel auf ihr Antlitz gestürzt. Sie wurde wieder aufgestellt. Doch am folgenden Tag war Dagon erneut gestürzt, der Kopf war vom Körper abgebrochen und beide Arme zerstört. Das war kein gutes Vorzeichen, auch wenn gewisse Aufsässige behaupteten, das Phänomen sei auf natürliche Weise zu erklären: Man habe die Bundeslade auf den Sockel der Statue gestellt, die schlecht verankert sei, und das Gewicht der Lade habe die Statue aus dem Gleichgewicht gebracht, das sei alles.
Eine plausible Erklärung. Doch obwohl man die Bundeslade aus dem Tempel entfernte, brach in Aschdod nach einer Invasion von Ratten eine Epidemie aus.[2] Viele Philister starben, nachdem sich schreckliche Beulen auf ihren Körpern gebildet hatten. Als genügten die Beulen noch nicht, litten sie unter schrecklichem Durchfall, der furchtbare Hämorrhoiden verursachte. Da beschloss nun der Statthalter von Aschdod, dass die Bundeslade keinen Tag länger in seiner Stadt bleiben sollte. Nach einer Beratung der Könige und Statthalter wurde entschieden, die Bundeslade nach Gat zu bringen.[3] Auch dort gab es eine Invasion von Ratten, und dieselbe Epidemie brach aus.

2 Offensichtlich eine Pestepidemie.

3 Die beiden Städte sind etwa dreißig Kilometer voneinander entfernt.

Von Gat wurde die Bundeslade nach Ekron gebracht, doch die Bewohner brachen in lautes Geschrei aus. »Schickt diese unselige Bundeslade zurück zu den Hebräern! Wollt ihr uns alle umbringen? Bringt sie lieber dorthin zurück, von wo ihr sie geholt habt!«
Die Bundeslade war seit sieben Monaten in den Händen der Philister, das Problem brannte ihnen unter den Fingernägeln. Die fünf Könige der Philister berieten sich daher mit ihren Priestern und Wahrsagern.
»Gebt die Bundeslade den Israeliten zurück«, erklärten diese Kenner übersinnlicher Dinge, »und gebt ein Geschenk als Entschädigung dazu, um den Dämon von uns zu vertreiben. Bringen wir uns nicht in die Lage der Ägypter, die von sieben schändlichen Plagen geschlagen wurden, weil sie die Hebräer verfolgt haben.«
»Und was für ein Geschenk?«
»Lasst Abbilder aus Gold von den Beulen und den Ratten machen, je eines für jeden Fürsten.«
Die Fürsten, auf die der Rat Eindruck gemacht hatte, fügten sich. Zusätzlich zu diesen widersinnigen Geschenken verlangten die Priester und Wahrsager auch noch, dass die Bundeslade auf einem prachtvollen Wagen, speziell für diese Gelegenheit hergestellt und von zwei Kühen gezogen, die noch nie angeschirrt worden waren, zu den Hebräern zurückgebracht werden sollte. Auf demselben Wagen stand ein Kästlein aus kostbarem Holz, in dem die goldenen Abbilder der Beulen und der Ratten lagen, von denen die Philister heimgesucht worden waren. Man sandte Kuriere, um den Juden mitzuteilen, dass man ihnen die Bundeslade zurückbrachte.
Sie wurde also, begleitet von einer Eskorte, nach Bet-Schemesch geschickt. Eine prachtvolle Eskorte: fünf Fürsten der Philister in Prunkgewändern, Rüstungen,

Helmen und Stiefeln, mit geölten Schilden und polierten Lanzen. Es war zur Erntezeit. Die außergewöhnliche Truhe, von der man sagte, sie sei aus Gold, leuchtete vor einem goldenen Hintergrund.

Die Kühe hielten vor dem Hof eines gewissen Joschua an, was man als höheres Zeichen ansah. Die Priester des dortigen Tempels hoben eilig die Bundeslade und das Kästchen mit den Geschenken vom Wagen. Die Lade stellte man auf einen großen Stein und schützte sie mit einem Zelt; die goldenen Beulen und Ratten wurden unter die jüdischen Kolonien von Aschdod, Gaza, Aschkelon, Gat und Ekron verteilt. Die Kühe wurden dem Herrn geopfert und die Reste unter den Bewohnern von Bet-Schemesch verteilt, was Anlass zu einem großen Fest gab.

Nachdem David laut über die Beulen und Ratten aus Gold gelacht hatte, fragte er: »Und warum ist die Bundeslade nicht mehr in Bet-Schemesch?«

»Weil es dort eine Sippe gab, die Söhne Jechonjas, die kein Vertrauen in den Bund mit dem Herrn hatten«, antwortete Abjatar. »Als sie die Bundeslade kommen sahen, dachten sie, die Lade würde auch ihnen Unheil bringen. Sie weigerten sich, an dem Fest in Bet-Schemesch teilzunehmen, und die Folge war, dass siebzig Angehörige dieser Sippe starben.«

»Wirklich ein gefährlicher Gegenstand«, murmelte David.

Abjatar tat so, als hätte er ihn nicht gehört, und fuhr fort: »Die Bewohner von Bet-Schemesch waren so entsetzt über dieses neuerliche Massensterben, dass sie sagten: ›Niemand ist in Sicherheit vor dem Herrn, dem Heiligen Gott.‹ Und sie fragten sich, an wen sie die Bundeslade zur Bewahrung weitergeben könnten. Sie schickten Boten nach Kirjat-Jearim, die fragten, ob man nicht dort die Bewahrung der Lade übernehmen wolle. Die Bundeslade wurde also dorthin gebracht und einem frommen Mann, Abinadab, anvertraut, in dessen Haus sie sich noch immer befindet. Aber Abinadab ist tot, sein Sohn Eleasar wacht nun über die Bundeslade.«

»Ihm ist also nichts passiert?«

»Nein«, antwortete Abjatar.

8

Zwei Cherubim aus massivem Gold

Die Philister, die versucht waren, die Hebräer trotz des erlittenen Unheils während der Überführung der Bundeslade anzugreifen, wurden ganz unerwartet davon abgehalten: Über dreißigtausend Juden waren Davids Aufruf gefolgt und nach Kirjat-Jearim gekommen. Sie besetzten die gesamte Ebene am Fuße Jerusalems, und obwohl sie ein wenig zu essen mitgenommen hatten, war es doch ein großer Aufwand, sie eine Woche lang, während der sie sich versammelten, mit Speis und Trank zu versorgen.

Endlich ließ David verkünden, dass sie sich zum Marsch bereitmachen sollten; Hörner erschollen, und der Zug brach auf.

An der Spitze ritten David und zwölf Priester zu Pferde, gefolgt von fünftausend bewaffneten Männern und den Streitwagen, die man den Philistern abgenommen hatte. Danach kamen Lanzenreiter und Lanzenträger zu Fuß, Bogenschützen und Fußsoldaten. Ein prachtvoller, von purpurrotem Tuch bedeckter Wagen wurde von zwei Ochsen gezogen, gleich hinter dem Offizierskommando. Ihnen schlossen sich die Abordnungen an. Ein wahrer Exodus! Von Emmaus bis Kirjat-Jearim reichte dieser Menschenzug, der sich zäh und langsam voranschob. Reiter der Philister, die auf den Hügeln postiert waren, betrachteten diesen Aufmarsch voller Verblüffung.

David, flankiert von den Priestern und dem Offizierskommando, zwölf Hornbläser gleich dahinter, kam als Erster in Kirjat-Jearim an. Er ritt den Hügel hinauf, auf dem Abinadabs Haus stand. David, die Priester und die ersten Offiziere saßen ab. Es war ein bescheidenes Haus, abseits der Straße, von einem verwilderten Obstgarten umgeben. David klopfte an die Tür. Ein alter Mann mit einem Käppchen auf dem Kopf öffnete. Zwei lebhafte Jünglinge hüpften aus dem Fenster, um sich ein solches Spektakel, das sie wohl nie wieder sehen würden, nicht entgehen zu lassen. Eleasar blickte verstört auf die prachtvolle Gestalt vor ihm, in Purpurmantel und goldbestickten Sandalen. Sein Blick wanderte weiter zu den zwölf Priestern, zu den Offizieren und erfasste schließlich die Menschenmenge, die sich bis zum Horizont erstreckte. Seine Augen füllten sich mit Tränen.

»Du bist der König«, sagte er. »Du bist David.« David nickte. Eleasar öffnete die Tür weit. »Du bist gekommen, um die Bundeslade zu holen. Es war Zeit, dass sie eine Bleibe findet. Ich werde alt, und es ist eine schwere Verantwortung.« Er trat zur Seite, um den König und die Priester hereinzulassen.

»Wir holen sie nach Jerusalem«, erklärte David. »Möchtest du mit nach Jerusalem kommen?«

Eleasar antwortete nicht, vielleicht hatte er die Frage nicht gehört. Er trat zu einem angrenzenden Zimmer und zeigte auf eine längliche Truhe auf zwei Holzplanken, einen Arm hoch und zwei Arme lang[1], bedeckt mit

1 Etwa 1,10 bis 1,30 Meter lang und siebzig bis achtzig Zentimeter hoch und breit, ausgehend von den Maßen der orientalischen Elle.

einem Wollüberwurf, der nichts von dem Gegenstand sehen ließ.
»Hier ist sie«, sagte er einfach. »Habt ihr Stangen?«
»Stangen?«, fragte Abjatar.
»Die man durch die Ringe schiebt, damit man die Lade tragen kann.« Der Greis warf sich vor der verhüllten Truhe nieder und zog äußerst langsam, fast mit Todesfurcht, den Überwurf herunter. Eine Truhe aus Gold wurde sichtbar, gekrönt von zwei goldenen Cherubim. David und die Priester starrten stumm darauf, dann warfen auch sie sich nieder.
»Das ist ein Thron«, sagte David, nachdem er sich wieder erhoben hatte.
»Der Thron des Herrn«, antwortete Eleasar ruhig. »Wie wollt ihr ihn transportieren?«
»Auf einem Wagen«, antwortete David.
Die Priester gingen hinaus, nahmen zwei Lanzenwerfern die Waffen ab und steckten sie durch die Ringe an der Truhe. David und Abjatar packten jeweils die Enden der Lanzen und trugen die Bundeslade langsam nach draußen. Usa und Achjo, Eleasars Söhne, schlossen sich dem Zug spontan an. Die Hörner ertönten, als wollten sie selbst den Wolken das Ereignis mitteilen. Eine riesige Menschenmenge drängte sich um Abinadabs Haus, und lautes Gemurmel stieg von ihr auf, wie ein Lied der Erleichterung, doch David verstand den Grund erst, als er die Bundeslade auf den purpurumhüllten Wagen gehoben hatte. Die Sonne stand hoch, und die Lade funkelte, als sei sie aus einem Stück Sonne gefertigt. David betrachtete sie lange, während die Menschenmenge zu dem Wagen strömte. Die Lade war Mittelpunkt der Landschaft, Mittelpunkt der Welt, Mittelpunkt des Universums. David fühlte sich, als wäre sein Horizont

ein ungeheures Kreisen, in dem die Bundeslade der regungslose Mittelpunkt war. Eine unendliche Melodie erfüllte ihn.

Darauf folgten Klänge, die weit irdischer waren. Die Musiker, die mit den Abordnungen der zwölf Stämme gekommen waren, klapperten in einem misstönenden Durcheinander voll Schwung und Feuer mit Kastagnetten und schlugen ihre Tamburine. Wer hätte es ihnen übel nehmen wollen?

Usa und Achjo lenkten den Wagen, Achjo vorne, Usa, der vor Freude tanzte, war hinten. Sie waren mit der Bundeslade aufgewachsen, so war es nur recht, meinten alle, dass die beiden sie nach Jerusalem begleiteten.

Es wurde eine dramatische Fahrt.

Der Weg war schlecht, aufgeweicht von den kürzlich niedergegangenen Regengüssen. Er führte bergauf und bergab, wand sich um Kurven, fiel nach rechts und nach links ab, und die Bundeslade schaukelte Besorgnis erregend auf dem Wagen. Bald kam man an eine Tenne, wo Getreide gedroschen wurde. Die Räder rutschten auf dem Stroh, und die Bundeslade glitt gefährlich weit nach hinten. Usa griff nach ihr, damit sie nicht herunterfiel. Das bekam ihm schlecht: Sie war schwer und fiel trotzdem, und zwar auf ihn. Sie zerquetschte ihm den Brustkorb. Usa war sofort tot.

Der Zug im Gefolge der Bundeslade hielt bestürzt an, auf die Musik folgte abruptes Schweigen. Die Priester klagten.

»Er ist der Bundeslade zu nahe gekommen!«, meinten sie.

»Sie drohte herunterzufallen!«, protestierte Usas Bruder Achjo.

Man brachte Usas Leichnam in den nächstgelegenen

Ort, wo man ihn begrub. Abjatar mochte David noch so sehr trösten, der König war bestürzt.
»Ich kann diese Bundeslade nicht nach Jerusalem bringen!«, rief er.
Für die Priester ein erneuter Grund zur Bestürzung. Man hatte die zwölf Stämme zusammengerufen, um die Bundeslade nach Jerusalem zu bringen, und nun sollte man unverrichteter Dinge zurückkehren? Man beriet sich, man setzte zu schelten an, doch David entschied. Die Abenddämmerung brach herein; man würde irgendwo mitten in der Nacht allein mit dieser gefährlichen Truhe sein, ohne zu wissen, wohin; Gott allein wusste, was dann geschah. Die Priester gaben nach. David befahl, mit dem ganzen Zug nach Gat umzukehren.
Die Bewohner von Gat waren ebenfalls bestürzt über die Rückkehr dieser Bundeslade, hatten sie doch geglaubt, sie für immer losgeworden zu sein. Achisch, der König, dem David gedient hatte – auch er hatte seinen Anteil an den militärischen Siegen vor einigen Wochen –, versuchte sich gegen die Rückkehr der Bundeslade zu wehren. David versicherte ihm hochmütig, die Bundeslade befinde sich nicht in der Verantwortlichkeit der Stadt, sondern in der eines frommen Juden, den die Priester als letzten Ausweg benannt hätten.
»Warum nimmst du sie nicht mit dir nach Jerusalem?«, fragte Achisch mit seinem gesunden Menschenverstand. Er wusste noch nichts vom Tod des jungen Usa.
»Wir sind zu weit von Jerusalem entfernt«, antwortete David. »Wir holen sie bald ab.«
Voll Freude, David so unverhofft wieder zu sehen, ließ Achisch sich zum Narren halten. Der König von Gat gab ein Fest für den König von Jerusalem, und man sprach nicht mehr über die Bundeslade. Der neue Wäch-

ter hieß Obed-Edom, ein frommer Mann, aber keinesfalls dumm. Er kannte den Ruf der Bundeslade. Auch er versuchte daher, sich um die Verantwortung, die solche Sorge mit sich brachte, zu drücken, doch die Priester machten ihre Autorität geltend und überwanden seinen Widerstand – was entschieden war, war entschieden, und fertig.
David schlief bei Achisch, seinem einstigen Beschützer, und am nächsten Morgen kehrte jeder nach Hause zurück. Es sah sehr danach aus, als würde alles auseinander laufen.
Auf dem Weg nach Jerusalem waren Ezer, Ammon und Joab nachdenklich. Die Priester waren nachdenklich, ebenso die Soldaten. Und auch David war nachdenklich. Alle waren mit demselben Gedanken beschäftigt: Wenn die Bundeslade Sitz der Gottheit Israels war, dann war sie David nicht gnädig gewesen, da sie ihm die Kränkung zugefügt hatte, einen unschuldigen jungen Mann sterben zu lassen. Oder sie war nicht Sitz der Gottheit Israels und ebenso wenig der Philister oder irgendeiner anderen bekannten Religion; dann hätte David sich geirrt. Diese Lade war ein Unheil bringender Gegenstand, mit dem man besser nichts zu tun hatte. Diesen Geschichten von in Gold nachgebildeten Ratten und Beulen hätte man von Anfang an misstrauisch begegnen sollen. Kurz, der Gott, an den man glaubte, war nicht der Gott Israels, und so war man plötzlich ohne Gott. Auf alle Fälle hatte man das Gesicht verloren, und dem Ruhm Jerusalems war das nicht gerade förderlich.
Die Frauen fanden David in schlechter Laune vor und konnten daran nicht viel ändern. Er trank und murrte, dachte daran, die Teraphim zu befragen, doch er war

nicht sehr erpicht darauf, ihre Antwort zu hören. Die Welt wurde immer schwieriger, und das war für ihn der größtmögliche Ärger. Es war ihm recht zu kämpfen und sein Leben aufs Spiel zu setzen, aber er wollte sich nicht unwohl in seiner Haut fühlen.

Abjatar bedrängte ihn hartnäckig und wurde schließlich zu einer Unterredung vorgelassen.

»Wir müssen die Bundeslade nach Jerusalem bringen«, erklärte der Priester.

»Davon kann keine Rede sein, sie bringt Unglück«, erwiderte David.

»Du glaubst nicht, dass sie das Symbol unseres Bundes mit Jahwe ist?«, brauste Abjatar auf. »Du glaubst nicht, dass sie der Sitz Jahwes ist?«

»Wenn sie der Sitz Jahwes ist, dann ist er kein guter Gott. Es gab keinen Grund, den armen Jungen zu töten, nur weil er verhindern wollte, dass sie vom Wagen fällt. Usa hat nichts Böses getan. Er hat versucht, die Bundeslade fest zu halten, ich wiederhole es, weil ich es gesehen habe. Und diese Truhe hat ihn zermalmt.«

»Das war ein Unfall!«, protestierte Abjatar. »Manchmal fallen Jungen auch von einer Sykomore und sterben, obwohl sie nichts Schlimmeres tun wollten, als sich ein paar Feigen zu holen!«

David musterte ihn lange. »Die Bundeslade ist keine Sykomore, Abjatar. Wenn sie der Sitz Jahwes ist, hätte dieser Unfall niemals passieren dürfen.« Er ließ zwei Trinkhörner mit Wein füllen und reichte eines dem Priester. »Sag mir lieber, dass in dieser Bundeslade nichts ist.«

»Gotteslästerung!«, rief Abjatar so erregt, dass er das Trinkhorn mit dem Wein schüttelte. »Die Gesetzestafeln sind darin!«

»Was weißt du darüber?«, entgegnete David ruhig.
»Wenn du es nicht glaubst, dann ist nichts darin.« Abjatars Ton war eisig.
»Ich glaube es nicht, ich habe sie nie gesehen. Ich habe diese Bundeslade nie geöffnet. Ihr erzählt alle nur Geschichten.«
»Dann bist du nicht der Mann, den Samuel zu erwählen glaubte«, erwiderte Abjatar. »Du bist wie Saul geworden, ein König wie alle anderen. Du bist nicht der König, den Jahwe erwählt hat. Du bist ein König ohne Zukunft.«
David warf ihm einen bösen Blick zu. Schweigen kehrte ein.
»Die einzig wirklichen Dinge, David, sind die Dinge, an die du glaubst. Solange du das, was Samuel dir gesagt hat, geglaubt hast, wirklich geglaubt hast, war das Glück dir hold. Das Glück, das heißt Jahwe. Hör auf zu glauben, und es ist zu Ende mit dir.«
»Worauf willst du hinaus?«, fragte David verächtlich.
»Das ganze Volk, die zwölf Stämme, sie fragen sich genauso wie du, ob die Bundeslade der Sitz des Herrn ist. Wenn du sie in Gat lässt, sagen sie sich, nein, sie ist es wahrscheinlich nicht, und mit der Zeit werden sie sagen, sie ist es sicher nicht. Und Jahwe selbst, werden sie sagen, was ist das? Ein Gott wie Baal, wie Dagon, wie El, wie alle anderen Götter der Kanaanäer. Dann wären wir keine Hebräer, wie wir es werden wollen, sondern würden in der Masse dieser anderen Menschen aufgehen. Was würde uns von ihnen unterscheiden? Warum sollten wir das Volk des Herrn sein? Warum sollten wir dieses Land erobert haben?«
David erhob sich und sah zum Fenster hinaus auf die Landschaft, die sich am Fuß der Stadt erstreckte. Er

betrachtete die Ebene, die sich in den Wogen der Nacht wiegte, und den tiefblauen Himmel. Nicht sehr weit von hier, in Bethlehem, war er geboren, aber der Weg war lang gewesen. Er leerte sein Trinkhorn. All das war wie ein Traum, und doch war es Wirklichkeit. David drehte sich um und lehnte sich gegen den Fenstersims. Abjatar sah ihn an: »Stell den Zug wieder zusammen. Bring die Bundeslade nach Jerusalem.«

»Wie soll ich Usas Tod erklären?«

»Er hatte zu wenig Achtung«, erwiderte Abjatar.

»Das ist eine Lüge.«

»Ja, eine Lüge«, gab Abjatar zu. »Hast du Angst vor Lügen, David?«

»Was willst du damit sagen?«

»Hast du Jonathan und Saul gesagt, dass Samuel dich zum König gesalbt hat?«

»Du hast nicht das Recht ...«, begann David. Aber seine Augen wurden feucht. Er senkte den Kopf.

»Diese Lüge hat nur dir genützt. Die Lüge, um die ich dich bitte ...«

Abjatar ließ seinen Satz unvollendet. David hatte verstanden.

»Ich werde die Bundeslade zurückbringen«, sagte er müde.

Abjatar trank langsam seinen Wein. Dann stand er auf und betrachtete ebenfalls den Nachthimmel.

9
Die Verachtung

Er holte die Bundeslade also wieder aus Gat ab.
Er scheute weder Kosten noch Mühe. Abjatar, die anderen Priester und ein Prophet namens Nathan verbreiteten, die Bundeslade habe der Familie Obed-Edoms Glück und Wohlstand gebracht. Sie hüteten sich zu sagen, dass David das bezahlt hatte. Die Bundeslade war Glück bringend für die wahren Diener Gottes.
Mit Unterstützung der Armee wurde ein zweiter Zug zusammengestellt, um die Bundeslade aus Gat zu holen, mit Geschenken für Achisch – ein Gürtel aus goldenen Gliedern, mit Granatsteinen verziert, ein Stuhl aus Ebenholz und Elfenbein, ein Fächer aus Straußenfedern. Der Wagen, auf dem die Bundeslade transportiert werden sollte, war wesentlich stabiler als damals, und seine Plattform war eingefasst mit hohen, gepolsterten Kanten, damit die Bundeslade nicht herunterrutschen konnte. Ein großes Zelt wurde über dem Platz errichtet, den David in Jerusalem von dem Jebusiter Arauna gekauft hatte, auf der Anhöhe, die man die »Burg Zion« nannte, gleich bei der Königsstadt, wo David seine Paläste errichten ließ. Er hatte die Stelle ausgewählt, weil er dort einen Tempel errichten wollte.
Wieder einmal schwärmten Boten über das ganze Königreich aus, um das Volk dazu einzuladen, dabei zu sein, wie der Sitz des Herrn endgültig in seiner Stadt aufgestellt wurde.

Man machte sich erneut ans Werk und versuchte auch, mit dem Herzen dabei zu sein. Die Bäcker schoben unermüdlich Brot in die Öfen, die Zuckerbäcker buken Tausende von Kuchen, die Metzger richteten sich darauf ein, eine Menge von Menschen zu verköstigen. Die Angehörigen der zwölf Stämme machten sich wieder auf den Weg nach Jerusalem, in der Hoffnung, nicht noch einmal enttäuscht zu werden. Enttäuschung macht alt, und niemand will alt werden.
Doch die Bundeslade kam gut an – im Lärm von Trompeten, Sistren, Tamburinen, Kastagnetten, Triangeln, Flöten, Leiern und Geschrei. Sie erreichte Jerusalem zur Mittagszeit und wurde in einer Parade durch die Stadt gezogen, vom Tor des Tales zum Tor der Gemüsegärten. Kaum war sie durch das erste Tor gezogen, begann eine Gruppe junger Leute, begleitet von Musikern, vor der Bundeslade herzutanzen. Zur allgemeinen Verblüffung tanzte David zum Klang der Tamburine an ihrer Spitze, mit nacktem Oberkörper, bekleidet nur mit einem einfachen Lendenschurz, dem Efod und Goldsandalen.
Der König tanzte!
Er war schön, der tanzende König, mit seinem glatten Körper und seinem geölten Haar, vor der Bundeslade, die sich auf ihrem Wagen wiegte, als folge auch sie dem Rhythmus. David tanzte gut, er bewegte sich geschmeidig und glücklich. Das Volk tanzte. Auf der Straße, aus den Fenstern, auf den Dächern klatschten die Zuschauer im Takt der Musik. David tanzte den ganzen Weg, bis sie zur Burg Zion kamen, wo der künftige Tempel stehen sollte. Dort warf man ihm einen Purpurmantel um die schweißnassen Schultern. Das riesige Purpurzelt knatterte über einem mit Steinplatten belegten geräu-

migen Platz im Wind. In der Mitte stand ein mannshoher Sockel aus einem einzigen Steinblock. Unter den besorgten Blicken des Königs und der Priester hob man die Bundeslade hinauf, Trompeten und Hörner erklangen. Purpurne Reflexe tanzten auf den goldenen Wänden der Lade, als sei diese himmlische Truhe von einem immateriellen Feuer erleuchtet. Derselbe Schimmer auf den Cherubim ließ diese lebendig erscheinen.
Die Priester – hunderteinundzwanzig Priester – warfen sich nieder und erhoben sich wieder, ein gemeinsames Gebet erscholl, und sie begannen, auf dem Altar daneben ihre Opfer darzubringen. David entzündete das Holz, auf dem ein weißes Kalb lag. Er sang mit seiner kräftigen, warmen Stimme einen Psalm, den er für diesen Anlass geschrieben hatte und den die Priester und die übrigen Teilnehmer nach ihm aufnahmen. Der König sang, und man sang mit ihm.
Dann verteilte man die Speisen. David kehrte erschöpft in den Palast zurück, um ein Bad zu nehmen und mit den Seinen zu essen, Priestern, Hauptleuten, Frauen und Kindern. Mit wirrem Haar, trunken vor Müdigkeit, wurde er an der Tür zu seinen Gemächern von Michal empfangen.
»Welch glorreicher Tag für den König über Israel!«, rief sie. »Nackt und tanzend hat er sich vor den Sklaven seiner Untergebenen gezeigt wie irgendein lächerlicher Lustknabe, der zu tief ins Glas geschaut hat!«
Einen Augenblick standen sie einander in Gegenwart der bestürzten Höflinge gegenüber. Er betrachtete die zu stark geschminkten Augen, die eingefallenen Wangen, den vor Enttäuschung verkniffenen Mund und den Schmuck, der die Härte der Maske betonte. Ihr fehlte nur noch der Bart, um dem schlaflosen Saul in seinen

schlechtesten Tagen zu ähneln. Eine unfruchtbare Frau, eine schlechte Sippe.

»Ich habe unter den Augen des Herrn getanzt, der mich an Stelle deines Vaters und seiner Familie erwählt hat«, antwortete er langsam. »Ich habe vor Freude unter den Augen des Herrn getanzt, der mich zum König über sein Volk gemacht hat. Was die Sklaven und Diener betrifft, deren Meinung dich beunruhigt, sie werden mich dafür ehren.« Und er ging zu seinen Gemächern, um sich dort zu waschen, während ein Diener das Efod, ein anderer den Purpurmantel nahm.

Er stieg über die Mauer eines Steinbottichs. Man goss ihm warmes Wasser über Kopf und Körper, gab ihm Seife und rieb ihm Schultern, Rücken, Hintern, Arme, Beine und Füße ab, während er sich Gesicht und Geschlecht wusch, man wusch ihm das Haar und ölte es ein, und als er aus dem Bad stieg, wurde er gekämmt. Er band sein Haar im Nacken zusammen.

»Das Fest war prächtig, es ist der größte Tag unseres Volkes. Und der König ist schön wie der dritte Cherub«, sagte der Vorsteher der Diener und reichte ihm ein frisches Gewand aus gold- und silberbesticktem Leinen mit korallenroten Blüten am Hals, an den Ärmeln und am unteren Saum.

David lächelte. Aber was waren schon die Cherubim? Er wandte sich dem ersten Diener zu: »Sag meiner Frau Michal, sie soll sich einen Mann nehmen. Ich werde nie mehr mit ihr das Lager teilen.«

10
Mehr als ein Mann und weniger als ein Engel

Ich will wissen, was in der Bundeslade ist«, sagte David. »Es ist ein Deckel oben drauf, der von Menschen gemacht ist; die Truhe wurde von Menschen geöffnet und geschlossen. Ich will, dass du und deine Priester ihn vor mir hochheben, damit ich den Inhalt der Truhe sehen kann.«

»Meinst du, dass es richtig ist zu überprüfen, was im Thron des Herrn ist?«, fragte Abjatar.

»Meinst du, dass es richtig ist zu glauben, der Herr wolle uns im Ungewissen lassen?«, konterte David.

»Und wenn nichts darin ist?«

»Wir wissen, dass der höchste Thron es nicht nötig hat, etwas zu beinhalten, was es auch sei. Aber die Lade ist zu schwer, um leer zu sein.«

»Ich muss mit den anderen Priestern darüber beraten«, antwortete Abjatar verärgert.

Nachdem er gegangen war, rief der König den Propheten Nathan. Er war ein kleiner, etwa fünfzigjähriger Mann mit einem faltigen Kindergesicht und heller Stimme; er war vollkommen kahl, und sein Bart bedeckte fast seine ganze Brust. Er unterhielt beunruhigend vertraute Beziehungen zu den unsichtbaren Mächten. David teilte ihm seinen Willen und Abjatars Vorbehalte mit.

»Verwechselt man denn den Thron mit dem König?«, antwortete Nathan.

David brach in Lachen aus, und Nathan stimmte ein.
Am Abend teilte Abjatar dem König mit, die anderen Priester hätten eingeräumt, wenn die Bundeslade einen Deckel habe, dann sei es auch zulässig, ihn zu öffnen. Man legte fest, dass es am folgenden Tag geschehen sollte. Zehn Priester waren anwesend, und Joschafat der Mitniter, der zum Elitekorps der dreißig Helden gehörte und vor kurzem zum Minister befördert worden war, hatte eine Gruppe von zehn vereidigten, verschwiegenen Männern zusammengestellt, da man die Öffnung der Bundeslade nicht herumposaunen wollte.[1]
In Gegenwart Davids und Joschafats begannen die Priester ein langes Gebet zu sprechen, mit dem sie erneut ihr Vertrauen in das Wohlwollen des Herrn ausdrückten und die Notwendigkeit bestätigten, dass seine Geschöpfe die Truhe öffneten, um ihn umso mehr zu ehren. Die Arbeiter errichteten Gerüste zu beiden Seiten der Bundeslade, die auf ihrem Steinsockel stand. Sie dort herunterzuheben kam nicht in Frage. Zwei Priester

1 Die Bundeslade, Thron, Truhe und Schrein zugleich, also ein liturgischer Gegenstand, hat wohl zu Beginn die ursprünglichen Gesetzestafeln enthalten, den Beweis für den Bund Gottes mit den Hebräern. Eine rabbinische Tradition, übrigens nicht vom Alten Testament gestützt, erklärt, die Bundeslade habe die Teile der zerbrochenen Tafeln, die neuen Tafeln und ein Exemplar des Pentateuch enthalten. Doch niemand weiß, ob etwas anderes in ihr war. Einige Autoren interpretieren manche Verse des Buches Numeri so, dass auch der Stab Aarons darin war. Da man diesen Stab jedoch eingepflanzt hatte und er geblüht und Früchte getragen hatte, wäre es gotteslästerlich gewesen, ihn auszureißen; außerdem kann man sich nicht vorstellen, wie man ihn in einer vielleicht etwas mehr als einen Meter langen Truhe hätte einschließen können. Paulus argumentiert, die Bundeslade habe ein Gefäß mit dem Manna enthalten, das der Herr den Hebräern in der Wüste gesandt hatte. Doch die entsprechende Passage in Exodus 16, 33–34 besagt, das Gefäß mit dem Manna sei *vor* und nicht *in* der Bundeslade aufbewahrt worden.

stiegen auf der einen Seite hinauf, Abjatar und David auf der anderen. Die beiden Priester hoben den Deckel und zogen ihn auf ihre Seite, damit David und Abjatar ins Innere der Truhe sehen konnten. David beugte sich über die Lade. Er wagte es nicht, nach einer Fackel zu fragen, um besser sehen zu können, denn die Lade war zu nahe am Zelt, das Feuer hätte fangen können. Abjatar zitterte vor Erregung und brachte so das Gerüst zum Wanken.

»Zieht noch ein wenig mehr«, befahl David den beiden Priestern, die ihm gegenüberstanden.

David beugte sich wieder über die Truhe. Das Innere war aus Zedernholz, das Gold hatte man darauf gehämmert. Man sah das an den Rändern, Blattgold war auf das Holz gehämmert worden. Am Grund der Truhe erblickte David zwei längliche Steinblöcke.

»Die zehn Gebote«, sagte Abjatar. »Die Gesetzestafeln.«

»Aber hat Moses sie nicht zerschmettert?«, fragte David.

»Man hat sie wohl neu geschrieben.«

»Was ist aus den Bruchstücken der alten geworden?«

»Ich weiß es nicht.«

David beugte sich weiter vor. In den Stein war tatsächlich etwas eingraviert.

»Und dieser vergoldete Stab?«

»Der Aaronstab.«

»Aber hat man nicht gesagt, er sei erblüht und hätte Früchte getragen?«, fragte David weiter.

»Danach soll man ihn mit Gold überzogen haben«, antwortete Abjatar, zitternd vor Erregung und schweißüberströmt.

»Es ist also ein symbolischer Stab«, folgerte David.

»Schließt die Bundeslade wieder«, befahl er den beiden Priestern und half ihnen den Deckel zu befestigen. Vorsichtig stieg er dann von dem Gerüst herunter und reichte Abjatar, der sich kaum mehr auf den Beinen halten konnte, die Hand.

»Ich habe in der Bundeslade nichts gesehen, was den Dienern Gottes Schrecken einjagen könnte«, erklärte er den Priestern. »Gott bestraft seine Feinde, selbst wenn sie in Höhlen verborgen oder meilenweit von der Bundeslade entfernt sind. Es scheint mir nicht gerecht, dass man Klatschgeschichten über die Missetaten dieses Throns in die Welt setzt.«

Die Priester gerieten durch diese Worte aus der Fassung.

»Aber ... Usa?«, fragte einer. »Du hast ihn selbst gesehen ...«

»Das war ein Unfall«, antwortete David getreu der Deutung, die Abjatar ihm nahe gelegt hatte. Diesmal war es Abjatar, der verlegen wirkte. »Usas Absicht war rein. Er wollte verhindern, dass der Thron des Herrn herunterstürzte«, fügte David hinzu.

Abjatar nickte, gefangen in der Falle seiner eigenen Argumentation. »Ja, ich denke, so muss man diesen Vorfall sehen«, seufzte er.

»Und die Plagen, von denen die Philister heimgesucht wurden?«, fragte derselbe Priester, der Usas Tod erwähnt hatte.

»Sie müssen uns in dem Gefühl stärken, dass die Gerechten von der Bundeslade nichts zu fürchten haben«, antwortete David.

Der Priester nickte.

»Wir müssen erfüllt sein von der Liebe zum Herrn«, schloss David, »so wie seine Feinde erfüllt sein müssen von der Furcht vor ihm.«

Am Abend bat er den Propheten Nathan, mit ihm zu essen.
»Ich wohne in einem Haus aus Stein und Zedernholz, die Bundeslade aber steht unter einem Zelt. Ist das gerecht?«, fragte er ihn. »Ich habe von dem Jebusiter Arauna zu einem hohen Preis einen Platz gekauft und dort den Altar errichten lassen, den du kennst. Sollte ich nicht beginnen, dort das große Haus Gottes erbauen zu lassen?«
»Wenn der Herr einen Tempel aus Stein und aus Zedernholz für seine Bundeslade wünscht, wird er es dich wissen lassen«, antwortete Nathan.
»Wird der Herr ohne Haus in Jerusalem bleiben?«
»Hatte er nicht schon in Gibeon das höchste Heiligtum?«[2], fragte Nathan zurück. »Und ist das Volk nicht zum Ölberg gepilgert, um dort zu ihm zu beten?[3] Warte also auf ein Zeichen des Herrn.«
»Soll ich die Teraphim befragen?«
»Nur wenn du keinen Traum hast.«
David schwieg einen Augenblick.
»Sag mir, Nathan, wer bin ich, dass der Herr mich so hoch erhoben hat?«, fragte er schließlich.
»Fragt der First, warum er die Spitze des Gebäudes ist? Denk daran, David, dass du derselbe bist, der seine Herden gehütet hat. Du bist das Werkzeug, das der Herr gewählt hat, um seine Pläne auszuführen.«
»Was wird nun geschehen?«

2 In dieser benjaminitischen Stadt, deren Name »hoch gelegener Ort« bedeutet, befanden sich der große Opferaltar – vielleicht ein Dolmen – und auch das alte Zelt, das als Schutz über der Bundeslade aufgeschlagen war.

3 Der Ölberg, jenseits des Kidrontales und östlich von Jerusalem, war ein häufig aufgesuchter Gebetsort.

»Es wird nur Gutes geschehen, wenn du der Diener deines Herrn bleibst. Aber es wird niemals leicht sein. Andere Aufgaben werden auf dich zukommen. Du bist jung, du bist König; wir sind nun reich und umgeben von missgünstigen Nachbarn.«

»Warum wir?«, fragte David, der sich vorbeugte und die Hand auf Nathans Arm legte. »Warum gerade wir?«

»Warum nicht wir?«, antwortete Nathan lächelnd. »Du hast uns gezeigt, dass wir dessen würdig sind.«

Das Mahl ging zu Ende. Nathan nahm eine Dattel vom Teller und kaute sie behutsam. »Vielleicht hast du deshalb die Gunst des Himmels.«

David versank in Gedanken. Früher hatte er den Kampf geliebt, nun war es eine Aufgabe. Früher hatte er eine Frau geliebt, dann eine zweite und eine dritte, doch nun gehörte er sich selbst nicht mehr. Er war leidenschaftlich gewesen, nun war er nachdenklich. Er seufzte. Alles hatte nun ein Ziel. Ein König, der geliebt wurde, war mehr als ein Mann und weniger als ein Engel. Ein Diener. Damit musste er sich abfinden.

11

Gewöhnlicher Militärbericht

Nathan hatte es richtig gesehen, man musste immer wieder kämpfen.

Vom Westen her griffen die hartnäckigen Philister von neuem an. Sie wurden geschlagen.

Vom Osten her stürmten die Moabiter gegen Jerusalem. Innerhalb von acht Tagen machte David sie zu Vasallen, die ihm Tribut zahlen mussten.

Im Norden kam Hadad-Eser, der Aramäerkönig von Zoba, über den Euphrat, um dort ein neues Denkmal seines Ruhms zu errichten. Davids Soldaten hielten ihn auf dem Gebiet des Stammes Naftali auf und schlugen seine Truppen in die Flucht. Davids Soldaten erbeuteten den größten Teil seiner Pferde und die goldverzierten Köcher seiner Bogenschützen. Die Aramäer aus Damaskus eilten ihrem Nachbarn zu Hilfe, doch das bekam ihnen schlecht. Sie verloren viele Menschenleben, und nachdem David in den beiden Königreichen die Städte Tebach und Berotai erobert hatte, richtete er dort Garnisonen ein, die ihm ebenfalls tributpflichtig wurden.

Sich in die Beziehungen zwischen diesen Königreichen einzumischen war wie in einen Streit zwischen Fischweibern einzugreifen: Sofort hatte man Verbündete und Feinde. Toï, König der alten Stadt Hamat am Orontes, der mit Hadad-Eser Zwistigkeiten hatte, schickte seinen Sohn Joram zu David, da er erfahren hatte, welche Niederlage die Juden dem Aramäer bereitet hatten. Der

junge Joram kam breit lächelnd – mit Gefäßen aus Gold, Silber und Kupfer.
»Man müsste auch sein Gefolge gefangen nehmen«, bemerkte Joschafat lachend, »sie tragen ihr Gewicht in Gold bei sich.«
Und die Königshäuser hatten auch ihre Launen. Als der Ammoniterkönig Nahasch starb, schickte David, der mit Nahasch in Freundschaft verbunden war, Gesandte, die den Sohn und Thronerben Hanun trösten sollten. Sie wurden schlecht empfangen. Führende Ammoniter hatten dem Erben eingeflüstert, die Hebräer seien alle Heuchler und Spione. Der junge Mann glaubte ihnen, ergriff Davids Gesandte, ließ ihnen den Bart zur Hälfte abscheren und ihre Gewänder und Mäntel bis unter den Gürtel abschneiden, bevor er sie zurückschickte.
David geriet in Zorn und ließ die Gesandten in Jericho aufhalten. Er verbot ihnen, die Stadt zu verlassen, bevor ihre Bärte nachgewachsen waren. Die Ammoniter witterten, dass in Kürze eine Abrechnung folgen würde, daher schlossen sie hastig ein Bündnis mit den Aramäern von Zoba und den Aramäern im Norden, den Königen von Maacha und von Tob. David, der von diesem Zusammenschluss erfuhr, schickte Joab, der ihnen gegenübertreten sollte. Die Würfel waren gefallen: Die ammonitischen Armeen lagerten vor den Toren der Stadt, die Aramäer und die Truppen von Maacha und Tob auf der anderen Seite. Es waren zwölftausend Mann. Jericho war eingekesselt.
Joab teilte seine Armee von etwa zehntausend Mann in zwei Hälften, eine unter seinem Kommando, die andere unter dem Befehl seines Bruders Abischai. Er wollte gegen die Aramäer kämpfen, Abischai sollte den Ammonitern gegenübertreten, und wenn der Kampf für einen

der beiden ungünstig verlief, sollte jeweils der andere zu Hilfe kommen. David wartete ohne einen Augenblick der Ruhe in Jerusalem. Würde die Bundeslade in Jerusalem bleiben, wie der Himmel es wollte, oder musste sie in ein neues Exil? Wenn Joab und Abischai diesen Krieg verloren, da bestand kein Zweifel, dann war die Unabhängigkeit der Stadt äußerst gefährdet.

Der Krieg verlief anders. Joab stürmte mit einer Gewalt auf die Aramäer ein, die sie vollkommen überraschte. Zweifellos waren die Feinde besser ausgerüstet, doch ihre Strategie beruhte auf der Furcht, die ihr Kriegsgerät verbreiten sollte. Als sie sahen, dass ihre Streitwagen den Juden keinerlei Schrecken einjagten, waren sie verunsichert. Die funkelnden, aber wenig manövrierfähigen Kampfmaschinen, die als Speerspitze dienen sollten, waren für die Juden in der Tat nur Paradewagen. Eine Schar erfahrener Bogenschützen hatte die Fahrer der Streitwagen bald zur Scheol geschickt, und die herrenlosen Pferde stoben in alle Richtungen davon, verstrickt in ihren Geschirren und lärmende Gefährte, auf denen Sterbende lagen, hinter sich herziehend. Die Lanzenwerfer, die den Streitwagen folgten, waren plötzlich ohne Deckung und wurden von den Pfeilen der jüdischen Bogenschützen durchbohrt, die nicht nur ins Zentrum des Angriffskorps trafen, sondern von allen Seiten kamen. Eine kurze Weile hielten sie tapfer stand, dann flohen sie panisch in alle Richtungen.

Als die Ammoniter erfuhren, dass die Aramäer auseinander gelaufen und sie nun allein waren, flüchteten auch sie vor Abischais Truppen und schlossen sich in Jericho ein. Abischai stellte Wachen auf – wie eine Katze vor dem Mauseloch.

Man hätte es dabei bewenden lassen, aber die Aramäer

schlossen sich im Norden wieder zusammen und wollten sich nicht geschlagen geben. Nach Rache gierend, riefen sie ebenjenen Hadad-Eser zu Hilfe, der seine Niederlage noch nicht verdaut hatte, und schlossen Bündnisse mit Königreichen bis zum Euphrat. Sie wollten diesem neuen König, der alles beherrschen wollte, den Todesstoß geben, und versprachen sich bereits eine fantastische Beute, wenn sie unter dem Befehl Schobachs, oberster General Hadad-Esers, das Ostufer des Jordans einnehmen würden. Davids Spione teilten ihm den Plan eiligst mit. Die Zahl der Feinde konnten sie nicht genau nennen, aber sie schätzten sie auf zwanzig- bis fünfundzwanzigtausend Mann, die in Helam aufgestellt waren. Doch das war eine schwer zugängliche Stadt am Berg, von der man nur auf zwei Wegen in die Ebene gelangen konnte. Diese Ortswahl zeigte bereits, dass die Aramäer die Gegend nicht kannten, und dieser Mangel war schwer wiegend.

In weniger als zehn Tagen stellte David die stärkste Armee auf, die er jemals befehligt hatte. Die zwölf Stämme sandten ihm noch einmal zehntausend Mann (die fünftausend unter Abischais Kommando umzingelten immer noch Jericho). Das Heil des Königreichs hänge davon ab, ließ er durch seine Boten mitteilen. Seine Generäle statteten die Truppen mit allen Waffen aus, die man den Feinden bei den letzten Siegen abgenommen hatte, erklärten ihnen, wie man mit ihnen umgehen musste, und organisierten ein behelfsmäßiges Versorgungssystem. Die Schlacht musste schnell geschlagen werden, daher war es nicht nötig, für einen langen Feldzug vorzusorgen. Brot, Datteln und Dörrfisch würden für die zwei oder drei Tage genügen.

David überschritt den Jordan und stieg zu der Ebene am

Fuß des Bergs hinauf, auf dem Helam lag. Der Anblick der vielen Hebräer, die sie von unten her zu verspotten schienen, war für die Aramäer und ihre Verbündeten brüskierend, sie stürmten zum Angriff. Doch sie konnten nur auf einem der beiden Pfade nach unten gelangen, und dort hatte David jeweils ein ganzes Armeekorps postiert. Die Wege waren so eng, dass die Aramäer nur in Reihen von zehn oder zwölf Mann hinuntersteigen konnten – zwei Schneisen zum Schlachthof. Die Juden warteten auf die Aramäer und metzelten sie nieder. Den Aramäern blieb nichts anderes übrig, als umzukehren und den Berg auf der anderen Seite hinunterzueilen. Sie hatten genug von den Juden.[1]

1 Es handelt sich hier um eine Wiedergabe der Schlacht, wie sie sich möglicherweise abgespielt hat, wenn man von den wahrscheinlichen Streitkräften und Örtlichkeiten ausgeht. Die Angaben in Samuel 2, 10 sind ungenau und kurz, wenn nicht gar zweifelhaft, aus dem offensichtlichen Grund, dass sie aus zweiter oder x-ter Hand stammen. In poetischer Übertreibung berichtet der Text des Alten Testaments, David habe »siebenhundert Wagen und vierzigtausend Mann« vernichtet. Diese Zahlen entspringen eher der epischen Fantasie als der Genauigkeit des Historikers. Um vierzigtausend Mann zu töten, hätte David die feindlichen Armeen komplett auslöschen müssen, was schwer vorstellbar ist. Hätte er nur die Hälfte vernichtet, müsste man von achtzigtausend Gegnern ausgehen, eine vollkommen unwahrscheinliche Annahme, wenn man bedenkt, dass die römischen Armeen des ganzen Reiches unter Oktavian nicht mehr als 300 000 Soldaten zählten und die Truppe von Heinrich V. bei der Schlacht von Azincourt nicht mehr als 15 000 Mann stark war. Die kleinen Königreiche des 10. Jahrhunderts v. u. Z. konnten keine solchen Truppenstärken aufbieten und hatten sicher nicht die notwendigen logistischen Möglichkeiten, um all diese Menschen zu ernähren. Um siebenhundert Wagenführer zu töten, hätte David zudem die Mannschaften aller feindlicher Wagenbataillone (etwa dreihundertfünfzig Streitwagen, ausgehend von zwei Fahrern pro Wagen) niederschießen lassen müssen. Eine solche Anzahl von Streitwagen (und von siebenhundert Pferden, denn jeder Wagen wurde von zwei Tieren gezogen) ist ebenfalls kaum vorstellbar, noch dazu in einer bergigen und bewaldeten Gegend wie bei Helam.

Ascheriter, Ammoniter, Geschuriter, Moabiter, Edomiter, Aramäer, Philister, Awiter, Midianiter und alle anderen, ganz zu schweigen von den Räubern aus der Wüste Araba, denen magere Jahre bevorstanden, mussten eines einsehen: Es war besser, mit diesen Hebräern in Frieden zu leben als zu versuchen, ihnen irgendetwas abzujagen.

Die Siege, die anfangs berauschend gewesen waren, wurden mit der Zeit Routine. Nie nahm es ein Ende mit diesen Blutbädern, den Enthauptungen, den Verstümmelungen, den klaffenden Wunden ... Wenn David nicht selbst ins Feld zog, was ihm die Langeweile vertrieb, empfing er die Generäle, wenn sie von ihren Expeditionen zurückkamen, und hörte sich ihre Berichte an, fragte nach den Einzelheiten ihrer Strategien, ließ sich die Liste der Toten und Verwundeten geben, die Zahl der getöteten Feinde nennen und begutachtete die Beute: Das war gehämmertes Gold (das feinste, das man mit dem Hammer auf Kupfer oder Silber aufschlug), geschmolzenes Gold, reines Silber, Kupfer, Bronze. Die Beute verwendete man für die Belohnung der Generäle, für den Tempel, für die Städte, die Freiwillige geschickt hatten ... Beim Aufteilen des Schmucks war man weniger streng. Für ein Augenzwinkern überließ man einem Hauptmann, der eine Eroberung gemacht hatte, eine Kette aus Glas- oder Elfenbeinperlen.

Darauf aß David mit den Generälen zu Abend und lud dazu den einen oder anderen seiner Söhne ein, die alt genug waren, manchmal auch zwei oder drei zusammen, etwa Amnon und Absalom, denn Kilab war an einer Krankheit gestorben ... In Jerusalem waren noch mehr Söhne geboren worden: Schammua, Schobab, Nathan, Jibhar, Elischua, Nefeg ... Die Jungen hörten mit

soßenverschmiertem Mund und großen glänzenden Augen diesen ruhmreichen und tatkräftigen Kriegern zu und schliefen schließlich mit Gedanken an Schlachtengetümmel ein.
Auf die Dauer war das Gespräch der Militärs eintönig. Meistens beendete David es, indem er gleich nach Ende der Mahlzeit aufstand, um zu einer seiner Frauen zu gehen. Um die Wahrheit zu sagen, er war nicht mehr so mit dem Herzen bei der Sache wie früher. Früher! Vor zwei oder drei Jahren! Es passierte ihm, dass er mitten in einer Umarmung einschlief.
König zu sein bedeutete nicht nur, ein halber Engel zu sein, sondern auch ein Beamter. Eines Abends brachte ihn dieser Gedanke zum Lachen. Er war Beamter des himmlischen Katasters! Die junge Midianiterin, die sich von ihrer Nacht mit dem König einen wie immer gearteten himmlischen Honig erwartete, geriet darüber außer Fassung. Sie hielt ihn für betrunken und war verstimmt. Er lachte insgeheim, aber aus vollem Herzen! Sein inzwischen rundlicher Bauch wurde davon geschüttelt!
Am Morgen fand er sein Lachen vom Vorabend lächerlich. König zu sein bedeutete weit mehr als das. Es hieß auch, Priester zu sein.

12

Die Frau auf der Terrasse

Die Königsstadt war weitläufig. Sie war noch nicht ganz fertig, doch sie umfasste bereits die königlichen Gemächer des Palastes, der Ehefrauen und der Kinder, die Wohnbereiche der Höflinge, der Diener und Sklaven und darüber hinaus die Häuser der Generäle: Ezer, Ammon, Isch-Boschet, Joab, Abischai und noch andere. Vom Turm des Königspalastes aus sah man die Wäsche, die zum Trocknen im Wind flatterte, die ballspielenden Kinder, im Hintergrund der Höfe die Becken, wo Wäsche gewaschen wurde und auch die Menschen sich wuschen, dahinter das Tyropoeon- und das Kidrontal und den Ölberg mit dem Dorf Ananja, das bläulich in der Ferne lag. Im Westen sah man die Wälder, deren Laubwerk von der Spätsommersonne vergoldet wurde. Im Norden und Süden floss quirlig mit silbrigem Glanz der Kidron in seinem Bett.

David war an diesem Tag ein wenig später als gewöhnlich aufgestanden. Er ging allein in den dafür vorgesehenen Raum, um sich zu erleichtern. Ein Loch in der Mitte einer großen Steinplatte führte zu einem Sammelbecken, durch das die Exkremente tief ins Tyropoeontal in ein Düngebecken flossen. Durch dasselbe Loch floss mit Hilfe von Entwässerungsröhren, die unter den Böden gegraben waren, auch das Waschwasser ab. Von allen Gemächern der Königsstadt führten Kanäle in denselben Bottich.

Davids Blick schweifte einen Augenblick über die Goldschmiedearbeiten vom Euphrat, die auf einem Tisch gegenüber von seinem Bett standen; sie waren sein Beuteanteil an dem Schatz, den Joab kürzlich im Palast von Maacha entdeckt hatte. Der dortige König hatte ihn verstecken wollen. Das schönste Stück war ein großer Pokal aus rotem Achat, der mit prachtvollen Smaragden besetzt war. David schlüpfte nun in ein Gewand aus feiner Wolle, zog sich Sandalen aus hellem Leder an und läutete. Ephraim, sein erster Diener, brachte ihm eine goldene Schale mit frischer Milch und Honigmandeln. Der König trank ein oder zwei Schluck, dann trat er auf die Terrasse seiner Gemächer, die höchste der Königsstadt. Er schnupperte den Duft des Jasmins, der sich aus großen Steinkästen emporwand, und der Gardenien, die ihren sinnlichen Geruch verströmten. Befriedigt glitt sein Blick über die Landschaft. Das war Jerusalem, seine Stadt, die dieses heiße, sandige Land beherrschte. Seine Stadt, denn er hatte sie erobert, so wie er Israel erobert hatte. Mit vierzig Jahren hatte er alles erobert, alles, was sich ein Jude wünschen konnte. Und alles, was Gott gewünscht hatte. David atmete tief.
Sein Blick glitt über die Gebäude weiter unten. Sklaven kehrten eine Terrasse, andere hängten Wäsche auf Leinen. In einem Becken wusch sich eine Frau mit Hilfe ihrer Dienerin. Davids Blick blieb starr auf ihr haften.[1]

1 Laut *2 Samuel* 11, 2 soll David Bathseba zum ersten Mal abends erblickt haben, als er sich von seinem Lager erhob und auf die Terrasse (das Dach des Königshauses?) ging. Von dort habe er sie gesehen, wie sie gerade ihre rituellen Waschungen vornahm, um sich »von ihrer Unreinheit« zu reinigen. Angesichts der sehr schwachen Beleuchtung zur damaligen Zeit kann man diese Zeitangabe anzweifeln, und stärker noch die Annahme, David habe zu vorgerückter Stunde eine verheiratete Frau zu sich holen lassen.

Sie war etwa dreißig Ellen entfernt und deutlich zu sehen. Sie saß in dem Becken, bis zum Bauch mit Wasser bedeckt, und hob nacheinander die Beine hoch, um sich die Füße einzuseifen, dann stand sie auf; sie war schlank, doch wohlgerundet, mit kräftigen Schenkeln und zarten Knöcheln und einer bernsteinfarbenen Haut, die vom Wasser seidig glänzte. Ein heller, feuchter Bronzeton. Mit einem eingeseiften Schwamm wusch sie sich zuerst die Schultern, dann die Brüste. Junge Apfelbrüste ohne den Schatten einer Falte zwischen ihren Rundungen und den Rippen. Die großen dunklen Warzen in der Farbe von Johannisbrot richteten sich unter dem kalten Wasser auf. David beugte sich vor, um die Einzelheiten dieses Körpers besser erkennen zu können. Er stellte die Schale auf den Rand der Balustrade. Nun massierte sich die Badende mit dem Schwamm den Bauch, besonders gründlich den Nabel, und eine leichte Bewegung der Hüften nach vorn enthüllte ihren gewölbten Schamhügel. Die Frau fuhr sich mit einer langsamen Geste zwischen die Beine, glitt über die Vulva und die Klitoris, und David spürte eine Erektion und zugleich die Unfähigkeit, den Blick von dieser Unbekannten zu wenden. In seinem Geist überlagerten sich das Bild einer Dattel und das dieser Frau. Eine Dattel! Eine saftige und zugleich feste Dattel. Die Dienerin rieb den Rücken der Frau ab, goss den Inhalt eines Fläschchens mit parfümiertem Öl in einen Wasserkrug und spülte nach und nach den Körper ihrer Herrin ab. Danach hüllte sie sie in ein großes Handtuch und holte eilig ein Paar Sandalen, das vor dem Becken stand. Während die Frau sich abtrocknete, schlüpfte sie in die Sandalen und ging mit trägen Schritten durch die Terrassentür ins Haus. David blieb über die Balustrade

gebeugt. Die Erektion war hartnäckig. Er rieb sich mit der Hand den Penis und hielt das Gewand davor, um es zu verbergen, dann trat er wieder in sein Zimmer.
Erneut läutete er, und Ephraim erschien. David nahm ihn mit auf den Balkon und zeigte ihm die Terrasse, auf der die Unbekannte gebadet hatte.
»Wer wohnt dort?«, fragte er.
»Ich glaube, Uria der Hethiter, einer deiner tapfersten Hauptmänner. Einer von den dreißig Helden.«
David erinnerte sich an ihn. Er kannte jeden der dreißig. Ein schöner Mann von dreißig Jahren, der zu den militärischen Aktionen in den nördlichen Provinzen abgeordnet war, wo die ständig unruhigen Hethiter lebten. Daher hatte er seinen Beinamen. Dort hatte er es sich angewöhnt, seinen tiefschwarzen Bart in eine viereckige Form zu schneiden, was ihn noch Furcht erregender wirken ließ. »Wo ist er im Augenblick?«, fragte David.
»Er ist vor Rabba, unter Joabs Befehl.«
David nickte. »Und wer ist seine Frau?«
»Bathseba, die Tochter Eliams«, antwortete Ephraim.
David trat an den Tisch mit der Beute, wählte eine Goldbrosche mit einem großen Granaten, der mit blauen Steinen eingefasst war, den Türkissteinen, die vor allem von den Aramäern geschätzt wurden, hüllte sie in ein Stofftuch und reichte sie Ephraim.
»Schicke ihr sofort zwei Boten. Sie sollen ihr das geben und sie auffordern, sofort mit ihnen zu kommen.«
»Hierher?«
»Hierher.«
Ephraims Blick ruhte einen Augenblick auf dem Schmuckstück, das der König ihm reichte, dann verbeugte er sich und ging.
Heftigste Aufregung erfüllte David. Er schritt im Zim-

mer auf und ab, trat auf die Terrasse hinaus, ging zurück und legte sich hin, stand wieder auf …

Es klopfte zweimal an der Tür. Sie war da, in einen weiten braunen Wollmantel mit blauen Streifen gehüllt.

»Komm herein«, sagte er.

Sie trat ein, und er schloss die Tür.

»Der König wollte mich sehen«, sagte sie.

»Ein Mann wollte dich sehen«, korrigierte er.

Sie hielt die Brosche in der Hand. »Ist das ein Geschenk des Königs oder des Mannes?«

»Von beiden«, erwiderte er lächelnd. Von der Terrasse aus hatte er ihr feines Gesicht nicht richtig gewürdigt, ihre schönen Augen, die ohne Schminke mandelförmig zu den Wangenknochen zeigten. Er hob ihr Kinn, um sie besser betrachten zu können. Sie ließ es ohne falsche Scham, aber auch ohne Entgegenkommen geschehen.

»Ich gehöre einem Mann«, sagte sie.

»Ich weiß.«

»Ich bin aus Gehorsam hier.«

»Aus Gehorsam«, wiederholte er.

Er löste ihren Mantel. Ein Kleid aus weicher, leichter Wolle, wie die Aramäer sie weben, bedeckte ihre Brust. Er streckte eine Hand aus und drückte ihr leicht den Busen. Sie öffnete halb den Mund. David zog sie an sich und roch ihren Atem; sie hatte Geranium und Minze gekaut. Er nahm Bathsebas Hand und legte sie auf sein Glied. Sie schlug zwei- oder dreimal die Lider auf und nieder, ließ aber die Finger, wo er sie hingelegt hatte. Sie begann sogar andeutungsweise das erigierte Glied zu reiben.

»Du siehst mein Begehren«, murmelte er.

»Ich habe alles gesagt, was ich zu sagen habe«, antwortete sie, ohne ihren Blick von dem Davids zu lösen.

Er hob ihr Kleid hoch, löste das Band, das ihre Hose hielt, und die Unterwäsche fiel zu Boden. Mit derselben Hand strich David über die Wölbung ihres Bauches und ihres Schamhügels. Sie seufzte und liebkoste ihm nun wirklich das Geschlecht. Er hob sein Gewand, und sie berührte das Fleisch, das für sie bestimmt war. Sie schluckte. Er ließ seine Hand zu ihrer Spalte gleiten und steckte einen Finger hinein. Sie schloss die Augen, und er bewegte den Finger wie ein Glied, während sie sich mit der freien Hand an Davids Schulter klammerte.
»Ich bin noch nicht ganz rein«, sagte sie. »Neun Tage …«
Er hörte sie nicht mehr, sondern zog sie zu dem Tisch mit der Beute und legte sie darauf. Lärmend fiel eine Kupferschale zu Boden. Wieder schob er ihr den Finger in die Spalte und streichelte ihr zugleich lange mit der Handfläche die Klitoris, bis sie keuchte. Er spürte die Feuchtigkeit des Nektars, der vor dem Orgasmus kommt, drückte Bathsebas Beine auseinander, legte sie sich über die Schultern und drang langsam in sie ein. Lange dauerte es nicht. Seine Begierde war so heftig wie selten in den letzten Jahren. Als er kurz vor der Ejakulation war, erkannte sie das sicher an seinen geschlossenen Augen; sie presste ihn fest an sich, und er ergoss sich so lange und erregt, dass es ihm ungewöhnlich schien. Als er sich zurückzog, sah er, dass er sehr nass war. Sie hatte nur einen Seufzer ausgestoßen.
»Der König war also ebenfalls begehrt«, sagte er.
Er hatte ihr während der ganzen Zeit das Kleid angelassen; nun hob er es hoch, um sie voller Lust zu betrachten. Er beugte sich über sie und leckte ihr die Spalte. Sie unterdrückte einen Schrei und richtete sich auf dem Tisch auf. Mit einem fast verstörten Blick sah sie ihn an.

»Niemals …«, begann sie, doch er erfuhr nie, worauf sich das bezog.

»Geh zurück nach Hause«, sagte er, »sonst wird es Abend, und ich bin immer noch dabei, dich zu liebkosen. Ich habe zu tun. Halte dich bereit, damit ich dich wieder rufen kann.«

»Ich bin ganz sicher fruchtbar«, sagte sie.

»Dann wird es ein königliches Kind sein«, erwiderte er.

Verwirrt zog sie ihre Hose an, hüllte sich hastig in den Mantel, öffnete die Tür und verschwand, ohne sie hinter sich zu schließen. Er tat es an ihrer Stelle, hob die Kupferschale auf, brachte die Beute auf dem Tisch wieder in Ordnung und sah eine Weile nachdenklich vor sich hin. »Beute«, murmelte er, »Beute ist auch das.« Dann läutete er. »Ephraim«, sagte er in ruhigem Ton, »ich möchte mich jetzt waschen.«

Befehle ertönten, und einige Augenblicke später kamen Sklaven mit Kannen voll warmen Wassers herbei, einem Tablett mit Duftölen, Handtüchern, dem frischen Gewand für den Tag, Stiefeln … David hatte sich erleichtert und saß bereits nackt im Becken. Er kehrte den Dienern den Rücken zu, damit sie nicht sahen, dass das Schamhaar über seinem Glied nass war.

13

Niedertracht

Er rief sie am Abend wieder, und sie verbrachten die Nacht zusammen.

Auch am darauf folgenden Abend rief er sie. Und am nächsten.

Sie war Brandwunde und Balsam zugleich. Er, der Jäger, war zur Beute geworden. Er wurde ihres Körpers, der ihm immer wieder neu und unbekannt erschien, nicht überdrüssig. Und sie genoss es, immer wieder auf alle möglichen Arten genommen zu werden. Sie war zwar körperlich keine Jungfrau mehr, aber sexuell so unerfahren und jungfräulich wie ein Mädchen.

Sie sprach fast nie. Wozu sollte es gut sein? Jedes Wort hätte das Unleugbare, das Unverzeihliche, das Irreparable enthüllt. »Ich bin schwanger«, sagte sie sechs Wochen nach ihrer ersten Begegnung. Das konnte nur von ihrem Zusammensein kommen, denn sie hatte Uria seit zwölf Wochen nicht mehr gesehen. David schickte sie mit einer kurzen Antwort zurück nach Hause: »Ich werde mir etwas einfallen lassen.«

Im Palast summte es von Gerüchten. Michal kam zu David. »Hast du den Platz meines Vaters eingenommen, um die Ehen deiner treuesten Hauptmänner zum Gespött zu machen? Du hast mich von meinem Mann fortgerissen und mich einen Liebhaber nehmen lassen. Dabei war ich einmal deine Frau. Die Macht hat dich toll und gottlos gemacht.« Er warf ihr einen eisigen

Blick zu. »Nur dich selbst hast du nicht verraten, David«, fuhr sie fort. »Der Mensch ändert sich also nicht.«
Er schickte sie barsch zurück in ihre Gemächer. Doch damit waren die Gefahren seiner Tollheit, wie Michal es nannte, nicht weniger real.
Er sandte Joab eine Botschaft nach Rabba, in der er ihn bat, ihm Uria zu schicken. Dieser kam drei Tage später, verschmutzt und erschöpft. Und auch unergründlich. David empfing ihn herzlich.
»Wie geht es mit der Belagerung voran?«, fragte er.
»Die Ammoniter werden noch einige Zeit durchhalten. Sie haben Brunnen und zwei nahe gelegene Quellen. Und die Stadt schmiegt sich an den Berg, von dem aus sie sich mit Nachschub versorgen. Ihre Verbündeten aus Kesalon kommen während der Nacht über Wege, die wir nicht kontrollieren können. Aber wir werden sie schließlich doch erobern.«
»Du hast über drei Monate lang keine Ruhepause mehr gehabt«, sagte David. »Man muss seine Pferde auch einmal schonen.« Er lächelte gönnerhaft. »Entspanne dich also in den Bädern des Palastes und geh nach Hause.«
Uria nickte und lächelte ergeben. David rief Ephraim und gab ihm unauffällig ein Geschenk für Uria, einen mit Gold und Edelsteinen beschlagenen Gürtel. Ruhig legte er sich dann schlafen. Uria würde nach Hause gehen und Bathsebas Reizen nicht widerstehen. So würde eine Schwangerschaft erklärlich sein.
Als Ephraim dem König am Morgen seine Mandelmilch brachte, teilte er ihm mit, dass Uria nicht zu Hause gewesen sei, sondern die Nacht unten im Erdgeschoss des Palastes in den Räumen der Diener verbracht habe, die darüber sehr verblüfft gewesen seien.

»Hat er nicht einmal seine Frau besucht?«, fragte David.
»Wenn, dann nur sehr kurz. Er hat mit den Wachen zu Abend gegessen und ist dann zu den Dienern gegangen, um dort zu schlafen.«
Bestürzt verlangte David, man solle den Hauptmann noch einmal zu ihm bringen.
»Ich hab dir gestern gesagt, dass du lange im Feld warst und eine Ruhepause brauchst. Warum bist du nicht nach Hause gegangen?«, fragte David in freundschaftlichem, aber weniger herzlichem Ton als am Vorabend.
»Israel und Juda leben im Zelt, mein König, mein General«, antwortete Uria. »Die Bundeslade steht in einem Zelt. Joab und meine Waffenbrüder schlafen unter freiem Himmel. Wie könnte ich zu mir nach Hause gehen, um zu essen und zu trinken und mit meiner Frau zu schlafen? Mein König, glaub mir, ich könnte es nicht!«
David sah ihn lange ratlos an. Was verbarg sich hinter dieser Weigerung, nach Hause zu gehen? Machte sich Uria nichts aus seiner schönen Frau? Oder hatte man ihn über den Ehebruch in Kenntnis gesetzt, und er versuchte jetzt David in Verlegenheit zu bringen? Das war die plausibelste Erklärung. Wie ehrlich auch immer sein Zusammengehörigkeitsgefühl mit seinen Soldatenkameraden sein mochte, es war undenkbar, dass er sich in Jerusalem befand und nicht wenigstens den Wunsch hatte, seine Frau zu sehen und mit ihr zu schlafen. Und das Gerede, dass Israel und Juda in Zelten lebten – das klang nach einem Scheinargument; besser ging er gar nicht darauf ein! Uria besaß wie alle der dreißig Helden ein Steinhaus in der Königsstadt Jerusalem, und die zwölf Stämme hatten genügend Städte; sie schliefen in soliden Holzhäusern. Urias Eigensinn war ebenso

ärgerlich wie peinlich. »Gut«, erwiderte David, »bleib bis morgen hier, dann lasse ich dich wieder gehen. Aber komm abends zu mir zum Essen.«
David lud mehrere Offiziere zu diesem Abendessen ein, damit Uria sich vertrauter fühlte. Und insgeheim erteilte er den Befehl, dass man den Wein, den man zu diesem Essen servierte, nicht mit Wasser verdünnen sollte. Er füllte Urias Becher selbst mehrmals nach, und dieser schien sich an der Gesellschaft zu erfreuen und war schließlich ziemlich betrunken. Das war ein gutes Zeichen; Alkohol erhitzt den Unterleib. David löste die Tafel auf und zog sich in seine Gemächer zurück.
»Ist er nach Hause gegangen?«, fragte er Ephraim am nächsten Morgen.
»Nein«, antwortete dieser. »Er schwankte auf unsicheren Beinen, als er aus dem Festsaal kam, und ist wieder ins Schlafgemach der Diener gegangen.«
David wurde zornig. Er verfasste sofort ein Schreiben an Joab: »Ich wünsche, dass du diesen Mann in die vorderste Schlachtreihe stellst und ihn sein Schicksal erleiden lässt.«
In den folgenden Tagen wurde David mitgeteilt, wie die Sache weitergegangen war: Als der Bote an die Front kam, versuchten die Ammoniter einen Ausfall. Joab befolgte die königlichen Anweisungen und schickte Uria in die vorderste Schlachtreihe unter den Stadtmauern, von denen die ammonitischen Bogenschützen ihren Pfeilhagel abschossen. Ein Pfeil traf Uria. Derselbe Bote kehrte nach Jerusalem zurück und überbrachte die Nachricht. David tat so, als sei er zornig, weil seine Männer sich zu nahe an die Stadtmauer gewagt hatten. Schließlich beruhigte er sich wieder und betraute den Kurier mit folgender Botschaft: »Sag Joab, er soll nicht

verzweifeln, weil Uria gefallen ist. Man weiß nie, wo das Schwert hinfällt. Er soll seinen Mut zusammennehmen und seine Männer wieder sammeln; er soll die Stadt angreifen und dem Erdboden gleichmachen. Nur Mut!«

Uria war also tot. Das brachte nichts in Ordnung, ganz im Gegenteil. Bathseba würde ein Kind zur Welt bringen. Als sie Trauerkleider anlegte, verpestete der Skandal die Luft. David, der großmütige Held, hatte den Mann seiner Geliebten in den Tod geschickt, das war, als hätte er ihn mit eigenen Händen umgebracht. Die letzten Angehörigen des Hauses Saul, die David nach Jerusalem gefolgt waren, blickten finster und begannen sich erneut zu fragen, ob die Verwünschungen des vorigen Königs gegen David, »den kleinen Intriganten«, nicht doch berechtigt gewesen waren.
David befand sich in einem Teufelskreis. Würde er Bathseba nun verlassen, müsste er mit schlimmsten Beschimpfungen rechnen. Also ließ er sie in den Palast kommen und in Räumen unterbringen, die von denen Michals weit entfernt waren.
Nathan hatte David bisher nicht aufgesucht. Doch es konnte nicht sein, dass er über die Sache nicht auf dem Laufenden war, und es war unwahrscheinlich, dass er nicht seine Meinung dazu hatte. Er schien jedoch eine Frist der Rücksichtnahme zu respektieren. Ein paar Wochen nachdem Bathseba im Palast untergebracht worden war und ihre Niederkunft bevorstand, brachte ihn ein Streitfall um ein Verbrechen, das in einem Anfall von Wahn begangen worden war , in den Palast. Er saß mit David beim Abendessen. Der Verbrecher sollte die Todesstrafe erleiden, es sei denn, der König würde Milde walten lassen.

»Ich will dir eine Geschichte erzählen«, sagte Nathan im Lauf des Gesprächs mit seiner schwachen Stimme zu David. »Es gab in einer Stadt einen armen und einen reichen Mann. Der Arme besaß nichts als ein einziges kleines Schäflein, das er großzog, dem er von seinem Teller Essen gab und das er auf seinen Armen trug, als wäre es eine Tochter. Der Reiche besaß große Herden. Doch eines Tages, als ein Gast zu ihm kam, widerstrebte es ihm, eines seiner Tiere zu schlachten, und er nahm dem Armen sein Schaf weg und ließ es seinem Gast als Speise vorsetzen.«

»Aber das ist eine schändliche Geschichte!«, rief David. »Dieser Reiche muss den Preis des Schafes vierfach bezahlen! Das ist ein Mann ohne Mitgefühl!«

Nathan sah ihn an und fuhr mit seiner leisen Stimme fort: »Dieser Mann bist du.« David wurde bleich. »Ich bringe dir die Botschaft des Herrn: ›Ich habe dich zum König über Israel gemacht, ich habe dich aus der Hand Sauls errettet, ich habe dir die Tochter und die Frauen deines Herrn gegeben, ich habe dir die Töchter Israels und Judas gegeben. Und als wäre das noch nicht genug, habe ich dir noch manch andere Gunst bewilligt. Warum hast du das Wort deines Herrn missachtet und etwas getan, was frevlerisch ist? Du hast Uria, den Hethiter, getötet, hast ihn durch die Waffen der Ammoniter ermordet und seine Frau geraubt.‹« David sah Nathan verstört an. »Weil du das getan hast«, fuhr der Prophet fort, »wird deine Familie nie mehr vor dem Schwert geschützt sein.«

»Ich habe gesündigt vor dem Herrn«, erwiderte David.

»Du wirst nicht sterben«, sagte Nathan, »aber das Kind, das du gezeugt hast, wird für dich bezahlen.«

Militärische Siege waren also nicht das einzige Gesetz

auf der Welt? Es gab noch das andere Gesetz. Warum hatte er das nicht verstanden? Das Fleisch würde für die Verblendung des Fleisches bezahlen. David begriff, dass ihm die Lust an Frauen für immer verdorben war. Niemals wieder würde er den Frühling in den Lenden spüren, niemals wieder würde er das Begehren fühlen, das rein war wie der Sommerregen, wenn er vom Meer kam. Der Herr hatte ihm alles gegeben, und nun nahm er ihm seine Gaben nach und nach wieder, bevor der Tod das Tischtuch des irdischen Festmahls herunterriss, so dass alles Geschirr zu Boden fiel.

Als das Kind, ein Junge, geboren wurde, war es schwach und krank. David betete und fastete. Die Ältesten des Königshauses drängten ihn, etwas zu essen, doch er weigerte sich. Er wusch sich nicht mehr und kämmte sich Haar und Bart nicht mehr. Am siebten Tag des Fastens fand er, struppig, abgemagert und verstört, wie er war, seine Gemächer seltsam still. Er trat aus seinem Zimmer und sah die Diener verängstigt auf den Fluren stehen. Offensichtlich hatte er ihr Geflüster unterbrochen.

»Ist das Kind tot?«, fragte er.

»Es ist tot«, antworteten sie.

Sie hatten Angst gehabt, ihm die Nachricht mitzuteilen und ihn gänzlich in Verzweiflung zu stürzen. David rief nach Ephraim.

»Hilf mir, mich zu baden«, sagte er. »Ruf die Diener. Ich will frische Kleider.«

Zur allgemeinen Verblüffung badete er lange und ließ sich einölen und das Haar glätten. Geschmückt in seinem schönsten Feststaat schlüpfte er schließlich in seinen Mantel und ging in den Tempel, um zu beten. Wieder zurück im Palast, befahl er, man solle ihm etwas zu essen bringen.

»Als dein Sohn noch gelebt hat, hast du gefastet«, bemerkte Ephraim, »und nun, da er tot ist, willst du essen?«
»Als das Kind lebte und krank war, habe ich gefastet und in der Hoffnung gebetet, der Herr würde mir Gnade erweisen. Wozu sollte es nun dienen, wenn ich faste? Ich werde das Kind damit nicht wieder zum Leben erwecken. Nicht das Kind wird zu mir kommen, sondern ich zu ihm.«
Gesetz war Gesetz. Das Fleisch hatte bezahlt. Was wollten diese Leute?
Doch die Geschichte hatte Schandflecken auf dem Bild des Königs hinterlassen. Nachdem Joab seinen Angriff auf Rabba begonnen und die untere Stadt, die man die Wasserstadt nannte, bereits erobert hatte, sandte er eine seltsame Nachricht an David: »Du solltest besser den Rest der Armee selbst sammeln und die Oberstadt einnehmen, sonst werde ich es tun und ihr meinen Namen geben.« Der General erteilte dem König Befehle! David zog in den Kampf und nahm die Stadt ein. Er fand dort nicht zu verachtende Beute, doch es war ihm klar, ohne die Sache mit Uria hätte Joab sich ihm gegenüber nicht so respektlos verhalten.

14

Die vergiftete Frucht

Krieg, Krieg! Nathans Fluch bewahrheitete sich ohne Unterlass.

David war es müde, und die besten Weine Galiläas konnten den Staubgeschmack nicht mehr überdecken, den er im Mund hatte. Seit langem spielte er nicht mehr die Lyra und sang auch nicht mehr. Und nur selten hörte er sich einen jungen Musiker aus Jerusalem an, auch wenn er dessen Talent, die Saiten zu spielen, und die Modulationen seiner Stimme gelobt hatte.

»Seit zwanzig Jahren habe ich genug Blut fließen lassen, um einen See zu füllen«, sagte er eines Abends zu Bathseba.

»Müsste man dein Blut vergießen, um dich zu beruhigen?«, antwortete sie. »Entweder dein Blut oder das der anderen.«

Doch die Front verlagerte sich bald ins Innere der Palastumfriedung. Die schlimmsten Kriege sind die so genannten »Bürgerkriege«. Den ersten, der die furchtbaren Vorhersagen Nathans erfüllen sollte, erkannte David erst, als er schon begonnen hatte und bereits Blut geflossen war.

Es war an einem windigen Abend, als David, der eben sein Nachtmahl mit Abigail beendet hatte, eine plötzliche Unruhe im Palast bemerkte. Leute, die auf den Korridoren herumliefen, Türen, die zugeschlagen wurden, Geschrei. Er beugte sich aus dem Fenster und sah im tanzenden Lichtschein der Fackeln mehrere Maultiere, die von aufgeregten Dienern in die Ställe gebracht wurden. »Der König! Benachrichtigt den König!«, riefen Leute, die David nicht erkennen konnte. Seine Frauen schickten ihre Diener; sie sollten nachsehen, was los war. David selbst machte sich auf die Suche nach Ephraim. Er fand ihn nicht, aber zwei Diener mit vor Schreck weit aufgerissenen Augen.

Er packte einen am Arm: »Was ist hier los?«

»Mein König ... mein König! Die Prinzen ... deine Söhne ... alle ermordet!«

David wich alles Blut aus dem Gesicht.

»Von wem ermordet?«, schrie er.

»Verzeih mir, mein König, verzeih mir ... von Absalom!«

Ephraim war zusammen mit anderen Höflingen herbeigelaufen und stützte David, der schwankend zu seinem Zimmer ging. Kaum war David eingetreten, zerriss er sich die Kleider und warf sich weinend auf sein Lager. Die Höflinge und die Diener zerrissen ebenfalls ihre Kleider. In den königlichen Gemächern herrschte ungeheure und düstere Verwirrung. Die Frauen schrien in ihren Räumen und zerkratzten sich das Gesicht.

Ein junger Mann erschien. Es war Jonadab, der Sohn von Davids Bruder Schamma. Er drängte sich durch die Menge und warf sich zu Füßen seines Onkels.

»Mein König! Ich beschwöre dich! Deine Söhne, meine Vettern, sind fast alle am Leben! Hör mir zu!« Mit wirrem Blick richtete David sich auf und packte den jungen Mann am Arm. »Hör mir zu! Nur ein Prinz ist tot, Amnon!«

David setzte sich hin, fuhr sich mit den Händen übers Gesicht, sah seinen Neffen an und rief mit gebrochener Stimme: »Warum ist er tot? Wer hat ihn umgebracht?«

»Absalom.«
»Warum?«
»Ich werde es dir sagen, mein König, mein Onkel. Aber beruhige dich zuerst.«
David stützte sich auf den jungen Mann, um sich zu erheben. Die Nachricht verbreitete sich im Palast, und bald hörte man durch das Fenster eine Frau schreien. Es war Ahinoam, Amnons Mutter. Noch mehr Weinen erfüllte die Nacht. Die anderen Frauen stimmten in Ahinoams Schmerz ein.
»Lasst uns allein«, befahl David. »Ephraim, bring uns Wasser. Erzähl nun«, sagte David, als sie allein waren, zu dem jungen Mann, der auf einem Schemel saß, einen Becher Wasser in der Hand.
»Amnon hat Tamar gesehen, deine Tochter.« Tamar war ein Kind Maachas, so wie Absalom. Sie war sehr schön, schöner noch als ihre Mutter, das wusste man nur zu gut. Jonadab ließ den Blick auf seinem Onkel ruhen. »Er hatte sie zuvor nie gesehen.« Tamar hatte die letzten Jahre bei ihrem Großvater Talmai, Maachas Vater, verbracht. »Er wurde wahnsinnig vor Begierde. Krank. Er konnte keine Stunde mehr verbringen, ohne sie zu sehen, sagte er.« Jonadab senkte den Blick. »Ich habe ihm daher geraten, sich krank zu stellen und dich zu bitten, dass du Tamar erlaubst, ihn zu pflegen.« David nickte. Als er gehört hatte, Amnon sei bettlägerig, hatte er ihn wirklich besucht. Amnon hatte seinen Vater gefragt, ob Tamar nicht kommen konnte, um sein Fieber zu lindern, und David hatte Tamar zu Amnon geschickt; sie sollte ihm das Essen bringen. »Als Tamar Pasteten für ihn zubereitet hatte und sie ihm brachte, hat er die Leute in seinem Zimmer gebeten zu gehen und seiner Schwester gesagt, sie solle ihm die Pasteten ans Bett bringen. Und dann …«

»Und dann?«, drängte David.
»Dann hat er gesagt, sie solle zu ihm ins Bett kommen.«
»Und dann?«, fragte David zornig.
»Sie hat sich geweigert und ihn beschworen, sie nicht zu entehren. Sie sagte ihm, wenn er dich fragte, würdest du ihm vielleicht erlauben, sie zur Frau zu nehmen.«
David rang nach Luft. Diese Ungeduld des Fleisches! Er erinnerte sich nur zu gut an sein Begehren nach Bathseba. Diese jungen Männer voller Feuer waren ein Spiegel seiner selbst; er war erschüttert.
»Und dann?«, fragte er müde.
»Dann … hat er sie vergewaltigt.« David fühlte sich altern; er wusste das alles. Und er hatte sich sogar gegen Amnon erzürnt. Doch da er keinen weiteren Skandal im Palast wollte, war er nicht mit Strenge gegen Amnon vorgegangen. Er war sein ältester Sohn, und er liebte ihn. »Dann wurde Amnon von einem Dämon gepackt! Er hat zu Tamar gesagt, dass er sie verabscheue, und hat sie hinausgeworfen. Sie hat ihm vorgeworfen, das sei noch grausamer als die Vergewaltigung. Aber er wollte nichts hören, sondern hat einen Diener gerufen und ihm befohlen, Tamar hinauszujagen und den Riegel vor die Tür zu schieben, wenn sie draußen sei.« Wieder fuhr sich David mit den Händen übers Gesicht. »Als Tamar draußen war, hat sie ihr Kleid zerrissen, ihr Jungfrauenkleid, hat sich Asche über Kopf und Antlitz gestreut und geweint. Sie begegnete Absalom, der sie nach dem Grund ihres Zustands fragte. Er fragte sie, ob sie mit Amnon … geschlafen habe, und als sie bejahte, antwortete er ihr, man brauche davon kein großes Aufhebens zu machen, da Amnon ihr Halbbruder sei. Sie hat dann bei Absalom gewohnt. Damals hast du das alles erfahren, und man sagt, dass du sehr zornig geworden bist …«

David hörte ihm kaum mehr zu, so bestürzt war er. Er hätte Amnon ins Exil in eine andere Stadt schicken müssen und hatte es nicht gewagt.
»Ich habe gedacht, das sei alles begraben und vergessen«, sagte er. »Das war vor zwei Jahren ... Und Tamar ist nicht schwanger geworden ...«
»Absalom hat es nicht vergessen. Er hat anlässlich der Schafschur ein Festmahl auf seinem Besitz in Baal-Hazor veranstaltet ...«
»Ich weiß«, unterbrach ihn David ungeduldig, »er hat mich eingeladen. Und ich habe abgelehnt, weil er auf seinem Besitz nicht alle Leute empfangen konnte, die er einladen wollte. Und weiter?«
»Nun, er hat seine Brüder eingeladen. Amnon ist hingegangen wie die anderen auch. Absalom hat gestern Abend ein großartiges Fest ausgerichtet, und wir haben alle viel getrunken. Als Amnon betrunken war, hat Absalom seinen Dienern befohlen, ihn umzubringen. Sie haben es vor uns allen getan, mit einem Schwertstoß in die Brust. Da sind wir geflohen, Adonija, Schefatja, Schammua, Schobab, Nathan und alle anderen ...«
David schwieg eine Weile. Zwei Jahre lang mörderische Rachsucht! Er trank ein wenig Wasser, doch da der Kummer ihn ungeschickt gemacht hatte, verschüttete er es auf seiner nackten Brust. Er senkte den Kopf und sah die Falten auf seinem Oberkörper und seinem Bauch. Er war alt geworden, das wusste er nur zu gut.
»Ihr seid wie wilde Esel«, sagte er. »Ihr kennt nur Gewalt und eure Begierden. Ihr kennt nur Macht. Man hat euch nie das Gesetz gelehrt.«
Jonadab warf ihm einen fragenden Blick zu. Und was war mit Bathseba? Hatte man David auch nie das Ge-

setz gelehrt? Aber David war der König, man konnte ihm so etwas nicht sagen.
»Wo ist Absalom jetzt?«
»Er ist geflohen. Ich weiß nicht, wohin.«
»Ich werde ihn verbannen.«

Die Morgendämmerung zog herauf. Warum dauerte die Nacht nicht an? Warum hatte der Mann, der Israel und Jerusalem gegründet hatte, nicht die Macht, diesen langen schwarzen Mantel über der Welt zu verlängern? Musste man wirklich alles enthüllen, Leichen und Verbrechen, erigierte Glieder und vergewaltigte Jungfrauen? Ephraim klopfte an die Tür. »Eine Wache hat eine Karawane erblickt, die sich nähert. Er glaubt, die Prinzen erkannt zu haben.«
David trat auf die Terrasse. Im grauen Licht des frühen Morgens erkannte er in der Tat seine Söhne, angeführt von Adonija. Durch nächtliche Nebelfetzen ritten sie daher. Und die in einen Mantel gehüllte reglose Gestalt, die ganz hinten auf einem Maultier lag, war sicher Amnon. David sah Amnons herrisches Profil mit der Habichtsnase vor sich, den zu roten Mund und das siegessichere, triumphierende Lächeln, das die Lippen manchmal spaltete wie einen Granatapfel ... Eine Erinnerung drängte sich ihm mit Macht auf, die Erinnerung an den Tag, an dem David dem Kind beigebracht hatte, Granatäpfel in einer Schüssel zu entkernen, um sie anschließend einfacher essen zu können, ohne Samenkapseln zu kauen. Er hatte geglaubt, ihn so Arbeit und Geduld zu lehren. Aber Amnon war eine vergiftete Frucht, die sein Baum getragen hatte. Und war Absalom nicht auch eine vergiftete Frucht? Waren alle Früchte vergiftet? Wer konnte darüber urteilen? Konnte er über

die Früchte seines Fleisches urteilen? Konnte der Baum seine Früchte verdammen? Tränen liefen David über die Wangen.
Schritte erklangen auf der Treppe, die Tür ging auf, es waren die Prinzen, ebenfalls unter Tränen. David nahm sie in die Arme. Gott allein konnte urteilen.

15

Der Verbannte

Die Sache mit Absalom war noch nicht zu Ende.

Der Palast war noch in Trauer, als Joab zu David kam.

»Ich frage dich, ob es klug ist, deinen beliebtesten Sohn aus dem Königreich zu verbannen.«

Er stand vor David. Hinter ihm standen die drei Teraphim, so wie früher in Sauls Zimmer. Das schräg hereinfallende Herbstlicht erhellte die rätselhaften Masken der Statuen. Eine Vorahnung überkam David, doch er verscheuchte sie. Die scheinbare Wiederholung der Situation, die er einst mit Saul erlebt hatte, jagte ihm Angst ein.

Er hatte nur Jonadab seine Absicht erklärt, Absalom zu verbannen. Offensichtlich hatte Jonadab das Joab mitgeteilt. Aber welches Interesse hatte Joab daran, für Absalom einzutreten? War auch er dem Charme Absaloms erlegen? Absalom, versicherte man ihm, war der schönste junge Mann im ganzen Königreich, von Kopf bis Fuß war er ohne Makel, sagte man von ihm. Groß, schlank, mit schmalen Gelenken und goldenem Teint, einem fein geschnittenen, aber männlichen Gesicht, das Ganze gekrönt von einem außergewöhnlich dichten Haarschopf – der Schöpfer hatte ihn mit seiner Gunst überhäuft. Wenn er auf seinem Wagen durchs Land fuhr, mit wehendem Purpurmantel und gefolgt von einer Eskorte von fünfzig Reitern, glaubte man einen Erzengel zu sehen, der vom Himmel herabgestiegen war. Eine andere Sache war sein Charakter. Niemand hätte es gewagt, in Gegenwart seines Vaters die geringsten Vorbehalte gegen Absalom zu äußern, aber nichtsdestotrotz hörte David unbarmherzige Urteile über den jungen Mann: herrisch bis zur Arroganz, verführerisch bis zur Demagogie, ehrgeizig bis zur Anmaßung.

»Ich verbanne ihn«, antwortete David ruhig. »Er hat einen Bruder umgebracht, und dieser Bruder war mein Erstgeborener. Außerdem ist er selbst ins Exil gegangen. Du weißt sicher, wohin«, fügte er hinzu und fixierte Joab.

»Zu seinem Großvater Talmai, sagt man mir.«

»Ich fürchte, Talmais Nachsicht wird ihn nicht lehren, bescheidener zu sein.«

»Ich glaube auch nicht an die gute Wirkung einer Verbannung«, entgegnete Joab.

»Wenn du etwas weißt, dann sag es.«

»Ich weiß nichts. Ich kenne lediglich Absaloms Charakter.«

»Und du kennst meinen. Absalom ist verbannt.«

Im Palast sprach man nicht darüber. Seine Brüder und seine Schwestern vermieden das Thema. Nicht einmal seine Mutter Maacha wagte es, für ihn einzutreten. Ein vorbedachter Mord, noch dazu an einem Bruder, war kein Verbrechen, für das man einen momentanen Wahn verantwortlich machen konnte. Von den beiden Frauen Absaloms hatte keine um Milde gebeten. Die eine war mit ihren beiden kleinen Kindern in den Tagen nach dem Verbrechen in Baal-Hazor heimlich verschwunden, die andere hatte sich hastig von David verabschiedet. Aber die Diener hatten gehört, was sie über die Sache dachten: Amnon war ein Wüstling und Tamar ein leichtsinniges junges Ding. Absalom hatte nur die verlorene Ehre seiner Schwester gerächt, und es war grausam, ihn auf Grund dieser Tugend zu verbannen. Vor allem, wenn …

Das niemals ausgeführte »vor allem, wenn« meinte, dass es Schlimmeres gab. Absalom hatte nicht den Ehemann einer Frau umgebracht, die er entehrt hatte. Nicht jeder konnte sich als Richter aufspielen!

David stellte sich taub, obwohl in einer Stadt von der Größe Jerusalems und in einem Palast voller Frauen, ehrgeizigen Höflingen, Intriganten und Lästermäulern die Gerüchte manchmal summten wie in einem wild gewordenen Wespenschwarm. Absalom hatte seinen Erstgeborenen umgebracht, und David würde bestimmt nicht den Wein der Sohnesliebe mit ihm trinken!

Doch weder der Palast noch Jerusalem waren ohne die Schönheit und den Stimmenklang Absaloms noch dasselbe. Bei einem Festmahl, das man für einen kleinen Fürsten gab, der zu Besuch war, erzählte Abischai eine Geschichte. Ein alter Mann, der nicht mehr gut sah, hatte auf der Straße jemanden angegriffen, den er für einen verstockten Schuldner hielt. Da der andere sich verteidigte, er schulde ihm nicht die sechs Maß Linsen, um die es ging, wurde der Alte ungeduldig, und der andere, der ihn loswerden und dem Skandal ein Ende machen wollte und zudem ein Scherzbold war, versprach ihm, seine Schuld noch am selben Abend an der Ecke der Straße der Kunstschmiede zu begleichen. Der Alte war zur verabredeten Stunde dort, und der andere gab ihm einen großen Sack, worauf er herzlichen Dank erhielt. Als der Greis wieder zu Hause war, stellte er außer sich vor Zorn fest, dass in dem Sack nur Erde war. Sofort machte er sich zu seinem wahren Schuldner auf. Dort wurde er von der Frau und den Kindern empfan-

gen, die in Tränen aufgelöst waren. Der Schuldner war am Vorabend gestorben. Der erschrockene Alte lief davon und schrie dabei, der Tote sei aus dem Grab gestiegen, um ihm einen Sack Erde zurückzugeben! Schallendes Gelächter folgte auf die Erzählung. Doch jemand lachte auf eine besondere Art, das abgehackte, kehlige Lachen, das für Absalom charakteristisch war. David sah sich suchend um, wer so lachte; es war Adonija. Er hatte die Art seines Bruders angenommen.
»Was ist aus Absalom geworden?«, fragte David, denn er wusste, dass Adonija ebenso wie Joab und Tamar Post mit ihm austauschte.
»Sein ältester Sohn, der drei Jahre alt war, ist gestorben. Seine zweite Frau hat eine Tochter geboren, die Tamar heißen soll«, antwortete Adonija, ein wenig verwirrt darüber, dass sein Vater bemerkt hatte, wie er Absalom nachahmte.
David nickte nachdenklich. Joab sah den Schatten auf seinem Gesicht. Nein, das Königreich war ohne Absalom nicht mehr dasselbe.

Die Monde vergingen. Einer nach dem anderen erschien in Form einer Sichel, die droht, die Sterne von ihren unsichtbaren Stängeln zu schneiden, wurde zu einem Melonenviertel, das die Durstigen träumen lässt, und schließlich zu der gesichtslosen Maske, die Verbrecher erschreckt und närrische Herzen entzückt, bevor er wieder abnimmt und zu der leeren Schale wird, die auf dem Himmelsfeld vertrocknet. Eines Morgens teilte Ephraim David mit, dass eine alte Frau darum bat, den König zu sehen; sie sagte, sie habe ihm eine sehr wichtige Sache zu unterbreiten.
David empfing sie. Sie hatte ihren Kopf auf seltsame Art

in einen Schal gehüllt, so wie man einen abgeschnittenen Kopf einwickeln würde. Alt, aber immer noch kräftig, warf sie sich vor David nieder und beteuerte ihre unendliche Ergebenheit für das Licht Israels. Er dachte flüchtig an die Zahl der Leute, die von dem betreffenden Licht zuerst nichts als die Zehen sahen, und beugte sich hinab, um sie aufzuheben.

»Deine Hilfe, mein König! Ich flehe dich um deine Hilfe an!«, seufzte sie.

»Was gibt es?«

»Mein König, ich bin Witwe. Ich hatte zwei Söhne. Sie haben sich zerstritten, an einem verlassenen Ort, der Streit wurde immer schlimmer. Der eine hat dem anderen einen Schlag versetzt, der ihn umgebracht hat!«

»Ich kann keine Toten auferwecken«, erwiderte David.

»Das verlange ich nicht. Die Schwiegerfamilie des Toten schreit nach Rache! Sie fordert, dass ich ihr meinen anderen Sohn ausliefere! Sie wollen ihn töten, damit er keine Nachkommenschaft hat. Mein König, wenn sie das tun, wäre der Name meines Mannes ausgelöscht, und kein einziger Nachkomme würde ihm auf dieser Welt bleiben!«

»Geh zurück nach Hause, ich werde mich um die Sache kümmern«, antwortete David. »Wenn jemand dir drohen will, bring ihn zu mir, und er wird dich nicht mehr belästigen.«

»Erhabener König, willst du den allmächtigen Herrn anflehen, dass er die Schwiegerfamilie des Toten daran hindert, ihre Rache zu üben und meinen Sohn zu ermorden?«

»So wahr der Herr lebt: Es soll kein Haar von deinem Sohn auf die Erde fallen«, versprach ihr David.

Auf diese Versicherung hin hätte sie gehen sollen, doch sie blieb wie angewurzelt stehen.
»Kann ich noch ein Wort anfügen, König?«
Sie war zu redegewandt, zu theatralisch, und ihre Geschichte war irgendwie verdächtig. David wurde neugierig. »Sprich weiter«, sagte er.
»Wie ist es dir dann in den Sinn gekommen, dem Volk Gottes dasselbe Unrecht anzutun? Du hast dich mit deinen eigenen Worten verurteilt, mein König, du hast dich geweigert, den Mann zurückkommen zu lassen, den du verbannt hast. Wir werden alle sterben; wir sind nicht anders als das Wasser, das man auf den Boden gießt. Doch Gott wird dem seine Gnade schenken, der nicht starrsinnig den Verbannten verwirft. Ich bin zu dir gekommen, weil die Leute mich bedroht haben. Ich habe gedacht, wenn ich mich an den König wende, wird er sich meiner Schwierigkeiten annehmen und mich vor dem Mann retten, der mich und meinen Sohn aus Israel reißen will, dem Eigentum des Herrn. Ich habe auch gedacht, die Worte meines Königs werden mich trösten. Denn du bist wie ein Engel des Herrn, mein König, du kannst unterscheiden zwischen gerecht und ungerecht. Möge der Herr, dein Gott, mit dir sein!«
Es war nun offenkundig, dass hier ein abgekartetes Spiel getrieben wurde. »Erzähl mir keine Geschichten, Frau«, sagte David. »Ich will etwas wissen.«
»Ich höre, mein König.«
»Hat Joab das alles angezettelt?«
»Wahrhaftig, mein König! Wenn deine Herrlichkeit eine Frage stellt, ist es unmöglich, ihr auszuweichen und sich herumzuwinden. Ja, dein Diener Joab hat mich geschickt. Er hat mir die Geschichte in den Mund gelegt, um diese unglückliche Sache zu lösen. Mein

König, du in deiner Erhabenheit bist weise wie ein Engel des Herrn, und du verstehst alles, was in diesem Land vor sich geht.«

David lachte kurz auf. Er gab Ephraim, der bei dem Gespräch zugegen gewesen war, ein Zeichen, dass er dieser Frau ein Geschenk überreichen und sie hinausbegleiten solle. Als Ephraim zurück war, schickte er ihn, damit er Joab hole. In der Zwischenzeit sah David Rat suchend auf die Teraphim. Man konnte sie nicht ständig befragen. Schließlich schweifte sein Blick aus dem Fenster und verlor sich am wechselhaften Himmel. Ja, er wurde alt, und eines Tages würde er dahingehen müssen wie alle anderen. Seine Körperflüssigkeiten würden wie Wasser in die Erde sickern, genau wie die Alte gesagt hatte. Eines Tages würde Absalom über dieses Land herrschen. Er konnte ihn nicht auf ewig verbannen.

Ephraim kam mit Joab zurück, und David warf dem General einen langen Blick zu. »Es ist gut, sage Absalom, dass er zurückkommen kann. Aber er soll mir nicht unter die Augen treten.«

Joab warf sich dem König zu Füßen, wiederholte seine Beteuerung, ihm treu und gehorsam zu sein, und bat um den Segen des Königs. Schließlich nahm er Abschied und ging hastig davon. Eines schien sicher: Er stand mit Absalom im Bunde. Als David sich anders besann und Joab zurückrufen ließ, um ihm zu sagen, dass Absalom sich andere Gemächer suchen solle, war Joab bereits fort. Zu Pferde. Offenkundig war er nach Geschur aufgebrochen, um Absalom Bescheid zu geben.

David fragte sich, ob er nicht Nathan rufen sollte. Doch Propheten sagten immer nur Düsteres voraus, das wusste David nur zu gut. Urias Tod hatte das Land verfinstert. Viele der dreißig Helden hatten den Tod des jungen

Offiziers immer noch wie eine schmerzhafte Narbe im Gedächtnis. Zudem hatte es zu regnen begonnen, was alte Verwundungen und Brüche wieder schmerzen ließ, und es war David schon genug, dass er zwei komplizierte Fragen der Nachfolge hatte lösen müssen. Er war erschöpft und beschloss zu ruhen.

16

Das Exil

Schon am nächsten Tag summte es überall im Palast und in ganz Jerusalem: Absalom würde zurückkommen.

Gruppen von Menschen hatten sich am Tor des Tales versammelt, und Hochrufe erklangen, als Absalom mit seinen beiden Frauen und seinen Dienern ankam. »Absalom! Streiter für die Ehre! Gott segne dich!« Doch Joab hatte Ordnungshüter um das Tor postiert, die diese Aufwiegler auseinander trieben. Andere Gruppen erwarteten den Prinzen an den Toren des Palastes. Joab aber hatte Absalom ein Haus in der Königsstadt angewiesen, das in angemessener Entfernung vom Palast lag. Dennoch waren seine Brüder in heller Aufregung, die einen beunruhigt, die anderen begeistert, und manchmal abwechselnd beides. Absalom hatte Anhänger, die hinter ihm standen, schon eher eine aufrührerische Gruppe, die seine Rückkehr mit Posaunenklang feierte – einige Hitzköpfe aus der Armee, einige Söhne reicher Kaufleute, ungestüme Lebemänner und eine Hand voll alter Ränkeschmiede, die intrigierten, um sich die Gunst des Kronprinzen zu sichern, denn nachdem sein älterer Bruder Amnon tot war, war eindeutig er der Thronerbe. Aber offenkundig waren das nicht die einzigen Gründe für die Sympathien, die Absalom immer noch genoss.

Ephraim, der sein eigenes Netz von Spionen hatte, informierte den König diskret, zumeist morgens beim Aufstehen. »Gestern hat der Sohn von Nebajot, dem Maultierhändler, anlässlich der Beschneidung seines ersten Sohnes ein großes Fest gegeben. Er hat Absalom eingeladen, der mit seinem Gefolge hingegangen ist.«

»Mit seinem Gefolge«, wiederholte David in düsterem Ton, während er Trauben aus einer Schale nahm.

»Offiziere, die ihm treu ergeben sind.«

David sah Ephraim fragend an und spuckte Traubenkerne aus. »Welche Offiziere?«

»Einige von den dreißig Helden«, antwortete Ephraim widerstrebend.

Einige von den dreißig … Bestimmt jene, die Urias Tod nicht vergessen wollten.

»Sie sind der Meinung, dass Absalom großes Ehrgefühl bewiesen hat, indem er Amnon tötete, und dass seine Verbannung ungerecht ist.«

»Nun gut, ich habe ihn nicht eingesperrt, er kann sich frei bewegen«, antwortete David kurz angebunden.

»Vor zwei Tagen hat Absalom ein großes Fest in Baal-Hazor gegeben«, berichtete Ephraim ein andermal. »Er hat die Söhne der Tempelpriester eingeladen.«

»Und sie sind hingegangen?«

»Sie sind hingegangen!«

Nun denn, es war schließlich nichts Schlimmes, wenn junge Leute den Thronprinzen besuchten. Es sei denn …

Im Laufe der Monate wurde es für alle offenkundig, dass Absalom nicht von Reue niedergedrückt war. Er beschäftigte fünf Köche, verbrauchte fast so viel Wein wie der gesamte Palast und lud häufig zu Festmahlen für zehn oder mehr Personen ein. Bathseba und die anderen Frauen und Nebenfrauen waren über die Machenschaften ihres Stiefsohnes mindestens genauso gut informiert wie ihr gemeinsamer Gatte. Ammen, Dienerinnen, Sklavinnen, Köchinnen, Näherinnen, Wäscherinnen und Verkäuferinnen von Schminke spannen ein weit feiner gewobenes Nachrichtennetz als die Spione. Eines Abends, als David bei Bathseba aß, sprach sie ihn an. »Ich mache mir Sorgen. Absalom verhält sich, als wärst du nicht mehr am Leben.«

»Eines Tages werde ich das sicher nicht mehr sein«, antwortete er gelassen, während er eines seiner Lieblingsessen kostete, Auberginen mit Knoblauch und Öl.

»Da sind wir ja dann in einer beneidenswerten Lage, wenn wir dich wirklich überleben sollten«, erwiderte sie in entschiedenem Ton.

»Was soll das heißen: ›Wenn wir dich überleben‹? Natürlich werdet ihr mich überleben!«

»Er hat einen Bruder umgebracht, er wird noch mehr umbringen.«

»Er ist mein Sohn!«, begehrte David auf und leerte sein Trinkhorn.

»Er hat erklärt, er werde mich steinigen lassen, wenn er an die Macht kommt!«

»Das Geschwätz eines Betrunkenen«, erwiderte David.

»Wenn du nicht mehr da bist, gibt es niemanden mehr, der ihn in die Verbannung schickt, David!«, rief sie schrill. »Er wird nicht auf Seher und Propheten hören. Aber vielleicht wollen die Seher und Propheten mich ja auch steinigen lassen!«

»Er ist mein Sohn«, wiederholte David und sah verstohlen auf den zweijährigen Salomon, der ein Holzwägelchen hinter sich herzog.

Bathseba seufzte, senkte den Kopf und sagte nichts mehr. Ja, Absalom war sein Sohn, aber Salomon auch.

Auf jeden Fall erzog sie Salomon weit besser, als diese aufrührerischen Prinzen erzogen worden waren. Verdrossen beendeten sie ihr Mahl, und David verbrachte den restlichen Abend bei einer Nebenfrau.
Bathsebas Befürchtungen waren nicht ohne Grund, das wusste er, aber schließlich war David immer noch König. Wegen der Dummheiten eines hitzigen Prinzen machte man doch kein Aufhebens.

Davids Gereiztheit, mit der er auf diese Warnungen reagierte, verwandelte sich in Angst, als er zwei Tage später, kurz vor seiner morgendlichen Gerichtsverhandlung zusammen mit Joschafat, den Priestern Abjatar und Zadok und dem Schreiber Seraja, von Ephraim informiert wurde, dass Absaloms Männer ein Gerstenfeld, das Joab gehörte, in Brand gesetzt hatten.
»Warum hat er das getan?«, fragte David.
»Weil Absalom Joab vor einigen Wochen gebeten hat, dir eine Nachricht zu bringen, und Joab sich geweigert hat. Deshalb hat er das Feld angezündet, um ihn zu zwingen zu dir zu gehen.«
»Recht gewaltsame Mittel, um eine Unterredung gewährt zu bekommen«, bemerkte David. »Und weiter?«
»Joab ist zu ihm gegangen.«
»Was hat er ihm gesagt?«
»Ich weiß es nicht.«
Dieser Vorfall bewies zumindest, dass Joab kein Getreuer Absaloms war. Aber er zeigte auch, dass Absalom nichts von seiner Arroganz verloren hatte. In diesem Augenblick erschien Joab mit düsterer Miene.
»Du warst bei Absalom«, sagte David sofort.
»Ich war bei ihm. Er lässt mich Folgendes ausrichten: ›Warum bin ich von Geschur hierher gekommen? Es

wäre für mich besser, wenn ich noch dort wäre. Mein König soll mich zu sich rufen, und wenn er zu dem Urteil kommt, dass Schuld auf mir liegt, so soll er mich töten.‹«

Das war eine deutliche Aufforderung. Gleich nach der Gerichtssitzung forderte David Joab auf, Absalom zu holen.

»Man sollte ihn besser beruhigen«, meinte Joab.

David stimmte zu.

»Die Armee ist ihm ergeben.«

Das rief schlechte Erinnerungen wach. Zur Zeit Sauls war die Armee David ergeben gewesen.

Absalom kam zur Mittagsstunde, nur von Joab begleitet. Er warf sich vor David nieder. Sein dichtes Haar breitete sich über die Füße des Königs, wie ein riesiger schwarzer Tintenfleck. War das gewollt? David beugte sich vor und hob seinen Sohn auf. Den Blick auf die Teraphim gerichtet, die dem Thron gegenüberstanden, umarmte David Absalom. »Ich verzeihe dir.«[1]

1. Laut 2 Samuel 13, 38 und 14, 28 hätte die Verbannung Absaloms fünf Jahre gedauert, drei Jahre in Geschur und zwei Jahre in Jerusalem. Wenn auch willkürlich, so ist die Chronologie des Alten Testaments doch nicht ganz frei erfunden. Diese Zeitspanne erscheint aber übermäßig lang. Absalom, Sohn der Geschuriterin Maacha, wurde in Hebron geboren, kurz bevor oder kurz nachdem David im Alter von dreißig Jahren zum König über Israel gekrönt wurde. Als David sich in Jerusalem niederließ, war Absalom also ein Kind von drei oder vier Jahren. Die Ermordung seines Bruders Amnon konnte er erst veranlassen, als er das psychologische und politische Format erlangt hatte, das ihm in 2 Samuel zugesprochen wird, also im gesellschaftlichen und psychologischen Kontext der Epoche mit siebzehn oder achtzehn Jahren. David wäre dann noch nicht fünfzig Jahre alt gewesen. Eine fünfjährige Verbannung würde bedeuten, dass David dreiundfünfzig oder vierundfünfzig Jahre alt war, als er Absalom verzieh und dieser versuchte, seinem Vater die Macht zu rauben.

Dann stand er auf und füllte drei Trinkhörner mit Wein. Das erste reichte er Joab, als wollte er damit sagen, dass die Rangordnung so blieb, wie sie war.
Doch mit Angelegenheiten der Familie und der Rangordnung war es vorbei.
Wider alle Klugheit und gegen alle Hoffnungen Davids und seiner Familie fasste Absalom die so mühsam erreichte Vergebung so auf, als dürfe er sich nun alles erlauben. Er zog wieder in seine Gemächer im Palast und gab noch am selben Abend ein rauschendes Fest mit Tänzerinnen und zahlreichen Musikern, die den Palast bis in die frühen Morgenstunden wach hielten.
In den folgenden Tagen ließ er seinen Streitwagen blank putzen und begann wieder, im Purpurmantel und umgeben von jungen Löwen, durch die Umgebung Jerusalems zu fahren; sein ganzes Verhalten wurde immer aufrührerischer.
Regelmäßig begab er sich zu den Toren Jerusalems und sprach die Menschen an, die einer Gerichtssache wegen zu David wollten.
»Woher kommst du?«, fragte er dann.
»Aus Betanien, ich bin vom Stamme Juda.« (Die Rat-

Hier stellt sich eine Frage der Wahrscheinlichkeit: Warum sollte sich das jüdische Volk so plötzlich und leichtfertig von einem König abwenden, der in der Blüte seiner Jahre stand und der ruhmreiche Gründer des jüdischen Jerusalem war? Und warum hätte David, der gewiss kein zaudernder Neurotiker war, das einfach geschehen lassen? Weit einleuchtender ist, dass Absaloms Aufstand kurz nach dem Skandal um den Tod Urias stattfand, als dieses Verbrechen das Ansehen Davids trübte. Trotz seines eigenen steigenden Einflusses konnte Absalom das enorme Prestige Davids bis zur »Affäre Uria« nicht erschüttern, wie der Bericht der Bibel zu verstehen gibt. Für die Angreifbarkeit Davids musste es einen Grund geben, und das war wohl der noch frische Skandal um Uria. Absaloms Verbannung dauerte daher wohl ein oder zwei Jahre und nicht fünf Jahre.

suchenden konnten aber genauso gut aus Mahanat, Beerot oder Sela sein.) »Und wer bist du?«
»Das ist Absalom, der Sohn des Königs«, antwortete dann feierlich einer aus Absaloms Gefolge.
Der jeweilige Fremde betrachtete Absalom auf diese Auskunft hin, und es wurde ihm klar, dass ein so schöner und so herrischer junger Mann nur ein Prinz sein konnte. Er warf sich vor dem künftigen König nieder, der ihn zu sich aufhob und ihm die offizielle Umarmung gab.
»Und was willst du in Jerusalem erledigen?«, fragte der künftige König.
»Ich habe einen Rechtsstreit, den ich dem König, deinem Vater, der unser Richter ist, unterbreiten möchte.«
»Was ist das für ein Rechtsstreit?«
»Mein Vater ist gestorben und hat uns, seinen drei Söhnen, Land hinterlassen, das wir uns, wie er vor seinem Tod gesagt hat, zu gleichen Teilen aufteilen sollen. Doch ist der Boden nicht gleich fruchtbar. Sollen wir das Land der Fläche nach oder dem Wert nach teilen?«
»Ein sehr interessanter Fall«, meinte Absalom, »aber leider kann der König dich nicht empfangen.«
»Warum nicht?«
»Er hat zu viel mit der Verwaltung des Königreichs zu tun.«
»Aber was hat er in dem Königreich zu verwalten, wenn er sich nicht mit den Angelegenheiten seiner Untertanen befasst?«
»Ach! Wäre ich nur Richter in diesem Land, würde ich dafür Sorge tragen, dass jeder, der mir eine Klage oder einen Rechtshandel vorlegte, sofort Recht erhielte!«
Jeder kam zu dem Schluss, dass es im Königreich keinen

Richter gab oder die Gerichtsbarkeit zumindest auf lahmen Füßen stand. »Wann wird Absalom endlich König sein?«, fragte man sich in den zwölf Stämmen.

Ephraim und Joab wussten von diesen Ränkespielen, wagten es aber nicht, David davor zu warnen. Auch die Frauen des Königs hatten sich daran gewöhnt, David nichts zu sagen, denn er wollte nichts hören. Den Männern warf er Missgunst vor, den Frauen Stichelei.

Monatelang ging es so. Eines Tages suchte Joab voller Unruhe den König auf. Es war kalt und windig, Schneefall drohte. David empfing Joab und führte ihn hinaus auf die Terrasse seines Zimmers. Die Landschaft war trist und grau.

»Der Mann, der das Glück gehabt hat, das zu sehen, hat alles gesehen«, sagte David.

»Du hast noch nicht alles gesehen!«, rief Joab und wandte sich auf dem Absatz um.

Beim Ausgang der königlichen Gemächer stieß er auf Absalom, der gerade zu seinem Vater gehen wollte. Sie wechselten Blicke, als würden sie Klingen kreuzen.

»Steht es nicht gut um deine Angelegenheiten, Joab?«, fragte der Prinz. »Du siehst verärgert aus.« Absalom wartete jedoch keine Antwort ab, sondern trat bei David ein.

Eingehüllt in seinen Mantel, vor einem Kohlebecken kauernd, den Teraphim gegenüber, ähnelte David eher einem dunklen Häuflein als dem Mittelpunkt der Macht. Absalom warf sich vor ihm wie gewöhnlich auf den Boden und wartete, dass sein Vater ihn aufhob und ihm die offizielle Umarmung gab. Ephraim stand neben dem König, die Hände in die Ärmel gesteckt.

»Mein König, mein Vater, ich will ein Gelübde erfüllen, das ich dem Herrn gegeben habe, als ich in Geschur im

Exil war«, begann Absalom. David strich sich mit den Fingern über die Lider und hob den Kopf, um den jungen Mann anzusehen. Dass er ein Gelübde abgelegt hatte, war möglich. Dass er sich daran erinnerte, war bemerkenswert. Dass er es erfüllen wollte, war erstaunlich. »Ich habe das Gelübde abgelegt, Diener des Herrn in Hebron zu sein, wenn mein Exil zu Ende ist.« Ephraim fuhr hoch. Absalom als Priester, das konnte man wirklich nicht glauben.

David nickte. »Du kannst gehen, mein Sohn. Gott möge dich segnen!«

Absalom bückte sich schwungvoll nach vorn, um seinem Vater die Hand zu küssen, richtete sich wieder auf, warf einen Blick auf Ephraim und ging.

Einen Augenblick lang herrschte Schweigen im Raum. »Wirf noch etwas Holz auf das Feuerbecken«, sagte David. »Die Wege des Herrn sind unerforschlich. Wer bin ich, meinem Sohn den Dienst am Herrn zu verweigern?«

Ein paar Tage später, zu spät, traf die Nachricht ein. Absalom war noch nicht einmal in Hebron angekommen, als schon seine Boten zu allen Stämmen Israels unterwegs waren und verkündeten: »Wenn ihr den Schall der Posaune hört, ist Absalom König in Hebron!« Er zog dort auch wahrhaftig wie ein König ein, eskortiert von zweihundert Männern und unter so lautem Klang von Hörnern und Zimbeln, dass die Stadt in Erstaunen geriet. Nur wenige Tage später war Israel, mit Ausnahme Jerusalems, davon überzeugt, dass Absalom nicht nur der König Hebrons, sondern des ganzen Königreichs war.

Ein Reisender kam von Megiddo nach Jerusalem und fragte, woran David gestorben sei. Er war völlig verblüfft, als man ihm sagte, der König sei am Leben und befinde sich in seinem Palast. Israel hatte zwei Könige? Die Verwirrung wurde immer größer. »Absalom ist König! Es lebe Absalom, Diener des Herrn und der Ehre!«, erklang es auf den Straßen. Die neuesten Berichte der Spione besagten, dass Absalom mit einer Armee von fünftausend Mann nach Jerusalem ziehe. Diesmal gingen Joab, sein Bruder Abischai, Ephraim und die anderen Höflinge mit großer Entschlossenheit zu David. Die Nachricht hatte sich in der Stadt verbreitet, und es sammelten sich schon Menschenmengen auf den Stadtmauern, um den neuen König herankommen zu sehen.

»Absalom ist mit einer Armee unterwegs, um Jerusalem zu überfallen!«, rief Ephraim. »Er hat sich zum König ausgerufen. Willst du nichts tun? Willst du dich nicht verteidigen?«

»Gegen meinen Sohn?«, erwiderte David mit trostlosem Blick.

»Aber dann ... Aber dann müssen wir fort aus Jerusalem! Willst du dich von deinem eigenen Sohn umbringen lassen?«

David hob den Kopf und sah Joab und die anderen mit einem Gesicht an, das in wenigen Tagen um mehrere Jahre gealtert war. Er stieß einen tiefen Seufzer aus, Tränen liefen ihm über die Wangen und verloren sich in seinem Bart. Er stand auf. Im Vorzimmer, hinter der Tür, herrschte Lärm. Die Frauen und Nebenfrauen belagerten seine Gemächer.

»Ruf alle im Hof zusammen«, wies David Ephraim an.

»Ich habe es dir gesagt!«, schrie Bathseba, als er die Tür öffnete.

Doch David hörte sie nicht an. Er ging hinunter zum Palasthof und blieb auf der obersten Treppenstufe stehen. Die Höflinge, die Priester, die königliche Garde, die

Diener und Sklaven erwarteten ihn bereits. Seine Frauen und Nebenfrauen kamen dazu.
»Israel hat Absalom zum König gewählt«, verkündete David von der Treppe aus. »Das ist also der Wille des Herrn. Wir müssen Jerusalem sofort verlassen. Absalom wird in dieser Stadt keinen verschonen.«
Das war die Abdankung.
Die Frauen brachen in Schluchzen aus. Die Nebenfrauen ebenfalls, doch ihnen befahl David zu bleiben und sich um die Gebäude zu kümmern.
»Er lässt Frauen zurück; sie sollen seinen Palast verteidigen!«, bemerkten manche ironisch. Die Diener erklärten, sie seien bereit. In den Ställen sattelte man die Reittiere. Während Ephraim die Vorbereitungen leitete, kehrte David auf die Terrasse zurück. Der Herr hatte ihn also geschlagen. Er nahm ihm den Thron. Er nahm ihm Israel. Er nahm ihm sein Lebenswerk. Und alles deshalb, weil er einem Mann seine Frau weggenommen und den Mann in den Tod geschickt hatte! Er, David, war wie der Tod selbst geworden, der so vielen Frauen ihre Männer genommen hatte! Kein Seufzer konnte irgendein Herz mehr trösten.
»Ich bin bereit, mein König. Alles ist gepackt. Ich kümmere mich selbst um deine Anteile an der Beute von früher«, erklärte Ephraim.
David hüllte sich in seinen Mantel und öffnete die Tür, ohne sich noch einmal umzudrehen. Die Diener, angekleidet und bereit für eine Reise, die nirgendwohin führte, bildeten auf der Treppe ein Ehrenspalier. Sein Stallmeister erwartete ihn bei seinem Pferd. Die Palasttore waren bereits für die Frauen und Diener, die vorangeritten waren, geöffnet worden. Unter den Augen des gleichgültigen oder höhnischen Volks, Joab und

Abischai dicht an seiner Seite und umgeben von all seinen Dienern, ritt er durch die Straßen hinunter bis zum Tor des Tales, dem Tor, wo Absalom versprochen hatte, eines Tages Gerechtigkeit zu üben. Auf den Stadtmauern hatte sich eine Menge von Menschen angesammelt, die schweigend, Datteln, Honigkuchen und Rosinen kauend, den Auszug des Mannes beobachtete, der ihnen diese Stadt gegeben hatte.

Am Tor sah David eine Gruppe von Männern, die um einen Wagen stand, unter ihnen Zadok und Abjatar. Auch die anderen waren ihm nicht fremd, sie waren alle aus dem Stamm Levi, und erbebend erkannte er, was auf dem Wagen stand: die Bundeslade. Die Bundeslade! Sie brachten die Bundeslade aus Jerusalem fort!

»Die Bundeslade ist nicht mein Eigentum, sie gehört meinem Volk«, sagte David zu Zadok. »Bringt sie zurück an ihren Platz. Wenn es dem Herrn gefällt, dass ich sie dort oben wieder sehe, wird er es möglich machen. Aber wenn er es nicht will, so soll sein Wille geschehen.« Die Männer sahen ihn an, sichtlich von widersprüchlichen Empfindungen bewegt. »Und du, Zadok, verstehst du? Kehrt alle beide zurück, du und Abjatar, und nehmt diese beiden jungen Männer mit, deinen Sohn Ahimaaz und Abjatars Sohn Jonathan.« Sie fuhren sich mit den Händen übers Gesicht, auch sie weinten, doch die Zeit für Tränen war vorbei. »Ihr wisst, wo ihr mich findet, ich gehe zurück nach Jericho.[2]

2 »Zu den Furten der Wüste«, heißt es in 2 Samuel 15, 28, was keiner bekannten Bezeichnung entspricht; es könnte sich um Jericho handeln, eine Oase, die auch Palmenstadt genannt wurde. Tatsächlich floh David ins nördliche Jordantal, bis die Informationen aus Jerusalem ihn dazu veranlassten, den Fluss zu überqueren und sich nach Mahanajim, der früheren Hauptstadt Sauls, zurückzuziehen.

Schickt mir eine Nachricht dorthin, sobald ihr könnt.«
Die Leibgarde Davids, die Kreter und Pleter, ebenso wie Ittai, zusammen mit sechshundert Gatitern, kamen zu ihm, als er ins Kidrontal hinabzog. Ittai war mit seinen sechshundert Landsleuten noch nicht lange im Dienste des Königs.
»Auch du bist hier?«, fragte David. »Was willst du hier? Geh zurück und diene dem neuen König. Du bist ein Fremder und noch dazu aus deinem eigenen Land ausgewandert. Erst seit kurzem bist du hier und willst mir folgen, wenn ich umherirre? Ich weiß nicht, wohin ich gehe. Geh mit deinen Gatitern zurück nach Jerusalem, und möge Gott dir sein Wohlgefallen schenken.«
»So wahr, wie es den Herrn gibt«, antwortete Ittai in schwärmerischem Ton, »werde ich dein Diener sein und dir folgen.«
»Nun, dann vorwärts!«, meinte David.
Außer Atem rannte der letzte Spion herbei.
»Ahitofel ...«, keuchte er, an Ephraim gewandt, der David folgte. Ephraim verlangsamte seinen Schritt. »Ahitofel, der Giloniter, Davids Ratgeber, hat sich Absalom angeschlossen! Und Amasa, der Neffe des Königs!«
David hatte alles gehört. Alle unterstützten sie den Sieg Absaloms. Alle verrieten sie ihn, sogar sein Neffe! Sogar Ahitofel, der geachtete Richter und Gesetzesausleger. Voller Zorn spuckte David auf den Boden.
Sie kamen am anderen Hang des Tales an und begannen den Ölberg hinaufzusteigen. David saß vom Pferd ab, vertraute das Tier einem seiner Diener an, zog sich die Schuhe aus, schlug die Kapuze seines Mantels zurück und erklomm diese alte heilige Stätte zu Fuß. Er weinte. Seine Begleiter, die neben ihm auf den Berg stiegen, von

dem aus man seit Generationen zum Herrn der Welt betete, weinten auch. Was sollte man an diesem Unglückstag auch anderes machen, als zum Herrn der Welt zu flehen! David, am Gipfel angelangt, betete also. »Durchkreuze, o Herr, die Pläne Ahitofels!«, rief er dann.

Auf dem Gipfel, dort, wo man dem Brauch nach niederknien sollte, traf er auf den Arkiter Huschai, einen Getreuen aus alten Tagen und ergebenen Berater, der sich in seine Arme stürzte, das Kleid zerrissen als Zeichen der Trauer, und Asche auf dem Haupt.

»Was machst du hier?«

»Wo könnte ich denn sein, Herr, wenn nicht hier? Ich folge dir, mein König, mein Freund. Freundschaft erweist sich in Tagen des Kummers besser als in der Sonne des Sieges.«

David lächelte ihn an und ergriff ihn an den Schultern. »Mit mir wärst du nur noch ein weiterer Verbannter. Aber wenn du nach Jerusalem zurückkehrst, könntest du mir helfen, Ahitofels Pläne zu durchkreuzen.«

Huschai schien verblüfft. »Du willst, dass ich dich verlasse?«

»Ich will, dass du nach Jerusalem zurückgehst und Absalom sagst: ›Ich war der Diener deines Vaters, nun bin ich der Diener deiner Hoheit.‹ An deiner Seite hast du die Priester Zadok und Abjatar und ihre Söhne Ahimaaz und Jonathan. Mit ihrer Hilfe kannst du mir alles übermitteln lassen, was du hörst.«

Huschai nickte langsam. Dann strich er sich mit der Hand durch das Haar, wischte sich mit den Schößen seines Gewandes das Gesicht ab, hüllte sich in seinen Mantel und stieg auf sein Maultier, um zurück nach Jerusalem zu reiten.

Ephraim und Joab beobachteten die Szene verblüfft. Hatte David nun auf seine Königswürde verzichtet oder nicht?
Ein paar Schritte weiter auf dem Berggipfel stieß David auf Ziba, den Diener von Jonathans hinkendem Sohn Merib-Baal, dem er seit dessen Kindheit verbunden war. David sah sich nach Jonathans Sohn um, konnte ihn aber nirgendwo erblicken. Ziba, der große Säcke, die auf zwei Packeseln befestigt waren, mühsam im Gleichgewicht hielt, warf sich David zu Füßen.
»Wo ist Merib-Baal?«, fragte David.
»Er ist in Jerusalem geblieben. Er meint, dass er vielleicht die Möglichkeit hat, den Thron seines Großvaters wieder zu erobern.«
War Merib-Baal denn so dumm zu glauben, dass Absalom zu seinen Gunsten auf den Thron verzichten würde?
»Und was ist mit diesen Packeseln?«
»Reittiere für den Fall, dass jemand von deiner Familie erschöpft ist. In diesem Sack habe ich zweihundert Brote, in diesem Rosinen, in dem hier Feigen und Datteln. Und in diesem hier ist ein Schlauch mit Wein.«
»Für wen ist das alles?«
»Für dich und dein Gefolge, mein König.«
War der Diener klüger als sein Herr? Oder beschränkte sich diese Klugheit nur auf Opportunismus?
»Sehr gut«, erwiderte David. »Wenn ich zurückkomme, bekommst du alles, was dein Herr besitzt.«
David hatte also nicht auf eine Rückkehr verzichtet, dachte Ephraim, der einen Blick mit Joab und Abischai wechselte.
David zog sich die Schuhe wieder an, und die anderen

folgten seinem Beispiel. Die Sonne ging unter, als die Karawane sich wieder auf den Weg machte. Die Leibgarde am Schluss des Zuges sah sich ständig nach Verfolgern um.

Gestern noch hatte jeder bei sich zu Hause geschlafen. Dieses Exil war so unvermutet gekommen wie der Tod.

17

Ein Vatermörder

In der Abenddämmerung war der Weg durch den dunklen Wald wie ein Traum. Der Nebel, der von den Bäumen aufstieg, war wie Goldstaub, den man nur schwer mit dem Blick durchdringen konnte. Hier und da brachen die letzten Sonnenstrahlen durch die Schneisen, tauchten diese Schwaden in rote Glut und blendeten die Fliehenden. Manchmal lief ein Tier über den Weg, Beute oder Raubtier, um sein Leben zu retten oder um es durch Nahrung zu erhalten. Die Fledermäuse flogen tief. Schließlich breiteten sich dichte Schatten aus, die immer länger wurden, wie die Vorboten des Todes. Zwei oder drei Schakale tauchten kurz auf und verschwanden wieder, in Furcht vor der rätselhaften Herde, die vor ihnen vorbeizog.

David fröstelte in der feuchten Dämmerung; da bemerkte er, dass am Ende des Zuges Unruhe entstanden war. Die Karawane näherte sich gerade dem Dorf Para.

»Der König! Warnt den König!«, riefen Stimmen. David und Ephraim ritten langsamer und drehten sich um. Ittai, der Anführer der Gatiter, trabte zusammen mit zwei jungen Männern herbei.

»König, hier sind Ahimaaz, der Sohn Zadoks, und Jonathan, der Sohn Abjatars, sie kommen gerade aus Bahurim!«

»Ahimaaz! Jonathan! Gott segne euch! Welche Neuigkeiten bringt ihr?«, rief David.

»König, ihr dürft nicht nach Jericho gehen! Ihr alle müsst sofort den Fluss überqueren!«, keuchte Ahimaaz.
»Wenn du nach Jericho gehst«, erklärte Jonathan, »werden die Einwohner dort dich und deine Leute an Absalom ausliefern, und wenn sie dich nicht ausliefern, wird Absalom die Stadt belagern! Er bereitet sich schon vor, dich mit Tausenden von Soldaten zu verfolgen!«
»Was hat sich zugetragen?«, fragte David.
»Du warst kaum die Zeit einer großen Sanduhr lang aus Jerusalem fort, als Absalom und seine Leute in die Stadt einzogen«, berichtete Ahimaaz. »Er hielt sofort einen Rat ab, um zu entscheiden, wie man weiter vorgehen sollte, erzählte mir mein Vater. Ahitofel hat vorgeschlagen, dich sofort mit zwölftausend Mann zu verfolgen und dich von deiner Leibgarde zu trennen. Doch dann hat Absalom Huschai nach seiner Meinung gefragt, und der hat ihn daran erinnert, dass du ein abgehärteter Krieger bist und dich selbst in einem kleinen Loch verstecken könntest.«
Als Joab das hörte, stiegen alte Erinnerungen in ihm auf, und er begann zu lachen.
»Und weiter?«, fragte David, der sich ein Lächeln verkniff.
»Unsere Väter haben Jonathan und mich aus der Stadt hinaus zur Quelle Rogel geschickt und uns befohlen, dort auf ihre Weisungen zu warten, die eine Dienerin uns übermitteln würde. Sie hat uns mitgeteilt, dass Huschai Absalom geraten hat abzuwarten, bis das ganze Land wisse, dass er König sei und sich in Jerusalem eingerichtet habe. Dann würde das Land selbst dich ergreifen und ihm ausliefern.«
»Ein Vatermörder«, murmelte David, »wen habe ich da gezeugt?« Doch das Gebet, das er an den Herrn gerichtet

hatte, war erhört worden: Huschai hatte Absalom getäuscht, Absalom hatte seiner Meinung zugestimmt, und Ahitofels Pläne waren vereitelt.
»Gut«, erwiderte er. »Geht nun zurück nach Hause.«
»Das können wir nicht«, entgegnete Jonathan.
»Warum nicht?«
»Wir sind verraten worden. Ein Junge hat uns bei der Quelle Rogel gesehen und gehört, was die Dienerin uns berichtet hat. Er hat uns bei Absaloms Leuten angezeigt; also sind wir nach Bahurim geflohen, wo wir bei einer Frau Unterschlupf gefunden haben. Absaloms Leute haben uns aber bis zu ihrem Haus verfolgt. Die Frau, die sie kommen sah, hat uns in einen Brunnen steigen lassen, um uns zu verstecken, und hat eine Decke darüber gebreitet und Körner darauf geschüttet. Als man sie nach uns gefragt hat, hat sie geantwortet, wir seien zum Weiher gegangen. Wir konnten fliehen, und nun sind wir hier.«
»Gut, dann bleibt ihr bei uns«, sagte David.
Anschließend beriet er sich mit Joab, Abischai und Ittai. Er hatte keinen Augenblick zu verlieren, man musste noch vor der Nacht den Jordan überqueren. Gleich nach Para konnten sie den Schluchten des Flusses Suwenit südlich an Jericho vorbei folgen und würden dann bald den Fluss erreichen. Am Ende dieses Weges waren zwei Furten, wusste David, die um diese Jahreszeit nicht sehr tief waren.
»Wir werden sicher nicht alle den Fluss überquert haben, bevor die Nacht hereinbricht«, wandte Abischai ein.
»Das macht nichts«, sagte David. »Das Schlimmste, was wir riskieren, sind nasse Füße!«
Sie brachen auf. Pferde, Esel, Maultiere, Kamele und

etwa tausend Menschen. Alle hinter David her, der Anführer und Kundschafter zugleich war. Mehr war ihm von seinem Volk nicht geblieben. Als sich der Abend violettblau herabsenkte, waren sie immer noch unterwegs. Davids alte Vertrautheit mit dem Land, in dem er eine Ordnungstruppe gegen die transjordanischen Räuber befehligt hatte, erwies sich als immer noch brauchbar. Er wählte flaches Gelände, wo am wenigsten Gefahr bestand, dass man stürzte. Schließlich kamen sie in eine Gegend mit hohem Gras und Ginster, und David saß ab. Er hörte Wasser rauschen und tauchte die Finger hinein. Es war eisig. Sie hatten endlich das Westufer des Jordan erreicht. Auf der anderen Seite des Flusses befand sich Absalom nicht mehr auf Freundesgebiet. Und falls er es wagte, eine Verfolgung zu unternehmen, konnte David sich immer noch in die Wüste Araba zurückziehen, alte Verbindungen neu knüpfen, Truppen sammeln und selbst angreifen. Das andere Jordanufer war die Rettung.

Hinter ihm hatten Joab, Abischai, Ittai, Ephraim und die anderen Halt gemacht.

»Wir brauchen Fackeln!«, rief David.

Ein Offizier brachte eine Tonschale, in der Kohlenglut knisterte. Er tauchte einen Stab hinein, der an einem Ende mit Werg umwickelt war, das sich rasch entzündete.

»Die Fackeln!«, rief Joab.

»Vier genügen«, meinte David.

Ein anderer Offizier entrollte eine Lederhülle, in der Fackeln aufbewahrt wurden, die er nun anzündete. David rief einen Soldaten und ging voran ins Wasser, das ihm kaum bis zur Wade reichte. »Bleib hier und halte die Fackel hoch«, befahl David, verlangte nach einer zweiten Fackel und einem zweiten Soldaten und führte diesen zu einem anderen Flussübergang, wo das Wasser bis zum Knie reichte. Und so weiter, bis die vier Fackeln als Wegweiser durch die im Zickzack verlaufenden Furten verteilt waren. Nun watete David wieder zurück, um die Reittiere der Frauen und Kinder zu führen.

Der Widerschein der Flammen tanzte bis zum Morgengrauen auf dem Wasser, bis die letzten Wachen die Furt überquerten und man die Fackeln mit ein paar festen Schlägen aufs Gras auslöschte. Nun erst wurde Rast gemacht, alles trocknete sich ab, die Tiere konnten weiden und wurden getränkt, die Frauen jammerten, die Kinder rannten lärmend herum, man aß, was zu essen da war, man trank und füllte die Feldflaschen neu.

David stand Joab gegenüber, beide waren sie wie zerschlagen. Sie sahen sich an und umarmten sich, ohne viel zu reden, damit sie nicht wurden wie die Frauen.

»Einen Sohn, der dem Vater nach dem Leben trachtet, das habe ich nun doch nicht verdient«, erklärte David.

18

Was man später erfuhr

Später, viel später, überschlugen sich die Berichte. Niederträchtig, wie alle rachsüchtigen Berichte. Die Menschen halten sich selbst gerne für gerecht. Von toten Zeitgenossen sprechen sie mit der Herablassung von Richtern, die sich angewidert zeigen von den Vergehen der zu Richtenden.

Als Absalom den Rat des Verräters Ahitofel ausschlug und stattdessen Huschais Ratschlag folgte, war der große, hoch angesehene Ratgeber Davids zweifach gedemütigt: Er hatte seinen früheren Herrn verraten, indem er vorschlug, ihn zu ermorden, und sein neuer Herr hatte ihn zurückgewiesen. Ahitofel spürte zu viele scheele Blicke auf sich. Er kehrte zurück nach seiner Heimatstadt Gilo und erhängte sich.

Es ist nicht schwer, sein Andenken zu beschmutzen. *Wer noch nie verraten hat, der werfe den ersten Stein.*

Bevor Ahitofel sich das Leben nahm, gab er Absalom noch einen wirklich schändlichen Rat: Er solle öffentlich auf dem Dach des Palastes mit den Nebenfrauen seines Vaters schlafen, damit jeder sehe, dass er dem entthronten König jeden Respekt verweigere.

Absalom, ein Schönling, aufgeblasen von Dünkel, stolz auf seine Haarpracht wie ein Pfau auf seine Federn und voller Eitelkeit auf seine königliche Abstammung, folgte diesem Ratschlag eines Knechts und erniedrigte sich damit selbst zum Knecht.

Das einfache Volk ist sicher kein Ausbund an Moral, doch diese Entgleisung wirkte schockierend und gab Anlass zu entrüsteten Äußerungen. Absaloms Name wurde in die Gosse gezogen.
Wer nie aus Eitelkeit gehurt hat, der werfe den ersten Stein.
Viele der Menschen, die in Jerusalem ihr Glück gemacht hatten, weil David diese Stadt als Sitz des göttlichen Ruhms gewählt hatte, verrieten diesen König, nachdem sie ihn zuvor schon ausgebuht hatten, weil die Liebe zu einer Frau ihm den Verstand geraubt hatte.
Wer noch nie Anstand und Vernunft zum Teufel geschickt hat, weil er vor Begehren entflammt ist, der werfe den ersten Stein.

19

»Du hasst jene, die dich lieben, und liebst jene, die dich hassen!«

David beschloss, nach Norden zu ziehen. Joab, Abischai, Ittai, Ephraim und alle anderen pflichteten ihm bei. Nach Gilead, das an das Gebiet der Ammoniter grenzte, war die Nachricht von Absaloms Thronraub noch nicht gedrungen, und wenn, so wurde sie mit Skepsis aufgenommen. Hier gab es noch Möglichkeiten, die Anhänger des Königtums zu sammeln, das auf Saul gefolgt war, weil der große Seher Samuel es auf Geheiß des Herrn auserwählt hatte.

So kamen sie zwei Tage später nach Mahanajim, erschöpft, verschmutzt, ausgehungert und vom Staub durstig.

»Wir werden hier ein paar Tage Halt machen und auf Nachrichten warten«, erklärte David.

Sie waren kaum angekommen, als die Ältesten des Stammes Manasse sie aufsuchten: Schobi, Sohn des Nahasch von Rabba, Machir, Sohn des Ammiël von Lo-Dabar, und Barsillai, ein Gileaditer von Roglim, ein Ehrfurcht gebietender Patriarch von achtzig Jahren, der kaum noch etwas sah, sich aber dennoch auf den Weg gemacht hatte. Sie hatten die unglaubliche Nachricht vernommen und brachten Betten, Decken, irdene Gefäße, Krüge und Becher. Und Mastkälber, Lämmer, Geflügel, Fisch, Brot, Bohnen, Linsen, Käse, Salat, Obst,

Honig und Wein. Sie konnten es kaum glauben: David, entthront von seinem Sohn! David, der aus seiner Stadt, aus Jerusalem, fliehen musste wie ein Verbrecher!
»David! Ist es möglich, dass der Herr, der dich als unseren König ausersehen hat, dir solche Leiden auferlegt?«
»Es ist ein unwürdiger Sohn, der sich gegen seinen Vater auflehnt«, sagte Barsillai. »Der Herr wird ihn niederwerfen wie einen verrotteten Baum.«
Diese Vorhersage ließ David erschauern.
Sie weinten, sie empörten sich, sie schrien nach Rache. Auch ihre Söhne schrien nach Rache und lechzten nach Bestrafung. Der allgemeine Zorn wallte auf, als Joab und die anderen bekannt machten, dass es der eigene Sohn des Königs war, der das Volk gegen seinen Vater aufgewiegelt hatte.
»Absalom! Absalom! Dein Name soll auf immer verflucht sein!«, riefen sie.
David versuchte, diese Verwünschungen zu mäßigen. »Er ist Fleisch von meinem Fleische, und es ist der Wille des Herrn, der sich gegen mich auflehnt«, sagte er. Niemand wollte Vernunft annehmen.
Es war eine Ironie des Schicksals, dass die Ältesten von Mahanajim, die früher Saul und dann Jischwi verehrt hatten, nun David und sein Gefolge im ehemaligen Palast Sauls unterbrachten. Dort gab es Kasernen und Ställe, die man nur herrichten musste.
Verdrehte Welt: Die Stämme des Nordens, die Saul gegen David unterstützt hatten, stellten sich nun auf Davids Seite, während die Stämme des Südens, die ihn als Erste zum König erwählt hatten, sich gegen ihn auflehnten!
Am ersten Abend stieg David auf die Terrasse, die früher Sauls Terrasse gewesen war, und beschwor die

Geister des wahnsinnigen Königs und des geliebten Sohnes herauf. Die undurchdringlich dunkle, windige Nacht ließ ihm nur innere Bilder: Jonathans Gesicht, das Bild Sauls, der sich verraten glaubte und plötzlich aufsprang, um ihn mit einem Lanzenwurf zu töten. In dieser Nacht schlief David schlecht. Ephraim hatte die Teraphim mitgenommen und im Zimmer des Königs aufgestellt. Mehrmals war David versucht, sie zu befragen, verzichtete aber darauf. Er ahnte, dass ihre Antwort Unheil verkünden würde. Wenn der Sohn sich gegen den Vater erhebt, gibt es nur einen Ausweg, der entweder für den einen oder für den anderen das Verhängnis bedeutet.

Als Ephraim im Morgengrauen zu ihm kam, fand er seinen König starr und klamm. Kummer, Kälte und Müdigkeit hatten ihn überwältigt. Ephraim brachte ihm eine Schale heißer Milch und sagte ihm, man mache in den ehemaligen königlichen Bädern Wasser heiß, damit er sich entspannen könne.

Ein wenig aufgeheitert beriet sich David mit Joab, Abischai und Ittai.

»Die Ältesten versichern uns, dass wir hier in der Gegend eine Armee aufstellen können«, teilte Joab mit.

»Wie viele wären wir dann?«

»Ihren Worten nach über fünftausend. Seit dem Morgengrauen sind aus eigenem Antrieb schon zweihundert gekommen.«

»Gibt es neue Nachrichten über Absalom?«, fragte David.

»Er hat den Jordan überschritten«, antwortete Abischai. »Amasa ist sein neuer Heerführer.«

»Lassen wir ihn kommen«, entschied David.

Sie warteten vier Tage voller Aufregung, und an jedem

Tag vergrößerten sich ihre Reihen. Immer mehr Männer kamen, und sie brachten Waffen mit: Bögen, Lanzen, Keulen und Schwerter. Woher kamen die Waffen? Sie hatten sie auf den ehemaligen Schlachtfeldern gesammelt und benutzten sie meistens für die Jagd. Joab, Abischai und Ittai musterten die Truppen und gaben ihnen Anweisungen – wie viele Pfeile jeder dabeihaben sollte, wie man mit Lanze oder Schwert umging. Alle brannten darauf, ihre erste Schlacht zu schlagen.
David teilte die Armee in fünf Korps, jedes unter dem Befehl eines verdienten Offiziers. Es war offenkundig, dass Absalom von Süden her kommen würde, auf dem einzigen Weg nach Mahanajim, dem von Gilead über Mizpa. Am zweckmäßigsten sei es, erklärte David, jeweils zwei Armeekorps in einer Entfernung von tausend Ellen auf der einen und der anderen Seite dieser Straße zu postieren, und zwar an den Stellen, wo die Straße am schmalsten war. Die Truppeneinheiten sollten wie Zangen arbeiten. Jedes Korps musste sich versteckt in den Wäldern aufstellen, damit die Gegner ihre Stärke nicht einschätzen konnten.
»Lasst Absalom vorrücken«, sagte David, »und wenn er schon recht weit vorgedrungen ist, sollen die beiden Armeekorps, die näher an Mahanajim sind, ihn als Erste angreifen. Sobald der Kampf vorne in Gang ist, attackieren die beiden anderen Korps die hinteren Truppenteile Absaloms. So sind sie wie in einem Netz gefangen und können weder vorwärts noch zurück.«
»Und das fünfte Korps?«, fragte Ittai.
»Das soll in der Ebene am Fuße Mahanajims die Flüchtenden und diejenigen erwarten, die durchgekommen sind. Es wird sozusagen der Pfropfen sein. Ich werde mitkämpfen!«

»Das kommt nicht in Frage!«, rief Joab. »Du bist mehr wert als zehntausend von uns!«
»Wenn dir etwas passiert, für wen würden wir dann kämpfen?«, fragte Abischai.
David fügte sich widerwillig ihren Argumenten. Er war zu alt für das Schlachtfeld.
Am Vormittag des vierten Tages berichteten Kundschafter, dass Absalom, Amasa und ihre Truppen in Gilead angekommen seien, weniger als eine Stunde Marsch entfernt. Absalom habe geschworen, Mahanajim dem Erdboden gleichzumachen, weil die Stadt seinem Vater Zuflucht gewährt habe. Die Bevölkerung war ihm jedoch weit weniger gewogen als die im Süden, sie kannte diesen Prinzen nicht, und viele hielten ihn für gottlos.
»Schont meinen Sohn«, legte David Joab, Abischai und Ittai ans Herz. »Ihr erkennt ihn an seinem Haar.«

Im Trab verließ die Armee Mahanajim, um nach Davids Anweisungen ihre Stellung einzunehmen. Er stand am Tor und gab ihnen seinen Segen mit, dann stieg er auf die höchste Terrasse des Palastes, damit er möglichst viel von den Kampfhandlungen sehen konnte. Doch die Wälder verdeckten den größten Teil der möglichen Schauplätze, und David stieg wieder herunter zum Stadttor, um dort auf Nachrichten zu warten.
Wie man vermutet hatte, zogen Absaloms Truppen über die Straße nach Mahanajim. Sie waren kurz vor Mizpa, als Davids Bogenschützen zu beiden Seiten des Wegs aus dem Wald herausbrachen und sie mit einem Pfeilhagel beschossen. Die Spitze der ersten Kolonne Absaloms war schon dezimiert, als Amasa den Lanzenwerfern Anweisung erteilte, diese aus dem Nichts auf-

getauchte Geisterarmee anzugreifen, und den Bogenschützen befahl, den Beschuss zu erwidern. Doch die einen wie die anderen waren zum Scheitern verurteilt, denn Davids Bogenschützen hatten sich hoch auf den Bäumen postiert, so gut getarnt, dass der Gegner nicht wusste, wohin er schießen sollte. Und Absaloms Lanzenwerfer wurden, kaum dass sie in den Wald eingedrungen waren, von Davids Soldaten, die dort im Hinterhalt lagen, niedergestreckt und mit dem Schwert getötet.[1]

Absalom und Amasa forderten Verstärkung von den hinteren Truppenteilen an, doch im selben Augenblick eröffneten Davids Truppen die zweite Front und bereiteten den nachrückenden Teilen des Heers dasselbe Los wie der Truppenspitze. Das Heer war in der Falle gefangen, so wie David kalkuliert hatte.

Davids Männer, immer noch im Wald versteckt, erkannten Absalom, als dieser auf einem Maultier durch eine Lichtung ritt und versuchte, seitlich einen Durchstoß zu finden. Als er sich nach seinen Verfolgern umblickte, blieb er mit seinem dichten Haar an einem niedrigen Ast hängen und stürzte, während das Maultier weiterrannte.[2] Eilig informierten die Männer Joab.

1 Abgesehen vom Schauplatz basiert diese Rekonstruktion auf 2 Samuel 18, 8: »Und der Kampf breitete sich dort aus über die ganze Gegend, und der Wald fraß an diesem Tag viel mehr Volk, als das Schwert fraß.«

2 Die bekannte Passage in 2 Samuel 18, 9 berichtet, Absalom sei an den dichten Zweigen der unheilvollen Eiche hängen geblieben. Ein wirkungsvolles Bild, aber unwahrscheinlich, denn man kann sich nur schwer vorstellen, dass die Zweige einer Eiche das Gewicht eines Mannes halten konnten. Eines ist wohl sicher: Absalom prallte gegen den Baum, etwas, was heute noch Reitern im Wald passiert, und war bewusstlos. Anderenfalls hätte er sich aus den Ästen befreit und wäre geflohen.

»Und ihr habt ihn nicht vollends niedergestreckt?«, rief dieser. »Ich hätte euch Schätze gegeben!«[3]

»Nicht um deinen Kopf!«, rief der Soldat. »Nicht um alle Schätze der Welt! Hat nicht David angeordnet, dass man seinem Sohn kein Haar krümmen darf?«

Joab, gefolgt von einigen Offizieren, ließ sich an die Stelle führen, wo Absalom gestürzt war. Er lag immer noch dort, mit blutiger Stirn. Mit hassverzerrtem Gesicht stieß Joab ihm das Schwert in die Brust. Der junge Mann erbebte, seine Arme hoben sich, ein Bein krümmte sich, dann lag er mit reglosen Gliedern. Der schönste Spross Israels war tot.

»Begrabt ihn!«, befahl Joab.

In der Nähe fand man einen Graben, in den man den Leichnam werfen konnte. Joab und die Offiziere bedeckten ihn mit Steinen. Es war nicht die Zeit für Begräbnisse, und sie eilten zurück zu ihren Truppen. Absaloms Armee war in die Flucht geschlagen. Wie vorhergesehen, waren die Soldaten, die sich eine Schneise nach Mahanajim hatten schlagen können, unter den Hieben des von Ittai befehligten Armeekorps gefallen; der Rest war in den Wäldern zerstreut. Joab ließ das Horn blasen, und Abischais Horn antwortete. Die Sonne schien nicht mehr blutrot, das Tal lag im Dämmerlicht. Der östliche Himmel färbte sich nachtblau. Joab ließ Fackeln anzünden und inspizierte das Schlachtfeld. Abischai, begleitet von dem jungen, aufgeregten Ahimaaz, gesellte sich zu ihm. Über der Ebene erklang der Schall von Ittais Hörnern.

3 Der Autor von 2 Samuel erklärt, Joab habe gesagt: »So hätte ich dir zehn Silberstücke und einen Gürtel gegeben.« Das zeigt, dass der Text aus einer späteren Epoche stammt, denn im 10. Jahrhundert v. u. Z. gab es keine Münzen.

Die beiden Anführer zählten ihre Männer; es fehlten fast dreihundert. Sie begruben sie. Die Leichname der Feinde würden sie morgen zählen, im Augenblick waren sie zu müde und wollten möglichst rasch zurück nach Mahanajim.
»Und Absalom?«, fragte Abischai, während die Männer sich zur Rückkehr aufstellten.
Joab bedeutete ihm mit einer beredten Geste, dass Davids Sohn ins Jenseits eingegangen war.
»Und Amasa?«, fragte nun Joab.
»Er ist geflohen. Bestimmt in Richtung Jerusalem«, erwiderte Abischai.
»Schade!«, rief Joab verärgert. »Ich hätte ihm zu gerne mein Schwert in den Leib gestoßen!«
»Lasst mich vorauseilen und dem König mitteilen, dass der Herr ihn von seinen Feinden befreit hat!«, bat der junge Ahimaaz, an Joab gewandt.
»Heute kommt es dir nicht zu, der Überbringer von Nachrichten zu sein«, beschied ihn Joab. »Ein andermal vielleicht, aber heute ist der Sohn des Königs gefallen.«
»Absalom ist tot?«, rief Ahimaaz.
Joab nickte und trug einem Kuschiten auf, dem König die Nachricht zu überbringen.
»Ich gehe mit ihm!«, rief Ahimaaz. »Komme, was da will!«
»Warum?«, fragte Joab. »Niemand wird dir für diese Neuigkeit danken.«
»Trotzdem, ich gehe«, beharrte Ahimaaz. Und der junge Mann eilte davon, so schnell, dass er den Kuschiten überholte.
David wartete gebeugt am Tor Mahanajims; Ephraim und ein Diener waren bei ihm. Die Wachen befestigten

Fackeln auf den Stadtmauern und neben ihrem Schilderhaus.
»Ich glaube, ich habe Hörnerschall gehört«, sagte David zu dem Beobachtungsposten neben ihm. »Steig auf den Wachturm und sage mir, ob man schon einen Boten auf der Straße sieht.«
Der Wachposten stieg hinauf. »Ich sehe einen Mann«, sagte er.
»Ist er allein?«
»Er ist allein.«
»Dann bringt er wohl Nachricht.«
»Noch einen anderen sehe ich, nicht weit hinter dem Ersten.«
»Auch dieser wird Nachricht bringen.«
»Der Erste ist ein junger Bursche.«
»Bestimmt Ahimaaz oder Jonathan. Ich werde ihm eine Belohnung geben.«
Ahimaaz kam außer Atem vor dem Tor von Mahanajim an, erkannte im rußenden Schein der Fackeln den König und blieb keuchend stehen. »Alles ist gut gelaufen!«, rief er und verbeugte sich vor David. »Gelobt sei der Herr, der jene, die sich gegen dich aufgelehnt haben, in deine Gewalt gegeben hat«, brachte er schnaufend heraus.
»Und mein Sohn Absalom?«
»König, Joab hat mich geschickt, aber es war sehr turbulent, und ich weiß nicht alles, was geschehen ist.«
»Bleib bei mir«, sagte David. Ahimaaz stellte sich neben ihn und versuchte, wieder zu Atem zu kommen.
Ein wenig später kam der Kuschit und blieb vor David stehen. »Gute Nachrichten, mein König!«, rief er. »Joab schickt mich. Der Herr hat dich heute gerächt an allen, die sich gegen dich aufgelehnt haben.«

David nickte. »Und mein Sohn Absalom?«
»Mögen all deine Feinde und alle Aufrührer, die dir Böses wollen, dort sein, wo er ist«, antwortete der Kuschit. David schlug die Hände vor sein Gesicht und brach in Tränen aus. Er ging hinauf in sein Zimmer und begann zu schreien: »Absalom! Absalom! Mein Sohn! Ich hätte an deiner Stelle sterben sollen!« Schon vom Stadttor aus hörte man ihn schreien.
Als seine Heerführer zurückkamen, weinte er immer noch. Man hörte, wie der alte Mann den Kummer um den Tod eines Sohnes herausschrie, der ihn hatte ermorden wollen. Joab, Abischai und Ittai erfuhren von Ephraim, dass David den kommenden Tag zum Trauertag erklären wollte.
»Das kommt nicht in Frage!«, schrie Joab Ephraim an, der über die Heftigkeit des Heerführers zu Tode erschrak.
»Und wir, haben wir unser Leben für nichts aufs Spiel gesetzt?«, rief Abischai zornig. »Für wen haben wir denn das Blut unserer jüdischen Brüder und unserer Anhänger fließen lassen? Bring lieber diesen törichten Greis zum Schweigen, anstatt uns dummes Zeug vorzuschwatzen!« Ephraim wurde aschfahl und floh, während die Hauptmänner sich mit düsteren Mienen in ihre Gemächer begaben.
Joab ging geradewegs zum Palast und verlangte, von David sofort empfangen zu werden. Ephraim führte den Kummer an, den der Tod seines Sohnes dem König bereitete. »Das schert mich nicht!«, rief Joab, und Ephraim, den die Furcht packte, öffnete die königlichen Gemächer. Joab fand David in ergreifender Niedergedrücktheit vor. Ein Schwächling. Nicht einmal mehr ein König. David sah ihn aus tränenvollen Augen an.

»Hör zu«, sagte Joab, der nur mit Mühe seinen Zorn zurückhielt, »du hast heute Abend alle deine Diener gedemütigt. Du hast alle gedemütigt, die sich für dich geschlagen haben, die ihr Leben für dich, für deine Söhne, deine Frauen und Nebenfrauen aufs Spiel gesetzt haben. Du bist ein unwürdiger Mensch, David. Du liebst jene, die dich hassen, und hasst jene, die dich lieben! Du hast uns allen, Hauptleuten und Soldaten, das Gefühl gegeben, dass wir für dich nichts sind. Du wärst froh, wenn wir alle tot wären und Absalom, dieser widerliche, Ränke schmiedende Schönling, noch lebte, ist es nicht so? Ich fordere dich jetzt auf, David, hörst du, ja, ich, dein Heerführer, ich fordere dich auf, deinen Generälen, deinen Hauptleuten und deinen Soldaten deine Anerkennung auszusprechen! Sofort, hörst du? Und wenn du dich weigerst, David, schwöre ich dir im Namen des Herrn, dass in dieser Nacht kein Mann mehr bei dir bleiben wird!« Joabs Stimme war wie Donnerhall. David, aschfahl, die Augen vor Verblüffung und Angst aufgerissen, rutschte auf seinem Lager zurück, als wollte er sich in der Wand verkriechen, an der er lehnte, und Ephraim zitterte an allen Gliedern. »Und ich schwöre dir, mein König, das wird das schlimmste Unheil sein, das du seit deiner Geburt erlebt hast! Steh auf, David!« Joab deutete mit dem Finger zur Tür.
Verstört und mit Angst in den Augen stand David auf und ging vor Joab her, ein Schatten seiner selbst, den sein Ruhm für immer verlassen hatte. Er, der Gründer Israels, er, der Saul herausgefordert hatte, war nun eingeschnürt von der Angst, dass ihm ein Dolch in den Rücken gestoßen würde. Abischai stand unten am Treppenabsatz der ehemaligen Gemächer Sauls. »Ruf die Armee, die ganze Armee in den Hof«, befahl Joab in

einem Ton, der keinen Widerspruch duldete. »Der König will den Soldaten seine Anerkennung aussprechen, bevor sie schlafen gehen.«
Die Zeit einer kleinen Sanduhr später war das gesamte Heer unter dem Licht der Fackeln im Hof versammelt. Alle Augen blickten auf diesen König, für den die Männer ihr Leben eingesetzt hatten; auf diesen bleichen alten Mann, der ihnen mit zitternder Stimme erklärte, nur die Ergriffenheit über den Sieg habe ihn davon abgehalten, ihnen schon früher zu gratulieren, und der für ihre Tapferkeit den Segen des Allmächtigen auf sie herabrief. Die Mannschaften klatschten verhalten.
Joab stand hinter ihm, mit Furcht erregendem Blick. Die Frauen und Diener, die Kinder und die Einwohner von Mahanajim sahen aus den Fenstern. Eine Frau vor allem beobachtete David: Maacha, Absaloms Mutter. Sie kam in sein Zimmer, um ihn zu trösten, während er mit gebrochener Stimme seine Klagen stammelte. Beide weinten bis spät in die Nacht.

In einem anderen Zimmer des alten Palastes, dieses Geisterhauses, saßen Joab und Abischai vor einem Kohlebecken auf dem Boden, in ihre Mäntel gehüllt, und starrten düster in die Glut. Von Zeit zu Zeit ließ ein Knistern sie aufflackern, sie wurde rot vor Zorn und ließ Funken in die Luft stieben wie Beschimpfungen, dann wurde sie wieder grau und schließlich weiß.
»Ein König …«, sagte Joab.
»Das war ein König«, verbesserte ihn Abischai.
»Vollkommen senil, ein altes Weib!«, rief Joab.
Ittai beobachtete die Szene traurig, aß Datteln und warf die Kerne ins Feuer.

»Und wenn er jetzt stürbe ...«, sagte Abischai, ohne den Satz zu beenden.

»Es sind noch andere Kinder da«, bemerkte Joab.

»Glücklicherweise hast du ihn diese Rede halten lassen«, meinte Ittai.

»Wenn er es nicht getan hätte, hätte es eine Revolte gegeben, und ich kenne Soldaten, die versucht hätten, ihn umzubringen«, antwortete Joab.

»Was soll nun werden?«, fragte Abischai. »Dieser Sieg bringt im Grunde nichts in Ordnung.«

»Nein, er bringt nichts in Ordnung«, stimmte Joab nach einer Weile zu.

An diesem Abend fiel der Ruhm Davids, des großen Königs über Israel, unter dem kraftlosen Geräusch der Lügen, die sich überlebt hatten, in sich zusammen.

20

Niedertracht und Rache

Der Sieg löste in der Tat nichts, wie Abischai richtig festgestellt hatte. Israel hatte Absalom als König erwählt und sich von David abgewandt. Und Abischai war nicht der Einzige, der das bemerkt hatte.

Am nächsten Tag früh am Morgen eilte eine stattliche Frauengestalt, die in mehrere Mantelschichten gehüllt war, entschlossenen Schrittes durch die zerstörten und eisigen Gänge des ehemaligen Palastes. Sie kam zur Tür von Davids Zimmer, und Ephraim, der Schritte hörte, lief herbei, um diesen weiblichen Eindringling abzuhalten.

»Er ist mit Maacha zusammen«, sagte er und hob seinen Arm, um den Durchgang zu verwehren.

»In ihrem Alter …«, entgegnete die Frau und zog die Schultern hoch. Sie schob seinen Arm zur Seite, doch bevor sie eintrat, wandte sie sich noch einmal an Ephraim und fügte hinzu: »Geh und sieh, ob du drei Schalen heiße Milch für uns auftreiben kannst.«

Ein kalter Windstoß kam mit der Besucherin ins Zimmer und gab den beiden undeutlichen, dunklen Gestalten auf dem Lager im hintersten Eck des Raumes ein wenig Leben.

»Abigail«, sagte Maacha mit kläglicher Stimme, »lass uns mit unserem Schmerz …«

»Schmerz ernährt nicht die Welt«, erwiderte Abigail. David setzte sich mühsam auf, blinzelte, massierte sich

Arme und Knie, fuhr sich mit den Händen übers Gesicht und räusperte sich. Doch er sagte nichts, sondern sah nur mit seinem zerknitterten Gesicht Abigail an. Sie suchte nach einer Sitzgelegenheit, gab sich aber dann mit einem Schemel zufrieden. »An diesem Morgen ist Israel ohne König«, sagte sie kalt. Maacha half David beim Aufstehen. Einen Augenblick blieb er gebeugt, um das Gleichgewicht zu finden, suchte seine Sandalen und rief nach Ephraim, damit dieser ihm helfe, seinen morgendlichen Bedürfnissen nachzugehen. Maacha und Abigail blieben zurück und schätzten sich mit Blicken ab. Da ihre Verführungskraft geschwunden war, blieb ihnen nur noch Weisheit.

»Gott erhalte dir deinen Sohn Daniel«, sagte Maacha schließlich.

»Du hast zwar nur noch deine Tochter Tamar«, erwiderte Abigail, »aber du lebst. Wie wir alle bist du außerhalb des Palastes nichts als eine alte Frau ohne Lebensunterhalt. Und zudem haben wir Kinder. Ich habe Daniel. Ich will nicht, dass ein künftiger Thronanwärter ihn mit dem Schwert tötet. Ich bitte dich um deine Hilfe. David muss seine Kraft wiederfinden. Zu seinem und zu unserem Besten.« Und sie fügte hinzu: »Und für unser Volk. All diese jungen Menschen, die sterben …«

Maacha erhob sich, strich ihr Kleid glatt, fuhr sich mit der Hand durchs Haar, brachte das Lager in Ordnung und setzte sich darauf. »Eine solche Schicksalsprüfung …«, murmelte sie. Von ihrer einstigen Schönheit war fast nichts übrig. Geschminkte Augen, der Hals faltig wie bei einer Eidechse, Haar von unbestimmbarer Farbe, grau an den Wurzeln und an den Spitzen grell hennarot.

»Es wäre eine noch schlimmere Prüfung gewesen, Maa-

cha, wenn dein Sohn Absalom David mit dem Schwert getötet hätte.« Maacha stieß einen Schrei aus und begann wieder zu weinen. »Dafür ist jetzt nicht Zeit, Maacha«, unterbrach Abigail sie. »Wir müssen uns beeilen. Jede Stunde, die verstreicht, vergrößert die Gefahr.«
»Was soll ich tun?«
»David zum Handeln bringen. Er soll seine Truppen sammeln und Jerusalem zurückerobern.«
David kam wieder, gestützt von Ephraim. Abigail trat ihm ihren Schemel ab.
»Es ist kalt«, sagte er, als er sich setzte. Dann sah er Abigail an. »Ja, Israel ist ohne König.«
»Willst du das Werk des Herrn und das Werk deines Lebens zerstören lassen?«, fragte sie.
»Das Werk meines Lebens ...«, wiederholte er mit gebrochener Stimme.
»Abigail hat Recht«, sagte Maacha.
»Deine Truppen glauben, dass du auf den Thron verzichten willst«, fuhr Abigail fort. »Wenn du nicht schnell und entschlossen handelst, wird irgendeiner deiner Söhne versuchen, dasselbe zu tun wie Absalom.«
»Was soll ich tun?«, fragte er klagend.
»Geh hinunter zu den Soldaten, zu Joab, Abischai und Ittai, um ihnen wieder Mut zu machen. Schick Boten an jene Hauptleute, die sich auf Absaloms Seite geschlagen haben, vor allem an deinen Neffen Amasa, und sag ihnen, dass du ihnen vergibst, wenn sie zu dir zurückkehren. Schick Boten nach Jerusalem und zu den zwölf Stämmen.«
Ephraim brachte drei Schalen Milch und kleine Brote auf einem Tablett. Er verbeugte sich vor David, der seine Schale nahm und in kleinen Schlucken trank.
»Gut«, sagte David, nachdem er sein Frühstück beendet

hatte. Er stand auf, glättete sich Bart und Haare, schüttelte sein Gewand aus und schlüpfte mit Maachas Hilfe in seinen Mantel. »Du erteilst guten Rat, Abigail«, sagte er, bevor er zur Tür schritt.

Am Fuß der Treppe stieß er auf Joab. Die beiden Männer standen einander gegenüber, dann nahm David Joabs Hand. »Wir haben einiges zu tun.«

»Ich sehe, dass du deinen Schmerz bezwungen hast«, erwiderte Joab.

»Ein König kann einen Sohn begraben«, antwortete David. »Ein Vater niemals. Wo sind dein Bruder und Ittai?«

»Sie begraben die Toten und zählen die gefallenen Feinde.«

»Es waren keine Feinde, Joab«, widersprach David traurig. »Es waren keine Feinde ...«

Während einiger Tage verwandelte sich Mahanajim in einen Herrschaftsbereich am Rand. Man atmete zwar freier, weil es keine Feinde mehr gab, und doch war jeder beklommen: Was würde aus dem Thron werden? Man war im Niemandsland. Es war immerhin besser als in Jerusalem, wo Bestürzung sich breit machte. Der Herr war auf Davids Seite, und man hatte ihn verraten! Die anderen Städte waren ebenfalls kleinlaut. Als die Nachricht vom Tode Absaloms sich verbreitete, verhüllten die Frauen ihr Gesicht, und die Männer schlugen sich an die Brust.

»Was ist mit Absalom geschehen?«, fragten die Leute die Soldaten, die an seiner Seite gekämpft hatten und nun voll Bitterkeit im Mund und mit vor Schmach gefurchter Stirn nach Jerusalem und in die umliegenden Dörfer zurückgekehrt waren, nach Betanien, Bethlehem, Betphage, Manahat und Bahurim.

»Er ist am ersten Abend gefallen.«

»Und Amasa?«

»Er ist geflohen.«

Er war nicht geflohen, er hatte sich auf seinem Besitz verkrochen, das Gesicht grau und von Sorge zerfressen. Nicht so sehr David fürchtete er, sondern dessen Heerführer, vor allem Joab.

Als Zadok und Abjatar Davids Boten empfingen, hoben sie die Arme gen Himmel. Wo war der König? Wie ging es ihm? Wann kam er zurück? Der König bat sie, folgende Nachricht an die Ältesten der zwölf Stämme zu senden: Wollt ihr die Letzten sein, die den König in seinen Palast zurückführen? Haben euch die Pläne des Herrn nicht überzeugt? Tragt ihr Trauer um Absalom, oder tragt ihr die Fahne Israels? David hatte daran gedacht, sich auf die Salbung durch Samuel zu berufen, doch die meisten der Ältesten, die den großen Seher noch gekannt hatten, waren bereits tot, und bei den anderen war es besser, nicht zu viele alte Erinnerungen heraufzubeschwören. Man verzichtete also besser auf die Erwähnung Samuels.

Amasa gefror das Blut in den Adern, als die Boten auf den grasbewachsenen Weg einbogen, der zu seinem Haus führte. Welche Nachrichten mochten sie bringen? Er schickte einen Diener, der ihnen öffnen sollte.

»Was wollt ihr?«

»Deinen Herrn Amasa sprechen.«

»Wer seid ihr?«

»Boten des Königs.«

»Von welchem König?«

»David.«

»Gebt mir die Botschaft.«

»Wir können sie nur in seine Hände geben.«
Amasa kam heraus. Die Boten gaben ihm die Rolle, die in einem Lederbeutel steckte. »Du bist mein Fleisch und mein Blut. Ihr verzeihe dir. Mit Gottes Hilfe mache ich dich anstelle Joabs zu meinem Heerführer. David.«
Amasa brach in Tränen aus und brachte am nächsten Tag ein großes Opfer in Gibeon dar, bei dem er Gottes Segen auf David herabrief. Ganz Juda wurde dieser Umschwung mitgeteilt. Nach drei Tagen strömten die Ältesten oder ihre Boten nach Mahanajim; sie priesen die Weisheit des Herrn, der seinen Diener geschützt hatte, sie flehten um die Milde des Königs und beklagten die Verirrung, die sie dazu gebracht hatte, einem Aufrührer zu folgen ...
»Wir kehren nach Jerusalem zurück«, kündigte David am nächsten Tag an.
Unter dem Jubel der Bevölkerung, die sich versammelt hatte, um ihn bei seinem Aufbruch zu grüßen, durchschritt David das Palasttor und gelobte, es nie wieder zu sehen.
Und die Karawane setzte sich in Marsch, obwohl an diesem Morgen ein eisiger Wind wehte, der Schneefall ankündigte.
Schon bald kamen kleine Gruppen von Gesandten aus den Städten und Dörfern Mizpa, Gadara und Betonim, um den König zu grüßen und zu seinen Ehren kleine Geschenke zu bringen – Dörrobst, Kuchen, gedörrten Fisch oder Linsen. Boten kamen, um Joab und Abischai mitzuteilen, dass eine Abordnung aus Juda den König in Gilgal erwarte, um ihm und seinen Leuten bei der Überquerung des Flusses zu helfen. Es waren Schimi, der Älteste aus Bahurim, an der Spitze von tausend Benjaminitern, und Ziba, der Diener Merib-Baals, mit seinen

fünfzehn Söhnen und zwanzig Knechten, und kleinere Abordnungen aus anderen Städten Judas.
»Sie kennen deine Furten nicht«, gab Joab David zu bedenken.
Und wirklich reichte den Reuigen das Wasser bei der Überquerung des Flusses bis zum Bauch, manchmal bis zur Brust, und sie kamen durchnässt und ausgefroren am anderen Ufer an. Dort schüttelten sie sich zu Füßen des Königs aus. So auch Schimi, der Benjaminit aus dem Haus König Sauls, der David beschimpft hatte. Er hatte sich Absalom angeschlossen und zeigte nun öffentlich Reue. In Davids Ohren klangen seine Schmähungen noch nach: »Mach, dass du fortkommst! Mach, dass du fortkommst, du Dieb! Blutrünstiger Strolch! Der Herr rächt sich an dir, weil du Saul den Thron geraubt hast, und er gibt nun Absalom den Thron! Mörder, sieh, wie deine Verbrechen dich einholen!« Ja, das war derselbe Mann, der sich nun wie ein Häuflein schlecht ausgewrungener Wäsche David zu Füßen warf. »Ich flehe deine Hoheit an, die Verworfenheit deines Dieners zu vergessen, die er gezeigt hat, als deine Hoheit Jerusalem verlassen hat! Ich gestehe öffentlich meine Niedertracht und bin heute der Erste aus dem ganzen Hause David, der zu deiner Hoheit kommt.«
Ein hübsches Bild der Schändlichkeit. David wurde es fast übel. Ach, diesen Lumpen loszuwerden …
»Sollte man diesen Schimi nicht töten?«, legte Abischai nahe. »Er ist doch der Mann, der den Gesalbten des Herrn verwünscht hat.«
»Soll sich zur Niedertracht noch Rachsucht gesellen? Mit welchem Recht mischen sich meine Neffen in meinen Angelegenheiten ein?«, schnitt ihm David das Wort ab. »Wenn man Schimi tötet, dann müsste man auch

die Hälfte der Einwohnerschaft Jerusalems töten, ganz zu schweigen von den anderen Städten.« Schimi, unter Joabs und Abischais feindlichen Blicken vor Angst und Kälte zitternd und immer noch tropfend, hörte diese Worte. »Dein Leben ist sicher«, sagte David zu Schimi. »Geh nun.«

Schimi lief erneut ins Wasser, um zum anderen Ufer zu gelangen, und stieg dort auf seinen Esel.

Gleich darauf kam der klägliche Merib-Baal, Jonathans Sohn, der sich wie ein Bündel ans andere Ufer tragen ließ. Er war barfuß, sein Bart struppig und schmutzig ... Ein Missgriff der Natur! Das war der Sohn des schönen Jonathan! David seufzte, als er sah, wie Merib-Baal sich ihm zu Füßen warf. Die Vergebung war bereits gewährt.

»Warum bist du mir nicht ins Exil gefolgt?«, fragte David, während er Merib-Baal beim Aufstehen half.

»Ich wollte dir folgen. Ich hatte zwei Esel gesattelt und mit Vorräten für den Weg beladen. Aber mein Diener Ziba hat mir gesagt, ich täte falsch daran, dir zu folgen, denn du seist ungerecht zu Absalom gewesen. Er hat mich davon abgebracht, dir zu folgen, und ist mit den beiden Eseln fortgeritten. Ich habe auf deine Rückkehr gewartet, und ich bin glücklich, dich wieder zu sehen«, fügte Merib-Baal hinzu. Man sah deutlich, dass er bereute! »Die ganze Familie meines Vaters hat das Los verdient, das du ihr bereitet hast. Tu mit mir, was du willst, ich gehorche deinem Befehl.«

Ziba stand an der Böschung, nachdem er sein Treue zu David beteuert hatte. Aus finsteren Augen folgte er der Unterredung zwischen David und dem Sohn Jonathans. David verstand, was ihn beunruhigte. Er legte Merib-Baal die Hand auf die Schulter. »Ich habe ihm deinen Besitz versprochen, den ich ihm nun nicht mehr ganz

nehmen kann. Die Hälfte soll wieder an dich zurückfallen.«
»Was bedeutet mir das, du bist zurückgekehrt, alles ist gut«, erwiderte der Lahme.
Ach, wie schmerzhaft die Stunde der Abrechnung!, sagte sich David. Die betrogenen Naiven, die genarrten Narren, und alle hatten sie an den Folgen zu tragen.
»Wir müssen jetzt über den Fluss«, mahnte Joab.
Zwei oder drei Dutzend Männer standen mit nacktem Oberkörper im eisigen Fluss und bildeten eine Kette, um die gepackten Bündel bis ans andere Ufer weiterzugeben. Doch das war nichts, verglichen mit der Menschenmenge, die an beiden Ufern zusammenströmte. Man hätte glauben können, halb Israel habe sich in Gilgal eingefunden! David wollte schon den Fluss überqueren, als er Barsillai sah, der mühsam und steif auf ihn zuhinkte.
»Mein König!«, rief Barsillai, »wie hätte ich dich ohne meinen Segen ziehen lassen können?«
Barsillai, der ihm Lebensmittel und andere lebensnotwendige Dinge geschickt hatte, der in seinem Namen Männer zu einer Truppe gesammelt hatte! Barsillai, der seine Blutsverbindung mit der Familie Sauls dahingegeben hatte, um David zu unterstützen. David umarmte ihn.
»Komm mit mir nach Jerusalem«, sagte er. »Ich kümmere mich um dich, ich trage Sorge für alles, was du brauchst.«
»Ich bin nur ein alter Mann«, antwortete Barsillai und legte seine dürre Hand auf die Hand Davids. »Ich trinke nicht mehr, ich esse nicht mehr, ich höre nicht mehr. Ich könnte dir nur noch eine ganz kurze Zeit lang dienen und wäre eine Last für dich. Lass mich in meinem Haus sterben, nahe dem Grab meines Vaters und mei-

ner Mutter. Doch da du zurückkehren musst, sieh hier meinen Sohn Kimham. Nimm ihn mit, er wird dir länger dienen.« Barsillai zog einen jungen Mann mit stolzer Haltung heran, der sich über Davids ausgestreckte Hand beugte und sie küsste.
Kimham war der jüngere Bruder Adriëls, der die Hand Merabs, Sauls ältester Tochter, bekommen hatte. Fünf Söhne und drei Töchter waren aus dieser Ehe entsprungen. Und das waren die fünf Knaben, die David der Rache der Gibeoniter hatte opfern müssen. Die Kinder Merabs, die fast seine Frau geworden wäre! Davids Augen wurden bei dieser Erinnerung einen Augenblick lang feucht.
»Ich nehme deinen Sohn mit«, sagte er zu Barsillai. »Ich werde für ihn tun, was du für das Beste hältst, und für dich tue ich, worum du mich bittest.« Und so tauschten sie die letzten Segenswünsche aus.
»Boote!«, rief Joab, der die Kette der Männer betrachtete, die sich die Bündel zureichten. »Habt ihr keine Boote?« Diese Leute würden doch wohl nicht den König von Hand zu Hand weiterreichen wie einen Wäschesack! Doch schließlich kam ein Boot, und David konnte mit fünf seiner Frauen, den kleinen Kindern und mit Kimham einsteigen. Als auch die Letzten der Karawane und die letzten Tiere den Fluss überquert hatten, war David bereits durch die Tore Jerusalems geschritten.
Ohrenbetäubender Jubel empfing ihn. Menschenmengen sind wie Narren, sie vergessen, was sie noch am Tag zuvor geschworen haben. David ergriff wieder Besitz vom Palast, die Frauen ließen sich lärmend in ihren früheren Gemächern nieder, die Nebenfrauen waren in heller Aufregung über die Rückkehr des Königs, den sie mit seinem eigenen Sohn betrogen hatten. Gezänk,

Beleidigungen, Schläge, Tränen, Anschuldigungen – die Macht des Schicksals hatte beide Parteien wieder zusammengebracht, die sich nun gegenseitig Verrat, Berechnung und Verlassen vorwarfen ... es war ein Radau, der einen schwindlig machte. Auf den Straßen hallte es von Hörnern und Tamburinen, und die Händler verkauften sogar Wasser, da man die Vorräte an Bier und Wein aufgebraucht hatte.
Die wenigen, die bei der jubelnden Menge fehlten, waren die Nebenfrauen, denen Absalom unter den Augen der ganzen Stadt auf dem Dach des Palastes beigewohnt hatte. David ließ sie in ihren Gemächern einsperren. Ephraim wurde beauftragt, ihnen formell mitzuteilen, dass der König sie nie mehr aufsuchen würde. Die königliche Kasse würde sie weiterhin versorgen, allerdings sparsam, doch sie würden nie mehr Gelegenheit haben, mit dem König zu schlafen. Die Nebenfrauen schrien auf. Sie waren nur Opfer gewesen! Opferlämmer! Sie hatten für den König bezahlt! Und das war nun ihr Lohn? Doch David blieb beharrlich: Sie waren beschmutzt. Beschmutzt?, begehrten sie auf. Aber es war der eigene Sohn des Königs gewesen, der sie beschmutzt hatte! Wollte der König seinen eigenen Sohn einem Unbeschnittenen gleichsetzen? Es nützte nichts. Zehn junge Frauen in der Blüte ihrer Jahre wurden so zu ewiger Enthaltsamkeit gezwungen.
In der Folgezeit teilte Ephraim dem König diskret mit, dass seine strenge Entscheidung eine unerwartete Konsequenz habe: Diese jungen Frauen hatten nun Liebesbeziehungen untereinander, ein Skandal für die Dienerschaft, die manchmal an gewissen Exzessen teilhatte.
»Eine Frau hat noch nie eine andere geschwängert«,

erwiderte David gelassen. »Das alles hat keinerlei Bedeutung.«
Bis zu Davids Tod gab es daher im Palast zehn abgeschlossene Bereiche, in denen das Männervolk Judas und Israels zur Scheol geschickt wurde.

Das Leben hatte kaum wieder seinen normalen Gang aufgenommen, als sich ein neuer Zwischenfall ereignete. Die Ältesten der nördlichen Stämme Israels, die der Meinung waren, am meisten zur Wiedereinsetzung Davids beigetragen zu haben, schickten eine Abordnung zu ihm; David sollte einen Streit mit den Ältesten des Südens entscheiden. All die Menschen hatten im großen Saal des Palastes kaum Platz, viele mussten außerhalb der großen Tore aus Zedernholz bleiben.
»Warum haben die Menschen aus Juda an der Rückkehr des Königs nach Jerusalem teilgenommen, obwohl sie die Ersten waren, die ihn verraten haben? Wie haben sie so schnell wieder die Gunst des Königs gewonnen?«, fragte Hadar ben Menna, einer der Ältesten des Stammes Naftali, der der Wortführer der Stämme des Nordens war; ein kleiner, beleibter und sehr beredsamer Mann.
»Der König ist aus unserem Stamm«, erwiderte der weise Tema, der Wortführer Judas, Simeons und Levis. »Haben wir etwas von euch gefordert? Haben wir vom König Begünstigungen erhalten, die euch verweigert worden sind? Er ist einer der Unsrigen, das ist alles!«
»Eine schöne Art, mit uns zu reden!«, empörte sich Hadar ben Menna. »Wir haben zehnmal mehr Interesse als ihr daran, dass David auf dem Thron bleibt! Wir sind zahlreicher, älter und treuer als ihr!«
David hob die Hand. »Ihr seid alle Brüder vor dem

Herrn!«, rief er. »Wozu diese Streitigkeiten? Am Tag des großen Festes werden wir alle nebeneinander sitzen, und keiner wird wichtiger sein als der andere.«
Verlorene Mühe. Der Zank ging weiter, und es kam im Palastsaal sogar zu Handgreiflichkeiten zwischen den Stammesangehörigen des Südens und denen des Nordens, die sich gegenseitig beleidigten. Die Alten drohten mit knotigen Zeigefingern, die Jungen mit kräftigen Fäusten. Ein schwarzhaariger Mann um die vierzig mit abstehendem Bart bahnte sich einen Weg durchs Gedränge und fing an zu schreien: »Was schert uns David? Lasst ihn fallen! Wir haben mit Isais Sohn nichts zu schaffen! Kehrt zurück nach Hause, Angehörige des Volks Israel!«
Es war ein Benjaminiter, Scheba ben Bichri. Daran war nichts Erstaunliches: Die Benjaminiter hatten es im Grunde nie akzeptiert, dass David, ein Sohn aus dem Stamme Juda, den Benjaminiten Saul und seine ganze Familie entthront hatte.
»Ja, er hat Recht, gehen wir zurück!«, rief ein anderer. »Wenn Verräter hier dieselben Rechte haben wie die Gerechten, haben wir in diesem Haus nichts zu suchen!«
Verräter, Gerechte, all das war schnell gesagt. Auch viele aus dem Norden hatten sich Absalom angeschlossen, und nicht alle aus dem Süden hatten David verraten. Dennoch sprach man viel von Ehre, und der Streit verschärfte sich. Auf der einen Seite des Saals traktierten Leute aus dem Süden und aus dem Norden sich gegenseitig mit Schlägen, auf der anderen Seite strömte eine Reihe von Israeliten zum Ausgang. Joab und Amasa drängten die jeweiligen Stammesangehörigen in den Hof, wo sie die Raufustigen voneinander trennten.

»Werden diese gegenseitigen Abrechnungen denn nie ein Ende nehmen?«, rief Joab dem König zu, als all die Streitsuchenden fort waren. »Warum zeigst du nicht mehr Autorität? Wenn die Stämme des Nordens dir ihre Unterstützung versagen, bricht das Königreich auseinander!«

»Was soll ich denn tun?«, klagte David. »Jeder beansprucht alles für sich, und am Tag des Gerichts wird es nur Gerechte geben!« Doch er war sichtlich erzürnt über die drohende Spaltung. Er ließ seinen Neffen Amasa rufen. »Dieser Scheba ben Bichri ist imstande, eine Revolte gegen mich anzuzetteln. Ich will, dass du Judas Truppen mobil machst und in drei Tagen erscheinst, um Bericht zu erstatten.«

Kurz darauf verließ Amasa mit zweihundert Männern und Reittieren den Palast. Einer von Joabs Männern teilte seinem Herrn das mit. Joab fragte, wohin Amasa reite, und man antwortete ihm, dass er auf Befehl des Königs Judas Truppen mobil machen solle.

»Das ist ein Königreich!«, rief Joab zornig. »Einen Verräter beauftragt man damit, Truppen auszuheben! Es ist Zeit, dem ein Ende zu setzen. Wenn David seine Zeit damit vergeudet, Verrätern zu vergeben, wird ihm niemand mehr treu sein.«

Drei Tage später war Amasa noch nicht zurück, und David wurde unruhig.

»Sieh zu, dass du Nachrichten bekommst«, sagte David zu Ephraim. »Ist er in eine Falle getappt? Hat er sich womöglich Scheba ben Bichri angeschlossen? Oder ist die Mobilisierung schwieriger als vorhergesehen?«

Ephraim versuchte, Neuigkeiten zu erfahren, aber es gelang ihm nicht. Niemand hatte Amasa gesehen. Abigail, die nun Gefallen daran fand, sich mit Politik zu befassen, kam erneut zu ihrem Gatten. Es braue sich etwas Verdächtiges im Königreich zusammen, versicherte sie, und man wolle doch nicht sein Leben im Exil verbringen! Dieser verwünschte Benjaminit Scheba ben Bichri war bestimmt dabei, einen Aufstand anzustiften, und die Stämme des Nordens würden schließlich einen König wählen. Es war an der Zeit, streng durchzugreifen. David ließ Abischai kommen: »Geh zu Scheba ben Bichri und bringe in Erfahrung, wo er sich herumtreibt und was er tut. Nimm die königliche Wache mit. Er ist imstande, uns noch mehr Ärger zu machen als Absalom. Hindere ihn daran, sich in eine befestigte Stadt zurückzuziehen, wo er unserem Zugriff entgeht.«

Abischai, seit langer Zeit zum ersten Mal zufrieden darüber, dass der Herrscher Entschlossenheit zeigte, brach mit den Wachen der Kreter und Pleter, die unter Befehl Benaja ben Jojadas standen, auf. Sein Bruder Joab beschloss, ihm zu folgen. Er fand es bitter, dass David Amasa mit der Truppenaushebung beauftragt hatte, Amasa, der sein Mäntelchen nach dem Wind hing. Die beiden Brüder nahmen Scheba ben Bichris Fährte auf. Als sie in Gibeon ankamen, erfuhren sie, dass Scheba bereits fort war, Heerführer Amasa aber immer noch da war.

»Wo ist er?«, fragte Joab.

»Um diese Zeit ist er bestimmt beim großen Altar«, antwortete ein Schäfer, der alles beobachtete.

»Was macht dieser Ismaelitensohn bei einem Altar?«, knurrte Joab.

Unter seiner Hose befestigte er ein Schwert in der Scheide, den Gürtel um die nackte Haut gespannt, darüber trug er ein dickes Hemd. Mit Abischai und ihren Männern erklomm er den Hügel, auf dessen Spitze der große Altar lag.

Der Wind wehte. Die beiden großen Zacken des Altars schienen die Wolken aufspießen zu wollen. Die Reste eines Opfers rauchten noch. Amasa und seine Männer standen um den Altar herum, zusammen mit Angehörigen des Stammes Juda. »Eine schöne Art, Truppen mobil zu machen«, murrte Joab und ging auf Amasa zu.
»Ist alles gut, mein Vetter?«, fragte er, als er noch drei Schritte von Amasa entfernt war.
»Danke, es ist alles gut«, antwortete Amasa.
Joab ging weiter auf ihn zu, breitete die Arme aus, packte Amasa mit einer vertraulichen Geste am Bart, als wolle er ihn umarmen, dann zog er plötzlich sein Schwert und stieß es Amasa in den Leib. Amasa brach zusammen. Der Stoß, von unten nach oben geführt, war so heftig, dass die Eingeweide aus Amasas Bauch quollen.
»Ein Verräter weniger!«, rief Joab und bückte sich, um sein Schwert an Amasas Mantel abzuwischen.
Joab betrachtete die Männer, die mit herausfordernder Miene um ihn herumstanden. Voller Mut und Rache stand er in ihrer Mitte wie ein Fels in der Brandung. Sein Schwert und er waren eins geworden. Unerschütterlich stand er da, wie im Boden verwurzelt, als alle Männer auf dem Hügel sich erhoben und herbeiliefen, um sich über Amasas Leichnam zu beugen. Zweihundert Männer, deren Anführer noch vor wenigen Augenblicken Amasa gewesen war, aber keiner äußerte ein Wort des Aufbegehrens. Nur einer bückte sich, um seinem General die Augen zu schließen.
»Wer für David und Joab ist, soll Joab folgen!«, rief einer von Joabs Hauptmännern.
Doch die Soldaten konnten die Augen nicht von Amasas Leichnam abwenden. Alles war so schnell gegangen, es war ein Albtraum.

Drei Männer wurden beauftragt, Amasas Leichnam in einen Mantel zu wickeln. Sie trugen ihn ein Stück abseits der Straße, um ihn eilig zu begraben.
»Folgt mir!«, rief Joab Amasas Soldaten und den Angehörigen des Stammes Juda zu. »Jetzt verfolgen wir Scheba ben Bichri, den anderen Verräter.«
Die Jagd auf Böse hat eine unwiderstehliche Wirkung. Und die Entschlossenheit eines Anführers ist für seine Männer wie eine Droge. Alle liefen den Hügel hinunter und schlossen sich Abischais Truppen an; Amasa war vergessen, so wie Abner. So wie alle, denen eine andere Auffassung von Ehre einen Schwertstoß eingebracht hatte.

21

Der Kopf eines Mannes

Joab schickte Kundschafter in alle Richtungen mit dem Befehl, innerhalb von sechs Tagen Bericht zu erstatten. Er erwartete sie in Gibeon.

»Ihr müsst die Spur dieses Schurken Scheba ben Bichri finden«, schärfte er ihnen ein.

Joab lagerte in Gibeon mit dreitausend Mann, und als David ihm eine Nachricht schickte, in der er ihm vorwarf, Amasa umgebracht zu haben, und ihm befahl, nach Jerusalem zurückzukehren, kümmerte er sich nicht darum.

»Sag dem König, dass ich nicht nach Jerusalem zurückkehre, denn es wäre um seine Krone geschehen, wenn ich das täte«, antwortete er dem Boten. Um am Abend, bei dem einfachen Mahl, das er mit Abischai, Benaja, Elhanan, Ittai, Jonathan, dem Sohn Schammas des Harariters, und einigen anderen Tapferen, die er mitgenommen hatte, teilte, brach es aus ihm heraus. »Jetzt reicht es mit diesem Gejammer über die Verräter, mit denen ich aufgeräumt habe! Das Königreich ist größer als David, und wenn er das nicht weiß, so weiß es doch ich!«

David in Jerusalem schluckte seinen Zorn hinunter, oder vielmehr waren es seine Frauen, die ihn diesen Zorn hinunterschlucken ließen – Abigail, Maacha, Bathseba, Haggit, Elga und all die anderen, die um ihre Söhne zitterten. Zusammen kamen sie zu ihm und richteten eine ernste Ermahnung an ihn, die Abigail als ihre Sprecherin vortrug. »Dein einziger Schutz gegen ein neues Exil ist dein Heerführer Joab. Leugne noch einmal seine Autorität ab, und deine Söhne werden sich gegen dich auflehnen oder durch das Schwert umkommen, sei es durch das der Juden oder durch das der Philister!«

Es war ein gut gewähltes Argument. Die Vorstellung, dass einer seiner Söhne, Adonija, Salomon oder ein anderer dasselbe Schicksal erleiden sollte wie Absalom, entsetzte David. Er hob die Arme gen Himmel, flehte den Herrn an, ihm diese Prüfung zu ersparen, und stimmte allem zu, was die Frauen forderten. Seit seiner Rückkehr nach Jerusalem war er öfter mit Frauen als mit Männern zusammen, nicht um der fleischlichen Liebe willen, denn dafür war die Zeit fast vorbei, sondern weil sie ihm besseren Rat erteilten als viele Männer. Seit jeher waren sie ihm gefolgt, während die Männer um ihn eher von Eitelkeit oder Rachsucht angetrieben waren, nicht von Zuneigung zu seiner Person. So war er gezwungen gewesen, seinen Kummer und seine Gewissensbisse zu verschweigen.

Einer nach dem anderen kamen die Kundschafter mit verschiedenen, aber doch übereinstimmenden Nachrichten nach Gibeon zurück. Dieser Scheba war wie ein Frettchen, überall zugleich. Er hatte die Runde bei den Stämmen des Nordens und des Südens gemacht, und im Augenblick befand er sich in der befestigten Stadt Abel-Bet-Maacha in Galiläa, an den Quellen des Jordans. Er hatte eine kleine Truppe um sich gesammelt, deren Kern aus der Sippe Bichri bestand, und rechnete damit, sie binnen kurzer Zeit zu vergrößern.

»Wir reiten dorthin«, erklärte Joab, »bevor der König entscheidet, auch ihn zu verschonen.«
Sie kamen am Fuß der Stadtmauer an, die mindestens zwanzig Ellen hoch war und sicher vier Ellen dick. Joab schlug in aller Ruhe sein Lager vor der Stadt auf und ließ Bäume fällen und die Stämme behauen, um eine Rampe zu den Mauerspitzen zu bauen. Zugleich ließ er Gräben ausheben, um die Mauern zu unterminieren. Die Bewohner ängstigten sich sehr, da sie nicht wussten, welchem Ziel diese Vorbereitungen dienten. Sie kannten ihre Belagerer nicht und schickten einen Boten, um zu erfahren, worum es ging.
»Sag deinen Mitbürgern nur, dass ich Joab bin, Davids Heerführer, des Königs über Israel und Juda, und dass ich mich bereitmache, diese Stadt zu erstürmen.«
Voller Schrecken kehrte der Gesandte zurück. Kurz darauf erschien eine alte Frau auf den Mauern und winkte mit den Armen.
»Sieh nach, was sie will«, befahl Joab einem Soldaten.
»Sie will mit dir sprechen«, sagte der Soldat, als er zurückkam.
Joab dachte einen Augenblick nach, dann trat er unter die Mauern und hob den Kopf.
»Bist du Joab?«, rief die Frau.
»Das bin ich.«
»Dann höre, was ich zu sagen habe.«
Er war darauf gefasst, dass unversehens Bogenschützen auftauchen würden, um ihn mit Pfeilen zu durchbohren, und hatte seine Truppen angewiesen, mit dieser Möglichkeit zu rechnen und im schlimmsten Fall seinem Bruder Abischai den Befehl zu übertragen. Doch die Frau sagte: »Meine Stadt ist die friedlichste und

treueste in Israel. Sie ist wie die Amme dieses Volkes, warum willst du sie zerstören?«

»Gott bewahre mich!«, rief Joab aus vollem Halse. »Ich will deine Stadt nicht zerstören. Aber ein Mann namens Scheba ben Bichri befindet sich dort, ein Benjaminit aus dem Land Ephraim, der einen Aufstand gegen König David angezettelt hat. Liefert mir diesen Mann aus, und ich hebe die Belagerung auf.«

»Wir schicken dir seinen Kopf!«, rief die Alte zurück.

Joab kehrte um.

Die Dauer einer großen Sanduhr später erschien die Frau erneut auf der Mauer und winkte. Joab schickte einen Soldaten. Mit aller Kraft warf die Frau ein Bündel, größer als eine Melone, in einem blutigen Tuch herunter. Das Bündel fiel zu Füßen des Soldaten, der es aufhob und Joab brachte: Es war Schebas Kopf. Die anderen Generäle und Soldaten umringten ihn, um dieses unheimliche Ding zu sehen. Joab ließ den Kopf in einen Sack stecken und verkündete, dass er die Belagerung aufhebe.

»So erstickt man einen Aufstand«, erklärte er beim Abendessen.

David, der den Kopf seines Feindes nicht einmal sehen wollte, war entsetzt über die Geschichte. »Als ich einst Goliath den Kopf abgetrennt habe«, sagte er, »habe ich nicht geahnt, dass ich mit einer Sammlung anfing!«

22
Der Rat der Matronen

Diebe sagen gerne, nur ein gestohlenes Huhn schmecke gut. Feinschmecker und ehrliche Leute widersprechen einer solchen Behauptung, doch sie wird oft von jenen bestätigt, die es nicht nötig haben, Federvieh zu stehlen.

David, der eines Abends gegen Ende des Winters in einem Dämmerzustand vor dem Kohlebecken kauerte, die drei Teraphim an die Wand seines Zimmers gelehnt, dachte an eine Dienerin Bathsebas, die ihm aufgefallen war. Der Ausschnitt ihres Kleides ließ einen kleinen, festen Busen ahnen, und die geschmeidige Wade den übrigen Körper. In anderen Zeiten hätte er sie zu seiner Nebenfrau gemacht. Nun begnügte er sich damit, an sie zu denken.

»Das Alter ...«, sagte er sich in falscher Gleichmütigkeit. Er wurde bald sechzig. Viele Monde waren vergangen, seit David zum letzten Mal eine Rüstung angelegt hatte. Bei einer Schlacht gegen die Philister war das gewesen. Es schien, als hätte man sich seit dem ersten Morgen der Welt mit ihnen geschlagen und als würde der letzte Abend der Welt über einem Krieg gegen die Philister hereinbrechen. David hatte daran teilnehmen wollen. Es war ihm schwindlig geworden, und er fiel. Als er die Augen wieder öffnete, zog ihn ein riesiger Philister an den Achseln. Gefangen! Es herrschte ungewöhnlicher Lärm, doch im folgenden Augenblick sah er Abischai, der sich auf den Philister stürzte und ihm mit dem Schwert einen Stoß versetzte. David, von seinem Angreifer losgelassen, fiel erneut zu Boden. Ein von Benaja angeführter Trupp kam herbei und stellte ihn wieder auf die Beine. Man brachte ihn nach hinten, gab ihm zu trinken und setzte ihn hin. Er war nicht verwundet, kaum ein paar oberflächliche Schrammen.

Doch die Wunde, die ihm geblieben war, ließ sich nicht mehr heilen. Er wusste, von nun an war er zu alt, um zu kämpfen.

»Keine Kriege mehr!«, hatte Joab ihm befohlen. »Wir wollen nicht, dass Israels Licht erlöscht!«

Als er von Benaja nach Jerusalem zurückgebracht wurde, schrien seine zehn Frauen, die er den »Rat der Matronen« nannte, laut auf. Keine Kriege mehr, niemals! Er sollte von seinem Palast aus regieren!

Das Alter, ja.

Doch was die Frauen betraf, überzeugte ihn das Argument nur zur Hälfte. Einst, als er die Hirtentöchter in Bethlehem begehrt hatte, war er vorgegangen wie ein Wilddieb. Er hatte sie begehrt, weil sie verboten waren. Er hatte Merab und Michal begehrt, weil sie die Töchter des Königs waren, ebenso wie er sich von Jonathan hatte begehren lassen, weil dieser der Sohn des Königs und daher unerreichbar war.

Nun war jedoch keine Frau mehr unerreichbar. Hätte er Bathseba aufgefordert, ihm ihre Dienerin zu schicken, hätte sie das sofort getan, entzückt darüber, ihrem Gatten eine Lust zu bereiten, aus der sie sich nun nichts mehr machte, doch die in ihm die Flamme des Lebens erhielt. Er konnte nicht mehr wildern, alles wurde ihm geboten. Vielleicht hatte er ja Bathseba auch nur deshalb begehrt, weil sie verboten war.

Letztendlich, sagte er sich, hatte ihm das Königtum die Freude am Leben genommen. Er hatte das einst geahnt, aber nicht erwartet: König zu sein heißt, Priester zu sein. Ein König gehört sich selbst nicht mehr. Der Saft seiner Lenden gehört nicht mehr ihm, sondern seinem Volk; jeder Geschlechtsakt war nun priesterlich. Er müsste auf sein Königtum verzichten, damit sein Samen, seine Lust, seine direkte Verbindung mit dem Leib einer Frau wieder ihm gehörten. Er könnte fordern, dass man ihm die namenlose Dienerin schickte. Sie wäre nicht mit einem Mann zusammen, nein, mit dem König. Selbst hinter den undurchdringlichsten Mauern, wenn er die Beine dieses Mädchens spreizte und in sie eindränge, die Hände unter ihrem Hintern, würden zehn Frauen und zwanzig Dienerinnen sich sagen: »In diesem Augenblick besitzt der König die Dienerin.« Und wenn sie wieder in die Quartiere der Diener zurückkam, würde man sie mit komplizenhaften Blicken beobachten und Vermutungen über den Monatszyklus der neuen Favoritin anstellen. Seit einiger Zeit hatte der König seine geschlechtlichen Beziehungen deutlich eingeschränkt. Eine neue Schwangerschaft in den Frauengemächern wäre daher ein Ereignis.
Diese Vorstellungen konnten die Sinnenlust eines Mannes vielleicht ersticken, aber dennoch, David liebte die Frauen! Er liebte ihre geschmeidigen Körper, selbst wenn sie im Laufe der Jahre schlaff geworden waren, selbst wenn die Brüste hingen, selbst wenn der Bauch nicht mehr fest war und das Kinn nachgab ... Mütter, Schwestern, Gattinnen, Geliebte, Nebenfrauen – sie trösteten, sie waren die offene Tür zur Heiterkeit des Säuglings. Doch sie konnten ihm nicht seine Freiheit zurückgeben. Eifersüchtig wachten die zehn Frauen

darüber, dass sein Thron nicht gestürzt wurde. Sie achteten auf jede Gelegenheit, seine Wünsche zu befriedigen, und sei es durch andere Frauen, da sie selbst nicht mehr begehrenswert waren. So war er von einem Kreis von Matronen umgeben, von ergebenen, ehrlichen und liebenden Kupplerinnen, die ihm doch nicht mehr die Lust am gestohlenen Hühnchen wiedergeben konnten. Ebenso sorgfältig wie Ephraim, der mit dem Finger die Temperatur des königlichen Bades prüfte, wachten sie darüber, dass die Kerze der königlichen Lust nie ausging, denn jeder weiß, dass Lust am Leben hält, und ihre Leben hingen von seinem ab. Doch nicht auf dieser Flamme ließ er das gestohlene Federvieh braten – diese Freiheit genoss er nicht mehr.
Um die Wahrheit zu sagen, diese Freiheit hatte er verloren, als der alte Samuel ihn vor den Ältesten gesalbt hatte. Damals war er gezwungen worden, Krieg gegen Saul zu führen, weil Saul Krieg gewollt hatte. Bis dahin hatte er zufrieden in Gibea gelebt, auf der Lyra gespielt, und war aufgeregt gewesen bei dem Gedanken, Krieg gegen die Philister zu führen, so wie andere Knaben Vögel fingen. Er war eingehüllt gewesen von Jonathans Zärtlichkeit, von der Ergebenheit der Soldaten und von den Mädchen, die sich so leicht hatten erobern lassen, die wie Wachteln in seine Netze fielen. Aber Samuel hatte ihn zum König ernannt, und er hatte König sein müssen.

Als in einem anderen Jahr eine Hungersnot ausbrach und jeder sich fragte, warum der Regen ausblieb und die Felder verdorrten, während die Insekten sich vermehrten und Gerste, Linsen, Salat und Früchte verzehrten, die für die Menschen bestimmt waren, hatte David Nathan befragt, und dieser die Teraphim.

»Es ist eine Blutschuld im Land«, hatte Nathan geantwortet. »Die Blutschuld Sauls, der die Gibeoniter getötet hat. Der Herr hat ihnen das Versprechen gegeben, sie zu schützen. Saul hat das Versprechen des Herrn nicht beachtet.«

David schloss die Augen. »Aber das ist lange her. Wird der Herr bis in alle Ewigkeit wegen alter Schulden grollen? Hat das Haus Sauls noch nicht genug für seine Schuld bezahlt?«

»Du hast mich nach dem Grund für die Hungersnot gefragt. Ich habe ihn dir genannt, mein König. Mehr kann ich dir nicht sagen.«

David hatte die Gibeoniter zusammengerufen und sie gefragt, ob sie immer noch aufgrund einer Schuld des früheren Königs Groll gegen den Thron hegten. Und so war es. Um die Schuld zu begleichen, wollten sie weder Gold noch Silber noch Kupfer, sondern das Leben der letzten Nachkommen Sauls. Sie zählten sie auf: Armoni und Merib-Baal, die beiden Söhne Rispas, Sauls Nebenfrau, und die fünf anderen, die Merab ihrem Gatten Adirël, dem Sohn Barsillais, geboren hatte. Es zerriss David das Herz, als er Kimham rief, den Barsillai ihm anvertraut hatte, und ihm sagen musste: »Der Prophet Nathan erklärt, um die Schuld, die der Grund für die Hungersnot in diesem Land ist, zu tilgen, müsse man die Letzten aus dem Hause Saul vernichten.« Kimham hatte den Kopf in den Händen geborgen, er wusste, was das bedeutete.

»Es ist nicht an mir, ein Urteil zu sprechen, es ist nicht an mir, es auszuführen, und es ist nicht an mir zu bestreiten, was der Prophet sagt«, hatte Kimham geantwortet. »Doch wenn meine Neffen geopfert werden müssen, ist es, als würden meine Söhne geopfert.« Und

er hatte seine Kleider zerrissen und sein Haupt mit Asche bestreut.
David hatte die sieben Nachkommen Sauls festnehmen und an die Gibeoniter ausliefern lassen, wobei er sie ermahnte, dass der Herr es nicht verbot, Milde walten zu lassen.
»Wer bist du, dass du anfechten willst, was eure Teraphim sagen?«, hatten sie geantwortet. »Gib uns besser Jonathans Sohn, der unter deinem Dach lebt.«
»Ich habe geschworen, ihn zu beschützen«, erwiderte David. »Ihr sollt ihm kein Haar krümmen.«
Aber mit der Grausamkeit all jener, die glauben, nur Blut wasche Blut ab, hatten die Gibeoniter die sieben Unglücklichen von einem Felsen gestürzt. Rispa, die Mutter von zweien, war zu den Leichnamen gegangen und hatte Tag und Nacht über sie gewacht, damit nicht wilde Tiere und Raubvögel sich über sie hermachten.
Es war Beginn der Erntezeit. Die Ernte war gut, weil der Herr wieder geneigt war, die Gebete für das Königreich zu erhören, erklärte Nathan. Aber David war monatelang in abscheulicher Stimmung.

Als König hatte er hassen und töten müssen. Jene töten oder töten lassen, mit denen er Brot und Salz geteilt hatte, so wie Abner, Jischwi und Amasa. Und ihre Kinder und Enkel, wie Merabs fünf Söhne! Fleisch von seinem Fleische hatte er töten lassen müssen, so wie Amnon, so wie Absalom. Man musste den faden Geruch von Blut mögen und in Erwartung seiner Rache mit den Zähnen knirschen. Man musste auf Vergebung verzichten, denn ein König durfte nicht vergeben.
»Ich bin nicht David«, murmelte er.

Er hob den Kopf und sah nur das Kohlebecken und die drei Teraphim, die ihn streng anblickten.
»Ich bin nur euer Spielzeug!«, sagte er zu ihnen.
Er hatte nur dazu gedient, den Plan des Herrn zu erfüllen, dem sie als Vermittler dienten: das Volk Israel zu schaffen. Er, David, hatte gedacht, er liebe eine Frau, stattdessen hatte er nur Thronfolger in die Welt gesetzt!
»Ich bin nur sein Diener, nicht wahr?«
Eine innere Stimme sagte ihm: »Du hast nur durch ihn, den Herrn, existiert.«
Einst hatte er gesungen:

»Auf dich, Herr, mein Gott, traue ich!
Hilf mir vor allen meinen Verfolgern
und errette mich,
dass sie nicht wie Löwen mich packen und zerreißen,
weil kein Retter da ist ...«

Wo wäre er ohne den Herrn, was wäre er heute? Ein paar gebleichte Knochen in einer Höhle. Der Herr hatte ihn geleitet, damit er das Volk Israel und Juda zusammenschmiedete. Er, David, hatte sein Leben daran gegeben, und niemand dankte es ihm. Die Generäle warfen ihm vor, dass er zu gutmütig war! David seufzte. Der Herr im Himmel führte ihn, und auf der Erde wurde er durch den Rat der Matronen geführt.
Und selbst wenn er an die Brüste einer Dienerin dachte, so dachte er letztendlich doch wieder an Gott!

23

Der Tag der drei Könige

Das Schlimmste war die Kälte. Sie durchdrang die Gelenke und machte sie steif. Sie begann an den Füßen und stieg hinauf bis zum Gesäß, sie fraß sich von den Händen hinauf bis zu den Schultern. Man nähte ihm Hosen, die bis zu den Knöcheln reichten, und er trug die ganze Zeit Stiefel aus weichem Lammleder mit dem Fell innen. Außerdem ließ man ein riesiges Kohlebecken in seinem Zimmer aufstellen, auf dem man ein Lamm hätte braten können, und das stets voller Glut war. Felle und Wandbehänge sollten verhindern, dass Feuchtigkeit durch die Mauern drang.

Der Rat der Matronen meinte dann, eine Jungfrau halte noch wärmer als ein Kohlebecken. Jungfrauen machen Männer fiebrig, und eine Jungfrau würde wenigstens das Bett des Königs wärmen. Der alte Ephraim, der treue Höfling, der David seit so vielen Jahren gedient hatte und ihm ins Exil gefolgt war, hatte den Horizont überschritten, und seine Seele ruhte bei den Gerechten. Man hatte ihn durch junge und kräftige Männer ersetzt; es ging um die höchste Behaglichkeit für einen Greis.

»Sie wird sich um dich kümmern«, sagten Maacha und Bathseba, die selbst steif vom Rheumatismus waren. »Und nachts wird sie dafür sorgen, dass dir nie kalt ist.«

Er nickte. Der Rat der Matronen schickte Kundschafter ins ganze Königreich, um eine schöne und kluge Jungfrau zu finden, die den König wärmen sollte. Mehrere

brachte man nach Jerusalem; ausgewählt wurde dann eine Schönheit aus dem Dorf Schunem am Fuß des Hügels More in Galiläa. Sie hieß Abischag.
Sie blieb Jungfrau.
Israel wurde zu der Zeit weit mehr durch die Verwaltung als durch königlichen Willen regiert. Und das Unglück geschah. Adonija, nach Amnons und Absaloms Tod der Erste in der Thronfolge, beschloss, sich vor der Zeit zu bedienen. Adonija hatte aus dem Beispiel Absaloms offensichtlich nichts gelernt. Seine Schönheit, denn er war groß und schön mit einem schamlosen Mädchengesicht, berauschte ihn, wenn sie ihm aus den polierten Bronzespiegeln entgegenblickte. Sein Titel als Thronerbe stieg ihm in den Kopf wie die Dämpfe des Hanfs, den man in den Kohlebecken verbrennen ließ. Sein Geschick würde die Welt in ein Paradies verwandeln, in dem man nur die Hände auszustrecken brauchte, um die Früchte zu ergreifen. Und wie Absalom fuhr er auf einem Wagen durch das Land, vor dem fünfzig Kundschafter zu Pferde ritten und dem ebenso viele Höflinge folgten. Adonija war wie eine Fackel, ein Banner im Wind, die ruhmreiche Vision eines Engels!
Schon eine ganze Weile hatte die Sache vor sich hin geköchelt, doch sie kam so plötzlich zum Ausbruch, dass Jerusalem und David völlig bestürzt waren.
Eines Sonntags, Schlag Mittag, kamen Boten und verkündeten außer Atem, Adonija habe beim Heiligtum Sohelet, neben der Quelle Rogel, ganz in Jerusalems Nähe also, ein außergewöhnlich großes Opfer von Schafen, Kälbern und Rindern dargebracht und danach ein beispielloses Fest gegeben. Hundert Leute! Unter den Gästen seien seine Brüder, die kleinen Prinzen, Joab, der Heerführer, mehrere Hauptmänner, Abjatar und andere

Priester gewesen ... Und der Gipfel des Ganzen, er hatte sich als König über Israel ausrufen lassen!
Einer der Boten kam zu Nathan.
»Hast du alle Gäste gesehen?«, fragte Nathan.
»Ja, ich habe sie gesehen, jeden Einzelnen.«
»War auch Zadok da?«
»Nein, der große Priester Zadok war nicht da. Nur Abjatar. Er hat Adonija gesalbt.«
»Und Benaja, der Anführer der Leibwache?«
»Auch nicht.«
»Und die Helden Reï und Schimi?«
»Nein, ich habe sie nicht gesehen. Auch Ittai war nicht da.«
»Aber alle Söhne des Königs waren da?«
»Nein, Salomon war nicht da.«
Nathan hüllte sich in einen weiten Mantel und begab sich zum Palast. Er ließ Bathseba durch einen Diener sagen, dass er sie im Garten erwarte. Innerhalb der Mauern der Königsstadt war ein Obstgarten, bepflanzt mit Aprikosenbäumen. Bathseba kam sofort, auf einen Stock gestützt. Von Nathan gerufen zu werden, war etwas Außergewöhnliches.
»Weshalb treffen wir uns so abseits?«, fragte sie beunruhigt.
»Weil wir nicht wissen, welche Ohren uns hören können. Adonija hat sich heute am Stein von Sohelet zum König ausrufen lassen.«
Sie presste die Hand auf ihr Herz.
»Dein Sohn Salomon war nicht dort. Hatte man ihn eingeladen?«
»Das hätte er mir gesagt!«, rief sie. »Salomon hätte nicht ... Er ist es, der ...«
»Er soll Davids Willen nach König werden, nicht

wahr?«, beendete Nathan ihren Satz. »David weiß also nichts von dieser Krönung?«

»Sicher nicht … Ich meine, ich glaube es nicht …« Sie legte ihre Hand auf die des Alten.

»Höre«, fuhr dieser fort, »wir dürfen keine Zeit verlieren. Morgen oder noch an diesem Abend wird Adonija nach Jerusalem zurückkehren. Für deine und Salomons Sicherheit rate ich dir, sofort zu David zu gehen und ihn zu fragen, ob er sein Versprechen, Salomon zum Thronfolger zu ernennen, zurückgezogen hat und warum Adonija sich zum König ernannt hat. Dann werde ich ins Zimmer kommen und David alles erzählen.«

Einen Augenblick später klopfte Bathseba an die Tür von Davids Gemächern. Abischag öffnete ihr und ließ sie eintreten. David war nur noch ein Bündel von Mänteln auf einem niedrigen Diwan, aus dem ein weißer Bart herauslugte.

»Was ist los?«, fragte er, als Bathseba sich zu seinen Füßen niederwarf.

»Mein König, hast du mir nicht vor dem Herrn geschworen, dass dein Sohn Salomon dir auf dem Thron nachfolgen solle? Warum hat sich dann Adonija heute zum König erklärt? Er hat eine große Zahl von Schafen, Kälbern und Rindern opfern lassen, er hat all deine Söhne zu seinem Fest eingeladen, nur nicht Salomon. Er hat Joab, den Heerführer, eingeladen, und Abjatar, den Hohepriester, und noch hundert andere Leute!« Sie keuchte. »Das bedeutet, mein König, dass ich und mein Sohn Salomon wie Verbrecher behandelt werden, wenn du eingegangen sein wirst zu deinen Vorfahren!«

David richtete sich auf. »Adonija hat sich zum König erklärt?«

»Mein König, käme ich zu dir, um dir Lügen zu erzählen?«
Es klopfte an der Tür, und Abischag öffnete erneut. Sie murmelte David etwas ins Ohr, der darauf Bathseba befahl, zurück in ihr Gemach zu gehen und zu warten, bis er sie wieder rief. An der Tür begegnete sie Nathan. Der Prophet näherte sich bedächtigen Schrittes, und als er Davids zorniges Gesicht sah, mühte er sich sehr ab und verbeugte sich so tief wie möglich vor dem König; nur mit Hilfe Abischags konnte er sich wieder erheben.
»Mein König, ich nehme an, deine Hoheit hat beschlossen, dass Adonija dir nachfolgen und auf deinem Thron sitzen soll«, begann er mit zittriger Stimme. »Denn er hat heute eine große Zahl von Schafen, Kälbern und Rindern geopfert und ein großes Fest gegeben, an dem die Söhne deiner Hoheit, Joab, dein Heerführer, und Abjatar teilgenommen haben. Und dann fingen sie an zu rufen: ›Es lebe König Adonija!‹ Ich glaube, sie rufen es immer noch, denn das Fest ist noch nicht zu Ende. Aber weder ich noch der Hohepriester Zadok, noch Benaja, der Kommandant deiner königlichen Leibwache, noch dein Sohn Salomon waren eingeladen.« Nathan betrachtete Davids finsteres Gesicht. »Wurde das alles auf Geheiß deiner Hoheit veranstaltet? Und gibt es einen Grund, warum uns, deinen Dienern, nicht mitgeteilt wurde, wer dir auf deinem Thron folgen soll?«
David schwieg eine Weile. Diesem Joab war jeder perfide Angriff zuzutrauen, aber Abjatar? Wie konnte er sich in diese Thronräuberei einspannen lassen?
»Das habe nicht ich veranlasst«, erklärte er schließlich mit erstickter Stimme. »Lass Bathseba rufen«, sagte er zu Abischag.
Diese war nicht weit. »Hör gut zu, was ich dir sage,

Bathseba«, begann David. Und an Nathan gewandt: »Hör gut zu, was ich ihr sage, Nathan. So wahr es Gott gibt, ihn, der mich erlöst hat aus aller Not, ich habe vor dem Herrn und Gott Israels den Schwur getan, dass Salomon mir auf meinen Thron folgen soll, und heute will ich diesem Schwur folgen.«
Bathseba warf sich David erneut zu Füßen. Sie war tränenüberströmt, als sie sich erhob. »Mein König David möge lange leben«, stammelte sie, konnte aber ihr Schluchzen nicht zurückhalten. David bat Abischag, den Priester Zadok und Benaja, den Kommandanten seiner Leibwache, zu rufen.
»Nehmt die Offiziere der königlichen Wache mit euch«, befahl er. »Holt Salomon, setzt ihn auf mein Maultier und führt ihn nach Gihon. Dort sollen Zadok und Nathan ihn zum König über ganz Israel salben. Darauf sollen die Posaunen erschallen, und man soll rufen: ›Es lebe König Salomon!‹ Die Priester und die königliche Leibwache sollen ihn dann bis hierher zum Palast führen.« David schwieg einen Moment. »Dann«, fuhr er langsam fort, »wird er an meiner Stelle herrschen, denn ihn habe ich als König über Israel und Juda bestimmt.«
Mit einer Geste verabschiedete er sie. Abischag erhob sich. Zadok, Benaja und Bathseba warfen sich dem König zu Füßen, murmelten Wünsche zu einem langen Leben und seiner Größe, dann öffnete Abischag die Tür, und sie gingen hinaus.
Vollkommenes Schweigen herrschte im Zimmer. Abischag setzte sich zu Davids Füßen und versank in tiefe Nachdenklichkeit.
Die kleine Eskorte lief klappernd über die Steinfliesen der verlassenen Gänge des Palastes bis zu Salomons Gemächern. Zwei Sklaven, die vor der Tür das Knöchel-

chenspiel spielten, hoben den Kopf, unterbrachen ihre Partie und standen auf, um zu öffnen. Bathseba trat als Erste ein. Salomon blickte auf und sah die drei Besucher überrascht an. Er war dabei, eine Papyrusrolle zu lesen. Die ernste Miene seiner Mutter beunruhigte ihn, und das schmale, dunkle Gesicht des jungen Mannes verdüsterte sich. Er stand auf.

»Mein Vater …?«, murmelte er.

»Deinem Vater, dem König, geht es gut, mein Prinz«, sagte Benaja. »Wir sind auf seinen ausdrücklichen Befehl gekommen, um dich heute zum König zu krönen.«

Salomon sah mit tränenfeuchten Augen zu seiner Mutter. Sie nickte, und er stürzte zu ihr.

»Aber ich bin noch nicht bereit«, sagte er und strich mit der Hand sein dichtes, dunkles Haar glatt, das ihm über die Stirn fiel und ihn manchmal Absalom ähneln ließ.

»Es ist keine Zeit zu verlieren, mein Prinz«, drängte Zadok. »Nimm deinen Mantel und folge uns.«

Benaja befahl den beiden Sklaven, sofort einen Purpurmantel des Königs zu holen und damit in den Hof zu kommen. Sie liefen los, und er ging zu den anderen in den Hof.

»Wo sind meine Brüder?«, fragte Salomon. »Warum sind sie nicht bei euch?«

Doch seine Mutter und Zadok waren schon unterwegs zum Tor. »Deine Brüder sind bei der Krönung Adonijas, gegen den Willen deines Vaters.«

Salomon riss verblüfft den Mund auf, doch Zadok zog ihn mit.

Die königliche Leibgarde versammelte sich unten, man sattelte die Pferde und brachte Davids Maultier und eine Eselin für Bathseba. Die beiden Sklaven liefen herbei, den Purpurmantel über ihren kahl geschorenen

Köpfen tragend. Posaunen erklangen. Neugierige Gesichter tauchten überall auf. Im Hof hallte es wider von Befehlen und Gewieher. Als Zadok im Sattel saß, nahm er das Horn mit dem heiligen Öl, das er aus dem Zelt der Bundeslade geholt hatte. Drei Priester folgten ihm. Schließlich setzte sich der Zug in Bewegung, die Pferde der zweihundert Mann starken Garde gaben mit ihrem Hufklang den Rhythmus an. Unter den neugierigen Blicken der Bewohner erreichten sie das Tor des Tales und entfernten sich nach Osten.
Zadok lächelte in seinen Bart: Gihon, wo Salomon nach Davids Befehl gesalbt werden sollte, war weniger als tausend Ellen von der Quelle Rogel entfernt, wo Adonija Hof hielt. Als sie ankamen, stieg der Rauch der Opfer noch zum Himmel und man sah die Reittiere der Gäste, die unter einer Baumgruppe festgebunden waren.
Opfer und Salbung in Gihon dauerten weniger als die Zeit einer kleinen Sanduhr. Eine kleine Menschenmenge hatte sich dort versammelt, die sich bei der Leibgarde erkundigte, welche Feier denn zugange sei.
»Wir haben nicht die Zeit, hier eine Mahlzeit zu uns zu nehmen, wir werden es in Jerusalem tun«, erklärte Salomon. »Lasst die Posaunen erschallen, bis ich euch Zeichen gebe aufzuhören.« Er hob den Arm.
Sofort erfüllte höllischer Lärm die Luft: Hundert Posaunen der königlichen Leibwache erschollen. Bathseba hielt sich die Ohren zu. Zu den Posaunen gesellten sich Sistren. Salomon suchte mit den Augen den Horizont ab. Und es geschah, was er erwartet hatte. Die Gäste Adonijas hörten die Posaunen und schickten ihre Diener, die sich nach den Gründen für diesen Lärm erkundigen sollten. Eilig kamen die Diener herbei. Salomon senkte den Arm.

»Es lebe König Salomon!«, rief die Leibwache immer wieder, bis Salomon Befehl gab, sich auf den Weg nach Jerusalem zu machen. Adonijas Diener stürzten in die entgegengesetzte Richtung. Entlang der Straße, die das Gefolge nach Jerusalem brachte, versammelten sich die Menschen, die dort in den Außenbezirken lebten. Man ernannte einen König! Es würde Festlichkeiten geben. Die Posaunen versetzten die Jungen in Aufregung und weckten die Alten auf. Die Gaffer klatschten rhythmisch in die Hände und schlossen sich dem Zug an. In der Stadt erreichte der Radau seinen Höhepunkt. »Es lebe König Salomon!« Die Menschen beugten sich aus den Fenstern, um den neuen König vorbeireiten zu sehen. Die Frauen fanden ihn schön und riefen ihre Begeisterung hinaus, und die Männer waren zufrieden mit einem König, der eine so stolze Haltung hatte.

In der Zwischenzeit hatte sich Adonijas Fest aufgelöst, als Jonathan, Abjatars Sohn, hinzukam. Joabs Gesicht wechselte die Farbe, und der alte Abjatar bedeckte sich das Haupt. »Der Zorn des Königs wird auf uns herabfahren!«, rief er. Die erschrockenen jungen Prinzen liefen zu ihren Reittieren und nahmen Reißaus, als sei der Teufel hinter ihnen her. Adonija selbst fühlte sich nicht wohl in seiner Haut; er stürzte zum Altar und ergriff ihn an beiden Hörnern, um sich unter den Schutz des Herrn zu stellen.

Das Gefolge Salomons zog durch die Tore der Königsstadt, während Musikkapellen, auf Befehl Benajas eilig herbeigebracht, den Lärm noch vermehrten. Salomon saß ab, die Diener eilten herbei, Zadok, Nathan, Benaja und die erschöpfte Bathseba stiegen zu Davids Gemächern hinauf. Abischag, die sich für diese Gelegenheit in ein besticktes Kleid und einen Mantel gehüllt hatte, öffnete ihnen die Tür.

»Er erwartet euch«, sagte sie.

Und wirklich, das gesamte Königshaus und jene der dreißig Helden, die noch lebten, waren da. Auch Adoram, zuständig für Steuern und Fronarbeit, Joschafat, der Kanzler, Schewa, der Schreiber, Ira der Jaïriter, einer der höchsten Priester des Tempels ... Abischag hatte David in einen fuchspelzgefütterten Mantel, jedoch ohne Purpurfärbung, gekleidet.

»Herr, deine Befehle sind ausgeführt worden«, erklärte Benaja feierlich.

Salomon warf sich dem König zu Füßen. David legte ihm die Hand auf die Stirn.

»Steh auf, mein König«, sagte David, so laut er konnte. Mit Benajas Hilfe erhob er sich selbst und nahm Salomons Hand. »Setz dich«, sagte er. Auf der Estrade stehend, wandte er sich an die Zuschauer: »Hier ist von nun an euer König. Möge die Furcht vor dem Herrn ihm Weisheit eingeben. Möge der Herr immer seine Gebete erhören. Möge das Königreich Israel und Juda unter seinem Szepter gedeihen.« Dann wandte er sich an Salomon. »Gott segne dich, mein König. Wenn du gerecht bist, wird es dir nie an Nachkommen mangeln.«

Alles klatschte laut. Mit Benajas Hilfe stieg David von der Estrade, und zum ersten Mal seit langer Zeit lächelte er.

Der Tag war für alle hart gewesen; in der folgenden Zeit nannte man ihn den ›Tag der drei Könige‹. Nachdem David sich ein wenig ausgeruht hatte, ließ er die Prinzen rufen, die nacheinander mit angstverzerrten Gesichtern kamen: Schefatja, Jitream, Schammua, Schobab, Jihar, Elischua, Nefeg, Jafia, Eljada, Nogah, Elifelet, Elischama ... Er stellte sie Salomon gegenüber, dem er befohlen hatte, ihnen zu vergeben.

»Wo ist euer König Adonija?«, fragte Salomon spöttisch.

»Adonija ist nicht unser König«, antwortete Schefatja. »Er will nicht nach Jerusalem kommen, da er Angst vor dir hat. Er klammert sich an den Altar bei der Quelle Rogel und wird nicht von dort fortgehen, bis du ihm geschworen hast, dass du ihn nicht durch das Schwert umkommen lässt.«

»Ich werde ihm kein Haar krümmen, wenn er mir zeigt, dass er ein gerechter Mann von Ehre ist. Aber wenn er sich erneut als Ränkeschmied betätigt, wird sein Kopf fallen! Teilt ihm das mit.«

Auf den Aprikosenbäumen des königlichen Obstgartens sprossen frische Knospen. Der Frühling kündigte sich durch herbe Frische und wechselhaftes Wetter an.

In dieser Nacht hatte David einen Traum: Er war ein Baum, aus dem neue Zweige trieben.

24
Abschied von der Lyra

In seinem Inneren spielte eine Lyra.
Seine Finger waren zu steif, um die Saiten des Instruments, das neben seinem Bett lag, zu zupfen. Seine Stimme war heiser geworden und vor Kummer gebrochen. Der Tod anderer hatte ihn seiner Stimme beraubt, bevor er selbst dem Tod in die Augen sah. Doch im tiefsten Grund seines Herzens sang er noch.
Im Grunde hatte er immer nur eines besessen: seine Lyra.
Die erste war schon seit langem verloren, zersplittert in irgendeiner Schlacht, er wusste nicht mehr, in welcher. Er hatte ihre Wölbungen mit den Händen gestreichelt, ihr mit den Fingern Patina gegeben, sie liebkost, so wie er es mit den Frauen getan hatte. Die letzte war aus Zypressenholz, gefertigt von einem der besten Handwerker Jerusalems, mit Einlegearbeiten aus Elfenbein und Silber. Die Klänge waren jedoch nicht anders als jene, die einst die Schafe in den Wiesen Bethlehems gehört hatten.
Die Lyra hatte ihn die Schönheit und manchmal die Pracht besingen lassen. Die eine hatte er oft gesehen, die andere sich oft vorgestellt. Erst sehr spät aber war ihm aufgegangen, dass beide ihn in Ketten gelegt hatten. Hände erschienen zuerst wie Engelshände, und später stellte sich heraus, dass sie Eisenhandschuhe trugen. Ihre gewaltsame Anmut, ihr plötzliches Blendwerk

hatten aus ihm den Sklaven einer unendlich höheren Melodie gemacht. Und erst sehr spät hatte er festgestellt, dass seine eigene Melodie, die er selbst erfunden zu haben glaubte, nur das plumpe Echo der anderen war. Nun hörte er sie gut, diese andere Melodie. Lauter als das Zischen der Insekten, die in der Flamme der Lampen starben, lauter als das Knistern des Kohlebeckens, lauter als das Knarzen der Zedernbalken und der Türen aus Zypressenholz.

Gesichter umgaben ihn. Alle schön und sanft, selbst das des ungestümen Amnons, selbst das des ungeduldigen Absaloms, selbst das der unnachgiebigen Michal. Jonathan mit seinen großen, zerstreuten Augen, Saul mit seiner sorgenvollen Stirn. Tausende von Gesichtern, über die er für die Zeitdauer einer Sanduhr oder eines Reiches geherrscht hatte. Warum sangen sie nicht? Sie würden singen, das war gewiss. Hörten sie nicht die ersten Arpeggios der Melodie? Er dachte, er müsse den Ton angeben. Er öffnete den Mund und gab einen Laut von sich, der fast kindlich klang.

So bemerkte Abischag, dass David, König über Israel, tot war. Nie hatte sie den Verdacht, dass der Gesang eine Fortsetzung hatte.

25

Eine letzte Frauengeschichte

David hatte vierzig Jahre lang geherrscht, und entsprechend lang war die Trauerzeit. Es kamen nicht nur Menschen aus allen entfernten Landesteilen, sondern auch aus Nachbarländern. Manche von jenen, die einst den jungen König wie einen dritten Cherub vor der Bundeslade hatten tanzen sehen, kamen und weinten über die verlorene Schönheit wie über ihre Jugend. Die Frauen, die ihn geliebt hatten, und wenn nur für eine Nacht, beweinten den ewigen Geliebten. Michal, nun recht alt, verfluchte noch einmal das Los, das sie unfruchtbar gemacht hatte; ein Kind wäre etwas gewesen, das von David noch lebte. Doch schließlich, nach vierzig Tagen, erhob sich das Morgenrot über dem neuen Herrscher, den David vor seinem Tode noch bestimmt hatte.

All jene, die vermutet hatten, der junge Salomon sei aus dem gewöhnlichen Teig der Prinzen, aus dem krümeliges Brot wird, weil man ihn nicht lange genug geknetet hat, und der zu schnell aufgeht, weil man den Sauerteig nicht richtig bemessen hat, mussten sich eines Besseren belehren lassen. Mit sechsundzwanzig Jahren hatte er einen festen Blick und eine sichere Hand.

Als Erstes rief er Abjatar, den Priester, der sich auf Adonijas Seite geschlagen hatte und seit Davids Tod beispielhafte Zurückhaltung zeigte. Der kleine Mann, der

das Massaker Sauls an seiner Familie überlebt hatte, war ein weißhaariger Greis geworden.
Salomon empfing ihn im großen Saal, zusammen mit den Höflingen und dem Kommandanten der königlichen Leibwache, Benaja. Abjatar warf sich zu Füßen des neuen Königs, der ihn mit einer festen Handbewegung aufhob.
»Ich müsste dich töten lassen«, sagte Salomon kalt und ruhig. Der Alte wirkte, als wolle er sich auf der Stelle auflösen, er zitterte wie ein Blatt im Wind. »Du hast meinen Vater verraten, indem du an der Krönung eines anderen teilgenommen hast, während mein Vater noch lebte und auf dem Thron saß. Aber du hast die Bundeslade vor meinem Vater hergetragen. Du hast die Wechselfälle seines Lebens mit ihm geteilt. Daher beschränke ich mich darauf, dir dein Amt als Priester des Tempels zu nehmen.«
Abjatar nickte hastig, verbeugte sich so tief wie möglich und rief den Segen des Herrn auf seinen Richter und König herab, bevor er sich davonmachte. Zadok wunderte sich später, warum sein alter Priestergefährte nicht einmal gekommen war, um sich von ihm zu verabschieden. Niemand hörte mehr etwas von Abjatar.
Der elende Schimi, der David einst bei Absaloms Aufstand verraten hatte, bis er sich dem siegreichen David in Gilgal zu Füßen warf, konnte sich auch nicht lange der Illusion hingeben, man hätte ihn vergessen. Zwei Wachen des Königs ergriffen ihn und brachten ihn zu Salomon. Der König beschäftigte sich mit anderen Dingen und ließ den Intriganten ein wenig schmoren.
»Schimi«, erklärte Salomon schließlich, »deine Vergehen sind so bekannt, ich brauche nicht näher darauf einzugehen. Nichts hat sie ungeschehen gemacht.« Schimi

wurde bleich wie ein Laken. »Du wohnst in Jerusalem. Du kannst dort ein Haus nehmen. Aber ich dulde nicht, dass du je die Stadt verlässt, um außerhalb Komplotte zu schmieden. Wenn du nur das Kidrontal überquerst, bist du ein toter Mann, das muss dir klar sein. Du bist für deinen eigenen Tod verantwortlich.«

Schimi brach weinend am Fuße des Thrones zusammen. Es war erbärmlich, wie sehr er seine Treue beteuerte. Salomon gab den Wachen Befehl, ihn aus dem Palast zu werfen.

Die Vernünftigen, aber nicht alle, begriffen, dass es besser war, sich ruhig zu halten. Eines Tages ging Adonija zu Bathseba.

»Kommst du als Freund?«, fragte sie vorsichtig. Als Mutter des Königs hatte sie mit wahrhaftig vielen Ansuchen zu tun, die an sie gestellt wurden. Sie konnte den Tag nicht vergessen, an dem Adonija sich so unvorbereitet hatte krönen lassen und an dem sie gezwungen gewesen war, David in aller Hast zu warnen.

»Ich komme als Freund. Ich habe dir etwas zu sagen.«

»Ich höre.«

Er setzte sich, und sie maß ihn mit dem Blick. Er wirkte ehrlich. Zumindest hatte er auf die Überspanntheiten verzichtet, die er vor der Zeit seiner eigenmächtigen Krönung gezeigt hatte. Er begnügte sich mit einem Gefolge von zwei Höflingen oder Wachen, man wusste es nicht ganz genau, aber es war weit entfernt von den prahlerischen Eskorten von früher.

»Du weißt«, erklärte er, »dass nach der natürlichen Thronfolge der Thron mir gebührte. Ganz Israel hat gehofft, dass ich König werde. Aber ich bin zu Gunsten deines Sohnes beiseite geschoben worden.« Sie runzelte die Brauen. »Es ist der Wille des Herrn«, fuhr er fort.

»Als Austausch gegen das Unrecht, das man mir angetan hat, bitte ich dich um einen Gefallen. Würdest du den König bitten, denn ich weiß, dass er es dir nicht versagen wird, mir die Schunemiterin Abischag zur Ehefrau zu geben?«

»Davids letzte Nebenfrau?«, fragte Bathseba ruhig.

»Genau sie.«

»Nun, ich kann mit ihm darüber sprechen.«

Er dankte ihr wortreich und ging. Die Tür war kaum geschlossen, als sie ihrem Zorn freien Lauf ließ. Davids Nebenfrau, wahrhaftig! Hielt er sie denn für dumm, dass er glaubte, sie wisse nicht, was das bedeutete, der Gatte einer Nebenfrau des verstorbenen Königs zu sein? Das lief darauf hinaus, dass er sich das Königtum anmaßte![1] Dieser Ränkeschmied bereute also nicht!

Er würde es erneut versuchen und weiß Gott welche Forderungen auf das Erstgeburtsrecht erheben! Bathseba schlug mit dem Stock auf die Steinplatten und keuchte vor Wut, so dass ihre beiden Dienerinnen Angst bekamen. »Herrin! Herrin! Du wirst dir wehtun!«, riefen sie.

1 Der Bericht über Adonijas Vorgehen und die Folgen daraus in 1 Könige 2, 13–25 lässt glauben (oder möchte glauben machen), dass Bathseba Salomon die Bitte Adonijas überbracht hat, ohne zu wissen, was sie implizierte. Es ist jedoch äußerst unwahrscheinlich, dass Bathseba, die fast ein Vierteljahrhundert lang Davids Gattin gewesen war und mit ihm in der Königsstadt Jerusalem gelebt hatte, den Sinn von Adonijas Bitte nicht verstanden hatte. Dem gebräuchlichen Recht nach kam es ausschließlich dem Thronerben zu, die Hand der Nebenfrau des Vaters zu beanspruchen. Das war auch der Grund für den Zorn Jischwis, des Thronerben Sauls, als Abner Rispa, die Nebenfrau Sauls, gefordert hatte. Was in dem Bericht der Bibel erstaunt, ist vielmehr die Naivität Adonijas und Bathsebas Hinterhältigkeit, als sie dessen Bitte Salomon überbrachte: Sie wusste offenkundig, dass sie den Mann, der sie einige Jahre zuvor hatte zittern lassen vor Angst, in den Tod schickte.

Richtig, ich werde mir noch etwas antun, dachte Bathseba. Lieber sollte man ihm etwas antun. Sie rief ihre Vertraute und ging sofort, um bei ihrem Sohn um eine Audienz zu bitten.

Er empfing gerade seine Beamten, behandelte eine komplizierte Erbschaftsangelegenheit und Probleme des öffentlichen Straßennetzes, die sich aufgrund kürzlich niedergegangener Regenfälle ergeben hatten … Doch er unterbrach alles und empfing sie herzlich; er stand auf, um ihr von der Tür zu dem Podest zu helfen, auf dem er seinen Thron hatte, und ließ sie neben sich sitzen. Sie hatte den ärgerlichen Gesichtsausdruck, den er nur zu gut kannte.

»Welches Geschick bringt dich zu mir?«, fragte er.

»Ich hatte Besuch von Adonija«, antwortete sie.

»Adonija! Wahrhaftig! Und was war der Grund?«

Bathseba sah ihrem Sohn in die Augen. »Er will, dass du ihn Abischag zur Frau nehmen lässt.«

Salomon sah sie ungläubig an. »Darum hat er dich gebeten?«

»Darum hat er mich gebeten und als Argument vorgebracht, dass du mir es nicht abschlagen würdest.«

Salomon brach in Gelächter aus. »Warum hat er dich nicht um meinen Thron gebeten, wenn er schon dabei war?« Seine Miene veränderte sich. »Er ist unverbesserlich. Er strebt immer noch nach dem Thron. Er intrigiert und wird weiter intrigieren. Man muss ihn sofort töten lassen.« Sein Gesicht hatte sich dunkel verfärbt. Er ließ Benaja rufen. »Benaja, nimm fünf Männer mit und suche Adonija.«

»Ich gehe«, sagte Bathseba und stand auf.

Kurz darauf erschien Adonija. Die beiden Prinzen maßen einander schweigend mit Blicken. Mit ange-

spannten Gesichtern beobachteten die Höflinge die Szene.
»Ist es wahr, dass du die Schunemiterin Abischag zur Frau verlangt hast?«, fragte Salomon in lässigem Ton.
»Steht sie mir nicht zu?«, antwortete Adonija ruhig. »Ich bin der Erste in der Erbfolge.«
»Du weißt, was es bedeutet, die Nebenfrau seines Vaters als Gattin zu fordern?«
»Es bedeutet, dass ich der Ältere bin«, antwortete Adonija.
»Und zweifellos Davids Nachfolger?«
»Bin ich es nicht dem Alter nach? Verdankst du den Thron nicht einer unzulässigen Machenschaft?«
»Willst du den Willen deines Vaters anfechten?«
»Ich fechte ihn an, weil er gegen das Gesetz verstößt.«
»Und mein Königtum?«
»Und dein Königtum.«
»Benaja, ergreife diesen Mann und lass ihn sofort hinrichten«, erklärte Salomon und verschränkte die Hände auf den Knien.
»Du willst deinen Bruder hinrichten lassen?«, fragte Adonija verblüfft.
»Weil du weder den Willen deines Vaters noch mein Königtum achtest, bin ich dazu gezwungen.«
Unheimliches Schweigen herrschte im Thronsaal.
Die knirschenden Stiefel der Leibgarde auf dem Steinboden hallten wie Donnergroll. Adonija ließ sich abführen. Kurz darauf wurde er auf dem Hinrichtungsplatz der Königsstadt enthauptet. Seine Mutter Haggit war zu ihrem eigenen Glück schon lange tot. Adonijas Frau und seine Kinder lebten noch, doch zu jener Zeit waren die Familien der Prinzen an das Schwert gewöhnt.

Das war die letzte Frauengeschichte zu Davids Herrschaft. Niemand wunderte sich darüber: David hatte viel geliebt.
Aber es gibt keine Frauengeschichten, es gibt nur kurze Geschichten um Frauen. Schon Adam hatte das begriffen.

Nachwort

König wider Willen

Dieser Roman weicht in mehreren Punkten vom Text des Alten Testaments ab, was sicher alle bemerkt haben, die die Bibel gut kennen.

Zum einen weicht der Roman ab, was die Beziehung zwischen dem Propheten Samuel und König Saul betrifft. Unsere einzige Quelle dafür sind die beiden Bücher Samuel, die teilweise von dem Propheten selbst verfasst und daher parteilich sind. Auffallend ist die hartnäckige Feindseligkeit, die Samuel von Anfang an gegenüber Saul gezeigt hat, seit dieser König wurde.

Samuel hatte gegen seine Überzeugung einen König gewählt, und er sagt das ohne Umschweife. Seiner Ansicht nach konnten die Juden nur einen König haben, nämlich Jahwe. Zur Regelung ihrer irdischen Angelegenheiten sollten sie sich an die Propheten und gegebenenfalls an ihn, Samuel, wenden. Die Ernennung eines Königs konnte Samuels Macht nur schwächen. Er betrachtete sich als wahren König über Israel, Saul sollte nur sein gehorsamer Vertreter sein.

Doch König Saul, noch dazu als siegreicher Held, beabsichtigte, seine eigene Macht durchzusetzen. Zwei Konflikte brachten ihn in Gegensatz zu dem Propheten. Der erste nach dem Sieg über die Philister, als der König das Datum des Dankopfers für den Herrn vorverlegte, und der zweite, als Saul nach dem Massaker an den Amalekitern, Greise und Säuglinge eingeschlossen – angeblich auf Geheiß des Herrn, aber eigentlich auf Befehl Samuels, denn man kann nur widerstrebend glauben, Gott habe befohlen, wehrlose Menschen und Säuglinge hinzuschlachten –, aus seiner Beute ein paar Stück Vieh auswählte, um sie dem Herrn zu opfern. Zudem verschonte Saul in seiner Milde als Sieger, die ihn paradoxerweise als achtenswerte Gestalt zeigt, Agag, den Amalekiterkönig, der gar nichts mehr hatte.

Samuel gemäß soll Gott sich nach der ersten Verfehlung von Saul abgewandt haben, weil dieser ihm nicht gehorcht hatte. Die zweite Verfehlung soll dann Sauls Sturz nach sich gezogen haben. Es verblüfft, wie nichtig diese Vorwände sind. Sauls Gehorsam gegenüber Jahwe ist offenkundig. Wenn er den Zeitpunkt des Opfers vorverlegte, so nicht aus einer Laune heraus, sondern weil er beunruhigt war, dass so viele Juden, in den Kämpfen gegen die Philister dezimiert, desertierten. Er beschloss daher, sie bei einem feierlichen Opfer zu versammeln, zwei oder drei Tage vor dem von Samuel, der übrigens an den Kämpfen nicht teilgenommen hatte, festgesetzten Zeitpunkt. Selbst aus der Sicht des Alten Testaments konnte der Herr es ihm eigentlich nicht übel nehmen, dass er sein Volk zu einem Opfer versammelt hatte.

Die Wirklichkeit scheint ganz anders: Samuel hoffte, das Opfer selbst zu feiern, mit Saul als Beisitzer. Der König hatte ihn um diese Ehre gebracht und zudem seine Anweisungen nicht aufs Wort befolgt. Für einen strengen, sogar fanatischen Theokraten, dem man seine Macht geraubt hatte und der sich weigerte, die Erfordernisse des Alltags anzuerkennen, war das ein großer Verdruss.

Der Vorwand für den zweiten Konflikt ist noch fadenscheiniger. Schon vor der angeblichen Verfehlung Sauls – Samuel selbst gibt das zu – kommt der Seher nach dem zweiten Sieg nach Gilgal, bereits dazu entschlossen, Saul zugrunde zu richten. Sein Zorn war noch so groß, dass er sich für die Version der Fakten, die Saul ihm nennen würde, gar nicht interessierte. In seiner hartnäckigen Rachsucht lässt Samuel den gefangenen König Agag kommen und tötet ihn mit eigenen Händen, in einem Anfall, den man nur Blutrausch nennen kann. In beiden Fällen steht Samuels Bestrafung von Saul in keinem Verhältnis zu den so genannten Verfehlungen. Der Prophet, Vater zweier Söhne, die Richter sein wollten und sich als bestechlich erwiesen hatten (vgl. 1 Samuel), zeigt sich hier mehr als kleinlich. Im Namen Gottes Recht zu sprechen und dabei bestechlich zu sein, muss als ein weit größeres Vergehen angesehen werden, als den Termin eines Opfers vorzuverlegen und seinen besiegten Feind zu schonen.

Auch die weitere Berichterstattung in beiden Büchern Samuel ist kaum überzeugender. Die Autoren beschreiben Saul als niedergedrückt von seinem »Fehler«, als jemanden, der sich seit diesem Bruch mit Samuel bis zu seinem Tode jämmerlich dahingeschleppt habe. Aus zwei Gründen betrachte ich diese Beschreibung mit Skepsis. Zunächst einmal war Saul ein hervorragender Krieger, der mit dreitausend weitgehend waffenlosen Männern beträchtliche Gebiete erobert hatte (beim Kampf gegen die Philister besaßen nur er und sein Sohn Jonathan Waffen; Schwerter und Lanzen waren sehr teuer, so dass die Juden kaum welche besaßen; deshalb musste David Goliath mit einer Schleuder besiegen). Es ist unvorstellbar, dass er das schreiende Missverhältnis zwischen seinen angeblichen »Verfehlungen« und der Strafe, die Samuel ihm auferlegen wollte, nicht bemerkt hätte. Selbst wenn er an Depressionen litt (was noch zu beweisen ist), so war er doch kein schwacher Mensch.

Zudem herrschte Saul mehr als zwanzig Jahre, zwischen 1030 und 1010 v. u. Z., und seine kriegerischen Leistungen beginnen sofort nach seiner Thronbesteigung. Damals muss er etwa vierzig Jahre alt gewesen sein, denn er hatte bereits vier Söhne, von denen der älteste, Jonathan, schon so weit war, dass er sein tüchtigster und tapferster Hauptmann war. Man kann sich kaum vorstellen, dass eine so mutige Gestalt sich während seiner ganzen Herrschaftszeit wie ein von Zweifeln und Depressionen zerfressener König Lear dahingeschleppt haben soll. Weit wahrscheinlicher ist es, dass Samuel und diejenigen, die ihm bei der Verfassung der Bücher, die seinen Namen tragen, nachgefolgt sind, in der direkten Tradition der Propheten die Wirkung des Bannfluchs Samuels auf Sauls Gemüt weit übertrieben haben.

Samuels besessene Anprangerung Sauls wird in den Texten der Autoren der beiden Bücher, die seinen Namen tragen, bis zur Absurdität getrieben. In der Shakespeare-reifen Szene mit der Hexe von En-Dor, zu der Saul geht, um Samuels Hausgötter anzurufen, spricht der Prophet und Richter im Namen Gottes vollkommen widersprüchliche Worte. Einerseits sagt Samuel zu Saul, dem in seinem Kampf gegen die Philister für den nächsten Tag der Tod vorausgesagt wird, Gott habe ihm das Königtum entzogen, um es David zu geben, andererseits erklärt er drei Zeilen später, dass er dieses Königreich den Philistern geben würde!

Dennoch hat Samuel Saul besiegt, der somit das Opfer des ersten psychologischen Kriegs in der Geschichte war. Samuel hat ihm das Gefühl eingeträufelt, er habe sein Glück verloren, indem er die göttliche Gunst verloren habe, und um seiner Verwünschung noch mehr Macht zu verleihen, fügte er Saul die höchste, ja übermäßige Schmach zu, einen anderen König zu ernennen, während der erste noch am Leben war. Vergiftet von dieser Überzeugung legte Saul in der Nacht eine Strecke von fünfzig Kilometern zurück, um die Zauberin von En-Dor zu bitten, den Geist des Richters anzurufen!

Was konnte die Totenbeschwörerin sagen, wenn sie die Stimme des Geistes nachahmte? Dass die Partie verloren war. Selbst abergläubisch, wie es ihr Metier erforderte, konnte sie Samuel nicht widersprechen, denn die zwölf Stämme wussten genau, dass der Prophet Saul verflucht hatte. So gab sie ihre Unheil verkündende Botschaft weiter.

Man kann sich nebenbei fragen, ob Saul sich nicht besser eine gute Nacht voller Schlaf gegönnt hätte, statt einen erschöpfenden und demoralisierenden Ritt zu unternehmen, um eine Unruhestifterin zu befragen. Es war der Vorabend einer großen Schlacht, und es war ein entkräfteter Mann, den die Philister am nächsten Tag schlugen. Höchste Wirkung der Verwünschung Samuels und der Gefahren des Aberglaubens! Aber selbst in unserer heutigen Zeit hat man gesehen, dass viele Staatsoberhäupter, etwa Ronald Reagan als Präsident der Vereinigten Staaten oder François Mitterrand als Präsident der französischen Republik, moderne Wahrsager oder Astrologen befragt haben, um beispielsweise ein günstiges Datum für ein Zusammentreffen mit

Michail Gorbatschow in Island oder bei anderen Gelegenheiten festzusetzen!

Doch die Gunst der Autoren der beiden Bücher Samuel gilt mit entschlossener Parteilichkeit David. Dabei hat dieser weitaus schlimmere »Verfehlungen« begangen als jene, die Samuel Saul vorwarf und die ihm ebensolche Bannflüche hätten einbringen müssen. Lassen wir die homosexuelle Episode mit Jonathan beiseite, dem Mann, dessen »Liebe die der Frauen übertraf« und der sich nach Davids Heldentat gegen Goliath ganz nackt vor ihn stellte; wir befinden uns im 10. Jahrhundert v. u. Z., und die mosaischen Vorschriften hatten das Volk Israel, das im Entstehen war, sicher noch nicht durchdrungen. Davon zeugen die Namen, die die Hebräer zu jener Zeit ihren Söhnen gaben: Saul nannte einen Ischbaal (in diesem Buch Jischwi genannt, eine andere Variante), was bedeutet »Mann Baals« (des Gottes der Philister). David nannte einen Sohn Jerimot, »eingesetzt vom Gott Mot«; Jonathan nannte den seinen Merib-Baal, »Baal ist der Verteidiger«. Homosexualität war bei den Völkern der Region nicht verboten, wie es später im mosaischen Gesetz stehen sollte. Für die Hagiographen Davids hatte sie den Vorzug, den jungen Hirten auf die Bühne der Macht zu bringen, und sie entrüsteten sich wohl nicht übermäßig darüber, da sie in so deutlichen und offenen Worten darüber berichten.

Man sollte sich zudem auf keine übertriebenen Vereinfachungen einlassen und sich David als einen »Homosexuellen« mit jenen besonderen Implikationen vorstellen, die drei Jahrhunderte später im Schwange waren, und noch weniger als einen »Bisexuellen«; seine Anziehungskraft auf Frauen, die in der Folge deutlich bezeugt wird, widerlegt das eindeutig. Die Wahrheit ist wohl einfacher und subtiler zugleich: David, jung, heldenhaft und schön, erweckte bei dem Königssohn eine Liebe auf den ersten Blick. Jonathan gab sich ihr mit einer Spontaneität hin, die jede Ironie verbietet, und David reagierte darauf mit einer Natürlichkeit und einem Feuer, die in der Folge nicht nachließen, nicht einmal nach Jonathans Tod. Diese Episode spricht weit mehr für Davids Großmut und Ehrlichkeit als für komplizierte und reduzierende Thesen.

Verwirrender ist das folgende Betragen Davids. Etwa, dass er sich den Philistern anschloss und sogar Vasall des Philisterkönigs Achisch wurde, eines eingeschworenen Feindes der Hebräer. Als David von diesem gerufen wurde, war er ohne Skrupel bereit, sich gegen Saul zu stellen, das heißt, jüdisches Blut zu vergießen. Nur die Zurückweisung durch die anderen Generäle der Philister ersparte ihm, den Samuel zum König über Israel bestimmt hatte, diesen Verrat. Seine unerhörte Grausamkeit bei seinen Raubzügen gegen amalekitische oder ammonitische Dörfer, als er in Achischs Dienst stand, ist ebenso wenig eine Empfehlung: Er massakrierte Männer, Frauen und Kinder und machte keine Gefangenen, um keine Spuren zu hinterlassen. Ein schreiender Kontrast zu dem Bild einer friedliebenden Gestalt, das er bis an die Grenze der Heuchelei kultivierte, sobald er König über Juda geworden war.

Doch damit haben die Widersprüche noch kein Ende; es kommt noch die schreckliche Geschichte mit Sauls Nachkommenschaft. Auf eine angebliche Vision des Propheten Nathan hin erfährt David, es liege »eine Blutschuld« über dem Land. Saul habe bei einem der unzähligen Kriege in der Geschichte Israels einst die Gibeoniter hingemetzelt. Gott habe den Gibeonitern versprochen, sie allein unter den Nichtjuden würden verschont werden, doch Saul habe den göttlichen Pakt mit den Gibeonitern gebrochen. Viele Jahre später zeigte Gott seinen Zorn durch eine dreijährige Hungersnot und verlangte durch die Stimme der Gibeoniter die Tötung von Enkeln des seit Jahren verstorbenen Königs. Diese Nachkommen hatten für David eine besondere Bedeutung; einer davon war Merib-Baal, Jonathans lahmer Sohn. Fünf andere waren die Kinder Merabs, der Tochter Sauls, die zuerst David versprochen war, und Adriëls, Sohn eines Mannes, dem David besonders verpflichtet war: Adriël war der Sohn Barsillais, der nach Absaloms Staatsstreich David verteidigt und dazu beigetragen hatte, ihn wieder auf den Thron zu setzen. Dennoch lieferte David Merabs Kinder und die beiden Kinder Sauls mit seiner Nebenfrau Rispa aus, im Wissen, dass man sie töten würde. Sie wurden von einem Felsen gestürzt.

Merib-Baal auszuliefern weigerte sich David aber, denn dieser war Jonathans Sohn, dessen Andenken offensichtlich ein besonderes Gewicht in seinem Leben hatte. Doch man fragt sich, warum er bei Merib-Baal gegen den göttlichen Befehl verstieß, Sauls Nachkommenschaft zu töten, während er im anderen Fall die sieben Kinder den Gibeonitern auslieferte. Auch hier wieder eine Politik mit zweierlei Maß und Gewicht, die nach einem System verfährt, in dem man nicht einmal Opportunismus erkennen kann, sondern nur absolute Inkohärenz.

Am schlimmsten war sicherlich sein niederträchtiges Verhalten gegenüber Uria, Bathsebas Ehemann, den er in den Tod schickte, um sich dessen Frau zu nehmen. Und obwohl der Prophet Nathan ihm aufgrund dieses Verbrechens grausame Strafen ankündigte, blieb ihm die göttliche Gunst erhalten und sollte ihm bis zur Zeit des Neuen Testaments erhalten bleiben: Obwohl Jesus vom Heiligen Geist gezeugt wurde und somit väterlicherseits ohne menschliche Abstammung war, bemühten sich die Evangelisten minuziös, Jesu Genealogie auf David zurückzuführen (ohne der Tatsache Rechnung zu tragen, dass Davids und Bathsebas Verbindung, aus der Salomon entsprang, einigermaßen nach Höllenschwefel riecht).

Sicher ist Davids Geschichte im Alten Testament nicht von einer einzigen Hand geschrieben, das zeigt sich an verschiedenen Passagen der beiden Bücher Samuel. So fragt Saul in 1 Samuel seinen Heerführer und Vetter Abner nach dem Namen des Siegers über Goliath (1 Samuel 17, 55–58), obwohl er selbst David mit seinem eigenen Wehrgehänge gegürtet, ihm seinen Helm aufgesetzt und sein Schwert gegeben hatte (1 Samuel 17, 38). Man kann sich wohl schwer vorstellen, dass der König einem Jugendlichen so wertvolle Besitztümer anvertraut hat, ohne sich zuerst nach seinem Namen zu erkundigen. Es handelt sich daher um einen Bericht, der von mindestens zwei Autoren verfasst und modifiziert wurde, ohne dass der zweite sich besonders um den inneren Zusammenhang bemühte.

So bringt David Goliaths Kopf zuerst nach Jerusalem (1 Samuel 17, 54), dann wieder hinter Abner, Sauls Heerführer, in Sauls Zelt (1 Samuel 17, 57). Das ist offenkundig absurd, denn die Konfrontation mit Goliath fand im Terebinthental statt, wie man weiter oben gesehen hat, fünfundzwanzig Kilometer Luftlinie von

Jerusalem entfernt, unter Sauls Lager, das auf einem Hügel aufgeschlagen war, damit er die Philister beobachten konnte. Ganz sicher trug David die Trophäe zuerst zum Zelt des Königs. Der triumphale Einzug in Jerusalem, in 1 Samuel 18, 6–7 recht vage geschildert, konnte frühestens am nächsten Tag stattfinden, wahrscheinlich eher später, nach Rückkehr der Streitkräfte, die man geschickt hatte, um die fliehenden Philister niederzumachen.

Diese Diskrepanzen findet man in den beiden Überlieferungen, die sich aus erstem und zweitem Buch Samuel herausschälen: Laut der ersten soll Samuel, nachdem er Saul verworfen hatte, David noch zu dessen Lebzeiten zum König gesalbt haben, laut der zweiten soll sich David bereits durch seine Talente als Musiker in den Kreis des Königs eingeführt haben.

Die Inkohärenzen im Text des Alten Testaments rühren sicherlich von den unablässigen Neubearbeitungen dieser Bücher her, die von den Schreibern der vier Überlieferungen, der jahwistischen, der elohistischen, der deuteronomischen und der priesterlichen Überlieferung, vorgenommen wurden, über deren Vorhandensein sich die Bibelexegeten mittlerweile einig sind. Wenn die vier getrennten Versionen veröffentlicht sein werden (die jahwistische Version, zweifellos die älteste, enthielt wohl die fünf Bücher des Pentateuch und die Bücher Josua, Richter, Samuel 1 und 2 und Könige 1), wird man entscheiden können, zu welchem historischen Zeitpunkt die Geschichte Davids mit den uns bekannten Details in die beiden Bücher Samuel eingefügt wurde.

Inkohärenzen und Diskrepanzen verdecken jedoch nicht den ständig vorhandenen und verwirrenden Zug

in Davids Verhalten: sein Schuldgefühl. Zunächst zeigt es sich in seiner unverständlichen Milde gegen Saul und seine Familie.
So verschonte David Saul – jenen Saul, der versucht hatte, ihn mit der Lanze zu durchbohren, und ihn mit der erklärten Absicht verfolgte, ihn zu töten –, als Saul in der Höhle von En-Gedi dabei war, seinem natürlichen Bedürfnis nachzugehen und somit David ausgeliefert war; lediglich ein Stück von seinem Mantel schnitt David ihm ab. Und als Saul schließlich seinen jämmerlichen Tod fand, veranstaltete David eine kollektive Klage, begleitet von einem Psalm, in dem er Sauls Tugenden und Jonathans Liebe preist (was Neugier auf das Buch Jachar, heute verloren, erweckt, in dem der Psalm vollständig erhalten war).
Desgleichen empfing David Sauls Vetter Abner, der immerhin einige Komplotte gegen ihn angezettelt und als Krönung der Feindseligkeit Sauls Sohn Jischwi als Schattenkönig eingesetzt hatte, mit höchsten Ehren, als dieser sich plötzlich entschloss, das Lager zu wechseln. Und als Davids Neffe Joab Abner mit einem Dolchstoß in den Leib aus dem Leben beförderte, inszenierte David wieder einmal eine Szene tiefsten Kummers. Als zwei Offiziere Jischwis diesen köpften und David den Kopf seines Feindes brachten, ließ er sie selbst köpfen.
Bis zu diesem Punkt könnte man David Heuchelei vorwerfen. Tatsächlich hatte Sauls Tod ihm den Zugang zur Macht eröffnet, der Tod Abners, Intrigant erster Güte, hatte die Einigung der zwölf Stämme unter seinem Szepter erleichtert, und Jischwis Tod schließlich hatte den Sturz des Hauses Saul vollendet und David zum einzig möglichen König dieser Stämme gemacht.

Es gab also wahrhaftig nichts zu klagen. Man kann es daher mit Skepsis betrachten, wenn bei diesen drei Anlässen herzzerreißender Schmerz vorgeführt wird.
Aber vielleicht ist der Schlüssel zu Davids paradoxem Verhalten weniger Heuchelei als das oben erwähnte Schuldbewusstsein. Während er Jonathans Protektion und die seiner beiden Schwestern genoss, ganz zu schweigen von Sauls Wohlwollen, ließ er sich vom alten Samuel zum König salben, was ein Verrat höchsten Ausmaßes war. Er hätte damals Saul und Jonathan davon in Kenntnis setzen können, tat es jedoch nicht. So erklärt sich Sauls plötzlicher Zorn, der ohne Zweifel auf Umwegen darüber informiert worden war, dass sein Günstling zum König ernannt worden war. David sollte es sich nie verzeihen, dass er die Zuneigung des Vaters und die Liebe der Kinder verraten hatte.
Sein Neffe Joab war bestimmt derjenige, der am klarsten Einblick in die Gestalt des Herrschers hatte, und die vier letzten Verse in 2 Samuel 19 geben David einen grausameren Stoß als das Schwert: Im Gegensatz zum geläufigen Mythos hat die Gottesfurcht David nicht zum Krieger gemacht, sondern ihm die Fähigkeit genommen, ein Kriegsherr zu sein. Sein neurotisches Schuldgefühl machte ihn unfähig, die Rolle auszufüllen, die die zwölf Stämme von ihm forderten. Wenn sie sich nach Absaloms und später nach Adonijas gescheitertem Staatsstreich dennoch hinter ihn stellten, dann nicht so sehr aus Bewunderung, sondern aus dem Gefühl heraus, selbst geschwächt und erniedrigt (von seinen eigenen Söhnen verraten!) bleibe David immer noch das Symbol eines Volkes, das im Entstehen begriffen war. Wie auch immer: Das Volk hatte

den beiden Prinzen bei ihrer vorübergehenden Machtübernahme zugejubelt. Am Ende von Davids Herrschaft galt die Treue der Hebräer nicht ihm, sondern dem Thron.

Vor dem Hintergrund des riesigen Gemäldes, das uns die Schilderungen der Bibel bieten, hebt sich David weder als außergewöhnliche Persönlichkeit noch als gewiefter Politiker ab. Er ist weit davon entfernt, das Format eines Moses oder die Autorität eines Salomons zu haben. Im ersten Teil ist er Spielball zweier gefährlicher und antagonistischer Gestalten, des Propheten Samuel und König Sauls. Im zweiten Teil bemüht er sich, durch Gewandtheit die katastrophalen Folgen seines Mangels an Autorität auszugleichen: Sein Königreich droht aufgrund der Unabhängigkeitsbestrebungen der nördlichen Stämme unablässig auseinander zu fallen.

Woher rührt seine Beliebtheit? Wohl daher, dass er den Juden die Erinnerung an zwei Ereignisse hinterlassen hat, die zum Mythos geworden sind: die Einigung der zwölf Stämme und die Eroberung Jerusalems. Und es stimmt: Israel existiert seit David, und seine Hauptstadt bleibt die Stadt, die er von den Jebusitern, in Wirklichkeit den Nachkommen der Hyksos, die seinen Vorfahren Josef aufgenommen hatten, erobert hat. Drei Jahrtausende bleibt seine Gestalt auch für viele, die keine Juden sind, seltsam anziehend. Er ist der jugendliche Bezwinger Goliaths, der Lyraspieler und inspirierte Psalmist, der unersättliche Liebhaber (zehn Frauen und ebenso viele Nebenfrauen, während Saul nur eine Frau hatte), der unschuldige Held, der sich lieben lässt, auch von einem Mann, der Opportunist, der sich den Reihen der feindlichen Philister anschließt, um zu überleben, der brotlose Räuberkönig, der in Gesellschaft eines Trupps verstreuter Soldaten durch die Wälder geirrt ist, der junge, siegreiche König, der zur Entrüstung seiner Frau vor der Bundeslade getanzt hat, der listige Stratege, der sich mit seinen Männern durch die Abwasserkanäle nach Jerusalem eingeschlichen hat, der reife Mann, der seinen ärgsten Feinden gegenüber nicht zu Groll fähig war – so viele Bilder, die eine wenig konventionelle Gestalt zeichnen.

Hirte und Dichter, und doch gezwungen, das Königtum anzustreben. Er wollte singen und lieben und wurde in die Brutalität von Machtkämpfen geworfen, auf die nichts ihn vorbereitet hatte. Er wollte tanzen, und man brachte ihm abgehauene Köpfe. Sein Charme, sein *Charisma*, wie eine falsche wissenschaftliche Sprache sagt, widerstand dennoch und ermöglichte es ihm, vierzig Jahre lang zu herrschen.

Und es ermöglichte ihm, den außergewöhnlichen Schauerroman zu überleben, der seine Geschichte ist: Enthauptungen, Verrat und unaussprechliche Schändlichkeiten folgen aufeinander. Priester und Generäle, so wie Abjatar, sind Intriganten. Inzest dringt bis in die königliche Familie: Amnon, Davids Sohn, vergewaltigt seine eigene Schwester Tamar! Sein anderer Sohn, Absalom, hurt in der Öffentlichkeit mit den Frauen seines Vaters! Und immer wieder Rache. Kein Mensch in der Umgebung des Königs, der nicht gegen einen anderen glühenden Hass hegt.

Viele Exegeten haben geglaubt, in ihm einen Vorläufer Jesu zu sehen; durch Davids Zärtlichkeit drängt sich dieses Bild tatsächlich auf. Er fügt sich dem rächenden und blutrünstigen Gott, der zur damaligen Zeit im Bewusstsein der Menschen thronte, aber er kultiviert ihn nicht, man hat eher den Eindruck, er habe ihn sanfter gemacht. Und in der finsteren Szenerie des Alten Testaments ist er der Einzige, dessen Bild lächelnd bleibt. Da ich kein Werk gefunden habe, das es mir ermöglicht hätte, den David wieder zu finden, den ich gesehen habe, habe ich diesen Bericht geschrieben.

Paris, Oktober 1998

Gerald Messadié bei Knaur

Ein Mensch namens Jesus
Roman
Fern aller Legendensüßlichkeit und ohne die Gelacktheit eines Hollywood-Films erzählt Messadié den Lebensweg Jesu so aufregend, dass jeder anspruchsvolle Romanleser in Bann geschlagen wird.

Alexandria
Roman
Eine legendäre Stadt und eine eindrucksvolle Frauengestalt stehen im Mittelpunkt dieses farbenprächtigen Romans: Delia, die schöne, kluge Hetäre, und Alexandria, die glanzvollste Metropole des Mittelmeeraums.

Moses – Herrscher ohne Krone
Roman
Wer war dieser Moses? Von wem stammt er ab? Was ging damals wirklich vor in Ägypten? Der Vollbluterzähler und Historiker Messadié lässt in seinem Roman Leben und Zeitalter des großen Religionsstifters spannende Gegenwart werden.

Moses – Der Gesetzgeber
Roman
Im zweiten Teil seines großen Moses-Romans widmet sich Messadié so rätselhaften Geschehnissen der Bibel wie dem Zug durchs Rote Meer, dem rettenden Himmelsbrot Manna oder den Umständen, unter denen Jahwe Moses auf dem Berg Sinai erschien.